Für Franz-Josef Steudebach
mit den besten Wünschen
für das Jahr 2009 und mit
dankbaren Grüßen von

Th. Schreijäck

Thomas Schreijäck (Hrsg.)

Theologie interkulturell

Thomas Schreijäck (Hrsg.)

Theologie interkulturell

Glaubenskommunikation in einer gewandelten Welt

Ferdinand Schöningh
Paderborn · München · Wien · Zürich

Titelbilder:
Roland Peter Litzenburger, „Christus der Kulturen"
© Gretel Kunze (Markdorf)

Bibliografische Information der Deutschen Nationalbibliothek

Die Deutsche Nationalbibliothek verzeichnet diese Publikation in der Deutschen Nationalbibliografie; detaillierte bibliografische Daten sind im Internet über http://dnb.d-nb.de abrufbar.

(Verlag Ferdinand Schöningh GmbH & Co. KG, Jühenplatz 1, D-33098 Paderborn)

Internet: www.schoeningh.de

Einbandgestaltung: Anna Braungart, Tübingen
Printed in Germany.
Herstellung: Ferdinand Schöningh GmbH & Co. KG, Paderborn

ISBN 978-3-506-76510-9

Inhalt

Kontextuelle Perspektiven aus Asien und Ozeanien

Anhang

Thomas Schreijäck

Aufbruch in eine Welt für Alle – Glaubenskommunikation in der Vielfalt der Kulturen

»Aufbruch in eine Welt für Alle« – dahinter steht sowohl ein Ausrufe- als auch ein Fragezeichen. Dass nach jüdisch-christlicher Auffassung Gott die Welt für alle Menschen und für seine gesamte Schöpfung will, ist genauso wahr wie seine Geschöpfe Verursacher und Opfer von Armut und Krieg, Ungerechtigkeit und Unterdrückung, weltweiter Migration sowie von Ausbeutung der Natur und ökologischem Raubbau sind. So scheint die Welt eben nicht für Alle gleichermaßen, sondern vor allem für Manche zu sein und der Aufbruch und Erfolg der Einen nimmt nicht selten den Zusammenbruch der Anderen in Kauf oder intendiert ihn sogar.

Heute wird angesichts fortschreitender Globalisierungsprozesse und ihrer Folgen auf sozio-ökonomischer, politischer, kultureller und ökologischer Ebene im weltweiten Horizont zunehmend die Dringlichkeit erkannt, ein Bewusstsein für die Nähe des Fernen in der Einen Welt und die Verantwortung aller für die Bewahrung der ganzen Schöpfung zu entwickeln. Paradoxerweise sind in unserer immer weiter zusammenwachsenden Welt zugleich Ausgrenzungsmechanismen deutlich wahrzunehmen und Fragmentarisierungstendenzen, die bis in die einzelne Person vordringen. Unterschiede von Menschen und ihren Lebensentwürfen werden in der »nahen Ferne« sichtbar, ihre Vorstellungen von Gott, Welt und Mensch überraschen, begeistern – und erschrecken. Kulturellen und religiösen Differenzen wird eben weltweit nicht nur in gegenseitiger Wertschätzung begegnet, sie sind auch häufig Quelle von Konflikten, die viel zu häufig zu blutiger Gewalt führen. Wer könnte noch die Bedeutung und Dringlichkeit des interkulturellen und interreligiösen Dialogs bezweifeln, wer vertritt noch ernsthaft die These, eine Wissenschaft sei sich selbst genug, bedürfe weder des Austausches mit anderen Disziplinen noch einer Anknüpfung an vorfindbare Lebenswirklichkeiten?

Der interkulturelle und interreligiöse Dialog auf wissenschaftlicher wie auf lebenspraktischer Ebene ist ein Gebot der Stunde. *Theologie interkulturell* stellt den Versuch dar, diese Herausforderung anzunehmen und aus der Perspektive von Theologie und Kirche den Aufbruch zu wagen – mit dem Ziel, einen Beitrag für eine Welt für Alle zu leisten auf dem Weg der Glaubenskommunikation, die den vielfältigen, authentisch kulturellen und religiösen Ausdrucksformen begegnen und sie dabei nicht einebnen will.

Theologie interkulturell möchte bewusst machen und vermitteln, dass religiöser Glaube, theologisches Denken und solidarisches Handeln aus einer religiösen Grundüberzeugung heraus nicht auf ein Christentum westlich-europäischen Zuschnitts begrenzt sind. Erst der »Abschied vom Gott der Europäer« veranlasst zu einer Öffnung für die Spiritualität, Religiosität und für die Art und Weise des Theologietreibens von Menschen in anderen kulturellen Kontexten. Das bedeutet nicht das Verwerfen eigener Traditionen, vielmehr werden diese nicht selten in der Begegnung mit anderen Traditionen erst deutlich bewusst. Das Wissen um die eigene religiöse und kulturelle Tradition ist eine Grundbedingung des interkulturellen und interreligiösen Dialogs. Ein solcher Dialog bedarf der gegenseitigen Wahrnehmung und Wertschätzung, allerdings ohne Kritik und Konflikt auszuklammern. Ganz im Gegenteil: Die Entwicklung einer Kultur der Kritik und des Konflikts ist unabdingbar für diese Kommunikationsprozesse; nicht zu streiten wäre gleichbedeutend mit Indifferenz oder unangebrachter Harmoniesucht, die Wahrheitsfrage auszublenden – feige.

Stellvertretend für die damaligen Initiatoren formulierten Hans Kessler und Hermann Pius Siller das Programm von *Theologie interkulturell* im ersten Band der gleichnamigen Reihe als vorsichtige Arbeitshypothese: »Theologie auf interkulturelle Weise zu treiben heißt einerseits, das zu denken, was fremde Erfahrungen mit dem Evangelium, also kulturell anders bestimmte Christen und Gemeinden, uns zu denken geben. Und andererseits bedeutet es, bei unserer theologischen Arbeit immer mit zu bedenken, was unsere Erfahrungen mit dem Evangelium anders bestimmten Christen und Gemeinden zu denken geben.«[1] Der Versuchung, eine für alle gültige »Interkulturelle Theologie« zu entwickeln, die alle Kulturen umgreift und universalen Geltungsanspruch erhebt, müsse die Theologie widerstehen; daher wurde von ihnen mit Bedacht die Wendung *Theologie interkulturell* gewählt. Auch heute noch hat dieses Programm, wie ich meine, die Kraft, im Horizont von Theologie und Kirche ein Umdenken voranzutreiben.

Theologie interkulturell versteht sich als ein Forum für den Austausch und als ein Beitrag zum Lernprozess gelingender Glaubenskommunikation im globalen Horizont. Damit korrespondiert ein Kirchenverständnis als Weltkirche mit dem Ethos universaler Solidarität und differenzierungskompetenter Konvivenz, also dem Zusammen- anstelle des Nebeneinander-Lebens. Die Kirche macht es sich so zur Aufgabe, über den eigenen eng begrenzten Rahmen des religiösen, kulturellen, gesellschaftlichen oder nationalen Eigeninteresses hinauszugehen. Sie berücksichtigt die Bedürfnisse der Anderen und des

---

1 Kessler, H./Siller, H. P. 1986, Vorwort zur Reihe »Theologie interkulturell«, in: Bujo, B., Afrikanische Theologie in ihrem gesellschaftlichen Kontext (Theologie interkulturell, Bd. 1), Düsseldorf, 12.

Anderen, ergreift für die Armen und Unterdrückten Partei und realisiert die Verbundenheit aller Ortskirchen als Dienst an Gott und am Menschen. Dem Paradigma folgend, Gottesdienst als Dienst am Nächsten zu verstehen, wird dadurch weltweite Geltung verschafft. Die aktuelle Debatte um Globalisierung und die post-säkulare Verfasstheit der »Postmoderne« spitzt diese Problematik zu und fragt Theologie und Kirche nach ihrem disziplinären und interdisziplinären Beitrag an.

Anlässlich des 20jährigen Jubiläums von *Theologie interkulturell* fand in Frankfurt ein internationales und interkulturelles Forschungssymposium statt. Alle ehemaligen Gastprofessorinnen und -professoren waren eingeladen, dieses Forum für die Begegnung und den Dialog zwischen Kontinenten und ihren kulturellen Kontexten im Horizont der christlichen Botschaft zu nutzen. Im Rahmen dieser Veranstaltung traten die Kolleginnen und Kollegen aus Afrika und Mauritius, Asien, Nord- und Südamerika und Ozeanien erstmals auch untereinander in den theologisch-interkulturellen Diskurs. Unter dem programmatischen Titel *Aufbruch in eine Welt für alle. Glaubenskommunikation in der Vielfalt der Kulturen. Kontextuelle Perspektiven* sollte das Projekt *Theologie interkulturell* in besonderer Weise Verwirklichung finden: Glaubenskommunikation und theologischer Austausch über kontinentale und kulturelle Grenzen hinaus im Modus der Wertschätzung unterschiedlicher Lebens- und Glaubenserfahrungen, die unterschiedliches Denken und unterschiedliche Sprachen hervorbringen. Als authentische Repräsentanten unterschiedlicher kultureller Lebenswelten bzw. als Expertinnen und Experten für unterschiedliche kulturelle Kontexte haben die ehemaligen Gastprofessorinnen und -professoren geschildert, wodurch der jeweilige Lebensraum gekennzeichnet ist und welche Herausforderungen sich darin einst stellten, inwiefern diese noch immer bestehen und nachwirken, oder welchen Problemen, aber auch Aufbrüchen und Hoffnungen sie heute darin neu begegnen und welche kultureigenen Potentiale dafür mobilisiert werden.

Die Frage danach, wie angesichts der häufig unmenschlichen Zustände an verschiedenen Orten der Welt von Gott gesprochen und in seinem Sinn gehandelt werden kann, wird mit der Frage, wie wir in differenzierter Einheit über Gott und mit ihm sprechen, aber auch miteinander Optionen treffen und sie mit Blick auf eine Welt für Alle umsetzen können, verbunden. Welche Rolle spielt der Glaube, welchen Anteil haben Ortskirche, universale Kirche und die Theologie, wenn um der Menschen willen Einspruch gegen soziale und politische Missstände erhoben wird und sich dieses Engagement dennoch nicht allein auf humanitäre Hilfe reduzieren lassen will? Ist die Kirche auf einem richtigen Weg, unterstützt oder hemmt sie den Aufbruch in eine Welt für Alle? In welche Richtung gehen theologische Überlegungen im jeweiligen Kontext? Lassen sich gemeinsame Optionen formulieren, die für die unterschiedlichen kulturellen Perspektiven annehmbar erscheinen?

Einer der Gastprofessoren von *Theologie interkulturell*, Paulo Suess, hat im Rahmen des Plenums am Schluss des Symposiums das – beinahe prophetisch zu nennende – Programm im biblischen Bild skizziert: »Wir sind ein wenig so wie Moses und sein Volk auf ihrem Weg durch die Wüste. Mit all unseren Fragen begegnen wir wie ein Moses Jahwe – vor uns das Rote Meer, die Kultur in ihrer Vielfalt, und hinter uns das ägyptische Heer des Neoliberalismus, und wir – eingekeilt zwischen Vielfalt und Einheit. Jahwe aber fordert uns auf: ›Moses, sag deinen Leuten, sie sollen sich auf den Weg machen, nicht stehen bleiben, aufbrechen!‹ Und als sie den ersten Schritt taten, da hat sich das Meer geöffnet, und da ist der neue Horizont sichtbar geworden.«

Die in diesem Band versammelten Texte spiegeln die durchaus vielfältigen Positionen und im besten Sinne eigenwilligen Zugriffe auf das gestellte Thema seitens der Kolleginnen und Kollegen wider. Die Beiträge deuten die Vielfalt an Perspektiven, an Problematiken und an Lösungswegen an, die allesamt in einem solchen Projekt Raum haben sollen; sie tragen jeweils ihren Wert in sich und geben einen Ausblick auf Herausforderungen, die sich lokal und global stellen. Ob es sich um streng systematische Reflexionen, sehr persönliche und berührende Zeugnisse und Überlegungen, um theologisch-ethisches Nachdenken oder um biografisch-exemplarische Betrachtungen handelt, ob punktuelle Notstandsmeldungen oder globale Entwicklungen, ob historische Beispiele oder aktuelle politische und soziale Themen aufgenommen werden – jeder einzelne Beitrag konfrontiert mit einem weiteren Kapitel aus dem »Entwicklungsroman« *Theologie interkulturell*, der notwendig am Ende offen bleibt, um weiter geschrieben zu werden.

Dieser Band ist in drei große, den kontinentalen Kontexten folgende Abschnitte gegliedert.

Er beginnt mit dem Kontext Afrika. Der erste Gastprofessor von *Theologie interkulturell*, *Bénézet Bujo*, führt in diesen Kontext ein, indem er zwei Fragestellungen aufnimmt, die er für die Kirche in Zentralafrika diskutiert, die aber durchaus den Kontinent als Ganzen betreffen. Er diskutiert das traditionelle afrikanische Modell der Kirche als Familie und dessen Tauglichkeit für eine Ekklesiologie in Afrika heute und im Zusammenhang damit das Problem von HIV/AIDS und seine dramatischen Auswirkungen in Schwarzafrika.

Nazaire Bitoto Abeng nimmt das Verhältnis zwischen Säkularem und Sakralem in der traditionellen afrikanischen Gemeinschaft in der Begegnung mit dem Christentum in den Blick und skizziert Möglichkeiten sozialer und religiöser Stabilisierungsprozesse in der Gesellschaft Kameruns im Anschluss an die Unabhängigkeit des Landes im Jahr 1960.

Obiora F. Ike beschreibt die Konsequenzen neoliberaler Politik und weltweiter Globalisierungsprozesse in ihren Auswirkungen auf den Kontext Nigerias und schlägt alternative Wertorientierungen aus der Tradition der Igbo vor.

Danielle Palmyre-Florigny führt in ihrem Beitrag in die kreolische Kultur von Mauritius, geografisch dem Kontinent Afrika zugehörig, ein und reflektiert vor dem Hintergrund der multikulturellen und multireligiösen Geschichte des Inselstaats Ansätze zur Inkulturation des Christentums.

Den Auftakt zum Kontext Amerika, unterteilt in Perspektiven aus den Vereinigten Staaten von Amerika und aus den Ländern und Kulturen Lateinamerikas, bilden theologisch-interkulturelle Überlegungen von *Robert J. Schreiter*, die er im aktuellen US-amerikanischen Kontext entfaltet. Dazu thematisiert er die Rolle der Religionen nach 9/11, die kulturelle und religiöse Identität der Folgegenerationen von Migranten, insbesondere aus dem asiatischen Raum, und die neue Polarisierung von Kirche und Gesellschaft in den USA.

Paulo Suess stellt die lateinamerikanische Option für die Armen in das Zentrum seiner Überlegungen und buchstabiert diese im befreiungstheologischen Horizont eines Kampfes gegen Armut und für Gerechtigkeit, die dem Armen-Anderen zusteht – nicht nur in Brasilien.

José Fernando Diaz aus Chile thematisiert am Beispiel der Mapuche, deren indigene Gemeinschaft sich im von christlichen Kolonisatoren unverstandenen und sie befremdenden Opferritus begründet und erhält, verpasste historische Chancen und neue Möglichkeiten von christlicher Pastoral und Mission.

Juan Carlos Scannone bestimmt, ausgehend von der Analyse der soziokulturellen Situation Argentiniens, den Volkskatholizismus zum Ausgangspunkt für die Glaubenskommunikation in dem von kulturellem und religiösem Pluralismus geprägten Kontext Argentiniens und beschreibt von dort aus aktuelle pastorale Aufgaben der Kirche im Blick auf die argentinische Kultur und die indigenen Gemeinschaften.

Francis X. D'Sa eröffnet mit seinem Beitrag die Sektion der asiatisch-kontextuellen Perspektiven. Er entwickelt in indisch-europäischer Perspektive ein (missions-)theologisches Modell, das nicht nur mit Blick auf den hinduistisch-christlichen Dialog für weniger lehrhafte und dafür mehr symbolische, poetische und meditative Zugänge und für eine neue Balance im Verhältnis der Komponenten Mensch, Gott und Welt bzw. Kosmos wirbt.

Felix Wilfred befasst sich kritisch mit dem Begriff der Glaubenskommunikation und favorisiert stattdessen vor dem Hintergrund von zwei Beispielen gelebten Glaubens, in denen das Sich-zu-eigen-Machen der christlichen Religion in Indien auf »unorthodoxe« Weise vollzogen wird, den Begriff der Glaubensaneignung.

Louis J. Mascarenhas beschreibt die christliche Kirche als religiöse Minderheit im muslimisch geprägten Kontext Pakistans und hebt ihr Potential für den interreligiösen Dialog und den konkreten Dienst am Nächsten ohne Anschauung seiner religiösen Überzeugung in einem von Armut, Gewalt und sozialer Desintegration gezeichneten Land hervor.

Seemampillai J. Emmanuel plädiert für ein stärkeres politisches Engagement der Kirche in Sri Lanka und für eine Reformierung der Formen kirchlicher Glaubenskommunikation in der Ausrichtung am Ideal der Jüngerschaft Jesu. In diesem vor allem buddhistisch und hinduistisch geprägten Kontext sieht er die Notwendigkeit für den kirchlichen Einsatz im Bereich sozialer Gerechtigkeit und religiöser Zusammenarbeit.

Mary John Mananzan stellt in feministisch-befreiungstheologischer Absicht konkrete Maßnahmen des Empowerment von Frauen durch Bildung und spirituelle Begleitung vor, die zur gesellschaftlichen Umgestaltung des machistisch geprägten Kontextes der Philippinen führen sollen, und entfaltet die ganzheitlichen und heilenden Dimensionen dieses Ansatzes.

Benigno P. Beltran zieht eine sehr persönliche Bilanz nach 26 Jahren pastoralen Engagements bei den Müllmenschen in Smokey Mountain, Manila, und zeigt darin eindringlich, dass die alltägliche Konfrontation mit Armut und Elend – und den trotzdem lächelnden Menschen – Konsequenzen für das eigene Theologieverständnis und die Realisierung christlicher Existenz hat.

Luis Gutheinz sucht nach Dialogmöglichkeiten zwischen dem Christentum und den drei großen Strömungen chinesischer Religiosität: Konfuzianismus, Buddhismus und Daoismus. Er weist eine Spur zur Verständigung über die Korrespondenz zwischen der christlich-trinitarischen Beziehungsstruktur und dem Yin-Yang-He-Modell.

Haruko K. Okano sensibilisiert anhand der noch unaufgearbeiteten atomaren Katastrophe von Hiroshima und Nagasaki und dem japanischen Verständnis des Gemeinwohls, das Vorrang vor dem individuellen Willen hat, für die Gefahr weiterer atomarer Attacken und richtet ihren christlich motivierten Friedensappell an alle politisch Verantwortlichen.

John D'Arcy May stellt abschließend am Beispiel der Urapmin in Papua-Neuguinea dar, welche Folgen die »Adoption« (baptistisch-)christlicher Religion haben kann und plädiert vor diesem Hintergrund für ein christlich-politisches und sozial-kulturelles Verantwortungsbewusstsein bei allen missionarischen Initiativen.

Kontextuelle Perspektiven aus Afrika und Mauritius

Bénézet Bujo

Glaubenskommunikation und Theologie im Kontext Zentralafrikas

Seit der ersten Vorlesungsreihe *Theologie interkulturell* im Jahr 1985 hat sich vieles in Afrika ereignet. Politisch und sozio-ökonomisch hat sich die Lage fast überall verschlechtert und die Menschen Schwarzafrikas wurden noch ärmer gemacht. Was die Kirche anbelangt, ist vor allem die Synode von 1994 zu erwähnen, die eine große Hoffnung in Christen und Christinnen geweckt hat, die sich jedoch nicht angemessen in die Tat umsetzen ließ, vor allem wegen der soeben erwähnten politischen und sozio-ökonomischen Umstände.

Im Folgenden werde ich nicht auf alle anstehenden Probleme eingehen und ich möchte auch nicht die Situation des ganzen Kontinents ansprechen. Ich beschränke mich auf einige Fragen, die die Kirche in Zentralafrika, namentlich im Gebiet der Großen Seen (Burundi, Kongo-Kinshasa, Ruanda, Uganda), beschäftigen. Dabei sind vor allem zwei Fragen von brennender Aktualität: die *Ekklesiologie* und das Problem von *HIV/AIDS*.

1. Die Kirche als Familie

Auf der Synode von 1994 haben die afrikanischen Bischöfe dafür plädiert, künftig eine Theologie zu entwickeln, die das Familienmodell im afrikanischen Sinn zur Grundlage der Ekklesiologie macht. Schon gleich zu Beginn der Synode aber sahen sich die Synodenväter mit dem Genozid in Ruanda konfrontiert. Dieser Völkermord hat dann das ganze Gebiet der Großen Seen aus dem Gleichgewicht gebracht und die Verkündigung der Frohbotschaft erheblich erschwert. Die Frage, die nicht verstummen möchte, lautet: Was haben die Menschen vom Christentum verstanden, wenn es stimmt, dass das Gebiet der Großen Seen zu den am besten evangelisierten gehört? Wie lässt sich dann die Kirche als *familia Dei* darstellen? Theologie und Glaube stehen vor der Herausforderung, dass man das afrikanische Familienmodell einer genauen Analyse unterziehen muss, bevor es als Grundlage für eine Familia-Dei-Ekklesiologie gelten kann.

1.1 Das afrikanische Familienmodell

Bekanntlich ist die afrikanische Familie viel umfassender als das, was man darunter etwa im europäisch-amerikanischen Kontext versteht. Familie umfasst alle Mitglieder einer Sippengemeinschaft, und man kann sogar sagen, dass sie alle Gruppen derselben Ethnie mit einschließt. Die Ethnie wie ein Pulverfass, das jeden Augenblick hochgehen kann, denn viele Probleme in Schwarzafrika hängen mit der ethnischen Zugehörigkeit zusammen. Es lässt sich kaum leugnen, dass das alltägliche Leben vom ethnischen Denken, gerade auch unter den Christen, bestimmt wird. Hier spielt in vielen Fällen die Konfessionszugehörigkeit eine kleinere Rolle als die ethnische. Nicht selten entsteht nämlich der Eindruck, dass sich der Afrikaner zuerst zu seiner ethnischen Gruppe bekennt, bevor er sich Christ, Muslim oder Angehöriger anderer Gemeinschaften nennt. Man muss sich fragen, ob sich diese Situation nicht vermeiden lässt. Eine genauere Analyse zeigt, dass die afrikanische Tradition viele positive Elemente enthält, die einer Verabsolutierung der Ethnien Einhalt gebietet. Zu denken ist beispielsweise an den Blutpakt oder an verschiedene Allianzen, durch die auch Fremde zu Brüdern und Schwestern werden.

Beim Versuch, eine neue, afrikanische Ekklesiologie zu entwerfen, wird in diesem Zusammenhang gefragt, warum bis jetzt das Taufwasser, besonders in der Zeit des großen Massakers in Ruanda, Burundi und Kongo-Kinshasa, viel dünner war als das natürliche Blut. Unter Blutsverwandtschaft verstehe ich auch verschiedene Allianzen in der afrikanischen Tradition. Man hat nämlich festgestellt, dass in manchen Fällen während des Genozids in Ruanda Menschen, die auf traditionelle Weise durch einen Blutpakt oder andere Riten verbunden waren, sich nicht gegenseitig umgebracht haben, während das Taufwasser bzw. das Christsein Christen und Christinnen nicht daran gehindert hat, sich gegenseitig zu töten. Im Allgemeinen denken die Betroffenen in den Ländern der Großen Seen, dass die Christen und Christinnen einschließlich der Geistlichen ihre Rolle, Sauerteig der christlichen Botschaft zu sein, nicht wahrgenommen haben. Auch ist die Kritik laut geworden, dass die Evangelisierung nicht die afrikanische Seele erreicht hat. Die Adressaten der Frohbotschaft Jesu Christi hätten – so die Kritiker – das Evangelium nicht verinnerlicht, und schuld daran sei der Mangel an Inkulturationsarbeit, die von den Kirchen, allen voran von den ersten Missionaren, nicht wahrgenommen worden sei. Diese Frage lässt sich natürlich nicht im Rahmen dieses skizzenhaften Beitrags diskutieren. Es ist allerdings darauf hinzuweisen, dass man tatsächlich in vielen Fällen feststellen muss, dass die Evangelisierung afrikanische Sitten und Überlieferungen meistens negativ bewertet hat, obwohl die Kongregation »De Propaganda Fide« seit 1959 den einheimischen Kulturen eindeutig positiv gegenüber stand.[1] Heute, wo die Führung der afrikanischen Kirchen zum größten Teil in der Hand der Einheimischen selbst liegt, und in Anbetracht einer zum Teil verfehlten Inkulturation, muss das Evangelisierungswerk neu überdacht werden.

---

[1] Vgl. *Collectanae Sacrae Congregationis de Propaganda Fide* 1907, Nr. 135. Vgl. dazu Mulago 1981, 10.

1.2 Was ist zu tun?

Es gibt Stimmen, die vom Familienmodell für die Kirche nichts halten, denn dies könne nur entweder das patriarchalische oder das matriarchalische System fördern. Darüber hinaus sei das Verhalten Jesu gegenüber der Familie nicht sehr eindeutig. Sicherlich geht die Kritik nicht in die Tiefe, wenn voreilig behauptet wird, das afrikanische Familienkonzept eigne sich nicht für eine positive Deutung der Kirche. Gerade weil – wie vorher betont – das ethnische Denken sich in fast allem breit macht, ist es m.E. eine theologisch unerlässliche Aufgabe, das Positive aufzufangen und im Sinne des Evangeliums tief zu deuten und weiterzuführen.

Dementsprechend halten es die meisten afrikanischen Bischöfe und Theologen für sinnvoll, die Kirche in Afrika als Familie zu definieren, wobei Familie dreidimensional sein soll, bestehend nämlich aus den Lebenden, den Toten und den Noch-nicht-Geborenen. Man muss aber dann das Positive hervorheben, wodurch das Negative korrigiert werden kann. Gerade Elemente wie Blutpakt und andere Allianzen, die in der Tradition so wichtig für Verbrüderung sind, sollen im Kontext des Christentums noch besser gefördert werden. Dabei ist ganz besonders der Blutpakt mit Christus zu unterstreichen, wie etwa Kardinal Malula dies für die von ihm gegründete Kongregation *Sœurs de Ste. Thérèse de l'Enfant Jésus* eingeführt hat. Man sollte aber vor allem eine inkulturierte Katechese im Blick auf die Sakramente der Initiation entwickeln, wobei deutlich gezeigt wird, dass es sich um eine Identifizierung mit dem Gekreuzigten, dem verstorbenen und auferstandenen Herrn handelt. Dazu gibt es Anhaltspunkte in der afrikanischen Tradition selbst. Die Initiation nebst ihrer disziplinierenden Dimension heißt auch immer, dass man sich nicht nur mit dem Ideal der Vorfahren, sondern darüber hinaus mit diesen selbst in bleibender Weise identifiziert. Daraus folgt dann auch, dass die Initiationskameraden derselben Gruppe verbrüdert sind, so dass sie auf Gedeih und Verderb miteinander verbunden sind. Außerdem bedeutet das Initiiert-worden-Sein eine Verantwortung für die gesamte Gemeinschaft, wobei eine besondere Aufmerksamkeit den Jüngeren und allen Schwachen der Gemeinschaft geschenkt werden soll. Angesichts der Kirche als Familie im afrikanischen Sinn wird es eminent wichtig sein, auf dieser Dimension der Gemeinschaft zu insistieren und sie in die Tat umzusetzen. Hierbei muss in der Katechese klar werden, wie das Taufwasser sich mit dem Blut Christi am Kreuz verbinden und durch die Firmung weiterführen lässt und in der Eucharistie gipfelt. Zu dieser Katechese eignet sich zweifellos das Katechumenat als Vorbereitungszeit auf die Erwachsenentaufe, so wie es in einigen Regionen vor allem vor dem Zweiten Vatikanischen Konzil praktiziert wurde. Was die als Säuglinge getauften Kinder anbelangt, hat man die Katechumenatszeit unmittelbar vor der Firmung aber auch in gewisser Hinsicht vor der Erstkommunion nachgeholt, wiewohl man nicht in erster Linie darauf aus war, das Ganze mit der afrikanischen Initiationsspiritualität zu verbinden.[2] Heute aber wäre es möglich, den Versuch neu zu starten und eine wirklich auf der Initiation basierende ekklesiale Gemeinschaft zu gestalten.

Sehr wichtig in der afrikanischen Ekklesiologie ist auch die Palaverkultur (*baraza*, *gacaca*), die sich bemüht, das Wort zusammen in einem gemeinsamen ekklesialen Magen zu verdauen, damit es nicht zerstörerisch, sondern gemeinschaftsstiftend wirkt. Das Ganze führt dann zur Versöhnung. Es ist nämlich schon oft darauf hingewiesen worden, dass das Wort in Afrika nicht denselben Stellenwert hat wie etwa im Westen, sondern dass es einen dynamischen Charakter hat. Ähnlich wie in der Bibel ist das Wort wirksam und bewirkt das, wozu es bestimmt ist.[3] So wird beispielsweise ein Wort des Fluches in der Weise interpretiert, dass es den Betroffenen sogar tödlich treffen kann. Das bedeutet aber schließlich, dass der Gebrauch des Wortes eminent wichtig für die Gestaltung einer gesunden Gemeinschaft ist. Die Kirche als Familie ist eine Gemeinschaft, in der das erfrischende und heilende Wort herrscht, das statt zu zerstreuen eint und versöhnt. Das Wort ist in Afrika etwas, das man kaut, isst und verdaut. Ein nicht gut gekautes Wort wird auch nicht gut verdaut, so dass es wieder in die Öffentlichkeit kommen kann, um das Gemeinschaftsleben durcheinander zu bringen. Durch das afrikanische Palaver ist es möglich, ein falsch verstandenes bzw. ein nicht richtig verdautes Wort zu hinterfragen und das Missverständnis zu beseitigen. Eine derartige Palaverkultur kommt der Kirche als Familie sicher zugute, der es darum zu tun sein muss, das Wort Gottes gemeinschaftlich zu meditieren, damit es von allen gut gekaut und verdaut wird. In dieser Kirche wird das Wort Gottes immer verbindend, tröstend und versöhnend wirken. Der eigentliche Ort, an dem dieses christliche Palaver stattfinden soll und wo es schon manche Früchte gezeitigt hat, sind die Kleinen Christlichen Gemeinschaften, in denen die Gläubigen die Heilige Schrift gemeinsam lesen und meditieren, um alle ihre Lebensprobleme einer dem Evangelium gemäßen Lösung zuzuführen.

So verstanden wird jener Einwand letztlich doch zurückgewiesen, nach dem das Modell der Kirche als Familie nicht geeignet sei, da es sich mit der Lehre Jesu nicht ganz vereinbaren ließe. Was das Verhalten Jesu anbelangt, so haben verschiedene Studien darauf aufmerksam gemacht, dass sich Jesus sowohl positiv als auch negativ gegenüber der Familie äußert. Hier sollte man sich nicht auf Mk 3,10f und 3,31–35 beschränken, wo der Herr seine eigene Familie einer radikalen Kritik unterzieht. Als Afrikaner wird man etwa das letzte Wort Jesu am Kreuz unbedingt mitberücksichtigen müssen, mit dem er seinem Lieblingsjünger seine Mutter anvertraut (Joh 19,27). Aus afrikanischer Sicht geht es hier um ein Testament, in dem Jesus deutlich macht, dass er seine

[2] Zu den mit dem Katechumenat zusammenhängenden Problemen vgl. Lehr 1993.
[3] Vgl. hierzu Bujo 1996.

Mutter nicht allein lassen, sondern ihr eine gesunde, liebevolle Zukunft garantieren möchte. Maria, die das Leben par excellence geboren hat, ist selber das Symbol des Lebens und sie soll weiterhin das Leben in der Kirche fördern und erhalten. So ist es wichtig, diese Form der Gemeinschaft der Glaubenden – durch den Lieblingsjünger repräsentiert – zu empfehlen. Zugleich wird der Jünger an Maria als seine Mutter verwiesen. Auch darin kommt aus afrikanischer Sicht das Lebenssymbol klar zum Ausdruck, das Maria darstellen soll.[4] – Insgesamt muss also betont werden, dass das Verhalten Jesu die Familienbindung nicht desavouiert, denn als gottgegebene Wirklichkeit gehört auch sie zur Frohbotschaft, wie es die Kritik Jesu am Missbrauch des Korban-Gebotes zum Ausdruck bringt (Mk 7,8–13). Die Bedeutung der Familie für die Verbreitung der Frohbotschaft ist offenkundig, wenn man bedenkt, dass die Evangelisierung selbst nicht zuletzt durch das Familienleben in der Urkirche unterstützt wurde. Die Familie ist nur dort nicht relevant, wo sie ein Hindernis für das Reich Gottes darstellt.[5]

2. Das Problem von HIV/AIDS

Es ist keine Frage, dass das tödliche HIV/AIDS-Virus eine dramatische Situation in Schwarzafrika hervorgerufen hat. Ganze Sippengemeinschaften werden ausgerottet. Das Virus zerstört auch die traditionelle Solidarität und die Beziehungen zwischen den Menschen. Kirche und Staat werden aufgerufen, konkrete Schritte zu unternehmen, um die Katastrophe zu verhindern, bevor es zu spät ist.

2.1 Kirche und Staat sind nicht untätig

Obwohl oft zu hören ist, dass Politiker und Kirchen in Afrika die Sache nicht beim Namen nennen, zeigt ein genaueres Hinsehen, dass dieser Vorwurf nicht so generell formuliert werden darf. Es gibt zwar Staaten, die sich in Schweigen gehüllt haben, aber dies sollte man auch im Hinblick auf die Diskriminierung verschiedener Art auf internationaler Ebene zu verstehen versuchen. In der Tat, sobald, zumindest damals, als das Virus sich zu verbreiten begann, feststand, dass ein Staat mit der HIV/AIDS-Pandemie zu tun hatte, mussten die betroffenen Länder oft mit harten Maßnahmen gegen ihre Bürger rechnen, die beispielsweise ins westliche Ausland reisen wollten. Auch war ein gewisser ökonomischer Boykott nicht undenkbar, zumal dann, wenn das Wohlergehen der Bewohner z.B. auf den Tourismus aus dem Ausland angewiesen war.

---

4 Vgl. auch die Deutung von Schnackenburg 1975, 324: »Bei der Szene am Kreuz ist nicht zu übersehen, daß die Mutter Jesu nicht nur dem Jünger übergeben, sondern auch der Jünger an Maria als seine Mutter verwiesen wird. Darin kann die Intention liegen, die christliche Gemeinde an den Mutterschoß zu erinnern, aus dem Jesus und sie selbst hervorgegangen sind.«

5 Ausführlicheres dazu u.a. bei Klauck 1995, 9–36.

Trotzdem ist festzustellen, dass einige Länder doch tapfer gegen das HIV/AIDS-Virus vorgegangen sind. Die Beispiele aus Uganda, Kenia, Tansania, Senegal usw. könnten an dieser Stelle angeführt werden, wenn sich auch nicht alle in gleicher Weise für die Bekämpfung des Virus engagieren.[6]

Die katholische Kirche ihrerseits tritt mit großem Engagement für die Bekämpfung der tödlichen Pandemie ein. Gleichwohl lehnt sie es ab, das ganze Problem auf den Gebrauch von Kondomen zu fokussieren, obwohl sie sich der Tatsache bewusst ist, dass die traditionelle Moral aufgrund etwa der Prinzipien des kleineren Übels, der Lehre von den Umständen und der Handlung mit Doppelwirkung die Dinge zu differenzieren weiß. Die Kirche besteht eher auf der Verhaltensänderung im Sexualbereich. Es wird auch betont, dass die Infizierung mit dem HIV/AIDS-Virus nicht nur auf sexuelle Kontakte zurückgeht, sondern dass man auch die Situation von Armut, Kriegen, Analphabetentum usw. mitberücksichtigen soll, die die Lage der Menschen in Afrika dramatisch verschlechtert.[7] Um nur das Beispiel des Krieges aufzugreifen, der fast überall in Afrika tobt, so ist zu beklagen, dass gewalttätige Soldaten – dazu zählen auch manche UNO-Soldaten – so viele Frauen und Kinder sexuell missbrauchen, dass dies ein wichtiger Grund für die Verbreitung der HIV/AIDS-Pandemie in Afrika ist. Was die modernen Kriege anbelangt, so sollten sich die westlichen Mächte nicht immer hinter den ethnischen Konflikten verstecken, denn man weiß, dass sie nicht ganz unschuldig am Fortdauern der Anfeindungen sind, geht es doch oft um ökonomische Interessen, die mit chaotischen Zuständen in den oft reichen Entwicklungsländern zusammenhängen.

2.2 Inkulturation von Kirche und Moraltheologie

Das Grundkonzept, das hinsichtlich einer Ekklesiologie in Afrika, die auf dem Familienverständnis basiert, so wichtig ist, kehrt hier wieder. Theologen schlagen in diesem Zusammenhang vor, dass die Kirche in ihrer Verkündigung die afrikanische Solidarität bekräftigt, die sich in der Tradition, ganz besonders in den kritischen Momenten, zeigt. Wer sich zum Beispiel nicht um die Kranken kümmert, wird als Zauberer betrachtet, der das menschliche Leben zugrunde richtet. Es ist erfreulicherweise anzumerken, dass die Kleinen Christlichen Gemeinschaften in Afrika eine wichtige Rolle in diesem Bereich spielen. Die von diesen Gemeinschaften ergriffenen Initiativen gehen dahin, dass sie alle Mitglieder mobilisieren, sich in den Dienst der HIV/AIDS-Erkrankten zu stellen. Dabei geht es freilich nicht nur um materielle Hilfen, sondern die Christen und Christinnen sorgen sich um die Personen im holistischen Sinn. Sie selber werden zu den Vertrauenspersonen, an die die Patienten sich mit allen ihren Sorgen wenden. Oft sind diese Laien wichtigere Bezugs-

---

6 Vgl. die Studie von Orobator 2005.
7 Vgl. Czerny (Hg.) 2005.

personen für die Kranken als die Priester. Es ist in diesem Zusammenhang eine gewisse »Feminisierung« der Kirche festgestellt worden: Frauen scheinen im Hinblick auf die AIDS-Frage viel engagierter zu sein als Männer; sie stehen voll im Einsatz im Dienst an den Kranken. Dies entspricht übrigens der afrikanischen Konzeption, nach der die Frau das Lebenssymbol schlechthin darstellt. Die Frage, die hier ungelöst bleibt, ist die nach der Sakramentenspendung. Wenn Laien, und vor allem Frauen, eine so wichtige Funktion bei den Patienten und Notleidenden wahrnehmen, wäre es nach der Meinung einiger Theologen[8] dringend, das Problem der Spender der Sakramente, vor allem hinsichtlich der Beichte und Krankensalbung, zu lösen. Die Frage wäre dann, ob die Kirche in Afrika bezüglich der Sakramentenspendung nicht nur Männer, sondern auch Frauen besser integrieren sollte als bisher, zumal die afrikanische Tradition ihnen im Blick auf das Leben den höchsten Rang nach Gott einräumt.

Was die Moraltheologie anbelangt, so fordern die Theologen eine Gemeinschaftsethik, in der nicht individuell vorgegangen wird, sondern in der das Verhalten der Individuen der gesamten Gemeinschaft besser Rechnung trägt. Außerdem wird darauf aufmerksam gemacht, dass man die traditionellen Sitten und Gebräuche gründlicher untersuchen müsse, denn sie können die Verbreitung des HIV/AIDS-Virus entweder fördern oder ihr vorbeugen.[9] Mit anderen Worten: Was der HIV/AIDS-Pandemie Einhalt gebieten wird, sind weder nur Kondome noch nur antiretrovirale Medikamente, sondern ebenso das Ernstnehmen der afrikanischen Kultur. In dieser Kultur gibt es Praktiken, die unbedingt eliminiert werden müssen, da sie zur Verbreitung der Pandemie beitragen können. Es gibt aber andere Elemente, die durchaus positiv sind und die im Kampf gegen HIV/AIDS unbedingt gefördert werden müssen. In dieser Kategorie sind beispielsweise die traditionelle Disziplin und die verschiedenen Tabus im Sexualbereich zu erwähnen, die zum Ziel hatten, zu einem richtigen Verhalten zu erziehen. Wenn etwa die sexuelle Begegnung zwischen den Ehepartnern nach der Geburt und in der ganzen Stillzeit nicht gestattet war, konnte dies damit begründet werden, das Kind werde bei der Verletzung dieses Tabus sterben oder die Muttermilch versiegen. Eigentlich wollte dieses Tabu darauf hinweisen, dass die Mutter Ruhe und Zeit braucht, nachdem sie einen Menschen zur Welt gebracht hat. Sie muss sich von den Strapazen erholen und sich gleichzeitig ganz dem Säugling widmen. Dies berechtigte den Mann aber auch nicht zu eventuellen Seitensprüngen, denn dieses Vergehen war mit dem gleichen Tabu belegt: Etwas Böses könnte dem Säugling und seiner Mutter zustoßen. Das hieß, der Mann sollte die Mutter sorgenfrei halten, so dass sie nicht einmal den Verdacht hätte, ihr Mann würde sie betrügen. Sonst würde die Frau dem Kind keine »gesunde« Milch geben, denn die Sorgen der Mutter könnten den Säugling mit »infizieren«. Der tiefere Sinn des

---

[8] Vgl. u.a. Ela 2003, 291–353.

[9] Ausführlicheres bei Bujo 2006, 377–389; ders. 2005, 55–60.

Tabus liegt darin, den Eheleuten dabei zu helfen, einander die Treue zu halten. Ohne dass man heute das Tabu dem Wortlaut nach »predigt«, ist das Anliegen selbst ernst zu nehmen und an die gegenwärtige Situation anzupassen. Denn selbst wenn die Begründung nicht mehr der Tod durch einen Tabubruch sein kann, so stellt doch jede sexuelle Untreue im Kontext von HIV/AIDS ein Risiko dar, was durchaus den Tod für die Eltern und das hilflose Kind bedeuten könnte. Ähnlich sind viele andere afrikanische Sitten zu deuten, und die Belebung mancher guten Praktiken sollte nicht der Lächerlichkeit preisgegeben werden.

Schlussbemerkung

Diese Ausführungen beziehen sich zwar hauptsächlich auf das Gebiet der Großen Seen, aber vieles gilt ähnlich für das gesamte Afrika, selbst wenn die Probleme sich manchmal unterschiedlich darstellen. Die allgemeine Gültigkeit meiner Beobachtungen zeigt sich vor allem in der Forderung nach einer Gemeinschaftsethik. Wir können ohne weiteres sagen, dass der Afrikaner sein ganzes Freiheitsverständnis nur im Rahmen der Gemeinschaft sieht. Ohne diese kann er nicht frei sein. Das heißt aber auch, dass Gemeinschaft und Individuum aufeinander angewiesen sind, damit die Fülle des Lebens allen Mitgliedern zuteil wird. Dieses Gemeinschaftsverständnis impliziert, dass das Fehlverhalten eines einzigen Mitglieds die ganze Gemeinschaft durcheinander bringt.

Krankheitsfälle bedeuten immer, dass etwas in der zwischenmenschlichen Beziehung nicht stimmt. Auf das Problem von HIV/AIDS übertragen bedeutet dies, dass die Gemeinschaft mit schuldhaften Problemen zu tun hat, die nicht unbedingt mit Sexualität zu verbinden sind, sondern eher das Strukturelle betreffen. HIV/AIDS ist ein Zeichen dafür, dass etwas in der Beziehung zwischen den Menschen nicht stimmt. Dies betrifft die Lieblosigkeit, die sich etwa in den ungerechten wirtschaftlichen Verhältnissen zeigt, die zur Armut in den Entwicklungsländern führen und so zur Verbreitung der HIV/AIDS-Pandemie beitragen. Der Mangel an technischen Infrastrukturen im Gesundheitswesen hängt oft mit der ökonomischen und politischen Ausbeutung der armen Länder zusammen. Eine Gemeinschaftsethik kann nicht umhin, auch diese Missstände als strukturelle Sünde zu bezeichnen. Kurzum: Die Bekämpfung des HIV/AIDS-Virus' darf sich nicht auf einzelne Länder Afrikas beschränken, sondern sie erfordert die Bemühungen der gesamten Weltgemeinschaft. Erst wenn unsere zwischenmenschlichen Beziehungen weltweit gesund sind, kann auch Afrika auf eine echte Befreiung von der tödlichen Pandemie hoffen.

Literatur

BUJO, B. 1996, *Dieu devient homme en Afrique noire. Méditation sur l'Incarnation,* Kinshasa.

Ders. 2005, *What Morality for the Problem of AIDS in Africa?,* in: Czerny, M. F. (Hg.), AIDS and the African Church. To Shepherd the Church, Family of God in Africa in the Age of AIDS, Nairobi, 55–60.

Ders. 2006, *Gemeinschaftsethik und HIV/AIDS in Afrika,* in: Hilpert, K./ Bohrmann, Th. (Hg.), Solidarische Gesellschaft. Christliche Sozialethik als Auftrag zur Weltgestaltung im Konkreten, Regensburg, 377–389.

Collectanae Sacrae Congregationis de Propaganda Fide 1907, I, Rom.

CZERNY, M. F. (Hg.) 2005, *AIDS and the African Church. To Shepherd the Church, Family of God in Africa in the Age of AIDS,* Nairobi.

ELA, J.-M. 2003, *Gott befreit. Neue Wege afrikanischer Theologie,* Freiburg i.Br. u.a.

KLAUCK, H.-J. 1995, *Die Familie im Neuen Testament. Grenzen und Chancen,* in: Bachl, G. (Hg.), Familie leben. Herausforderungen für kirchliche Lehre und Praxis, Düsseldorf, 9–36.

LEHR, S. 1993, *»Wir leiden für den Taufschein!« Mission und Kolonialisierung am Beispiel des Landkatechumenates in Nordostzaire,* Frankfurt a.M. u.a.

MULAGO, V. 1981, *Evangélisation et authenticité dans l'enseignement du Magistère,* in: ders. (Hg.), Aspects du Catholicisme au Zaïre, Kinshasa, 7–45.

OROBATOR, A. E. 2005, *From Crisis to Kairos. The Mission of the Church in the Time of HIV/AIDS, Refugees and Poverty,* Nairobi.

SCHNACKENBURG, R. 1975, *Das Johannesevangelium, III. Teil,* Freiburg-Basel-Wien.

Nazaire Bitoto Abeng

Glaubenskommunikation im Kontext Kameruns

Einführung

Aufbruch in eine Welt für Alle! Im Zeitalter der Globalisierung klingen Aussagen wie »Die Welt wird zu einem grenzenlosen Dorf und zu einer Welt für Alle« leere Worte. Sie erwecken den Eindruck eines modernen Gewandes, das die krumme Gestalt des menschlichen Körpers verbirgt. Ich sehe darin eine Parallele zur Parole *Liberté, Egalité, Fraternité*, die den Nährboden der Französischen Revolution in der Zeit bildete, als die Kolonisation begann. Mit dem Kolonisierungsprozess und seinen bitteren Folgen (Zwangsarbeit, Ausbeutung, Unterdrückung) erlebten die kolonisierten Völker, dass nämlich die einen gleicher sind als die anderen. Für Etienne de Greef werden die meisten Verbrechen in der Welt im Namen der Freiheit, der Gerechtigkeit, der Moral und sogar der Nächstenliebe begangen: »C'est au nom de la liberté, de la justice et de la morale et même de l'amour du prochain, que l'on commet le plus de crimes sur la terre.«[1]

Die Bauern und Bäuerinnen Kameruns verstehen sich nicht als Mitglieder einer Dorfgemeinschaft bzw. Interessensgemeinschaft mit den Bauern der Europäischen Union. Während die einen in Armut und Elend versinken, gibt es für die anderen bessere Arbeitsbedingungen aufgrund der Entwicklung der neuen Technologien und sie bekommen Subventionen für ihre Agrarwirtschaft.

Kann Glaubenskommunikation als Weg gestaltet werden, durch den der Aufbruch in eine Welt, die wirklich allen Menschen offen steht, ermöglicht wird? Mein Beitrag soll diese Frage im Kontext der kulturellen Vielfalt Kameruns, einem Land, das man als Afrika im Kleinen bezeichnet, untersuchen. Mein Beitrag betrachtet die Menschen in Kamerun in verschiedenen geographischen und gesellschaftlichen Dimensionen. Ich werde untersuchen, inwieweit das unterschiedliche Zusammenwirken von Wertebindung, Interesse und Glaube Einfluss auf den Einzelnen oder auf Gruppen nehmen kann, ob es sich also als Verstärkung oder intensive Einbindung in das gesamte soziale Netzwerk oder als ausschließender Faktor in konkreten Situationen auswirkt.

Zunächst möchte ich einen kurzen Überblick zur Geographie, zur Bevölkerung und zur Geschichte des Landes seit dem Ende des 19. Jahrhunderts geben, der Zeit, in der das »christliche Abendland« in Kamerun Fuß gefasst hat. Dadurch werden sowohl die geographischen als auch die soziokulturellen

---

1 Schooyans 1997, 26.

Bedingungen dargestellt und so ein besseres Verständnis der Glaubenskommunikation in Kamerun ermöglicht.

1. Kamerun: Land und Leute

Kamerun erstreckt sich auf einer Fläche von 475.000 Quadratkilometern und zählt 15 Millionen Einwohner (1970: 5,836 Mio.; 3,5 Mio. vor dem ersten Weltkrieg).[2] Das Land liegt an der Bucht von Biafra gelegen, umfasst sechs verschiedene geographische Räume.

Von der Grenze zu Äquatorialguinea bis zur nigerianischen Grenze erstreckt sich das Küstentiefland. Diese Gegend wird vom tropischen Regen bewässert und ist von Regenwald und Mangroven bedeckt, unterbrochen von ausgedehnten Plantagen und dem Massiv des bis zu 4070 m hohen Kamerunberges, des höchsten Berges in Kamerun, wo die größeren Flüsse des Landes (Sanaga, Nyong, Lokundje, Wuri, Mungo und Dibamba) entspringen. Nach Süden und Osten senkt sich das mit tropischem Regenwald bedeckte Hochland zur Ebene ab. Das Grashochland von Westkamerun ist von Baum- und Buschsavanne geprägt (Plateau von Adamaua). Der Boden besteht aus Granit und Basalt und das Plateau wird von einzelnen bis zu 2000 m hohen Bergen unterbrochen, die stufenweise zum Benue-Becken hin abfallen. Das Bergland von Westkamerun erstreckt sich mit Höhen zwischen 2000 und 3000 m vom Kamerunberg an der Küste über das Bamileke- und Bamenda-Hochland bis in den Norden. In diesem vulkanisch geprägten Bergland findet man Regenwald im Süden, Savanne und Steppenvegetation im Norden. Im äußersten Norden grenzt die Chari-Logone-Steppe an den Tschadsee.

Kamerun hat ein tropisches Klima in verschiedener Ausprägung, mit geringen Temperaturschwankungen, vielen Niederschlägen und hoher Luftfeuchtigkeit. Zum Inneren des Landes und nach Norden hin nehmen die Niederschläge ab und die Temperaturschwankungen zu. Im Süden gibt es zwei Regen- und Trockenzeiten, während es in der Nähe des Tschadsees wenig regnet. Landschaftlich und klimatisch betrachtet ist Kamerun ein Afrika im Kleinen, ein Dreieck, dessen nördliche Spitze in die Sahelzone reicht, mit einer unglaublich vielfältigen Fauna und fruchtbarem Boden sowie vielen Bodenschätzen.

Die Bevölkerung Kameruns ist durch eine außerordentliche Vielfalt gekennzeichnet. Da Details hier keine Rolle spielen, werde ich mehr die aus der Dualität Regenwald und Savanne entstandene Waldlandbauern- und Savannenbauernschaft, die *Sudaniden* und die städtische Bevölkerung berücksichtigen. Die Unterscheidung zwischen Bantu und Sudanesen hat den Vorteil, dass sie Oberbegriffe bereitstellen, auf die sich jedes der zahlreichen Kameruner Völker beziehen kann.

---

[2] Ausführlicheres über Kamerun findet sich u.a. bei Abeng 1989; Berger 1978; Hettich 1995.

Im Norden des Tschadsees findet man die viehzüchtenden *Schoa-Araber*, die zu einer kleinen Gruppe von *Semiten* gehören. Zu den *hamitischen* Völkern zählen die nomadischen und viehzüchtenden *Bororo*[3] und die *Fulbe*, die den Islam nach Kamerun brachten und bei ihren Eroberungszügen bis in das Grashochland von Mittelkamerun vordrangen. Die autochthone Bevölkerung wurde von ihnen verdrängt oder unterworfen. Als friedliches Händlervolk bekannt, trugen die islamischen *Haussa* viel zur Verbreitung des Islam bei. Die *Sudanesen*, die von den Fulbe unterworfen wurden, sind geographisch zerstreut: in den Bergen die (sehr wenig von den Fulbe beeinflussten) *Matakam*, *Mandara* und *Kapsiki;* in der Ebene die *Gisiga*, die *Falli*, die *Massa*, die *Tupuri* und die *Musgun*; in der Hochebene die *Mbum* und die *Duru,* sehr stark von der Kultur der Fulbe geprägt. Der Grad der Islamisierung lässt sich nicht äußerlich feststellen, da alle die traditionelle islamische Kleidung tragen.

In der Regenwaldzone wohnen einerseits noch Völker, die starken islamischen Einflüssen unterworfen sind (*Wute*) und sudanische Sprachen sprechen (*Wute*, *Baja*); andererseits Völker mit bantoiden Sprachen (*Bafia, Banen*) und großen Ähnlichkeiten mit den Bantu aus dem Süden (*Baja*).

Im westlichen Teil des Kameruner Graslands bilden die *Semibantu* (aufgrund ihrer Sprache) eine Art Völkerbrücke zwischen Sudanesen und Bantu: die *Tikar*, die *Bamun*, die *Bali*, die *Bamenda* und die *Bamileke.*

Im Gebiet des tropischen Waldes leben die »eigentlichen Bantu«.[4] Zu den ältesten Gruppen dieser Völker gehören die *Duala*, die *Malimba* und die *Batanga* an der Küste. Ihre Verwandten bewohnen die Region des Kamerunberges (*Bakweri, Bakossi* und *Bakundu*); weiter nördlich leben die *Pongo, Wuri, Abo* und *Mbo* sowie die aus dem Süden zurückgedrängten *Bassa und Bakoko*; an der Südküste leben die *Mabea* und die *Ngumba*, die als Verwandte der *Maka* im Osten gelten. Die *Pangwe* sind die jüngere Gruppe der Bantu. Zu ihnen gehören die *Fang*, *Ntumu*, *Bulu*, *Mvele*, *Beti*, *Ewondo, Bene* und *Mangissa*. Ein Teil dieser Volksgruppe lebt heute in Gabun und Äquatorialguinea.[5]

Zur Bevölkerung Kameruns gehören auch die *Pygmäen*, die von den anderen Gruppen, besonders den Bantu, in die Wälder zurückgedrängt wurden. Zu ihnen gehören die *Bagielli* im Südwesten (ca. 1500 Menschen) und die *Babinga* im Südosten. Diese Völker wurden im Laufe der Geschichte mit dem Christentum und dem Islam konfrontiert, und die Anhänger dieser beiden Religionen leben mit den Anhängern traditioneller Religionen.

Die Religion dieser Völker wies vielfältige Formen auf und war von ihrer Umgebung schwer zu trennen, so dass kulturelle, soziale, ökonomische und religiöse Elemente eine Einheit bildeten.

Welche Rolle spielt der Glaube in einem Land, wo Probleme, die bei dieser kulturellen Vielfalt nicht zu vermeiden sind, auf die sozio-politischen und

---

[3] Vgl. Berger 1978, 147.
[4] Ebd., 149.
[5] Eine Fülle von Literaturangaben hierzu findet sich in Berger 1978, 150.

sozio-ökonomischen Gegebenheiten einer neoliberalen Gesellschaft prallen? Um Missverständnisse zu vermeiden, möchte ich nun die Begriffe *Religion* und *Glaube* darstellen, wie ich sie im Folgenden verwende.

2. Zum afrikanischen Verständnis von Religion und Glaube

Mein Religionsverständnis geht von meiner eigenen Erfahrung als Afrikaner und Christ aus. Allein fühle ich mich nicht religiös, sondern nur in Gemeinschaft und mit afrikanischen Religions- und Spiritualitätsformen, bei denen keine Unterscheidung zwischen Säkularem und Sakralem besteht. Diese Gemeinschaft ist vor allem als Gemeinschaft mit Gott, dem Schöpfer der Menschen, den Ahnen, den Mitmenschen und der Natur zu verstehen. Das Leben des Menschen als religiöses Wesen findet dann Erfüllung, wenn *»das Gleichgewicht und die Harmonie der Gemeinschaftsbeziehungen innerhalb einer Familie, einer Sippe oder eines Stammes aus einem Geflecht von religiösen Überzeugungen und Bräuchen besteht«.*[6] Die Menschen leben ihre Religion – so John S. Mbiti – wann immer sie als Menschen handeln: auf Reisen, beim Bebauen ihrer Felder, beim Jagen oder Fischen, bei der Partnersuche oder bei medizinischer Behandlung.[7]

Afrikanische Religionen werden als traditionelle Religionen, Eingeborenenreligionen oder Stammesreligionen bezeichnet. Sie verstehen sich nicht als »Buchreligion«, sondern vielmehr als die aus dem Glauben abgeleitete Praxis. Keine »Heiligen Schriften« liegen ihnen zugrunde, und sie werden weitgehend mündlich überliefert. Afrikanische Traditionen verstehen sich als Prozesse der Überlieferung oder Weitergabe des Menschlichen, als Orte der Referenz und der Orientierung für die Lebenden, an denen die Ahnen wirken. Afrikanische Traditionen bleiben in der Gemeinschaft lebendig. Sie sind kommunikativ angelegt und können einen Beitrag im gegenseitigen Humanisierungsprozess leisten. Insofern sind die afrikanische Gastfreundschaft und die kulturelle Vielfalt Kameruns als Bereicherung zu verstehen.

Die Tatsache, dass jemand Afrikaner oder Kameruner ist, sagt allein noch nichts über seinen Glauben aus. Wörterbücher definieren Religion als die Summe der Glaubensüberzeugungen und Praktiken von Menschen und Gruppen in Beziehung zum »Übernatürlichen«, doch gibt es einen Unterschied zwischen denen, die an einen persönlichen Gott glauben und denjenigen, die an ein transzendentes Wesen oder an Mächte, aber nicht ausdrücklich an einen persönlichen Gott glauben.[8] Auch verwenden wir den Begriff Religion oft im Plural, ohne zu unterscheiden, dass einige Religionen, besonders die »Buchreligionen«, Glauben und Wissen verbinden, was zu einer Unterschätzung der

---

6 Mulago 1986, 117.
7 Vgl. Mbiti, 2001, 50.
8 Vgl. Tworuschka 2000, 16.

religiösen Praxis führen kann. Nicht zu vergessen ist die sinnvolle Differenzierung zwischen *faith* (Gottvertrauen) und *belief* (Glaubensinhalt), um Glauben besser zu verstehen. Als tragende Lebenskraft hat Glaube eine dynamische Beziehung zum Leben und wird nicht als ein fertiges Produkt, als ein Gegenstand verstanden, sondern als ein Weg, ein unabschließbarer Prozess in allen Lebensphasen.[9] Hier treffen Glaube und Religion zusammen.

Die Afrikaner werden als religiöse Menschen definiert, weil sie immer versuchen, aus dieser dynamischen Beziehung zum Glauben einen Sinn in konkreten Situationen zu konstruieren. Die Bedeutung aller sozialen Ereignisse suchen sie bei Gott, den Ahnen und den Geistern, die Wegbegleiter der Menschen sind. Glaube kann auch hier verstanden werden als das, was in einer Kultur zur Erfüllung moralischer und religiöser Forderungen beiträgt. Kultur bietet den Bedeutungsrahmen an, der dazu dient, die Welt zu interpretieren und dem Leben Perspektiven zu geben.[10] Der Reichtum afrikanischer Kulturen drückt sich in der unterschiedlichen Wahrnehmung und Deutung Gottes aus. Diese werden gegenseitig anerkannt als Ausdruck des Andersseins Gottes, so dass Glaubensstreitfragen unbekannt sind.

Werden Spuren der afrikanischen Kosmovision in Kamerun sichtbar, wenn Glauben und Leben als Einheit dargestellt werden? Haben die verschiedenen Riten und Mythen in der heutigen Gesellschaft Kameruns noch gesellschaftliche Relevanz[11], wenn es um Themen wie Sozialisation, Harmonie, Gemeinschaft, Frieden und Versöhnung geht?

3. Zur sozio-ökonomischen Realität Kameruns

Der Frieden und die Ruhe, die heute in der Gesellschaft Kameruns zu spüren sind, sind durch erbitterte Befreiungskämpfe in den fünfziger und sechziger Jahren des letzten Jahrhunderts errungen worden. Aber hinter ihnen verbirgt sich eine Gewöhnung an das Unglück und an das Scheitern.

Die ersehnte Unabhängigkeit am 1. Januar 1960 wurde von Abkommen begleitet, die die wirtschaftlichen und politischen Interessen der ehemaligen Kolonialmacht Frankreich sicherten. Der Staatspräsident ließ sich unter dem Deckmantel eines »Vaters der Nation« feiern und zwang alle politischen Parteien in ein Einparteiensystem. Jahrzehntelang herrschte Unterdrückung, politische Verfolgung und politischer Mord. Das *Tcholiré* (Gefängnis in Kamerun) und das *Vallée de la mort* sind für Kameruner Orte voll grausamer Erinnerungen an Folter und Mord. Jeder hatte Angst vor jedem, denn Spione waren sowohl in Kamerun als auch im Ausland tätig. Dem Volk wurden seine Freiheit, Identität und Meinungsfreiheit geraubt. Es gab keine freien Wahlen

---

[9] Vgl. Wagener 2002, 13.
[10] Vgl. Schreiter 1997, 54.
[11] Vgl. Mulago 1986, 148, 157.

und so wurden ihm Abgeordnete des Einparteiensystems aufgezwungen, die sich dem Volk nicht verpflichtet fühlten. Man gewöhnte sich an das »Abwarten« und an das Misstrauen. Diese politische Unzufriedenheit stand im Gegensatz zu einer relativ hohen Kaufkraft der Kameruner aufgrund der Preisentwicklung ihrer Agrarprodukte auf dem Weltmarkt insbesondere bis zu den 1990er Jahren. Bei der Umwertung des CFA-Francs, die ebenfalls in den neunziger Jahren stattfand, wurde die Kaufkraft der Kameruner erst halbiert, danach erfolgte auf Anordnung der Weltbank und des Internationalen Währungsfonds die Halbierung der Löhne. Diese bitteren Pillen wurden ohne soziale Unruhen geschluckt.

Kamerun lebt wie auf einem Vulkan, der von heute auf morgen ausbrechen kann. Die Straßen der Städte Kameruns haben keine freie Fußgängerzone mehr. Sie werden von Jugendlichen belagert. Die meisten haben ihre Ausbildung erfolgreich abgeschlossen, müssen aber um das Überleben kämpfen durch den Verkauf von allerlei Gegenständen, da sie keine Arbeit bekommen. In diesem hoffnungslosen Milieu bildet auch den Nährboden für verschiedene Formen von Kriminalität. Im Jahr 2000 »feierten« einige Kameruner ihren Eintritt in den Club der PPTE (*Pays pauvres très endettés*: hoch verschuldete arme Länder). Aber woher kommt die Armut, woher der Schuldenberg?

Kamerun wird von vielen wegen seiner Bodenschätze, seiner tüchtigen Jugend, seines fruchtbaren Landes bewundert und beneidet. Warum gibt es in einem so reichen Land so viele Arme, so viel Elend? Kamerun ist nicht arm; *die Kameruner werden arm gemacht.* Der Mangel an Infrastruktur, die schlechte wirtschaftliche Lage der überwiegenden Mehrheit der Bevölkerung – besonders der Jugend und der ländlichen Bevölkerung – lassen kein politisches Programm erkennen, dessen Ziel es ist, den Lebensstandard der Bevölkerung zu verbessern.

An der von Osten nach Süden führenden Autostraße zwischen Bertoua und Yaoundé schließen nackte Kinder Wetten über die Zahl der täglich durchfahrenden Lastwagen ab, die unter einem Wirbel von Staub die Reichtümer der Wälder Kameruns ins Ausland bringen. So erleben die Bauern und ihre Kinder ohnmächtig, wie ihre Wälder abgeholzt werden, ohne dass sie am Ertrag des wertvollen Exportartikels Holz teilhaben. Die *Korruption* ist in Kamerun so weit verbreitet, dass man nun von Dieben und Verbrechern der Nation spricht, da es um Milliarden geht, um staatliche Gelder, die in den Koffern von ein paar Ministern und Direktoren weggebracht werden, bevor sie in westlichen Banken verschwinden und der Entwicklung der Industrieländer zugute kommen.

1982 nahm die neue Regierung unter Paul Biya[12] ihre Arbeit unter dem Motto »Moralisierung und Strenge« auf. Ein Mehrparteiensystem und Pressefreiheit wurden eingeführt. Doch die Lage hat sich immer mehr verschlechtert. Kamerun hat die Goldmedaille für Korruption bekommen und sich ohne

[12] Staatspräsident Kameruns ab 1982.

Schamgefühl in den Club der hoch verschuldeten armen Länder aufnehmen lassen. Die »demokratische Wende« der 1990er Jahre führte in Afrika zu Karikaturen des Verständnisses westlicher Demokratie und ebenso des afrikanischen Palavers. Das Ziel, die Diktatoren friedlich zu entmachten und eine Regierung zustande zu bringen, die auch auf globaler Ebene demokratischen Standards genügte, scheiterte am Machtstreben einzelner und am Mangel an gemeinsamen Interessen und an der Kommunikation zwischen Stadt- und Landbevölkerung. Die Strukturreform machte die Armen noch ärmer und vernichtete die Kaufkraft der Arbeiter. In seinem Buch »L'Evangile face au désordre mondial« beschreibt Schooyans das Los der Armen gegenüber internationalen Organisationen und reichen Staaten wie folgt: »Ils doivent accepter tout ce que leur dictent les organisations internationales et les Etats les plus puissants. Les pauvres sont gérés dans leurs ressources et dans leur vie même, selon des critères utilitaires qui leur sont imposés de l'extérieur.«[13]

Während die neokoloniale Politik von Charles de Gaulle in den 1960er Jahren überall in Afrika frankreichtreue Diktatoren an die Macht brachte, die die ehemalige Kolonie für das Mutterland Frankreich ausbeuten sollten, brachte die vom Westen gesteuerte Demokratie eine winzige Zahl von Milliardären an die Macht, die bis heute in Luxusvillen unter der Bewachung bewaffneter Garden wohnen und sich in den neuesten, teuersten Autos mit getönten Scheiben auf ihren Privatparkplätzen bewundern lassen. Vor ihren Türen sorgt sich die überwiegende Mehrheit der Bevölkerung, die Bauern und die arbeitslosen jungen Schulabgänger, um ihre *sans confiance*,[14] um die Befriedigung elementarer menschlicher Bedürfnisse.

Die Spielregeln westlicher Demokratie werden außerhalb der Orte festgelegt, wo die Bauern und die Jugend mit ihren Alltagsproblemen konfrontiert werden. Abgeordnete Kameruns verbringen ihre Arbeitstage in einem für sie gebauten Luxushotel in der Hauptstadt und die Parlamentsarbeit wird von Experten in einem Glaspalast erledigt. Dieser realitätsferne Kontext, in dem über die Bauern und die Jugend entschieden wird, spiegelt die Kluft zwischen dem Volk und der politischen Macht wider und macht es notwendig, Bedingungen zu fordern, unter denen die Kulturen bzw. die Interessen aller Kameruner in den Kommunikationsprozess einfließen.

Zu den sozio-ökonomischen Problemen der Gesellschaft in Kamerun kommen heute Spannungen zwischen traditionellen, christlichen und islamischen Glaubensverständnissen, die wiederum mit esoterischen Gruppen, evangelikalen Kirchen und Sekten in Konkurrenz geraten.

---

13 Schooyans 1997, 222. »Sie [die Armen]«, so Schooyans, »müssen alles akzeptieren, was ihnen internationale Organisationen und die mächtigsten Staaten diktieren. Die Armen werden sowohl in ihren Ressourcen wie auch in ihrem Leben verwaltet, nach Nützlichkeitskriterien, die ihnen von außen aufgezwungen werden.«

14 Schlappschuhe aus Gummi, die von den Armen getragen werden und schnell kaputtgehen: *sans confiance* heißt »ohne Vertrauen«.

4. Die Rolle neuer religiöser Bewegungen

Die Kolonialzeit Kameruns unter dem französischen Protektorat spiegelte das Verhältnis zwischen Staat und Kirche nach dem Gesetz von 1905 wider, in dem deren Trennung festgelegt wurde. Der erste französische Kolonialgouverneur, Marchand, war Freimaurer. Der erste Staatspräsident, Ahidjo,[15] stellte sich gegen alle politischen Parteien und religiösen Bewegungen, besonders die Zeugen Jehovas, die sich weigerten, Steuern zu zahlen und wählen zu gehen. Mit dem 1990 unter dem Einfluss der Rosenkreuzer und der Freimaurer erlassenen Gesetz über die Assoziationsfreiheit religiöser Bewegungen verloren die bis dahin anerkannten religiösen Gemeinschaften und Institutionen (Katholiken, Protestanten, Orthodoxe, Muslime) ihr Monopol. Zahlreiche Sekten eroberten Kamerun. Heute können sogar Rosenkreuzer und Freimaurer ungehindert in Radio und Fernsehen auftreten. Im Kontext der Armut Kameruns machen die Sekten auf Kosten der Armen Geschäfte. Den afrikanischen Intellektuellen, Politikern und Unternehmern versprechen sie eine verlockende Zukunft: »Ihr werdet Schutz, Glück, Macht, Herrschaft über die anderen und die Offenbarung eines Geheimnisses bei der Initiation erhalten.«[16]

Die engen Beziehungen zwischen politischen Machthabern und esoterischen Sekten haben ihre Wurzeln in der oben erwähnten französischen Kolonialzeit. Freimaurerei und Rosenkreuzertum gleichen heute einer neokolonialen Bindung der Regierungsmitglieder und Staatsangestellten an die Machtzentren Frankreichs. Die spirituelle Kolonisation schadet dem Volk am meisten, denn sie macht die Politiker Kameruns zu Komplizen der Ausbeuter des Landes. »Mahikari und Rosenkreuz«, so P.M. Hebga, »verbreiten bei ihren Anhängern unter dem Siegel der Verschwiegenheit und in totalem Gehorsam gegenüber dem Imperator und den Meistern eine Lehre über Gott, die mit dem christlichen Glauben absolut unvereinbar ist«.[17] Die Zunahme von Sekten und neuen mystischen Bewegungen schafft neue Solidaritäten und Interessengemeinschaften, die Sozialräume entstehen lassen, die zugleich soziale Barrieren bilden, da sie die Türen zu Arbeit, Reichtum und politischer Macht öffnen. Sekten und esoterische Kreise zerstören den traditionellen Gemeinschaftssinn der Kameruner, verhindern die Verbreitung identitätsfördernder Glaubensverständnisse und tragen dazu bei, die in Elend und Not geratenen Menschen mit falschen Versprechen in Apathie und Hilflosigkeit zu halten.

Andere suchen Zuflucht bei den Sekten, weil sie dort finden, was sie bei den etablierten Kirchen vermissen, nämlich:

- die Lebensfreude, wie sie auch afrikanischen Religionen eigen ist. »Feste, bei denen viel gelacht, gegessen, getanzt, gesungen und getrommelt wird,

---

15 Ahmadou Ahidjo war bis 1982 der erste Staatspräsident Kameruns. Im Jahr 1960 wurde Kamerun unabhängig.

16 Hebga 1986, 36.

17 Ebd., 46.

dienen dazu, Familien- und Gemeinschaftsbande zu erneuern und zu stärken.«[18]
- die Sehnsucht nach einer mystischen Erfahrung, nach einer persönlichen und emotionalen Begegnung mit dem Göttlichen;
- die Institutionalisierung des Heilens, wobei Körper und Seele eingeschlossen sind.[19]

5. Glaubenskommunikation als Chance für ein Kamerun aller Kameruner

Welche Gründe führen dazu, dass ein bestimmter Glaube nicht mehr ausreicht, um die gesellschaftliche Kluft zwischen den Kamerunern zu überbrücken und Kamerun zu einem Land »für Alle« werden zu lassen? Wie kann in einer vielfältigen religiösen Landschaft, in der traditionelle Religionen, Islam und christliche Religionen sowie esoterische Bewegungen nebeneinander existieren, Glaubenskommunikation der Nährboden sein, auf dem sich die Gesellschaft Kameruns zu einer Interessen- und Solidaritätsgemeinschaft entwickelt?

Wie überall in Afrika erzeugt auch in Kamerun der Mangel an Kommunikationskompetenz zwischen der politischen Führung und dem Volk Elend, Armut und Tod aufgrund eines fremden politischen Systems, das auf dem nicht an die afrikanischen Verhältnisse angepassten westlichen Verständnis von Demokratie beruht und die Interessen und Bedürfnisse der Afrikaner nicht in den Mittelpunkt stellt. Dazu gehört zum Beispiel, den Menschen als leiblich-seelische Einheit zu verstehen. Trotz des offiziell eingeführten Mehrparteiensystems herrscht in Kamerun aber kein ethisches oder gar religiöses Verständnis von Demokratie, wie es Schooyans vorstellt: »Wenn man unter Demokratie eine Gesellschaft versteht, die das Glück all ihrer Mitglieder anstrebt, versteht es sich von selbst, dass diese Gesellschaft nicht moralisch neutral, gleichgültig, agnostisch oder atheistisch sein kann.«[20] Wie also kann ein hungernder, ein in Elend und Tod getriebener Kameruner den Reden der Politiker über ein Kamerun für Alle Glauben schenken, wenn deren skandalöser Reichtum im Widerspruch zum enormen Elend des Volkes steht, wenn die Steuern ständig erhöht werden, während die Löhne der Steuerzahler andererseits seit Jahrzehnten sinken?[21]

Es gibt einen Unterschied zwischen dem kulturellen Code des Palavers und dem Code der westlichen Demokratie. Diese Differenz wird durch unter-

---

[18] Plate/Sommer 2001, 52.

[19] In Kamerun werden die Armen von manchen Priestern und Pastoren bei physischem Leid durch diesen Dienst des Heilens finanziell ausgebeutet. Exorzismus wird zu ihrem neuen Beruf.

[20] Schooyans 1997, 144.

[21] Vor kurzem hat sogar der Erzbischof von Yaoundé für alle Christen (arm oder reich, jung oder alt) in seiner Diözese die Kirchensteuern von 2.000 auf 12.000 FCFA erhöht. Die Nachzahlung wird beim Sakramentempfang fällig.

schiedliche Lebensbedingungen zwischen Armen und Reichen verstärkt, so dass die Gemeinsamkeiten zwischen den Angehörigen der beiden Gruppen schwer zu erkennen sind. Die Inkompatibilität des Codes spielt oft eine entscheidende Rolle bei den Kommunikationsschwierigkeiten zwischen Politikern und Volk. Die Gelder der Europäischen Union für die Initiative zugunsten hochverschuldeter armer Länder fanden keinen Durchgang zu den wirklich Armen aufgrund der unzähligen Hindernisse, die eine korrupte Bürokratie in den Weg gelegt hat, um diese Gelder in ihre eigene Tasche zu stecken. In Kamerun kann die Kommunikation zwischen Politikern und Volk erst dann effektiv werden, wenn in den Verhandlungen mit den Entscheidungsträgern auch Formen des afrikanischen Palavers integriert werden, die Armen ihre Bedürfnisse äußern können und diese Bedürfnisse auch tatsächlich erfüllt werden.[22] Das ist eine wesentliche Bedingung dafür, dass der Reichtum des Landes allen zugänglich wird. Kameruns Wirtschaftpolitik produziert entsolidarisierende Effekte, sodass inmitten armseliger Hütten Schlösser des Wohlstands entstehen, die vor den Blicken der vielen herumsitzenden »Lazarusse« durch dicke Mauern und bissige Hunde geschützt werden.[23]

Die Kameruner müssen darum kämpfen, ihre Identität zurückzugewinnen, denn sie haben in der Geschichte ihre Kompetenz bewiesen, sich über die verschiedenen kulturellen Grenzen hinweg mit Anderen zu identifizieren und eine innere Solidarität aufzubauen. Dem Boden, auf dem das politische System gründet, fehlt es an einer anthropologischen Vision und einer Moral, die der Anbetung eines »sterblichen Gottes« – gemeint sind der Staat, die politische Partei, der Staatspräsident – etwas entgegenzusetzen vermag. Minister und Direktoren lassen sich nach ihrer Ernennung von ihren Stammesangehörigen feiern, verteilen hier und da ein bisschen Geld und Nahrungsmittel und erkaufen sich dadurch Sympathien im Volk. Sie geben sich der Illusion hin, geliebt zu werden, sind aber nicht mutig genug, gegen ausbeuterische Strukturen vorzugehen und sich auf diese Weise mit den Armen zu solidarisieren.[24]

Die Besinnung auf das kommunikative Potential afrikanischer Religionen kann dazu beitragen, Grenzen zu überschreiten. Afrikanische Religionen haben kein exklusives Selbstverständnis im Blick auf andere Bekenntnisse. Im Gegenteil, sie sehen andere als Bereicherung an, insbesondere im Bereich der Riten, durch die sich Familien, Gemeinschaften und Sippen zusammenschließen und so Versöhnung und Frieden schaffen, z.B. in Geburts-, Ehe- und Trauerriten. Diese Riten werden immer in Verbundenheit mit Gott und den Ahnen vollzogen. Afrikanische Identität, die sich im Selbstverständnis »*Ich bin, weil wir sind*« ausdrückt, fordert dazu heraus, moralische Verantwortung in dem Sinn zu übernehmen, dass Solidarität und Einheit der Gemeinschaft

---

22 Vgl. Schreiter 1997, 59.

23 In Kamerun gibt es sogar Unternehmen, die Hunde zu diesem Zweck züchten. Sie werden jeden Abend zu den Reichen gebracht und morgens wieder abgeholt.

24 Vgl. Schooyans 1997, 223.

Aufgabe jedes Einzelnen ist. Dieses Verständnis kann auch die Christen Kameruns dazu befähigen, auf der Basis des christlichen Gottesglaubens und der christlichen Praxis der Nächstenliebe einander und anderen, auch kulturell und religiös Anderen, Anerkennung und Wertschätzung entgegenzubringen.

Zu nationalen Anlässen versammeln sich in Kamerun Vertreter der verschiedenen Religionen zum Gebet, ebenso bei Festen wie Weihnachten, Ostern oder dem Ende der muslimischen Fastenzeit. Theologen und Kirchenführer engagieren sich in interreligiösen Dialogen zwischen Christen und Juden, Christen und Muslimen sowie Christen und Anhängern der traditionellen afrikanischen Religionen. An der theologischen Fakultät der Katholischen Universität Zentralafrikas halte ich Vorlesungen über den Dialog zwischen Islam und Christentum in Afrika. Aber eine gelungene Glaubenskommunikation lässt sich vor allem am sozialen Engagement der Gläubigen messen.

All diese Gesprächsinitiativen müssen in die Praxis umgesetzt werden. Sie bleiben sonst wirkungslos gegenüber der Korruption, der Ungerechtigkeit, der Ausbeutung der Menschen und der Zerstörung der Umwelt. Hier wird die Kooperation aller Gottgläubigen zur Voraussetzung, Konflikte und Kriege zu vermeiden. Unruhe und Kriege fallen nicht vom Himmel, entstehen nicht nur durch Waffen, sondern kommen aus Herzen, die durch Ungerechtigkeiten, Enttäuschungen, Menschenrechtsverletzungen und Zukunftslosigkeit verletzt wurden. Kein Gottesglaube rechtfertigt die Tatsache, dass in Kamerun eine Minderheit im Geld schwimmt, während die überwiegende Mehrheit verarmt, zur kriminellen Tätigkeit gezwungen wird, weil ihr das Nötigste fehlt. Die sozio-ökonomischen und die religiös-kulturellen Elemente sind für den Aufbau einer Gesellschaft für Alle zentral, denn sie entsprechen der afrikanischen Anthropologie und der Option für eine ganzheitliche Befreiung des Menschen in einer solidarischen Gemeinschaft.

Literatur

ABENG, B.N. 1989, *Von der Freiheit zur Befreiung: Die Kirchen- und Kolonialgeschichte Kameruns,* Frankfurt a.M.

BERGER, H. 1978, *Mission und Kolonialpolitik,* Immensee.

HEBGA M. P. 1986, *Die Herausforderung der neuen mystischen Bewegungen,* in: Mulago gwa Cikala M., V. (Hg.), Afrikanische Spiritualität und christlicher Glaube. Erfahrungen der Inkulturation (Theologie der Dritten Welt, Bd. 8), Freiburg-Basel-Wien, 33–49.

HEẞ, Chr. J. 2004, *Katholische Mission unter deutscher Kolonialherrschaft: Die Missionsarbeit der Pallottiner in Kamerun 1890–1916,* Freiburg i.Br.

HETTICH, M. 1995, *Damit der Glaube Wurzeln schlägt: Erfahrung der Inkulturation in Kamerun als Herausforderung für Deutschland,* Freiburg i.Br.

MBITI, J. S. 2001, *Wenn es Gott und den Wolken gefällt. Die Vielfalt der Religionen,* in: Plate, Ch./Sommer, Th. (Hg.), Der bunte Kontinent. Ein neuer Blick auf Afrika, Stuttgart-München, 49–57.

MULAGO gwa Cikala M., V. (Hg.) 1986, *Afrikanische Spiritualität und christlicher Glaube. Erfahrungen der Inkulturation* (Theologie der Dritten Welt, Bd. 8), Freiburg-Basel-Wien.

MVENG, E./LIPAWING, B.J. 1996, *Théologie, libération et cultures africaines,* Yaoundé.

PLATE, Ch./SOMMER, Th. (Hg.) 2001, *Der bunte Kontinent. Ein neuer Blick auf Afrika,* Stuttgart-München.

SCHOOYANS, M. 1997, *L'Evangile face au désordre mondial,* Paris

SCHREITER, R. 1997, *Die neue Katholizität* (Theologie interkulturell, Bd. 9), Frankfurt a.M.

TWORUSCHKA, U. 2000, *Glauben alle an denselben Gott? Religionswissenschaftliche Anfragen,* in: Kirste, R./Schwarzenau, P./Tworuschka, U. (Hg.), Hoffnungszeichen globaler Gemeinschaft (Religionen im Gespräch, Bd. 6), Balve, 13–38.

WAGENER, H. 2002, *Entwicklung lebendiger Religiosität* (Zeitzeichen, Bd. 10), Ostfildern.

Obiora F. Ike

Die Herausforderung einer Welt für Alle aus nigerianischer Perspektive

Es fehlt nicht an Aussagen, nach denen eine Welt für Alle eine Illusion, bestenfalls ein ehrgeiziges Projekt ist, das zwischen dem Ideal und der qualvollen Realität des täglichen Lebens angesiedelt ist. Aus der Sicht vieler Menschen ist eine Welt für Alle gegenwärtig einfach nicht realisierbar. Auch nach den beiden Weltkriegen, die die blutigsten Kriege der Geschichte in den letzten 100 Jahren waren, dauern regionale und lokale Kriege in nahezu allen Kontinenten der Welt bis heute an, fordern auf brutale Weise das Leben von Millionen unschuldiger Menschen und machen sie zu Flüchtlingen, Migranten und Vertriebenen. Der Terrorismus zerstört viele Errungenschaften der Menschheit, zu jeder Zeit, überall und auf unterschiedlichste Weise. Kein Land ist in Sicherheit und jeder Ort könnte zur Kriegsfront werden. Ganz zu schweigen von der Zerstörung der Umwelt, der Güter und des Besitzes mit ihren Konsequenzen und dem Trauma, das die Psyche, die Moral und die gesellschaftliche Harmonie dadurch erleiden. Doch für gläubige Menschen ist eine Welt für Alle nicht nur ein realisierbares Projekt, sondern eines, das es in der Zeit, das heißt, hier auf Erden, zu verwirklichen gilt, gemäß dem Konzept der *adumbratio*, d.h. dem vom »Schon-aber-noch nicht« erfüllten Verständnis vom Reich Gottes.

Um dies zu erreichen, sind wir es uns schuldig, ein wenig zu rechnen, weil die Menschheit mit den offensichtlichen Forderungen der Zivilisation in ein entscheidendes Stadium der menschlichen Geschichte eintritt. Wir sind Zeugen mannigfaltiger Leistungen, die die Menschheit in den vergangenen Jahren in den Bereichen Naturwissenschaften, Kunst, Technik, Geisteswissenschaften, Literatur, Wirtschaft, politisches und gesellschaftliches Leben, Raumfahrt, Medizin, Landwirtschaft, Bildung, Informations- und Kommunikationstechnologie usw. erbracht hat. Für die Konzepte von »Raum« und »Zeit«, die früher jenseits des Denkens und der Spekulation lagen, sind durch die jüngeren Entwicklungen in Wissenschaft und Technik einige praktische Lösungen gefunden worden. Folglich sind Entfernungen, die früher für »jenseits des Raums« und Themen, die für »jenseits der Zeit« gehalten wurden, überbrückt worden.

Der Mensch kann das äußere Universum beherrschen. Aber kann der Mensch auch guten Willen zeigen und das universelle Grundprinzip akzeptieren, dass alle menschlichen Wesen Anspruch auf Würde, Freiheit und Integrität haben? Dass es eine Wahrheit gibt und dass alle diese Wahrheit erkennen können, trotz der Versuche des Relativismus? Dass Glaube und Toleranz Tugenden sind, die die Menschen in der Vielfalt und Verschiedenheit der Kulturen vorweisen können? Und dass alle menschlichen Wesen, weil sie eine unsterbliche Seele besitzen, die ihnen geschenkt wurde von einem höchsten Wesen, das großzügig, allmächtig und der universelle Richter aller Kreaturen ist, Rechte und Pflichten haben, die ihnen von ihrem Gewissen auferlegt worden sind, und dass sie Rettung in ihrer Situation erfahren? Das sind Fragen, die sich immer wieder stellen, auch wenn das Projekt des interkulturellen Dialogs die Prinzipien des »kohärenten Pluralismus« als Grundlage für das Menschsein in einer Welt betrachtet, in der alle voneinander abhängig sind.

Die Leistungen der Menschheit in unserer Zeit haben zu einer größeren Integration der Völker, wirtschaftlichem Austausch, kulturellen Einflüssen und technischen Fortschritten geführt und diese wiederum zu der heutigen Auffassung, dass die Welt ein »globales Dorf« geworden ist. Es wird vorausgesetzt, dass sie eine Welt für Alle ist, obwohl nur wenige Privilegierte den Schlüssel für die Tür zu diesem globalen Dorf besitzen. Andere müssen draußen warten, werden als Fremde ohne Rechte betrachtet und gelten nicht ohne weiteres als Menschen mit unantastbarer Würde. Dies ist die vorherrschende Realität. Was bedeutet dies für die Völker und Kulturen Afrikas, für die Menschheit im Allgemeinen, sowohl in der nördlichen als auch in der südlichen Hemisphäre, und insbesondere für gefährdete Gruppen und die Armen, die es überall gibt? Dies ist die Herausforderung für das Projekt »Eine Welt für Alle«. Der Versuch, Antworten auf diese Fragen zu finden, macht die kritische Auseinandersetzung mit der heutigen Welt auf verschiedenen Ebenen erforderlich:

1. Überlegungen zum Projekt »Eine Welt für Alle«

Am *politischen Klima* wird deutlich, dass der in den späten 1980er Jahren begonnene *wind of change*, die Perestroika, mit dem Zusammenbruch der Sowjetunion und seinen Folgen in den Ländern Osteuropas, kein isoliertes Phänomen war. In sehr weit entfernten Dörfern Afrikas, Asiens und Lateinamerikas hat dieser *wind of change* geweht mit dem Potential radikaler Veränderungen auf allen Ebenen menschlichen Handelns. Er hat einige Instabilität in Systeme und Hypothesen gebracht, die vorher für sakrosankt gehalten wurden. Militärdiktaturen und Monarchien haben sich in demokratische Regierungen verwandelt. Die politischen Strukturen einiger Staaten wurden aufgebrochen, manchmal auf friedliche, oft auf gewalttätige Weise, und ließen kleinere Nationen und Länder entstehen (z.B. Serbien, Montenegro, Kroatien, Tschechien, Slowakei). Länder wie Ruanda und Burundi haben 1994 mehr als 800.000 Menschen im Bürgerkrieg verloren, was zum Teil durch die Unfähigkeit verursacht wurde, sich friedlich von den Strukturen der belgischen Kolonialmacht zu lösen, die verschiedenen afrikanischen Völkern aufgezwungen worden waren und sie an politische Strukturen banden, die ihre kulturelle Originalität, ihre gesellschaftlichen Ausdrucksformen und Authentizität nicht berücksichtigten. Andererseits gibt es eine Entwicklung hin zum Zusammenschluss einiger Nationen und Interessengruppen zu Unionen, wie die Europäische Union und die Afrikanische Union, mit dem Ziel einer regionalen Integration für ein friedliches Leben, wirtschaftlicher Verflechtungen, politischer Strategien und einer Zusammenarbeit zum gegenseitigen Nutzen.

Der *ökonomische Austausch* umfasst den grenzüberschreitenden Verkehr von Waren und Dienstleistungen, den Kapitalfluss und finanzielle Investitionen. Heute zirkulieren in der Welt täglich fast zwei Billionen Dollar, deren Ziel nicht die beste Produktion, sondern der größte Spekulationsgewinn ist. Von den 100 größten ökonomischen Kräften in der Welt sind 50 transnationale Aktiengesellschaften.[1] Dies steht im Kontrast zu der Tatsache, dass die Armut in der ganzen Welt zunimmt, nicht nur in den Entwicklungsländern, sondern auch in Ländern, die bisher als reich, hoch industrialisiert und entwickelt galten. Mit der wachsenden Armut sind eine zunehmende Obdachlosigkeit, Hunger und Arbeitsplatzmangel, besonders für die jungen Menschen, verbunden. Die Armut existiert nicht nur in der Form eines physischen Mangels, sondern ihre spirituellen Folgen, wie Einsamkeit, Leere, Sinnlosigkeit und Realitätsflucht, sind schlimmer geworden. Viele Menschen verlassen ihre Heimat, weil sie zur Migration gezwungen oder verleitet werden und auf der Suche nach einer besseren Lebenssituation sind. Statt dieser treffen sie in ihrer neuen Heimat auf viele gesetzliche Schranken, Ablehnung, Vorurteile und Fremdenfeindlichkeit, so dass sie oft zwischen der Sehnsucht nach ihrem Heimatland, trotz seiner Probleme, und den Herausforderungen ihrer neuen Heimat mit ihren unerfüllten Hoffnungen, Enttäuschungen und ihrem Exilcharakter hin und her gerissen sind.

Kulturelle Einflüsse sind bei der »Verwestlichung« großer Teile der Volkskultur im Bereich der Musik, der Kleidung, des Lebensstils usw. zu erkennen. Heute sind die bei weitem wichtigsten Exportgüter der Vereinigten Staaten von Amerika nicht Flugzeuge, Autos oder Computer, sondern Unterhaltung – in Form von Hollywood-Filmen und Fernsehsendungen. Die Globalisierung im Bereich der Filmwelt hat die Originalität, die Selbstbestimmung einfacher Völker in ihrem kulturellen Milieu untergraben und den amerikanischen Traum und Lebensstil zum Maßstab für die Zivilisation in der ganzen Welt gemacht. Geld ist zum Maßstab und machtvollen Urheber aller Dinge geworden. Diese Kultur basiert oft auf einer materialistischen Weltanschauung ohne spirituellen Sinn. Der Individualismus nimmt zu und führt zu einer weltweiten Krise der traditionellen Werte. Es herrscht ein deutlicher Mangel an ethischen

---

[1] Diese Zahlen sind der Statistik *The Rough to Globalization*, einer Veröffentlichung der *Catholic Agency for Overseas Development* (CAFOD), Dezember 2000, entnommen.

und kulturellen Richtlinien bei der Konstruktion der weltweiten gesellschaftlichen und ökonomischen Systeme durch Menschen und Nationen. Die monetäre Logik führt zur Desintegration traditioneller Lebensstile der Völker und ihrer Rationalitäten.

Umweltprobleme treten in Erscheinung und weisen auf Fehler bei den anerkannten Kontrollmechanismen hin, die von vielen Gesellschaften, besonders den marktbeherrschenden westlichen Nationen, eingesetzt wurden. Die Konsumstrukturen sind unüberschaubar geworden. Die enorme Verschwendung nicht erneuerbarer Ressourcen führt zu dramatischer Umweltverschmutzung und zum inzwischen deutlich erkennbaren Verlust des weltweiten ökologischen Gleichgewichts. Hinzu kommt das Problem der Bevölkerungsentwicklung, besonders in den landwirtschaftlichen Regionen der so genannten Entwicklungsländer. Was einerseits als Stärke interpretiert wird, kann andererseits das schon bedrohte Gleichgewicht der Ressourcen in diesen Gebieten gefährden. Es gibt keine Technologie, die 12 Milliarden Menschen auf dem heutigen Konsumniveau auf Dauer versorgen könnte und kein planetares Ökosystem könnte je den Dimensionen des industriellen Stoffwechsels gewachsen sein.

Der technische Fortschritt und die Industrialisierung haben Folgen für die modernen Gesellschaften und Systeme gehabt, zu denen die schnelle Verbreitung elektronischer Kommunikationsmittel und verbesserte Transportmöglichkeiten gehören. Wir leben in einem Informationszeitalter, einer »Zeit ohne Grenzen« und wir leben in einer sehr schnellen Zeit. Mit ihren vielen Vorteilen überholt die Explosion der wissenschaftlichen und technischen Kenntnisse und der Verfügbarkeit von Wissen, Kapital und Arbeitskraft jede Vorstellungskraft und stellt die Frage nach der Zukunftsfähigkeit der Menschheit. Nachhaltigkeit erfordert eine ganzheitliche Betrachtung des Universums, die die Unversehrtheit der Schöpfung respektiert. Ohne feste Werteorientierung scheint das, was wir weltweit aufbauen, nicht funktionieren zu können. Mangelnde Werteorientierung und ein fehlender Sinn für das globale Gemeinwohl gefährden die Nachhaltigkeit menschlicher Entwicklung.

2. Glaubenskommunikation in der Vielfalt der Kulturen

Um den Glauben in der Vielfalt der Kulturen zu kommunizieren, müssen Vorurteile und ausgrenzende Haltungen eines Volkes oder einer Gruppe gegenüber anderen Gemeinschaften aufgegeben werden. An ihre Stelle muss ein »Dialog der Kulturen und Zivilisationen« treten. Das Zusammenprallen der Kulturen fördert dagegen den Kampf um die Vorherrschaft und lässt keinen Raum für den interkulturellen Dialog, der die Grundlage für Frieden und Fortschritt in der heutigen Welt ist. Die Bedingungen der Möglichkeit einer Kommunikation des Glaubens sind Toleranz, gegenseitiger Respekt und die Prämisse, dass niemand das Wahrheitsmonopol besitzt. Es traurig zu sehen, dass auch noch im 21. Jahrhundert Kriege im Namen der Religion geführt werden und Menschen wegen ihres Glaubens ein Martyrium erleiden. Inkarnation heißt im christlichen Kontext, dass das »*Wort Fleisch wurde und unter uns lebte*«. Dies ist zugleich ein Beispiel dafür, wie Glaube zu kommunizieren ist, nämlich im *Dialog*, der in der Person Jesu von Nazareth zwischen Gott und den Menschen in einmaliger Weise Realität wurde – in einer verständlichen Sprache und auf verständliche Weise.

Im Kontext der fortschreitenden Begegnung von Völkern der Welt auf verschiedenen Ebenen im so genannten »globalen Dorf« ist es doch erstaunlich, dass wir noch keine »globale Nachbarschaft« verwirklicht haben. Tatsächlich geht die Tendenz in unserer Welt immer mehr in Richtung »globale Distanz«, sowohl im Denken als auch im Handeln. Mit den zunehmenden technischen und informationstechnischen Möglichkeiten in einem immer weiter voranschreitenden Globalisierungsprozess scheinen auch die kulturellen und religiösen Unterschiede, deutlicher betont zu werden und die Konflikte zuzunehmen. Die Suche nach einem Ausgleich zwischen »Partikularismen« und »Universalismen« muss weitergeführt werden, um gewalttätige Konflikte zu vermeiden.

Diese Konflikte eskalieren durch latente Vorurteile, Überlegenheitsgefühle und Minderwertigkeitskomplexe, unreflektierte Fixierungen, exotische Sentimentalität sowie durch negativen Patriotismus. Abgesehen vom Fußball, bei dem die Fans auf der Seite ihrer Nationalmannschaft stehen, eine Form des allgemeinen Patriotismus, der akzeptabel ist, scheint die Dialektik zwischen »Wir« und »den Anderen« zuzunehmen.

Sprache, Mythen, Religion, kulturelle Identität, Besonderheiten in Gesellschaft und Politik, Wirtschaft, Erziehung, Familie, drohen neben anderen Ausdrucksformen eines Volkes entweder unterdrückt oder nivelliert zu werden. »Ich bin schwarz und stolz« ist dagegen der Ausdruck einer rationalen und positiven Rechtfertigung beim Versuch der schwarzen Amerikaner, die Legitimität ihres Andersseins hervorzuheben in einer Gesellschaft, in der das Schwarzsein als Kennzeichen von Menschsein »zweiter Klasse« galt.

Gewaltsame Konflikte könnten durchaus vermieden werden, wenn rationale Einstellungen und das Prinzip der Akzeptanz von Differenz bestimmend wären. Die theologische Rede im Anschluss an das II. Vatikanische Konzil von der Einheit in der Vielfalt, der Identität in der Pluralität, der Individualität in der Gemeinschaft bildet aus christlicher Sicht die Grundlage für interkulturelle und interreligiöse Beziehungen.

3. Der Kontext Nigeria

Nigeria ist mit über 150 Millionen Einwohnern[2] das bevölkerungsreichste Land Afrikas. Nigeria ist ein gutes Beispiel für eine multiethnische und multikulturelle Gesellschaft mit über 350 ethnischen Stämmen, über 400 verschiedenen Sprachen, mit einer Bevölkerung, die sich aus Bantu, arabischen Nomaden und Händlern, Europäern und afrikanischen Völkern zusammensetzt. Nach seiner Unabhängigkeit von der britischen Kolonialherrschaft im Jahr 1960 präsentiert sich Nigeria als ein Land der Widersprüche, das sein Erbe bewahren oder aber sein Potential durch die o.g. Mechanismen aufs Spiel setzen kann. Obwohl Nigeria die größte Zahl von Muslimen und die größte Zahl von Christen in ganz Afrika aufweist, gibt es einen immer noch hohen Prozentsatz an traditionellen afrikanischen und indigenen Religionen. Es herrscht eine Vielfalt von Kulturen und Religionen und zu ihnen gehörigen Ausdrucksformen. Das nigerianische Denken und Empfinden ist jedoch vor allem von den Igbo, einem der größten Stämme Nigerias, geprägt. Wie auch die anderen Stämme besitzen die Igbo wertvolle kulturelle Weisheiten und Denkungsarten und ein tiefgründiges Weltbild.

Eine Maxime der Igbo bringt die Notwendigkeit und das Verständnis für den interkulturellen Dialog und für das Überleben aller zum Ausdruck: *Onye anwuna ma ibe ya efuna*, d.h. »Leben und leben lassen«. Toleranz ist die Grundlage für eine Glaubenskommunikation in der Vielfalt der Kulturen. Trotzdem sind in den letzten fünf Jahren (2000–2005) mehr als 10.000 Menschen in Nigeria bei Konflikten, die aus kulturellen, politischen und religiösen Vorurteilen resultierten, getötet worden. Die Tragödie dabei ist, dass diese Konflikte nichts mit der traditionellen Weisheit dieser Menschen zu tun haben. Sie resultieren vielmehr aus Differenzen, die sozusagen »importiert« wurden, sowohl aus westlichen wie auch aus islamischen Ländern.

Kommunikation des Glaubens im nigerianischen Kontext wäre vor allem eine Sache des Lebens und weniger der Lehre, wenn die Nigerianer ihr Leben an ihren ursprünglichen, indigenen Überzeugungen und Praktiken ausrichten würden. Die Nigerianer glauben wie viele afrikanische Völker, dass »Taten lauter sprechen als Worte«. Der Glaube wird eher durch einen überzeugenden Lebensstil als durch Predigten kommuniziert. In dieser Gesellschaft wird die Orthopraxie mehr geschätzt als die Orthodoxie. In einer nigerianischen Familie können ein Christ, ein Muslim, ein traditioneller Kirchgänger und liberal Denkende harmonisch zusammenleben. Der nigerianische Kontext ist also eine Situation, in der Toleranz und Akzeptanz des anderen die Grundlage sind, nicht wegen dem, was jemand glaubt, sondern wegen der Art und Weise, wie dieser Glaube gelebt wird. Die Beherzigung des Sprichworts *Onye na chi ya*, was bedeutet: »Jede/jede mit seinem/ihrem eigenen Schicksal«, ließe den

[2] Die Angabe basiert auf der Volkszählung aus dem Jahr 2006.

ideologischen Kampf darüber, welcher Gott überlegen ist, erst gar nicht aufkommen. Es hat niemals einen Religionskrieg gegeben.

Die traditionellen nigerianischen Werte, die zugleich afrikanische Werte sind, weisen auf die Bedeutung der gelebten Werte und die Notwendigkeit einer Pädagogik der Praxis hin. Die Betrachtung der weltweiten Situation hat eine Tendenz zu ideologischen sozio-technologischen und ökonomischen Paradigmen gezeigt. Dagegen sind traditionelle afrikanische Werte nicht ideologisch, sondern auf das Leben ausgerichtet, wie das Sprichwort der Igbo zum Ausdruck bringt: *Ezi Okwu bu ndu*, das heißt »Wahrheit ist Leben«.

Afrikas traditionelle Wertesysteme bieten eine Basis für einen Dialog des Lebens, nicht nur anspruchsvolle Gedanken. Durch die Philosophie der Gemeinschaft, das Prinzip der Familie, wird der Zusammenhalt der Familien und Clans gewährleistet. So wird der Konsens und nicht der Individualismus gefördert, die soziale Verantwortung, Gerechtigkeit und Fairness. *Egbe belu Ugo belu*, d.h. »Lass den Drachen und den Adler ruhen« bildet das Grundprinzip des Lebens.

Meines Erachtens ist die Glaubenskommunikation in der Vielfalt der Kulturen möglich, und zwar nach dem Beispiel des afrikanischen Kontextes, wo die authentischsten und charakteristischsten Merkmale der Menschlichkeit einen kulturellen Boden nähren, der einen fruchtbaren und konstruktiven Dialog hervorzubringen vermag. Was hier traditionell zählt, ist das Leben und das Verhalten der Menschen; Religion und Glaubensinhalte bilden nicht den Ausgangspunkt für den Dialog. Ähnlich wie im Johannesbrief des Neuen Testaments würden die Afrikaner zu dem hier behandelten Thema Glaubenskommunikation in der Vielfalt der Kulturen Folgendes sagen: »Zeige mir deinen Glauben und ich werde dir meine Werke zeigen. Denn der Glaube ohne Werke ist tot.«

Literatur

IKE, O. 1995a, *Die kulturellen, ethischen und religiösen Aspekte von Entwicklung. Einige Determinanten für die Modernisierungspotentiale Afrikas,* in: Hoffmann, J. (Hg.), Die Vernunft in den Kulturen – Das Menschenrecht auf kultureigene Entwicklung (Das eine Menschenrecht für alle und die vielen Lebensformen, Bd. 3), Frankfurt a.M., 131–160.

Ders. 1995b, *Entwicklungspotentiale innerhalb traditionaler, sozialer und ökonomischer Strukturen in West-Afrika,* in: Hoffmann, J. (Hg.), Die Vernunft in den Kulturen – Das Menschenrecht auf kultureigene Entwicklung (Das eine Menschenrecht für alle und die vielen Lebensformen, Bd. 3), Frankfurt a.M., 161–176.

Ders. (Hg.) 2005, *Globalization and African Self-Determination: What is our future?,* Frankfurt a.M.

Danielle Palmyre-Florigny

Glaubenskommunikation im Kontext von Mauritius

1. Mauritische Gesellschaft und Kultur

Mauritius, eine kleine Insel im Indischen Ozean mit einer Fläche von 2400 Quadratkilometern, ist ein Land mit etwa 1,2 Millionen Einwohnern. Es liegt auf einer geographischen Länge von 58,71° West und einer Breite von 19,50° Süd, etwa 1920 Kilometer vom afrikanischen Kontinent entfernt und ca. 800 Kilometer östlich von Madagaskar.

Aus geopolitischen Gründen liegt Mauritius in Afrika. Es ist richtig, dass ein Teil der mauritischen Bevölkerung afrikanische Vorfahren hat seit der Zeit, als die französischen Kolonialherren Tausende Afrikaner als Sklaven an ihre Küsten brachten. Doch es ist für die meisten Mauritier mit afrikanischen Vorfahren schwer zurückzuverfolgen, woher diese genau kamen. Außerdem würde ein genauerer Blick auf die mauritische Gesellschaft diesen ersten Eindruck völlig verändern. Denn fast 70% der mauritischen Gesellschaft sind indischer Herkunft und Anhänger zweier großer Religionen: Hinduismus (ca. 50%) und Islam. Wenn man noch genauer hinsieht, erkennt man, dass es in Mauritius auch Chinesen gibt, die verschiedene asiatische Religionen praktizieren, sowie Weiße, deren Vorfahren Katholiken waren, aber deren Kinder in der modernen Welt wenig oder keinen Bezug zur Religion haben.

Natürlich hat jede dieser Gruppen eine besondere Geschichte im größeren Rahmen der mauritischen Geschichte und jede versucht zu zeigen, wie sie zur Entwicklung des Landes und zum Wohlstand der Nation beigetragen hat. Doch es wird schwierig sein zu definieren, was als »mauritische Nation« oder gar »mauritische Kultur« zu verstehen ist, weil sich die Komplexität der mauritischen Gesellschaft allen vereinfachenden Definitionen entzieht. Das kommt daher, dass die mauritische Kultur das ist, was wir im anthropologischen Sinn des Wortes kreolische Kultur nennen würden. Eine kreolische Kultur ist eine Kultur, die aus einem ganz besonderen historischen Kontext hervorgegangen ist: der Plantagengesellschaft und der wirtschaftlichen Organisation zu Zeiten der Sklaverei. Aus dieser besonderen, von Gewalt geprägten Art menschlicher Begegnung sind neue Völker und neue Kulturen entstanden, die Kreolen und kreolische Kulturen genannt werden. Im anthropologischen Sinn ist Kreolisierung der Prozess, durch den sich völlig unterschiedliche Kulturen vermischt und eine neue Kultur geschaffen haben.[1]

[1] Als Urheber des Konzepts der Kreolisierung wird im Allgemeinen U. Hannerz gesehen: Hannerz 1992. Vgl. Eriksen 2002.

Die mauritische ist eine kreolisierte Gesellschaft. Einer der wichtigsten Beweise für den Prozess der Kreolisierung ist die Tatsache, dass, obwohl die Menschen indischer Kultur die Hauptgruppe der Bevölkerung darstellen, keine orientalische Sprache das Kreol als Kommunikationssprache in der kreolischen Gesellschaft hat ersetzen können. Dies ist auf die Tatsache zurückzuführen, dass die Inder, als sie in Mauritius eintrafen, durch ihre unterschiedlichen Hintergründe verschiedene kulturelle Traditionen und Sprachen hatten und eine neue Sprache schon von den Nachkommen afrikanischer und malegassischer Sklaven entwickelt worden war. Trotz der Tatsache, dass die mauritische Gesellschaft kreolisiert ist, würden die Menschen indischer Herkunft ihre Identität nicht als kreolisch definieren, weil das Wort »kreolisch« im Lauf der Geschichte eine ethnische Bedeutung angenommen hat und nun für eine Gruppe innerhalb des mauritischen Volkes, die Kreolen, verwendet wird.

Doch obwohl die starke Energie der Kreolisierung seit dem massenhaften Eintreffen indischer Kontraktarbeiter im 19. Jahrhundert beträchtlich abgenommen hat,[2] wirken die interkulturelle Energie und Synergie, die die kreolische Kultur aus der Gewalt der Geschichte und der Praxis der Sklaverei hervorgebracht hat, in der mauritischen Kultur noch immer. Die Kreolisierung ist keine anerkannte Tatsache, doch das bedeutet nicht, dass es überhaupt keine Kreolisierung mehr gibt. Andererseits ist die kreolische Kultur, die einst aus der Gesellschaft von Plantagenbesitzern und Sklaven hervorging, sowohl von den Europäern als auch von den Indern aus kulturellen, wirtschaftlichen und politischen Gründen verachtet und marginalisiert worden.

Schließlich können wir weder den Einfluss der europäischen und der westlichen Welt noch Indiens auf die mauritische Kultur und Politik ignorieren. Einerseits gibt es die starke Tendenz zur Globalisierung und die Attraktivität des europäischen Lebensstandards und -stils, andererseits, besonders bei Mauritiern indischer Herkunft, eine Art Heimweh nach dem verlorenen Vaterland Indien und die Entwicklung eines neuen Mythos um das heilige Land der Vorfahren und ihre Sprache, Kultur und Traditionen.[3] Doch die realen Kontakte mit der Bevölkerung Indiens bringen auch die Veränderungen mit sich, denen die indische Gesellschaft unterworfen ist, und die Erfahrung, in einer globalisierten Welt zu leben.

2. Die katholische Kirche in Mauritius

Innerhalb dieses komplexen gesellschaftlichen Kontextes hat die katholische Kirche von Mauritius ihre eigene Geschichte. Die katholische Religion wurde von den ersten französischen Siedlern (1710–1810) auf der Insel eingeführt

---

2 Vgl. Arno/Orian 1986, 142–143.

3 Vgl. Palmyre 2003.

und später den Sklaven, die vor allem aus afrikanischen Ländern und Madagaskar kamen, durch den *Code Noir* aufgezwungen. Auf den Inseln des Indischen Ozeans regelte dieses Dekret jeden Aspekt des Lebens der Sklaven. Der erste Artikel dieses Dokuments aus dem Jahr 1892 legt fest, dass jeder Sklave, der die Insel (*Isle de* France genannt) betritt, getauft und in der katholischen Religion unterwiesen werden muss.[4] So war das Katholischwerden nicht mit der Verkündigung des Evangeliums verbunden; eine Evangelisierung, die an den freien Willen des Menschen appelliert, war nicht vorgesehen. Es war eine kollektive Identität, die einem Volk aufgezwungen wurde, das seines kulturellen und religiösen Erbes beraubt wurde.

Dies war die Situation der 66.000 ehemaligen Sklaven, die Pater Laval, ein französischer Missionar vom Orden der Spiritaner, vorfand, als er 1941 als Missionar auf die Insel kam. Er lernte die kreolische Sprache und gab ihnen die grundlegende religiöse Unterweisung, die sie brauchten, um Christen zu sein. Doch er konnte den Lauf der Geschichte nicht rückgängig machen und musste sich mit den Zwängen der kolonialen Gesellschaft arrangieren, die, als er in Mauritius arbeitete, immer mehr zu einer britischen Kolonie wurde. Seine Katholisierung war »kraftvoller« als das, was zuvor getan worden war, doch er konnte die gesellschaftliche Emanzipation der ehemaligen Sklaven nicht befördern.

Diese Vergangenheit hat großen Einfluss auf die heutige katholische Kirche gehabt. Lange wurde die Hierarchie der Kirche ausschließlich von Weißen gebildet, die entweder ausländischer (französischer, britischer oder irischer) oder mauritischer Herkunft waren. Die erste Ordination eines kreolischen Priesters fand in den 1950er Jahren statt. Doch diese Situation spiegelte nicht die derzeitige Zusammensetzung des Kirchenvolks wider. Denn die Kreolen stellen 90% der katholischen Bevölkerung, und der Rest besteht aus weißen Mauritiern und aus Katholiken indischer und chinesischer Herkunft. Die Katholiken indischer Herkunft stammen meist aus der tamilischen Kultur und sind Nachkommen der ersten Einwanderer oder Sklaven, die zur Zeit der französischen Herrschaft kamen und schon in Indien Katholiken waren. In den letzten Jahrzehnten sind einige Hundert Angehörige der Hindi-Kultur zum Christentum konvertiert. Die Chinesen, die zuerst kamen, um dem Erstarken der kommunistischen Regierung am Ende des 19. Jahrhunderts zu entfliehen, konvertieren auf der Insel zum Christentum.

---

4 »Artikel 1: Alle Sklaven, die sich auf den Inseln Bourbon, de France und anderen benachbarten Siedlungen befinden, werden in der katholisch-apostolisch-römischen Religion unterwiesen und getauft; wir befehlen den Bewohnern, die neu eingetroffene Neger zu kaufen, sie in angemessener Zeit unterweisen und taufen zu lassen; andernfalls erhalten sie eine Geldstrafe; wir gebieten den Räten, die sich auf den genannten Inseln befinden, oder den Direktoren der genannten Gesellschaft, genauestens auf die Einhaltung dieser Vorschrift zu achten.« *Lettres patentes* ... 1726. Der vollständige Text ist in Nagapen 1999, 407–414 abgedruckt.

Die Sprache, die in der Kirche noch immer am häufigsten gesprochen wird, ist Französisch, obwohl Kreol die am weitesten verbreitete Sprache in Mauritius ist. Die katholischen Kreolen haben viele religiöse Praktiken, obwohl die Zahl der Katholiken, die die Messe regelmäßig besuchen, auf 20% zurückgegangen ist. Nicht von ungefähr kommt folgende Redensart: »Die Katholiken sind an Karfreitag auferstanden und sterben an Ostern!« Tatsächlich strömen in der Fastenzeit und besonders an Aschermittwoch und Karfreitag große Menschenmengen in die Kirchen und verehren den gekreuzigten Christus mit großer Hingabe. Diese beeindruckende Demonstration des Glaubens endet an Ostern und die Frömmigkeit fällt wieder auf ihr übliches Niveau zurück.

2.1 Kreolische Volksreligion und katholische Religion

Die Kreolen verwenden viele Rituale der katholischen Kirche, doch wenn sie geben ihnen einen ganz anderen Sinn. Die optische Illusion ist perfekt. Wenn man sich näher mit dieser Volksreligion beschäftigt, versteht man schnell, dass die Furcht vor dem Bösen und dem Unglück, vor der unsichtbaren Welt mit ihren Geistern und *nam* (Toten) höchst existenzielle Fragen aufwirft, auf die die Kreolen ihre eigenen Antworten haben. Die religiösen Riten scheinen nach ihrer Effektivität, auf die Probleme und Ängste der Menschen zu antworten, gewählt und beibehalten zu werden. Für die wichtigen Augenblicke des Lebens und besonders, wenn jemand die Erfahrung von Krankheit, Beziehungsproblemen und Tod macht, gibt es ein großes Spektrum schützender Riten und Praktiken.

Die Kreolen sind sehr sensibel für die Zerbrechlichkeit des Lebens und sehen dieses permanent von unsichtbaren Mächten bedroht. Die unsichtbare Welt wird nicht mit rationaler westlicher Medizin und Deutung bekämpft, sondern mit Riten und symbolischen Handlungen, die immer eine starke Einbeziehung des Körpers und von Raum und Zeit erfordern. Der Mensch geht durch sorgfältig inszenierte Riten, die den Übergang von ihrem aktuellen Unglück in eine neue Situation symbolisieren; er oder sie hofft, dass die Lebenskräfte dann stärker sein werden. So greifen die Kreolen trotz der Entwicklung und der Anerkennung der westlichen wissenschaftlichen Medizin und der schnellen technischen und technologischen Entwicklung immer noch häufig auf ihre eigenen Therapien zurück.

Da die Sklaven aus verschiedenen kulturellen Gruppen und Ländern Afrikas sowie Madagaskar kamen, gestalteten sie die verschiedenen Rituale des Kontinents um, integrierten aber auch verschiedene Riten und Symbole der katholischen Religion sowie anderer Religionen, besonders solche der tamilischen Variante des Hinduismus. Diese originelle Kombination schien am besten auf die existentiellen Fragen und Bedürfnisse dieser Frauen und Männer zugeschnitten zu sein. Sie lieferte ihnen neue Interpretationen und Bedeutungen der brutalen Entmenschlichung, unter der sie als Sklaven gelitten hatten. Sie ermöglicht ihnen auch heute noch, ihr oft erbärmliches Leben am Rande der mauritischen Gesellschaft zu ertragen.

3. Glaubenskommunikation in Mauritius: die Notwendigkeit der Inkulturation

Was bedeutet Glaubenskommunikation in diesem komplexen Kontext? Zwei Studien, die bei den Kreolen durchgeführt wurden, haben ergeben, dass es vor allem die Volksreligion ist, die den Kreolen eine Identität und Antworten auf ihre Alltagsprobleme gibt.[5] Die katholische Religion scheint den Kreolen sichtbare Zeichen gesellschaftlicher Zugehörigkeit zu geben, doch sie hat die Wurzeln ihrer Kultur und religiösen Erfahrung nicht erreicht. Seit der letzten Synode, die von 1997 bis 2000 stattfand, ist Inkulturation in einer multikulturellen Kirche wie der mauritischen zu einem zentralen Begriff geworden. Die Frage wurde zum ersten Mal in Bezug auf die kreolische Kultur gestellt. Es wurde deutlich, dass die Glaubenskommunikation bei den Kreolen keinen Erfolg haben konnte, weil die Evangelisierenden die Vorstellungen und das Weltbild der Kreolen nie kennen gelernt hatten. Man ging davon aus, dass alle Kreolen Katholiken seien. Die Studien, die bei den Kreolen durchgeführt wurden, öffneten den Evangelisierenden die Augen. Es musste erneut über die Frage nachgedacht werden und den Glaubensüberzeugungen und Praktiken der Kreolen bei der Verkündigung des Evangeliums Rechnung getragen werden. Es wurden neue Projekte und eine neue Sprache entwickelt, um die Kluft zwischen diesen beiden Welten zu überbrücken.

Doch bald stellte sich eine komplexere Frage: War es möglich, das Evangelium bei den Kreolen zu inkulturieren, ohne die Tatsache zu berücksichtigen, dass es andere kulturelle Gruppen in der Kirche gab?[6] Welche Schritte waren zu gehen? Welche Art von Kirche wollten die Katholiken in Mauritius aufbauen und wie könnte man das tun? Inkulturation, sei es bei den Kreolen oder/und in den verschiedenen kulturellen Gruppen der Kirche, musste auch im größeren Kontext der multikulturellen und multireligiösen Gesellschaft in Mauritius gedacht werden. War es nicht riskant, eine französische Kirche zu einer kreolischen umzugestalten, ohne dabei den universalen Charakter der Kirche und ihrer Mission gegenüber den Menschen aller Nationen und Kulturen zu und die Art und Weise, wie dies im mauritischen Kontext umgesetzt werden sollte, zu berücksichtigen?

---

[5] Vgl. Adolphe (Hg.) 1975; Zimmermann (Hg.) 1995.

[6] Vgl. Piat 2001, 67, Nr. 50.

4. Ausweitung der Fragestellung: Kultur, Identität und Glauben

Diese Fragen haben eine intensive Reflexion über Kultur, Identität, Kommunikation und Interaktion in einem viel weiter gesteckten Rahmen ausgelöst. Zunächst muss eine intensive Reflexion stattfinden darüber, welche Kommunikation und welche Verbindungen zwischen Kultur, Identität und Glauben hergestellt werden können. An einem Ort wie Mauritius, der so stark von seiner jüngeren Vergangenheit geprägt wurde, sind Identität und Kultur sehr sensible Themen. Die Religion ist in gewissem Sinne sogar eines der Hauptmerkmale der Identität der Mauritier und wird oft mit Kultur verwechselt. Zum Beispiel sagen die Menschen »Hindus« statt »Inder« und »Katholiken« statt »Kreolen«.

4.1 Kulturen und kulturelle Kommunikation

Vom monokulturellen zum multikulturellen Ansatz: Die menschliche Lebenserfahrung ist eine kulturelle, weil unsere grundlegende körperliche Realität uns durch eine Genealogie, und konsequenter durch einen Stammbaum, eine Tradition, eine Kultur in die Welt einführt. Familie und kulturelle Zugehörigkeit werden zwar von der großen Lotterie des Lebens bestimmt, doch neigen die Menschen dazu, ihnen einen absoluten Wert zuzuschreiben. So kann die Kultur, die die Menschen über die Natur erhebt und die Ethik und Zivilisation hervorbringt, zu einer Quelle großer Grausamkeit werden, wenn sie den Anderen ausschließt, ihn verleugnet und ihn tötet.

Die Herausforderungen für die mauritische Kirche sind die gleichen wie die, denen andere Kirchen in verschiedenen Teilen der Welt gegenüberstehen. Eines der wichtigsten Themen ist für uns der Übergang von einem monokulturellen Ansatz der Evangelisierung zu einem multikulturellen Ansatz und von einem multikulturellen zu einem interkulturellen Ansatz. Es ist heute unmöglich, im Schutz der Grenzen der eigenen Kultur zu bleiben, nicht den Druck und den Ruf anderer Kulturen zu spüren und zu vernehmen. Andere klopfen an die Türen und Fenster unserer Kultur. Eine Kultur hat ihre Grenzen, um es ihren Mitgliedern zu ermöglichen, sich darin sicher zu fühlen, doch eine Kultur ist auch dem Kontakt mit anderen ausgesetzt. Um zu überleben und zu leben, kann eine Kultur nicht völlig von der Außenwelt abgeschnitten sein, weil sie die Anerkennung der Anderen sucht. Heute kann niemand Kultur im Singular denken. Es gibt ein Bewusstsein von der Pluralität und Vielfalt der Kulturen. Die Realität zwingt uns wahrzunehmen, dass unsere Welt nicht mono-, sondern multikulturell ist. Multikulturalität ist eine Tatsache, die anerkannt werden muss.

Dies impliziert ein ethisches Engagement, eine philosophische und spirituelle Entscheidung. Den anderen in seiner/ihrer Kultur zu akzeptieren heißt, den Menschen in seinem/ihrem Menschsein anzuerkennen, wobei man in seinem eigenen Menschsein bestätigt wird. Es bedeutet, die Berechtigung der kulturellen Existenz des Anderen anzuerkennen und jede Hierarchie zwischen den Kulturen abzulehnen. Unsere eigene Kultur ist legitim, sie hat ihre Stimme im universellen Konzert der Kulturen, doch sie ist nur eine von vielen. Es gibt keine Hochkultur und keine minderwertige Kultur, keine gute oder schlechte Kultur. Es gibt keine Kultur, die als Vorbild für andere dienen kann und muss. Alle Kulturen haben genau das gleiche Recht zu existieren.

Vom multikulturellen zum interkulturellen Ansatz: Den Wert anderer Kulturen anzuerkennen impliziert, dass man glaubt, dass zwischen den Kulturen ein Dialog möglich ist, weil jede von ihnen zur universellen Kultur der Menschen beiträgt. Es bedeutet, dass man an den interkulturellen Dialog glaubt. Aber auf kulturellem Gebiet reicht es nicht festzustellen, dass ein »transkulturelles Verstehen«[7] möglich ist, vielmehr muss man sich dafür engagieren. Entscheidend ist der Übergang vom Multikulturellen zum Interkulturellen. Die interkulturelle Begegnung geht einen Schritt weiter als die bloße Anerkennung des Multikulturellen. Das Multikulturelle ist die Tatsache, dass verschiedene Kulturen nebeneinander existieren. Interkulturelles Handeln ist das Engagement für das Brückenbauen und die Kommunikation zwischen diesen verschiedenen Kulturen. Während bei Ersterem nur eine Tatsache anerkannt wird, kann das zweite nur durch Entscheidungen und ethisches Engagement entstehen.[8] Von der Anerkennung des Multikulturellen zum Interkulturellen überzugehen bedeutet, von der Wahrnehmung einer *feststehenden Tatsache* zur Erledigung *einer Aufgabe* überzugehen.

Der Prozess der interkulturellen Begegnung: Wenn man den Prozess der interkulturellen Begegnung, besonders im Kontext der Immigration, untersucht, zeigt sich, dass er sich gewöhnlich in *vier Phasen* vollzieht. Dies hilft dabei festzustellen in welchem Stadium der interkulturellen Begegnung sich eine Kirche oder christliche Gemeinschaft befindet und welche Schritte noch zu unternehmen sind, um die kulturelle Pluralität als dynamische Komponente des kirchlichen Lebens besser zu integrieren.

– Die *erste Phase* der interkulturellen Begegnung ist die Phase der Interaktion, die zum Beispiel zwischen neuen und alten Mitgliedern einer Gesellschaft stattfindet. Die Neuankömmlinge müssen einen neuen Lebensstil übernehmen, sie sind oft mit einem neuen Wertesystem konfrontiert und müssen sich an neue Handlungsweisen anpassen mit einer neuen Arbeit, manchmal mit einer neuen Sprache. Diese Phase der Interaktion ist eine Zeit des Vergleichens zweier Lebensweisen und zweier Wertesysteme und eine Zeit der Entscheidungen. Was die Mitglieder der Aufnahmegesellschaft betrifft, so müssen sie auch neue Schritte gehen, denn wenn sie in Kontakt mit jemandem treten, der aus einer anderen Kultur kommt, entde-

7 Rottlander 1989, 126.
8 Vgl. Veder 2004, 267.

cken sie neue Werte, neue Denk- und Handlungsweisen, die nicht zu ihrer eigenen Kultur gehören.

- Die Interaktion führt zu einer *zweiten Phase*, der Phase des »kritischen Blicks«, in der die Menschen, die an der Interaktion beteiligt sind, entscheiden, welche Elemente ihrer eigenen Kultur und der anderen Kultur sie behalten oder ablehnen wollen. Die Phase des »kritischen Blicks« ist zwangsläufig eine Zeit voller Spannungen und Krisen, die zu einer Transformation führt, welche die dritte Phase darstellt.
- Wie die oben genannten Phasen hat auch die *dritte Phase*, die Transformationsphase, in der Kultur der neuen und in der Kultur der alten Mitglieder der Gesellschaft einen doppelten Effekt. Denn ein Migrant kommt selten allein. Er findet eine Gruppe von Menschen vor, die aus seiner Heimat kommen, er stellt Bindungen zu dieser Gruppe her, die als Übergangsgruppe fungiert, die ihm bei seiner Integration im neuen Land helfen. Diese Gruppe führt gewöhnlich gesellschaftliche Veränderungen im Aufnahmeland herbei. Diese Veränderungen vollziehen sich langsam, manchmal unmerklich, im Laufe von zwei oder drei Generationen.
- Nach einer bestimmten Zeit entsteht durch diese Veränderungen eine neue Einheit, die durch den Beitrag der Migranten bereichert wird, die akzeptiert haben, dass sie von der Aufnahmegesellschaft verändert werden. Dies kann man als die *vierte Phase*, die kreative Phase bezeichnen.[9]

4.2 Identität, Kommunikation und Kultur

Nach Audinet kann eine interkulturelle Begegnung nur dialogisch sein; sie kann nur durch (Gedanken-)Austausch und Teilen stattfinden.[10] Durch diesen (Gedanken-)Austausch werden kulturelle Unterschiede erkannt, weil diese Unterschiede herausgefordert, verglichen und verarbeitet werden müssen. Der (Gedanken-)Austausch kann bis zu einer Zustimmung zur Veränderung reichen. Der Prozess kann für beide Seiten nur ein *Veränderungsprozess* sein, eine Art Feuerprobe, deren Ziel friedliche Konvivenz ist. Dadurch, dass der Dialog und die Anerkennung des Anderen zu einer menschlichen Intersubjektivität führen, implizieren sie, dass man selbst und die Anderen als menschliche Wesen anerkannt werden. Der Dialog macht uns menschlicher. So gesehen fördern die interkulturelle Begegnung und der Dialog unser gemeinsames Menschsein und bereichern unser kulturelles und menschliches Erbe.

Doch kommunizieren bedeutet, vom anderen lernen zu wollen, es bedeutet, Veränderung und Bewegung zu akzeptieren. Es bedeutet zu erkennen, dass unsere Kultur nicht perfekt ist und dass sie bereichert werden kann, wenn sie von anderen Kulturen lernt. Die Präsenz des Anderen in seiner Verschiedenheit ist kein Antikörper, der eine fremde Substanz bleibt, sondern sie wird zum

---

9 Vgl. Biron 2000.
10 Vgl. Audinet 1999, 36f.

integralen Bestandteil unserer Identität und unseres Selbst.[11] Nach und nach werden Identität und Kultur durch interkulturelle Anerkennung verändert. Sie wird zu einer transformierenden Anerkennung. Dies trifft auf alle Kulturen zu, da diese sich ständig verändern und neue Ausdrucksformen annehmen. In dieser Hinsicht ist eine Aussage des französischen Philosophen Michel Serres interessant, der den Lernprozess mit dem Gewand eines Harlekins vergleicht, das aus Flicken aus verschiedenen Materialien, Farben und Formen zusammengenäht wird. Seine Konzeption des Lernens weist darauf hin, dass die Identität einem ständigen Veränderungsprozess unterliegt, und der genannte Vergleich lässt sich auf kulturelle Veränderungen übertragen.[12]

Interkulturelle Begegnungen werden gefürchtet, weil sie Veränderungen mit sich bringen. Die Menschen befürchten, dabei ihre Identität zu verlieren. Kann man eine Identität verlieren, ist sie bei der Begegnung mit dem Anderen bedroht? Identität kann auf *zwei Weisen* definiert werden: entweder *essentialistisch*, vom Kern her, oder von ihrer *Zusammensetzung* her. Im Verständnis der Identität vom Kern her wird bekräftigt, dass man sich zur Selbstwerdung in die Kultur der Vorfahren einwurzeln muss, die als unveränderliche Essenz betrachtet wird. Dafür braucht man den Begriff der Ahnen und bezieht sich auf die Gründungsmythen. Kultur wird in diesem Zusammenhang mit Reinheit und Integrität in Verbindung gebracht. Der Kontakt mit anderen Kulturen birgt die Gefahr der Entfremdung oder gar Zerstörung. Damit ist die Kultur in einer Verteidigungsposition. Sie muss innerhalb der eigenen Grenzen bleiben, und der andere in seinem Anderssein wird zur Gefahr. In diesem Fall entsteht Identität in Opposition zum Anderen. Man ist nur man selbst, wenn man sich vor dem Anderen schützt.

Nun wirft aber diese protektionistische Sicht der Kultur und der Identität viele Fragen hinsichtlich ihrer Gültigkeit auf der sozialen Ebene auf. Kann eine Gesellschaft überleben und leben, wenn alle Menschen und Gruppen eine so defensive Vorstellung von Kultur und Identität haben? Es gibt eine andere, die offener und gastfreundlicher ist. Diese zweite Sichtweise begnügt sich nicht damit, Kultur nur über das Erbe der Vorfahren und die Zugehörigkeit zu einer klaren Abstammungslinie zu definieren. Heute gibt es Millionen von Frauen und Männern, die sich nicht klar auf nur eine einzige Wurzel als Abstammung berufen können. Sie haben keine Gründungsmythen und können

---

[11] Vgl. Rottlander 1989, 126.

[12] »Das gilt genauso für die Bildung wie für die Erziehung der Körper. Der Mischling wird hier *Tiers-Instruit* (»Dritt-Gebildeter«) genannt. Von Natur aus eher Wissenschaftler, betritt er den Bereich der Kultur, weil sich die Wissenschaft heute mit den für sie unberechenbaren Fragen nach dem Schmerz und dem Bösen verbindet. Es genügt, zwei Dinge zu lernen: die exakte Vernunft und das ungerechte Böse; daraus folgt die Freiheit zu erfinden, also zu denken. Dies gilt schließlich für das Verhalten und die Weisheit, für die Erziehung. Sie besteht darin und erfordert, sich mit dem fremdesten Anderssein zu verbinden, also als Mischling wiedergeboren zu werden. Liebe den Anderen, der in dir eine dritte Person hervorbringt, den Geist.« Serres 1991.

sich nicht auf eine den Wesenskern betonende Sicht von Kultur beschränken, aus dem schlichten Grund, dass sie, wie Amin Maalouf es nennt, *Grenzgänger* sind.[13] Durch die Zufälle der Geschichte gehören sie zwei oder drei Kulturen gleichzeitig an. Ihr Dasein stellt den monolithischen Begriff von Kultur und den Begriff einer »reinen Identität« in Frage. Sie sind der lebendige Beweis dafür, dass der interkulturelle Austausch möglich ist und nicht zerstörerisch sein muss. Sie gehören zu einer komplexen, zusammengesetzten, kreolischen Kultur.

Die Kultur und die Identität der kreolischen Mauritier sind entstanden aus der erzwungenen Begegnung verschiedener Kulturen aus Afrika, Madagaskar, Europa und Asien im Zuge der Kolonialisierung, durch die Sklavenhalter- und Plantagengesellschaft. Heute aber haben die Kreolen die Gewalt, die ihren Vorfahren angetan wurde, verarbeitet und sie bemühen sich, daraus eine positive, offene und »zusammengesetzte« Identität entstehen zu lassen. Édouard Glissant definiert ihre kulturelle Grundlage als Wurzelwerk, nicht als eine einzige Wurzel.[14] Das bedeutet, dass die Kreolen Wurzeln in verschiedenen Kulturen haben und sich nicht auf eine einzige festlegen können. Es bedeutet, dass die Kreolen nicht einfach als Afrikaner, Europäer oder Asiaten definiert werden können. Sie sind ein neues Volk, das kreolische Volk. Als Grenzgänger betonen die Kreolen und andere Völker, die je verschiedene und je komplexe Wurzeln haben, eine andere Vorstellung von Kultur und Identität, die auf Austausch und Dialog gründet.

5. Glaube, kreolische Kultur und interkulturelle Begegnung

Beim Nachdenken über interkulturelle Kommunikation aus meiner eigenen, kreolischen Perspektive habe ich einige neue Einsichten gewonnen, die ich gerne vorstellen möchte.

Die Kreolisierung ist ein Prozess, kein Ziel. Ich teile Glissants Ansicht zu diesem Thema. Für ihn gibt es keine Kreolität als Zustand oder ethnische Kategorie; es gibt nur einen immer weiter fortschreitenden Kreolisierungsprozess.[15] Für Glissant ist interkulturelle Begegnung nur ein anderer Ausdruck für Kreolisierung, die sich im modernen Kontext vollzieht.[16] Diese Sichtweise ist von denjenigen kritisiert worden, die sagen, dass eine kreolische Kultur aus der Sklaverei in der kolonialen Plantagengesellschaft hervorgehe und dass diese Bedingungen in der modernen Welt nicht mehr gegeben seien. Deshalb wollen sie dieses Konzept nur für die Menschen gelten lassen, die aus diesem besonderen Kontext hervorgegangen sind. Trotzdem kann zwischen diesen

---

13 Vgl. Maalouf 1998, 50f.

14 Vgl. Glissant 1997, 22.

15 Aufgrund der besonderen Geschichte der Insel gibt es in Mauritius das Problem der Kreolen als ethnischer Gruppe. Vgl. Carpooran 2002.

16 Vgl. Glissant 1990, 13.

beiden Situationen eine Art Vergleich angestellt und können Ähnlichkeiten hervorgehoben werden. Denn obwohl wir im engeren Sinn nicht von der Entstehung kreolischer Kulturen in der modernen Welt sprechen können, können wir trotzdem die Tatsache akzeptieren, dass die Kreolisierung weiter fortschreitet.

Glaubenskommunikation und Inkulturation bedürfen einer offenen Kultur, die mit der interkulturellen Dynamik des Glaubens und der modernen Welt in höchstem Maße kompatibel ist. Die Interkulturation in der kreolischen Welt darf diese Offenheit und Kreativität nicht antasten und muss auf sie vertrauen. Die katholischen Kreolen in Mauritius müssen einen Weg finden, diese interkulturelle und universelle Dimension zum Ausdruck zu bringen, die schon im Zentrum ihrer Kultur steht und in Mauritius wie auch in der globalisierten Welt ein Gewinn sein kann. Außerdem besteht eine Übereinstimmung zwischen der Offenheit der kreolischen Kultur und dem universellen Charakter des Glaubens.

5.1 »Kreolischer« oder »interkultureller« Christus?

Mit welchem Licht erhellt zum Beispiel der christliche Glaube die kreolische Kultur und die interkulturelle Begegnung? Das Christentum hat eine besondere Vorstellung von Gottes Beziehung zu den Menschen. Christus ist der Gott, der Mensch geworden, das Wort, das Fleisch geworden ist. Er ist ganz Gott und ganz Mensch. Das Dogma von Chalcedon hat bekräftigt, dass er wahrhaft diese doppelte Natur in der Einheit der einen Person hat. Er ist Mensch und Gott, ohne dass die eine Natur die andere zerstört; sie unterstützt sie vielmehr in ihrer Andersartigkeit. Gott offenbart sich als derjenige, der das annehmen kann und mit dem identifiziert werden kann, was sich am meisten von ihm zu unterscheiden scheint: seine menschliche Natur. Die Annahme des Unterschiedlichen steht im Zentrum der Identität Christi. Das Geheimnis der Inkarnation ist ein Geheimnis der Beziehung, durch das der Sohn Gottes in seiner eigenen Person eine lebendige Bindung zwischen Gott und der Menschheit herstellt und wird. Dies wirft ein neues Licht auf interkulturelle Begegnungen und auch auf eine offene Identität, denn wir können Christus analog als »kreolisch« oder »interkulturell« betrachten.

5.2 Der dreifaltige Gott

Der von Jesus geoffenbarte Gott ist der *dreifaltige Gott*. Im christlichen Glauben offenbart sich Gott nicht als ein monolithischer, alle Unterschiede beseitigender Gott, sondern als Kommunikation durch Unterschiede hindurch, als Gemeinschaft von Menschen, als Liebe. »Dreifaltigkeit ist das Geheimnis von Gottes Nähe. In seiner Essenz ist Gott nicht Einsamkeit, sondern Beziehung.«[17] In der Trinität hält jede göttliche Person nicht an sich selbst fest, sie lenkt die Aufmerksamkeit nicht auf sich selbst, sondern verweist vielmehr auf die anderen. Die Liebe, die der dreifaltige Gott ist, nimmt nicht ab, wenn sie geteilt und aus freiem Willen gegeben wird. Gott ist Eins, aber nicht Allein (*solitary*). Seine Existenz muss auf dem relationalen und dynamischen Grund der Liebe gedacht werden. Da er nach dem Bilde Gottes geschaffen wurde, ist der Mensch von Natur aus auf andere bezogen. Der Mensch ist mit dem anderen verbunden, was durch die personale Beziehung zum Ausdruck kommt.

5.3 Die interkulturelle Erfahrung der Kirche

Dies bedeutet, dass die Christen als Jünger Christi in der Kirche dazu aufgefordert sind, auf sehr konkrete Art und Weise sich zu engagieren und zu lieben. Seit den Ursprüngen des Christentums nach Pfingsten ist die Kirche eine multikulturelle Gemeinschaft, doch diese multikulturelle Erfahrung musste bald zu einer interkulturellen werden. Die Christen jüdischen Ursprungs und die Christen nicht-jüdischen Ursprungs mussten Mittel und Wege finden, um in einer Gemeinschaft zusammenzuleben. Später wurde die Kirche zu einem Leib aus miteinander verbundenen Gemeinschaften, die ihren Glauben und ihre Liebe in Christus teilten: dies ist die Bedingung dafür, den Leib Christi sichtbar zu machen.[18] Die Einheit, die geschaffen werden muss, zerstört das Anderssein des Anderen nicht, so wie die Einheit Gottes der Tatsache nicht widerspricht, dass er aus drei Personen besteht. Die Katholizität christlicher Gemeinschaften existiert noch nicht, wir müssen an ihr arbeiten. Diese vielgestaltige Kirche hat ihr Fundament, ihr Vorbild und ihre Dynamik im Geheimnis der Heiligen Dreifaltigkeit.

6. Initiation und Glaubenskommunikation in interkultureller Perspektive

Das Evangelium spricht das Innerste menschlicher Erfahrung direkt an. Wie das II. Vatikanum bekräftigt, macht Christus »eben in der Offenbarung des Geheimnisses des Vaters und seiner Liebe dem Menschen den Menschen selbst voll kund und erschließt ihm seine höchste Berufung. [...] Denn er, der Sohn Gottes, hat sich in seiner Menschwerdung gewissermaßen mit jedem Menschen vereinigt.« (GS 22) Das menschliche Abenteuer erreicht in der Beziehung mit Gott und mit dem Anderen seinen Höhepunkt. Glaubenskommunikation ist der privilegierte Ort für die Begegnung des menschlichen Lebens mit der Offenbarung von Gottes Liebe. Im Lichte des Evangeliums findet die menschliche Existenz ihren wahren Sinn und ihre Zukunft. Die

---

[17] Delhez 1998, 37.

[18] Vgl. Rigal 1996, 189.

christliche Menschlichkeit, auf die sich der Glaube bezieht, ist grundsätzlich offen für die Transzendenz und das Geheimnis von Gottes Offenbarung. Dies wirft ein neues Licht auf die Glaubenskommunikation in einem interkulturellen Kontext.

Glaubenskommunikation kann nicht nur rational sein und auf die menschliche Intelligenz vertrauen. Sie enthält etwas vom Mysterium Gottes. Das christliche Verständnis von Mysterium weist auf kein Geheimnis hin, das gelüftet werden muss, keine Illusion, die durch eine kritische und reflektierte Prüfung erkannt wird, dahinter verbirgt sich auch nicht eine mangelnde Kenntnis. Es ist das Zeichen für eine Realität, die jedes mögliche Experiment überschreitet, jeden Versuch sie zu erfassen transzendiert, sich aber in ihrer unerforschlichen Andersartigkeit mitteilt. Niemand erfährt oder versteht dieses Geheimnis so, wie er/sie sich Wissen aneignet. Man dringt nicht in das Geheimnis ein, man lässt sich von ihm durchdringen. Man muss sich ihm ergeben, so wie es Christus durch sein Leben und seinen Tod getan hat.

Ein Geheimnis wird weder gelehrt noch gelernt, man wird in es eingeweiht. Die Glaubenskommunikation muss dem Weg der Initiation folgen. Welches sind die Hauptmerkmale der Initiation, die für unsere Überlegungen über die Glaubenskommunikation bei einer interkulturellen Begegnung nützlich wären? Initiation ist eine Ausbildung, bei der der zu Initiierende sich einer Prüfung unterziehen muss. Bei der Initiationsprüfung gibt es eine reale, eine physische und eine soziale Herausforderung und Gefahr. Durch die Erfahrung der Initiation lernt man, worum es in der Initiation geht. Initiation hat eine physische Dimension und eine symbolische Bedeutung. Die Initiationsprüfung stellt eine Herausforderung in den existenziellen Fragen nach Leben und des Tod dar. Sie geht den österlichen Weg, durch den man symbolisch stirbt und wiedergeboren wird. Über die Initiation müssen später Fragen gestellt und ihre Bedeutung muss erklärt werden.[19] Die Initiation muss zuerst eine Erfahrung sein, etwas, das gelebt und gefühlt wird, bevor es erklärt wird. Wörter und Sprache entspringen als lebendige Erzählung einer lebendigen Erfahrung.[20] In gewisser Weise muss die Glaubenskommunikation in interkultureller Perspektive den Weg der Initiation übernehmen, ungeachtet, ob es um die Einweihung in liturgische Formen geht oder darum, miteinander leben zu lernen als (weltweite) christliche Gemeinschaft. Zugleich muss es ein ethisches Engagement außerhalb der sichtbaren Grenzen der Kirche für die multikulturelle und multireligiöse Gesellschaft in Mauritius geben.

---

[19] Dies tut Christus, nachdem er die Füße seiner Jünger gewaschen hat. Er fragt sie, ob sie die symbolische Geste verstanden haben, und erklärt ihnen ihre Bedeutung (Joh 13,12–17).

[20] Vgl. Ricoeur 1975, 322.

7. Interkulturelle Kompetenz als ethisches und spirituelles Werkzeug der Christen

Durch diese spirituelle Initiation erwerben die Christen eine interkulturelle Kompetenz, die später durch Bildungsmaßnahmen erweitert werden kann. Interkulturelle Kompetenz ist nicht nur Know-how, sondern findet auf der Ebene des Seins statt. Sie ist gleichzeitig eine menschliche Kompetenz, eine ethische Kompetenz und eine spirituelle Kompetenz. Sie ist eine menschliche Kompetenz, weil sie mit der menschlichen Kultur und Identität zu tun hat. Alle anthropologischen Disziplinen beschäftigen sich heute mit ihr: Psychologie, Soziologie und Pädagogik. Sogar in der Geschäftswelt und auf Managerschulungen ist es modern geworden, über die Entwicklung einer interkulturellen Kompetenz zu sprechen. Das bedeutet, dass die menschlichen Gesellschaften und sogar die profitorientierten Unternehmen verstanden haben, dass sie diese Dimension in Leben und Arbeit berücksichtigen müssen.

Diese pragmatische Betrachtungsweise interkultureller Kompetenz führt uns zu einer zweiten Ebene, der Ebene des ethischen Engagements. Ich habe dies bereits angedeutet. Ethik hat mit den Werten zu tun, die wir in der Gesellschaft, in der wir leben, fördern wollen. Der interkulturelle Ansatz hat mit unserem Selbstkonzept in Bezug auf den Anderen zu tun. Hier folgen wir Autoren wie Lévinas, die wertvolle Gedanken und Konzepte über den Anderen entwickelt haben. Sie zeigen, dass Andersartigkeit ein konstitutiver Faktor von Identität ist. Der Andere (*alter*, *heteros*) ist nicht der Feind, der Eindringling, der *alienus*, der mich im wörtlichen Sinn entfremden (*alienate*) kann.[21] Der Andere ist, wie Lévinas und Ricoeur gezeigt haben, derjenige, der mich durch sein Anderssein anspricht. Ich bin gezwungen, aus meinem kleinen Selbst herauszutreten, um den Anderen zu erreichen, und so werde ich zu einem menschlichen Wesen, in dieser persönlichen Begegnung mit dem Anderen. Menschliche Identität und Autonomie sind immer dialogisch.

Diese menschliche Ethik findet im Licht des Glaubens und besonders durch das christliche Konzept der Liebe zu neuer Kraft. Bemerkenswert am Konzept der Liebe Christi ist vor allem, dass es ein Gebot ist, das neue Gebot, das einzige neue Gebot, das Christus nach dem Johannesevangelium hinterlassen hat (Joh 13,34). Die Tatsache, dass die Liebe ein Gebot ist, beweist, dass wir uns auf der ethischen Seite des Lebens befinden. Liebe ist nicht nur ein Gefühl, sondern eine Art zu denken, die ein von Werten geleitetes Handeln impliziert. Im Evangelium bedeutet Liebe, den Anderen, den Andersartigen zu lieben. Jesus verlangt von seinen Jüngern, nicht nur diejenigen zu lieben, die wie sie aussehen, wie sie handeln, wie sie denken und die ihnen vergelten können, was sie ihnen Gutes getan haben, sondern den Feind zu lieben, das heißt den entferntest Anderen. Die christliche Liebe muss weit über die familiären und Stammesbindungen hinausgehen und den Anderen erreichen, wer er

---

[21] Vgl. Gesché 1998, 6.

auch immer sein mag. So wurde der Samariter im Gleichnis ein Vorbild für die Jünger, die aus der jüdischen Tradition kamen.

Geschwisterlichkeit in menschlichen Beziehungen ist für die Wahrheit des christlichen Glaubens wesentlich. Im Johannesbrief heißt es dazu: »Wir wissen, dass wir aus dem Tod in das Leben hinübergegangen sind, weil wir die Brüder lieben. Wer nicht liebt, bleibt im Tod. [...] wir wollen nicht mit Wort und Zunge lieben, sondern mit Tat und der Wahrheit« (1 Joh 3,14ff). Geschwisterlichkeit ist nicht zentripetal: Sie kann sich nicht in Gruppen entwickeln, die sich von anderen abgrenzen. Als geschwisterliche Gemeinschaft muss die Kirche nach draußen gehen und Zeugnis von Gottes Nähe bei den realen Herausforderungen des heutigen Lebens und besonders bei den Herausforderungen interkultureller Begegnungen ablegen. Christliche Gemeinschaften können Orte der Initiation für diese Geschwisterlichkeit in ihrer wirtschaftlichen, politischen und kulturellen Dimension sein und sie können dazu beitragen zu beweisen, dass diese Fraternisierung die Welt verändern kann. In solchen interkulturellen und prophetischen Gemeinschaften, die das Evangelium wirklich zu leben versuchen, kann das gemeinsame christliche Experiment zu einem kreativen und überzeugenden Projekt in der heutigen Welt werden.

Wir sprechen von Gerechtigkeit in unseren engen Beziehungen und von Gerechtigkeit gegenüber dem Rest der Menschheit. Wir sprechen von Gerechtigkeit im engen und im weiteren Sinn. Wir können dieses Prinzip auf die interkulturelle Begegnung anwenden, die eine Art erweiterte Liebe ist. Liebe impliziert Engagement und Taten. Interkulturelle Begegnung und Glaubenskommunikation implizieren ethische Prinzipien und Werte, die zum Handeln und zum Dialog mit dem Anderen führen. Interkulturelle Kompetenz ist im Licht des Glaubens eine menschliche Kompetenz, die durch das Wirken von Christi Geist umgestaltet wird. Deshalb ist interkulturelle Kompetenz ein spirituelles und ethisches Werkzeug der Christen. In diesem Sinne denkt man derzeit in Mauritius über neue Strategien der Glaubenskommunikation nach, die sowohl den Erfordernissen der Inkulturation im kreolischen Kontext gerecht werden als auch für die anderen Kulturen in unserer Kirche und unserer Gesellschaft offen bleiben.

Literatur

ADOLPHE, M. (Hg.) 1975, *Rapport de l'enquête réalisée dans le milieu créole populaire catholique,* Commission catéchèse de l'Ile Maurice.

ARNO, T./ORIAN, C. 1986, *Ile Maurice, une société multiraciale,* Paris.

AUDINET, J. 1999, *Le temps du métissage,* Paris.

BIRON, J.-M. 2000, *D'une pastorale des immigrants à une pastorale interculturelle,* Bulletin Vivre Ensemble 8 (2000) 29.

CARPOORAN, A. 2002, *Créole, créolité, créolisation: les contours d'une terminologie floue,* in: Revi Kiltir Kreol 1 (2002), 1–14.

DELHEZ, C. 1998, *Dites Notre Père ...*, Namur-Bruxelles.

ERIKSEN, T.H. 2002, *Tu dimunn pu vinn kreol. The Mauritian Creole and the concept of Creolization,* in: Revi Kiltir Kreol 1 (2002).

GESCHÉ, A. 1998, *L'identité de l'homme devant Dieu,* in: Revue Théologique de Louvain 29 (1998) 1, 3–28.

GLISSANT, E. 1990, *Discours de Glendon,* Toronto.

Ders. 1997, *Traité du Tout-Monde. Poétique IV,* Paris.

HANNERZ, U. 1992, *Cultural Complexity. Studies in the Social Organization of Meaning,* New York.

Lettres patentes en forme d'édit concernant les esclaves nègres des isles de France et de Bourbon, Isle de France, Mai 1726.

MAALOUF, A. 1998, *Les identités meurtrières,* Paris.

NAGAPEN, A. 1999, *Le Marronnage à l'Isle de France – Île Maurice. Rêve ou Riposte de l'Esclave?,* Port-Louis.

PALMYRE, D. 2003, *L'identité créole à l'Ile Maurice: une identité fermée ou ouverte? Réflexions sur le recours à l'ancestralité,* in: Revi Kiltir Kreol 2, 1–6.

PIAT, M. E. 2001, *Synode 1997–2000. Prendre un nouveau départ,* Port-Louis (Schlussdokument der Synode).

RICOEUR, P. 1975, *La métaphore vive,* Paris.

RIGAL, J. 1996, *Le Mystère de l'Eglise. Fondements théologiques et perspectives pastorales,* Paris.

ROTTLANDER, P. 1989, *Le monde un. Chance ou péril pour l'Eglise universelle?,* in: Concilium 224 (1989), 117–128.

SERRES, M. 1991, *Le Tiers-Instruit,* Paris.

VEDER, J.-C. 2004, *Dire Dieu jusqu'à le célébrer ensemble. Jalons pour une inculturation interculturelle dans la société de l'Ile Maurice.*

ZIMMERMANN, R. (Hg.) 1995, *Mo pa kroir dans sa bann zafer la, me Lemal ekzis. Étude des comportements religieux en monde populaire créole, Rapport final,* Port-Louis.

Kontextuelle Perspektiven aus Nord- und Südamerika

ROBERT J. SCHREITER

Glaubenskommunikation in der Vielfalt der Kulturen in den USA

Einführung

Dieser Beitrag untersucht einige neuere Entwicklungen innerhalb der interkulturellen Theologie in den USA.[1] Ich möchte mich besonders auf drei Themen konzentrieren, die in jüngster Zeit besonders wichtig geworden sind.

Das *erste Thema* ist der Einfluss, den das zunehmende Gefühl der Instabilität seit dem 11. September auf das multikulturelle Denken genommen hat. Was eine lebhafte Diskussion über die Natur der Multikulturalität gewesen war, wurde zurückgestellt zugunsten einer einmütigeren Haltung, die die Gemeinsamkeiten zwischen den verschiedenen Kulturen hervorhebt.

Das *zweite Thema* ist der zunehmende Einfluss der Einwanderung in den Vereinigten Staaten. Während die jüngeren Diskussionen in Europa eher durch fremdenfeindliche Themen bestimmt wurden, hat sich die Diskussion in den Vereinigten Staaten auf das Einwanderungsgesetz konzentriert. Doch interessanter für die interkulturelle Theologie sind zurzeit die neuen kulturellen Entwicklungen, die besonders bei den jüngeren Migranten der zweiten Generation stattfinden, und die Art der Theologie, auf deren Entwicklung diese hinweisen.

Das *dritte Thema* ist die Polarisierung in Kirche und Gesellschaft, die in den Vereinigten Staaten oft diskutiert worden ist, und besonders der Einfluss konservativerer und sogar fundamentalistischer Bewegungen auf die theologische Landschaft. Dabei dominieren zwei Vorstellungen von der Natur der Beziehungen zwischen Kirche und Gesellschaft – Vorstellungen, die beträchtliche Konsequenzen für die interkulturelle Theologie haben.

---

[1] Meine Vorlesungen für *Theologie interkulturell* im Studienjahr 1995–1996 haben sich mit dem Einfluss der Globalisierung auf die interkulturelle Theologie im Allgemeinen beschäftigt und enthielten ein Kapitel über die Theologie in den Vereinigten Staaten (vgl. Schreiter 1998). Wer einen allgemeinen Überblick über die interkulturelle Theologie in den Vereinigten Staaten sucht, kann ihn hier finden. In diesem Beitrag werden die Entwicklungen seit dieser Zeit dargestellt.

1. Der Einfluss sozialer Instabilität auf den multikulturellen Diskurs

In den 1990er Jahren fand in den Vereinigten Staaten eine lebhafte (und manchmal sehr emotionale) Diskussion über multikulturelle Realitäten statt. Angeheizt sowohl durch die zunehmende Immigration als auch ein andauerndes Interesse an der Postmoderne, erhielten Themen, die sich mit der Verschiedenheit beschäftigten, viel Aufmerksamkeit. Die Migration in die Vereinigten Staaten brachte die Pluralismusdiskussion sogar in ländliche Gebiete, wo bisher eine große kulturelle Einheit geherrscht hatte.

Die Migration aus Lateinamerika verdünnte die Diskussion. Zweisprachige Bekanntmachungen wurden in vielen größeren Städten alltäglich. Debatten darüber, ob die Einwanderer Englisch lernen oder ob die Vereinten Staaten eine zweisprachige Nation werden und eine völlig andere kulturelle Grundlage bekommen würden, waren weit verbreitet. Einige protestierten dagegen, dass das weiße, angelsächsische Erbe durch ein braunes, lateinisch-katholisches ersetzt werden sollte.[2] In der Volkszählung im Jahr 2000 waren die *Hispanics* die größte Minderheit im Land geworden, vor den Afroamerikanern, die diese Position lange eingenommen hatten.

Auch der Zustrom von Menschen aus Asien und den pazifischen Inseln hatte einen großen Einfluss, besonders an der Westküste des Landes. Vor 1965 war die Immigration aus Asien sehr begrenzt gewesen, vor allem aus rassistischen Gründen. Obwohl die asiatischen Amerikaner nur acht Prozent der Gesamtbevölkerung der USA ausmachen, ist ihr Einfluss viel größer als ihre Anzahl. Öffentliche Eliteuniversitäten wie die *University of California* in Berkeley begannen, über Rassenquoten nachzudenken, als deutlich wurde, dass fast 40% der Studenten, die jedes Jahr ein Studium in dieser Institution aufnahmen, asiatischer Herkunft waren. Wegen ihres Interesses an höherer Bildung und ihres relativ schnellen Aufstiegs in die höhere Mittelklasse und qualifizierte Berufe waren die Asiaten als »Modellminderheit« bekannt geworden, wenn sie mit Hispanics und Afroamerikanern verglichen wurden: Sie sind ein Beispiel für die amerikanische Erfolgsgeschichte, die so zentral für das Selbstverständnis der Nation als Land der unbegrenzten Möglichkeiten ist.

In einigen Millionenstädten wie Los Angeles gibt es keine ethnische oder rassische Mehrheit mehr. In den Vereinigten Staaten wird in einem von fünf Haushalten zu Hause eine andere Sprache als Englisch gesprochen.

Die Diskussionen über die Postmoderne sind weitgehend auf die Universitäten und Intellektuellen beschränkt gewesen. Während der Pluralismus in der US-amerikanischen Gesellschaft durch die Immigration zunimmt, ist die Fragmentierung des Lebens oder das Fehlen *großer Erzählungen* (um auf Lyotards Konzept zurückzugreifen[3]) mehr auf den ausgeprägten Individualismus zu-

---

[2] Zu diesem Thema vgl. z.B. Huntington 2003.
[3] Vgl. Lyotard 1983.

rückzuführen als auf eine Erosion der Tradition. Denn es ist diese Kombination von Individualismus und der Bewahrung traditioneller Werte, die die US-amerikanische Gesellschaft von ihren Pendants in Europa unterscheidet. Sie ist ein wichtiger Faktor in der besonderen Form der Säkularisierung in den USA, mit ihrer Kombination von Individualismus einerseits und starker Bindung an religiöse Gemeinschaften und Frömmigkeit andererseits.

Auf jeden Fall haben diese verschiedenen Faktoren zu einem Diskurs über Multikulturalität beigetragen, der die Anerkennung und Wertschätzung von Unterschieden hervorhob. Ein Interesse an konkreten gesellschaftlichen Manifestationen von Unterschieden charakterisierte die Medien, die Universitäten und insbesondere die Kirchen. Als im Jahr 2000 die Volkszählung stattfand, konnten bei der Selbstbeschreibung mehr als 100 verschiedene Kombinationen von Ethnizität und Rasse angegeben werden.

Die Terrorangriffe des 11. September 2001 führten zu einer schnellen Veränderung dieser Situation. Seit dem Krieg mit Großbritannien im Jahr 1812 hatten die kontinentalen Vereinigten Staaten keinen bewaffneten Angriff durch eine fremde Macht erlebt. Die erfahrene Gewalt führte zu einer Abschottung der gesellschaftlichen Gruppen voneinander (und zu einer zeitweiligen Intensivierung religiöser Gefühle). Von einem Tag auf den anderen wurde Anderssein verdächtig, sogar als neu Eingewanderte (vor allem aus dem Mittleren Osten) große Anstrengungen unternahmen, um ihre Loyalität gegenüber den Vereinigten Staaten zu beweisen. Der Slogan »Amerika: eine Nation« tauchte überall auf. Eine Zeitlang erlitt das Interesse an multikultureller Theologie und deren Aufgaben einen großen Rückschlag. Erst heute, nach mehr als fünf Jahren, beginnt es wieder aufzuleben.

Man kann eine weitere Quelle der Furcht vor Instabilität und Unterschiedlichkeit hinzufügen, die in den letzten Jahren größer geworden ist, nämlich die zunehmende Ambivalenz gegenüber den Kräften der Globalisierung. Die Menschen in den Vereinigten Staaten hatten insgesamt eine positivere Einstellung zu den Folgen der Globalisierung gehabt als viele Menschen in Europa und besonders auf der südlichen Welthalbkugel. Der Grund dafür war zweifelsohne, dass die Menschen in den Vereinigten Staaten von Handelsvereinbarungen und anderen Instrumenten der Globalisierung profitiert haben, die anderswo den gegenteiligen Effekt hatten. Die ständige Abnahme gut bezahlter Stellen in der Produktion durch ihre Auslagerung in andere Länder und die unablässige Suche nach schnellem Profit in den Unternehmen haben die Einstellung gegenüber der wirtschaftlichen Globalisierung verändert. Die Geschwindigkeit der Globalisierung und die Verdrängungsmentalität der amerikanischen Erscheinungsformen des Kapitalismus geben den Menschen immer mehr das Gefühl, dass sie die Kontrolle über ihr Leben und ihr Wohlergehen verlieren. Die Antwort darauf ist eine Bekräftigung traditioneller Werte und ein zunehmender politischer Konservatismus gewesen.

Der Einfluss all dieser Faktoren auf den multikulturellen Diskurs und die interkulturelle Theologie ist beträchtlich gewesen. Die interkulturelle Theologie konzentriert sich von Natur aus auf die Unterschiedlichkeit und ihre Bedeutung. Die Bemühung um Gleichheit und größeren gesellschaftlichen Zusammenhang, um ein stärkeres Identitätsgefühl, macht es schwieriger, Unterschiede anzuerkennen und wertzuschätzen. Dies wird heute in den USA auf unterschiedliche Art sehr deutlich. Nur sechzig der mehr als hundert Diözesen im Land haben eine Abteilung für ethnische und multikulturelle Angelegenheiten. Vor drei Jahren löste die Erzdiözese Los Angeles – die größte und multikulturellste des Landes – ihre Abteilungen für verschiedene ethnische und multikulturelle Aufgaben auf und ersetzte sie durch einen Weihbischof, der für die Anliegen aller ethnischer Gruppen zuständig sein sollte (und dies in einer Diözese, die keine kulturelle Mehrheit hat). Die Sorge Roms um die Uniformität in der liturgischen Praxis und Buchstabentreue bei der Übersetzung aller liturgischen Texte hat diese Frage noch dringlicher gemacht. Diesem Streben nach Uniformität steht die Tatsache entgegen, dass 30% aller Kandidaten für das diözesane Priesteramt in den Vereinigten Staaten außerhalb des Landes geboren wurden und so der Verschiedenheit in der heutigen Kirche ein Gesicht geben. Eine bewusste Abkehr von kulturellen Unterschieden – in der kirchlichen Praxis und zunehmend in der Theologie – ignoriert die Widersprüche, die sich hier auftürmen.

In instabilen Zeiten nimmt die Abneigung gegen Risiken zu. Natürlich erfahren die Vereinigten Staaten eigentlich viel weniger Instabilität als die meisten anderen Völker in der Welt. Ihr Wohlstand und ihre Macht garantieren dies. Doch die Kombination der Wahrnehmung von Instabilität, des Gefühls, die Kontrolle über das eigene Leben zu verlieren, und der Abneigung gegen Risiken führt zu beträchtlich weniger Toleranz gegenüber Unterschiedlichkeit.[4]

Gibt es Zeichen für eine Rückkehr zum Interesse an der Unterschiedlichkeit? Eine Reihe von Versuchen, die Unterschiede wiederzuentdecken, doch gleichzeitig dem Ganzen mehr Gewicht zu geben, wurde im Zusammenhang mit dem Konzept der Solidarität entwickelt. Solidarität – ein Begriff, der erstmals im Diskurs der Gewerkschaften im 19. Jahrhundert verwendet wurde, doch besonders von Johannes Paul II. in den letzten Jahren seines Pontifikats in die Theologie eingeführt wurde – enthält die Bedeutung, trotz Unterschieden zusammenzukommen und zusammenzubleiben. In der Philosophie waren Denker wie Giles Gunn fest entschlossen, einen Weg zu entwickeln, um das Anderssein wertzuschätzen und trotzdem mit einem Sinn für öffentliche Pragmatik zu kombinieren, um den Herausforderungen einer globalisierten Welt begegnen zu können.[5] Der Theologe Anselm Min hat den Gedanken

---

[4] Ich habe dies in Schreiter 2004 untersucht.

[5] Vgl. Gunn 2001.

einer *Solidarität zwischen Anderen* statt einer *Solidarität für Andere* erforscht, die allgemeiner gesehen wird. Indem er diesen Unterschied macht, stellt er fest, dass wir in einer pluralisierten Welt nun *alle Andere* sind.[6]

In jüngster Zeit ist der Kosmopolitanismus wieder stärker hervorgehoben worden.[7] Dieser Begriff ist hier weder im kantischen Sinne zu verstehen noch seiner elitistischen Bedeutung von reichen Menschen, die ihren Wohnsitz in verschiedenen Ländern haben und weite Reisen unternehmen. Dieses Verständnis von Kosmopolitanismus bezieht sich vielmehr auf die Migranten, die sich im gleichen gesellschaftlichen Raum befinden wie die Menschen aus anderen Kulturen in den Metropolen der heutigen Welt. Hier kämpfen die Menschen darum, etwas davon zu verwirklichen, was jetzt in einem Meer von Unterschieden *Konvivenz*[8] genannt wird. In einer anderen Variante beinhaltet der Begriff, dass man gegenüber der Welt eher eine *Sowohl-als-auch*-Haltung als die *Entweder-oder*-Haltung einnimmt, die wohlhabende, säkulare Gesellschaften normalerweise kennzeichnet.[9]

Der Kosmopolitanismus geht anders an die Unterschiedlichkeit heran. Einerseits erkennt er sie an und kann sie sogar wertschätzen, gleichzeitig ist er darum bemüht, jenseits der Unterschiedlichkeit etwas zu sehen, das einen gemeinsamen Zweck, ja eine gemeinsame Identität ermöglicht. Er schafft Identitäten nicht nur durch Unterscheidungen, sondern sieht die Identität auch als einen Prozess der Verbindung – sozusagen als *beides* bzw. *und* statt nur *entweder-oder*.

In der oft instabilen Welt, die wir nun im 21. Jahrhundert erleben, gibt es ein herausragendes Phänomen, das »das Ganze suchen« genannt werden könnte. Es ist die Erkenntnis, dass man, wenn die Dinge instabil sind, sie nicht einfach der Fragmentierung und der Unterschiedlichkeit überlassen darf. Wir können diese Suche nach dem Ganzen im gesamten ideologischen Spektrum finden. Im positiven Sinn ist die Suche nach dem Ganzen eine Suche nach Übereinstimmung verschiedener und manchmal scheinbar widersprüchlicher Elemente, wobei man Besonderheiten und Unterschiede weiterhin wertschätzt. Im negativen Sinn kann die Suche nach dem Ganzen dazu führen, dass man starre Grenzen geltend macht und sogar Zuflucht bei einer Art Fundamentalismus sucht.[10]

In gewisser Hinsicht kann Kosmopolitanismus analog zur »Katholizität« verstanden werden, wie ich sie 1995 bei den Vorlesungen von *Theologie inter-*

6 Vgl. Min 2004.
7 Vgl. z.B. Gilroy 2005; Appiah 2006. Ich habe diese Möglichkeit in Schreiter 2005 untersucht.
8 Eine kurze Beschreibung der theologischen Bedeutung dieses Wortes findet sich in Feldtkeller 2001.
9 Dies wurde besonders von Lash 1999; Beck 2004; Beck/Lau (Hg.) 2005 untersucht.
10 Vgl. hierzu Schreiter 2005.

kulturell skizziert habe. Ich werde im dritten Teil dieses Beitrags darauf zurückkommen.

2. Neue theologische Entwicklungen unter den Migranten

Die Migration ist ein zunehmend wichtiger Bereich für das Verständnis heutiger Theologie. Nach Schätzungen der Vereinten Nationen ist einer von 35 Menschen heute Migrant. Dies ist ein geringerer Prozentsatz als zu Beginn des 20. Jahrhunderts, doch die Globalisierung hat die Migration für viele Menschen sichtbarer gemacht. Wenn so viele Menschen unterwegs sind und somit Kulturkreise betreten, die sich von ihrem eigenen unterscheiden, tauchen zwangsläufig neue Themen auf.[11]

Unter den vielen Themen, die aufgegriffen werden könnten, möchte ich mich mit einem beschäftigen, das heute in den interkulturellen Theologien in den Vereinigten Staaten in Erscheinung tritt, nämlich den asiatisch-amerikanischen Theologien. Dies ist ein relativ neues Phänomen, das nun neben die älteren und besser bekannten spanischen und afroamerikanischen Theologien tritt. Die asiatisch-amerikanischen Theologien sind neuer, da die Immigration aus Asien und den pazifischen Inseln erst 1965 in größerem Umfang begonnen hat. Die Tatsache, dass die Kinder dieser Migranten nun erwachsen werden und Universitäten besuchen, ist ein bedeutender Faktor beim Entstehen dieser neuen Theologien in der heutigen Zeit.

Wie bei anderen Formen interkultureller Theologie, die von kulturellen und ethnischen Minderheiten entwickelt werden, hat das, was in den asiatisch-amerikanischen Theologien entsteht, einige Besonderheiten. Vor allem haben diese Theologien im Kontext der USA bisher dazu tendiert, eher panasiatisch zu sein, als sich auf bestimmte Länder zu konzentrieren. Dies ist vielleicht auf die Tatsache zurückzuführen, dass alle Asiaten zusammen in den Vereinigten Staaten weniger als zehn Prozent der Bevölkerung ausmachen. Sie haben das Gefühl, dass sie zusammen sprechen müssen, damit ihre Stimmen gehört werden, trotz der erheblichen kulturellen Unterschiede, die auf diesem riesigen Kontinent zwischen ihren Ländern bestehen. Außerdem stellten sie in ihren Heimatländern als Christen einen kleinen Prozentsatz der Gesamtbevölkerung dar (mit Ausnahme der Philippinen), doch sie sind in deutlich größerer Anzahl als ihre nichtchristlichen Mitbürger in die Vereinigten Staaten gekommen. Vielleicht hat auch dies sie dazu gebracht, sich zusammenzutun. Und schließlich werden sie von der europäischstämmigen Mehrheit der Vereinigten Staaten oft als »Asiaten« oder »Orientalen« in einen Topf geworfen, wie es nicht einmal bei den Lateinamerikanern der Fall ist. Dies hat zweifellos dazu geführt, dass sie eine panasiatische Identität suchen.

---

[11] Vgl. z.B. Campese/Ciallela (Hg.) 2003.

Zweitens sind sie später als die Afroamerikaner und Lateinamerikaner in die USA gekommen. Diese beiden Gruppen können ihre Präsenz in den Vereinigten Staaten sogar bis in die Zeit vor der Gründung der Staaten zurückverfolgen. Wegen ihrer späten Einwanderung tritt die sozialwissenschaftliche Erforschung der asiatischen Bevölkerung erst jetzt in Erscheinung, weil die zweite Generation asiatischer Amerikaner nun Hochschulabschlüsse in Soziologie, Psychologie und Anthropologie erwirbt (die Hochschulabsolventen der ersten Generation haben meist Naturwissenschaften, Mathematik und Ingenieurwesen studiert).[12]

Unter den asiatischen Amerikanern der ersten Generation (d.h. denjenigen, die als junge Erwachsene in die USA gekommen sind) gibt es eine Gruppe, die in der Theologie eine Vorreiterrolle gespielt hat. Zu ihnen gehören Peter Phan (aus Vietnam), Anselm Min (aus Korea), Kosuke Koyama (aus Japan), C.S. Song (aus Taiwan) und der späte Jung Young Lee (auch aus Korea). Sie sind theologisch oft mit einem Bein in ihren Heimatländern geblieben und haben über die Marginalisierung geschrieben, die sie in den Vereinigten Staaten erlebt haben.[13] Rita Nakashima Brock (aus Japan), Kwok Pui-Lan (aus Hong Kong) und Chung Hyung Kyung (aus Korea) haben eine deutlich asiatisch geprägte feministische Theologie entwickelt.

Unter den asiatischen Amerikanern der zweiten Generation (diejenigen, die in den Vereinigten Staaten geboren oder als sehr kleine Kinder eingewandert sind) gibt es eine Gruppe, die das Dilemma kultureller Verhandlungen zwischen der Welt ihrer Eltern und der in der amerikanischen Gesellschaft dominierenden Kultur erforscht.[14] Zu diesem Thema ist bisher relativ wenig geschrieben worden, doch dies wird sich wahrscheinlich in den kommenden Jahren ändern. Hieraus entsteht eine andere Art panasiatischer Identität als die, die man in den Veröffentlichungen von Theologen der ersten Generation wie Phan oder Lee findet. Weil sich die zweite Generation zwischen der ethnischen Identität ihrer Eltern und der in der US-Gesellschaft dominierenden Kultur hin- und hergerissen fühlt, sucht sie nach einer panasiatischen Identität, die ihr einen selektiven Zugang zur ethnischen Identität ihrer Eltern ermöglicht; sie erkennt jedoch, dass die Asiaten durch die Rassenschranken nie vollständig in die dominierende Kultur integriert werden können. Diese panasiatische Identität unterscheidet sich von der panasiatischen Identität der ersten Generation darin, dass sie bewusster mit dem Ziel konstruiert ist, das Dilemma zu überwinden, in dem sich junge asiatische Amerikaner befinden. Die frühere panasiatische Identität war eher ein Zusammenschluss verschiedener ethnischer Gruppen mit dem Ziel, in einem fremden Land gemeinsame Sache zu machen. Diese neue panasiatische Identität wird sich wahrscheinlich weiterentwickeln und im Laufe der Zeit verschiedene Formen annehmen. Ein

[12] Vgl. z.B. Yu 2001 und Lee (Hg.) 2004.
[13] Vgl. Phan/Lee (Hg.) 1999; Phan 2003.
[14] Vgl. z.B. Hoang 2007.

Merkmal, das sich in dieser Identität herauszubilden beginnt, ist zum Beispiel die Auseinandersetzung der asiatischen Amerikaner der zweiten Generation mit der Frage, womit sich ihre Kinder identifizieren sollen. Heute sind die Kenntnisse der Sprache des Heimatlandes zum Großteil verloren gegangen. Doch die Rassenmerkmale werden die jungen Asiaten immer noch von ihren weißen Mitbürgern trennen. Es ist interessant, die Zahl der Eheschließungen zwischen asiatischen Amerikanern der zweiten Generation mit Weißen zu betrachten – die höher zu sein scheint als die zwischen anderen ethnischen Gruppen und Weißen. Was sich hier abzeichnet ist die Grundlegung einer besonderen Form von Kosmopolitanismus, vom Umgang mit dem *Sowohl-als-auch* auf dem Prokrustesbett der amerikanischen Rassengeschichte.

Schon beginnt die Entwicklung einer impliziten Theologie, auch wenn sie nicht in einer direkten theologischen Sprache zum Ausdruck gebracht wird.[15] Sie ist in die Entscheidung für die Bauweise einer Kirche integriert, wenn die Einwanderergemeinden die Gelegenheit haben, ihre eigenen Kirchengebäude zu errichten. Zwei davon sind *Our Lady of Vietnam*, in einem Vorort von Washington, D.C., gelegen, und *Our Lady of La Vang* in Orange County, Kalifornien. Beide wurden von vietnamesischen Migranten erbaut. Im Fall von Our Lady of Vietnam sieht das Kirchengebäude wie ein chinesischer Tempel aus; Our Lady of La Vang wird zurzeit noch gebaut, scheint jedoch dem Vorbild von Our Lady of Vietnam zu folgen. Das Interessante dabei ist, dass es eine solche Kirchenarchitektur in Vietnam nicht gibt; dort sind die Kirchen nach dem Vorbild des neugotischen französischen Stils des 19. Jahrhunderts erbaut worden. Indem sie beim Kirchenbau ihre vietnamesische Identität mit einbringen, machen die amerikanischen Vietnamesen eine theologische Aussage über ihre duale Identität in den Vereinigten Staaten.

Werden solche ethnischen Identitäten in der dritten Generation und darüber hinaus bestehen bleiben? Die meisten europäischen Identitäten sind bis zur dritten Generation assimiliert worden. Einiges weist darauf hin, dass dies auch mit den spanischen Identitäten geschieht, obwohl sie zur Zeit 14% der Gesamtbevölkerung in den USA ausmachen. Bezüglich der asiatischen Identitäten ist es vielleicht noch zu früh, um dies beurteilen zu können. Es gibt eine relativ hohe Zahl von Eheschließungen mit Nicht-Asiaten, und der finanzielle Erfolg von vielen könnte darauf hinweisen, dass es eine Assimilation mit der amerikanischen Mehrheits- bzw. Massenkultur geben wird. In den letzten drei Jahrzehnten wurde viel über das Festhalten der Völker an ihrer ethnischen Identität gesagt worden, doch in Wirklichkeit scheinen nur herausragende

---

[15] Ausschüsse asiatischer amerikanischer Theologen werden derzeit in den Fachverbänden wie der *American Academy of Religion* und der *Catholic Theological Society of America* gegründet. Unter den verschiedenen ethnischen und kulturellen Gruppen der Asienstämmigen haben (meines Wissens) nur die koreanischen Protestanten eine eigene Organisation gegründet.

Merkmale der Rassen die Ursache für das Festhalten an ihren Identitäten zu sein (wie im Fall der Afroamerikaner). Da es weiterhin Eheschließungen zwischen den ethnischen Gruppen bzw. Rassen gibt, werden diese Identitäten immer mehr ins Wanken geraten.

3. Polaritäten in Kirche und Gesellschaft

Über die zunehmende Polarisierung in der US-amerikanischen Gesellschaft hat es viele Diskussionen gegeben. Diese Diskussion ist im politischen Bereich und im religiösen Leben der Christen weit verbreitet. In der Politik spricht man von *roten Staaten* (den eher konservativ geprägten Staaten) und *blauen Staaten* (den progressiveren). Die blauen Staaten konzentrieren sich im Nordosten und an der Westküste. Die Mehrzahl der fünfzig Staaten wird nun als rote Staaten betrachtet, die eher konservative politische Ansichten unterstützen. Die politischen und religiösen Dimensionen konservativen Denkens haben sich in Organisationen wie der Neuen Religiösen Rechten miteinander verbunden und sind eine immer stärkere Kraft in Kirche und Gesellschaft geworden, und ihnen wird hoch angerechnet, dass mit ihrer Unterstützung George W. Bush zum Präsidenten gewählt wurde. In den Medien ist, besonders bei Wahlkampagnen, eine scharfe Auseinandersetzung erkennbar.

In den verschiedenen christlichen Kirchen geht es bei den Auseinandersetzungen vor allem um Fragen der Sexualität und, was die römisch-katholische Kirche betrifft, Frauen und Priesteramt. Die Zahl der römisch-katholischen US-Amerikaner, die als extrem rechts betrachtet werden können, ist relativ klein, obwohl die Ernennung immer konservativerer Bischöfe und die große Zahl sehr konservativer junger Diözesanpriester eine zunehmende Polarisierung in der Kirche ankündigen.

Während die Polarisierungsdiskussion viel Aufmerksamkeit auf sich lenkt, haben die Soziologen darauf hingewiesen, dass sich die Dinge trotz aller Rhetorik in den vergangenen Jahrzehnten tatsächlich sehr wenig geändert haben. Vor allem der Soziologe Wayne Baker hat die Einstellung der US-Bürger über einen Zeitraum von etwa 20 Jahren untersucht und dabei den *European Values Survey* verwendet. Dadurch konnte er nicht nur Veränderungen in der Einstellung der Landesbevölkerung untersuchen, sondern sie auch langfristig mit anderen, insbesondere europäischen Ländern vergleichen. Er kommt zu dem Schluss, dass es in diesem Zeitraum in den Vereinigten Staaten relativ wenig Veränderungen gegeben hat. Obwohl bei einigen Menschen ein gewisser Rechtsruck zu verzeichnen ist, blieb das Gesamtbild relativ unverändert. Wie lässt sich diese Schärfe dann begründen?[16]

Bakers Hauptbefund ist, dass es eine spezielle Kombination von einem ausgeprägten Individualismus mit dem Festhalten an traditionellen Werten gibt.

---

[16] Vgl. Baker 2005.

Größerer Individualismus führt in den meisten Gesellschaften zu liberaleren Werten, weil die gesellschaftlichen Kräfte ihren Einfluss auf Individuen und Gruppen zurücknehmen. Die Tatsache, dass die Werte der meisten Menschen in den Vereinigten Staaten mehr oder weniger stabil geblieben sind, auch wenn die Individualisierung weiter fortschreitet, könnte das Gefühl des Aufeinanderprallens erklären (in den 1990er Jahren als *Kulturkriege* bezeichnet), das sich fortzusetzen scheint.

Da die Medien einen großen Gewinn aus Gegensätzen ziehen, bekommen die Themen mit den größten Dissonanzen und Divergenzen viel größere Aufmerksamkeit als die Dinge, über die die Menschen sich einig sind. Durch den Individualismus neigen die Menschen mehr dazu, ihr Profil auf Kosten derjenigen zu schärfen, mit denen sie Meinungsverschiedenheiten haben. Dies ist im Bereich der Theologie in der römisch-katholischen Kirche ganz offensichtlich. Es gibt sowohl am rechten als auch am linken Rand sehr lautstarke Gruppen und sie haben meistens die schärfsten Profile. Dadurch erhalten die Menschen einen sehr polemischen Eindruck vom US-amerikanischen Katholizismus, auch wenn die meisten Menschen sich *zwischen* den dargestellten Extremen wiederzufinden scheinen. Besonders wegen der hohen finanziellen Summen, die den Gruppen der extremen Rechten oft zur Verfügung gestellt werden, scheinen sie eine größere Anziehungskraft zu haben, als es wahrscheinlich der Fall ist.[17]

Bedeutender als die Fraktionen auf der extremen Rechten und Linken ist jedoch eine größere Polarisierung, die den Rest des Spektrums betrifft. Sie ist auf viele verschiedene Arten beschrieben worden. Timothy Racliffe hat sie *Gaudium et spes*-Katholiken und *Communio*-Katholiken genannt.[18] Letztere finden in der Pastoralkonstitution des Zweiten Vatikanischen Konzils über die Kirche in der modernen Welt die Richtlinie, wie die Kirche der Welt gegenüberstehen sollte. Diese nimmt eine allgemein positive Haltung gegenüber der Welt ein und sucht den Kontakt und Dialog mit ihr. Sie begrüßt die Pluralität und hört darauf, wie Gott in der Welt spricht. Die *Communio*-Katholiken dagegen richten ihren Blick mehr auf das Leben innerhalb der Kirche. Sie beschäftigen sich besonders mit der Qualität der Gemeinschaft unter den Mitgliedern der Kirche, wie sie durch die liturgische und die Glaubenspraxis mitgeteilt und realisiert wird. Dieser zuweilen auch *neo-augustinisch* genannte

---

17 Große Beachtung in den Medien gefunden hat z.B. Tom Monaghan, der Gründer der Schnellrestaurantkette *Domino's Pizza* und der Hauptgründer der neuen *Ave Maria University* mit Niederlassungen in Michigan und Florida. Die *Newman Society*, eine andere konservative Gruppe, kontrolliert katholische Colleges und Universitäten, in denen sie Hinweise auf Abweichungen von der theologischen Orthodoxie sucht.

18 Vgl. Radcliffe 2006. Diese Etikettierung ist nicht völlig zutreffend. Natürlich sollen alle Christen in der *communio* leben und alle Katholiken sind an die Lehre von *Gaudium et spes* gebunden. Doch Radcliffes Unterscheidung ist ein praktischer Weg, um in diese Diskussion einzusteigen.

Zugang steht der Welt kritischer gegenüber und betrachtet die Kirche sowohl als sicheren Hafen als auch als ideale Gesellschaft, die der Welt als Vorbild dient. In diesem Denken ist wenig Raum für die Pluralität; die Wahrheit manifestiert sich vielmehr in der Einheit und der Gemeinschaft im Glauben und in der Lebenspraxis.

Wenn man sich auf die traditionellen Definitionen von Katholizität besinnt, kann man erkennen, dass die erste Position die Katholizität der Kirche eher im Sinne der Verbreitung auf der ganzen Welt versteht. Bei dieser Verbreitung muss sie die Pluralität der Kulturen begrüßen, die mit der Kirche in Berührung kommen. Hier haben interkulturelle Theologien ihre natürliche Heimat und einen fruchtbaren Boden. Die zweite Position dagegen unterstreicht das Verständnis von Katholizität der Kirche als Fülle des apostolischen Glaubens, der von einer Generation zur nächsten überliefert wird. Hier stehen Kontinuität und Einheit im Mittelpunkt. In einem solchen Milieu hat die Verschiedenheit der Kulturen weniger Bedeutung als die Kultur im Sinne eines Ortes der Bildung nach einem allgemeinen und universellen Vorbild des wahrhaft Menschlichen. Folglich haben interkulturelle Theologien nur eine marginale Bedeutung am Rande der größeren Strömungen dessen, was die Christen gemeinsam haben.

Diese Polaritäten innerhalb der Kirche sind natürlich nicht auf die Vereinigten Staaten beschränkt. Sie zeigen sich in vielen Ländern der Welt und sind durch die Wahl Joseph Ratzingers zu Papst Benedikt XVI. stärker hervorgetreten. Er hat deutlich für die zweite der hier skizzierten Positionen votiert. Seine unschlüssige Haltung in Bezug auf die Legitimität interkultureller Theologien ist schon während seiner Amtszeit als Präfekt der Glaubenskongregation zum Ausdruck gekommen. Seine Betonung der unersetzlichen Rolle der hellenistischen Kultur für alle (westlichen) Formen des Christentums in seiner Regensburger Rede im Jahr 2006 hat seine Position noch stärker unterstrichen.

Es sollte darauf hingewiesen werden, dass diese beiden Einstellungen zum Ausdruck der Katholizität in der heutigen Welt nicht völlig inkompatibel sind. Es geht auch nicht darum, sich für die eine und gegen die andere zu entscheiden. Beide versuchen, den katholischen Glauben gemäß ihrer Betrachtungsweise der Welt, in der wir leben, zu bewahren. Die Vertreter der *ersten Position* glauben, dass die Kirche nur ihren Auftrag erfüllen kann, indem sie die Welt akzeptiert, indem sie sowohl das Buch der Offenbarung Gottes als auch das Buch der Natur (um Augustinus' Ausdruck zu verwenden) liest. Die Kultur ist nichts Nebensächliches, durch das die menschliche Natur ergänzt worden ist. Wie *Gaudium et spes* lehrt und Johannes Paul II. so oft hervorgehoben hat, ist die Kultur ein integraler Bestandteil der menschlichen Identität und durch die Kultur gelangt man zum wahrhaft Menschlichen.

Die *zweite Position* betrachtet die Kirche als Wächterin der Welt. Sie hat die Sündigkeit der Welt und ihr Bedürfnis nach Erlösung fest im Blick. Die menschlichen Kulturen sind nur Manifestationen eines Kulturideals, eines

Ideals, das nur im Glauben der Kirche zu realisieren ist. Im Herzen der Kultur ist deshalb alles überall gleich. Ihre Perfektion ist in der Kirche, in ihren Glaubensüberzeugungen und Praktiken zu finden. Deshalb kann das Beachten der kulturellen Unterschiede die Menschen eher von der Wahrheit entfernen als der Schlüssel für ihre Offenbarung sein.

Die zweite Position sieht die Welt von einer zentrifugalen Fragmentierung bedroht, wenn das Wesentliche nicht immer wieder hervorgehoben wird. Papst Benedikt hat vor der »Diktatur des Relativismus« gewarnt – womit er auf die Gefahr einer zu starken Betonung der Unterschiede hinzuweisen scheint. In einer Welt, in der Unsicherheit und Risiken – politische, ökonomische oder ökologische Risiken – immer deutlicher hervorzutreten scheinen, enthält diese Art von Antwort eine innere Logik. In der Generation junger Menschen, die nun in den Vereinigten Staaten erwachsen werden, wird diese Sichtweise im Allgemeinen besser verstanden als in der Generation ihrer Eltern. Diese junge Generation hat kein Interesse daran, um die Interpretation des Zweiten Vatikanischen Konzils zu kämpfen, wie es ihre Eltern getan haben. Sie kombinieren diese *Communio*-Haltung oft mit einer progressiven und aktivistischen Politik. Andere Menschen aus derselben Generation finden sich eher in der Sichtweise von *Gaudium et spes* wieder. Doch sie wollen einerseits die Pluralität ernstnehmen, andererseits einen größeren Zusammenhang finden – »das Ganze suchen«. Auch wenn diejenigen von uns, die eine oder zwei Generationen älter sind, ihre Verknüpfungen als nicht völlig schlüssig betrachten mögen, sagen sie etwas darüber aus, wie die Welt von denjenigen wahrgenommen wird, die bald die Führung in unserer Welt übernehmen werden, und welches ihre Ängste und Hoffnungen sind. Als solche müssen sie ernstgenommen werden.

Schlussbemerkungen

Wo man sich auch in diesem Kampf zwischen zwei Positionen wiederfinden mag, die sich in der Kirche der USA und anderswo zu einer regelrechten Polarität zuspitzen: Es ist notwendig, dass diejenigen, die an interkultureller Theologie interessiert sind, die Rolle der Kultur in der Theologie und die Frage, wie sie interkulturellen Theologien ihr Profil gibt, neu überdenken. Das Projekt *Theologie interkulturell* hat vor mehr als zwei Jahrzehnten mit einem charakteristischen Blick auf die Rolle der Kultur in der Theologie begonnen. Nun, in den ersten Jahren des 21. Jahrhunderts, in denen die Globalisierung, die Migration, eine neue Generation postkolonialer Literatur, das Schicksal multikultureller Politik und das Interesse am Kosmopolitanismus Gegenstand der allgemeinen Diskussion sind, wird eine neue Reflexion dieser Frage wichtiger denn je. Es ist zu hoffen, dass dies in den kommenden Jahren im Frankfurter Projekt *Theologie interkulturell* geschehen wird. Ist die Kultur in ihrer Besonderheit konstitutiv für unser Menschsein oder ist sie eine Art

Zugabe, eine endliche Manifestation der platonischen Idee von Kultur? Wie zeigt sich Gott in der Kultur und wie drückt sich das in der Offenbarung und in der Theologie aus? Dies sind kaum neue Fragen, doch es sind diejenigen, mit denen sich jede zukünftige interkulturelle Theologie beschäftigen muss.

Literatur

APPIAH, K. 2006, *Cosmopolitanism. Ethics in a World of Strangers,* New York.

BAKER, W. 2005, *America's Crisis of Values. Reality and Perception,* Princeton.

BECK, U. 2004, *Der kosmopolitische Blick*, Frankfurt a.M.

BECK, U./LAU, C. (Hg.) 2005, *Entgrenzung und Entscheidung,* Frankfurt a.M.

BROCK, R./KIM, J./PUI-LAN, K./YANG, S. 2007, *Off the Menu. Asian and Asian North American Women's Religion and Theology,* New York.

CAMPESE, G./CIALLELA, P. (Hg.) 2003, *Migration, Religious Experience, and Globalization,* New York.

FELDTKELLER, A. 2001, *Konvivenz,* in: RGG 4, 1654.

GILROY, P. 2005, *Postcolonial Melancholia,* New York.

GUNN, G. 2001, *Beyond Solidarity. Pragmatism and Difference in a Globalized World,* Chicago.

HOANG, L. 2007, *Creating New Spiritual Homes: Vietnamese Refugees Negotiating American and Catholic Identities,* Saarbrücken.

HUNTINGTON, S. 2004, *Who Are We? The Challenges to America's National Identity,* New York.

LASH, S. 1999, *Another Modernity,* London.

LEE, J. (Hg.) 2004, *Asian American Youth,* New York.

LYOTARD, J.-F. 1983, *The Postmodern Condition. A Report on Knowledge,* Minneapolis.

MIN, A. 2004, *The Solidarity of Others in a Globalized World. A Postmodern Theology after Postmodernism,* New York.

PHAN, P. 2003, *Christianity with an Asian Face. Asian American Theological in the Making,* New York.

Ders./LEE, J.Y. (Hg.) 1999, *Journeys at the Margin. Toward an Autobiographical Theology, Collegeville,* MN.

RADCLIFFE, T. 2006, *What is the Point of Being Christian?,* London.

SCHREITER, R. 1998, *Die neue Katholizität. Globalisierung und die Theologie* (Theologie interkulturell, Bd. 9), Frankfurt a.M.

Ders. 2004, *Pluralism after 9/11. Living with Difference and Instability,* in: The Ecumenist 41 (2004), 12–16.

Ders. 2005, *A New Modernity. Living and Believing in an Unstable Word,* in: Melintas 21 (2005), 143–188.

YU, H. 2001, *Thinking Orientals. Migration, Contact, and Exoticism in Modern America,* New York.

PAULO SUESS

Option für die Armen-Anderen als Kampf für Gerechtigkeit im Kontext Lateinamerikas

Zum Einstieg

»Viele Male denke ich daran, an die Universitäten Europas zu gehen, besonders an die Sorbonne von Paris, und dort wie ein Verrückter denen, welche die Theorie der Praxis vorziehen, ins Angesicht zu schreien: ›Wie viele Seelen gelangen nicht zur Herrlichkeit Gottes und enden in der Hölle wegen eurer Nachlässigkeit‹ [...]. Ich fürchte, dass viele an den Unis herumsitzen, nur damit sie mit ihrem Studium Titel bekommen, Pfründen und Bischofsstühle.«[1]

Der Text stammt von Franz Xaver (1506–1552). Am 7. April 2006 hat die Kirche seines 500. Geburtstags gedacht. Er war ein Global Player der Seelenrettung. In Armut hat er nachhaltig in den drei asiatischen Großräumen Indien, Indonesien und Japan gewirkt, jedoch ohne die politischen Vorteile des Kirchenpatronats. In nur zehn Jahren kam er von Lissabon über Mosambik nach Goa und Ceylon/Sri Lanka (1542–45), zur indonesischen Inselwelt, wo er von 1546 bis 1547 in Malakka (heute Malaysia) wirkte; er drang vor zu den Molukken, um dann von 1549 bis 1551 seine Japan-Mission in Kagoshima zu beginnen. Ein Jahr später treffen wir Franz Xaver voller Hoffnung auf der Insel Sanzian, nur ein paar Meilen vom Festland China entfernt. China würde der Schlüssel sein zur Bekehrung Japans. In dieser Hoffnung starb er 1552.

Die Probleme Franz Xavers schienen einfach zu lösen zu sein. Durch die hohle Gasse der christlichen Taufe mussten sie alle kommen, Muslime, Hindus und Buddhisten, all die Armen, die Anderen und die Opfer. Im Gegenzug wurde ihnen das ewige Heil angeboten. Man brauchte also nur genügend Missionare zu Glaubenskommunikation, Katechese und Taufspendung auszusenden. Aber Asien war noch nicht so individualistisch aufgeklärt wie Europa, dass da jeder nur seine Seele retten wollte und mit seinem Heil zufrieden gewesen wäre. Sie wollten, wie heute noch die indigenen Stämme Lateinamerikas und eingeborene Völker Afrikas, den ganzen Klan in die Kirche mitbringen. Und so fragten sie: »Was geschieht mit unseren Ahnen?« Franz Xaver hatte nicht nur eine graue Ahnung, sondern ein genaues Wissen darüber, was mit den nicht-christlichen Ahnen schon längst geschehen war. »Und ich sage ihnen«, schrieb er noch in seinem Todesjahr 1552 an die Gefährten in Europa, »dass es für die nicht-christlich Verstorbenen kein Heilmittel gibt«.[2] Wir

---

1 Zubillaga 1968, 110f. Vgl. auch Vitzthum (Hg.) ^{3}1950, 49f.

2 Zubillaga 1968, 401.

können nicht einmal mehr für sie beten, meint er, da selbst die Seelen guter Leute, die in ihrer Ungläubigkeit sterben, in die Hölle kommen.[3]

Die buddhistischen Bonzen waren da anderer Meinung. Dieser Christengott ist nicht die Liebe, wie seine Missionare behaupten, vielmehr ist er unbarmherzig, wenn er seine Höllenstrafe so unwiderruflich verhängt.[4] Die Barmherzigkeit Gottes war das zentrale Thema bei solchen interreligiösen Gesprächen. Die buddhistische Göttin der Barmherzigkeit hat viele Gesichter und tausend Hände ausgestreckt, um alle ohne Ausnahme und in einer gewissen Formlosigkeit zu retten. Die Barmherzigkeit Franz Xavers hatte nur so viele ausgestreckte Arme, wie sie eben nötig waren, um die Körper der Kranken zu pflegen und um das Taufwasser über ihre Häupter zu schütten. Seelenrettung, das Ziel dieser Glaubenskommunikation, war an Formen und Formeln gebunden.[5] Diesen Heilsrigorismus hat Franz Xaver in aller Strenge auch gegen sich selbst als Option für die Armen und Anderen durchgehalten. Und seine Armen waren nicht nur die Kranken, sondern vor allem die vom Ausschluss der Seligkeit Bedrohten. Als 1536 die Nachricht von seiner Wahl ins Domkapitel von Pamplona in Paris ankam, hatte er sich schon mit seinen Gefährten aus dem universitären Staub gemacht. Als er auf dem Weg nach Indien einige Monate in Mosambik warten musste, da hat er sich sofort um die Armen und Kranken gekümmert. »Wir schliefen bei den Armen, soweit es unser geschwächter Zustand zuließ, und haben unsere Zeit ausgefüllt mit zeitlichen und geistlichen Tätigkeiten.«[6]

Wer im 16. Jahrhundert so weit gereist ist wie Franz Xaver, der konnte das nur in großer Armut und Entäußerung tun. Er, der auf einem Schloss zur Welt kam, hat, wie Franz von Assisi, mit dem feudalen Komfort seiner Familie gebrochen. Sein Erbe, die Dringlichkeit seiner universalen Pilgerschaft in Armut, seine eindeutige Wahl zwischen »an den Unis, im väterlichen Schloss oder im Domkapitel von Pamplona herumsitzen« und »Seelenrettung«, seine heute fragwürdigen »besten Intentionen« der Nachfolge können uns Maßstäbe liefern für die kritische Aneignung einer zeitgenössischen Option für Arme und Andere, für Leidende und Opfer. Auf ganz aufgeklärt-rationale Weise sind sie von der Hölle des Migrantendaseins, des Vergessens und des Ausschlusses bedroht. Vor ihren ausgestreckten Händen und im Angesicht ihrer Verwundungen Relevanz und Kohärenz des Christentums nachzuweisen bleibt eine immerwährende Herausforderung.

---

[3] Vgl. ebd., 382.
[4] Vgl. ebd., 393.
[5] Vgl. Schurhammer 1929, passim.
[6] Zubillaga 1968, 80.

1. Zum Kontext

Das politische Szenario Brasiliens ist heute geprägt von kollektiver Korruption, struktureller Illegalität und persönlicher Gerissenheit. Dies macht Vorschläge zu politischen Veränderungen und alternative Diskurse immer unglaubwürdiger. Die Sozialbewegungen sind durch Überläufer ins Regierungslager ausgezehrt. Es ist heute schwieriger als in den 1960er Jahren, eine Option für die Armen innerkirchlich zu vertreten.[7] Auch die Armen selbst sind durch ihre Armut zermürbt. Die Rückkehr zu den Fleischtöpfen Ägyptens klingt verheißungsvoll und findet leicht Anhänger. Kirchen, deren Grußbotschaft lautet: »Bei uns könnt ihr euren Alltag vergessen«, finden außerordentlichen Zulauf. Für das Kreuz Christi gibt es in solchen Kirchen nur einen Abstellplatz in der Sakristei. Showeffekte eines singenden Popstars im Priestergewand, Ausläufer oder Reproduktoren der so genannten »Spaßgesellschaft«, werden als Seelenbalsam beklatscht. Weil solche Liturgien unwahr sind, produzieren sie weder widerstandsfähige Beziehungen noch widerständige Hoffnung.

Seit Monaten stehen wir also in Brasilien vor einem politischen Scherbenhaufen. Eine Hiobsbotschaft über finanzielle Machenschaften der Arbeiterpartei (PT) löst die andere ab. Drei parlamentarische Untersuchungsausschüsse und ein interner Ethikrat des Parlaments untersuchten zu Beginn des Jahres 2006 die Geldquellen der Arbeiterpartei. Auch andere Parteien sind in die Finanzierungsskandale des Wahlkampfs verwickelt. Fünf Parteivorsitzende (PT, PTB, PL, PP, PSDB) und der Präsident der Abgeordnetenkammer mussten bisher zurücktreten, weil sie in diese Machenschaften verwickelt waren.

Die Arbeiterpartei hatte sich in den 80er Jahren aus drei ganz verschiedenen Gruppierungen gebildet. Die einen leisteten bewaffneten Widerstand gegen die Militärdiktatur. Andere kamen aus den Gewerkschaften und wieder andere sind durch die Schule der christlichen Basisgemeinden und der Befreiungstheologie gegangen. Seit zwei Jahrzehnten haben sich die sozialen Bewegungen und mit ihnen viele Pastoralträger für die Arbeiterpartei Brasiliens eingesetzt. Ihr Präsidentschaftskandidat Lula kam aus dem Armenhaus des Nordostens, aus dem Arbeitermilieu und aus der Zeit der Verfolgung durch die Militärdiktatur. Das politische Klima der Arbeiterpartei entsprach auf der theologisch-pastoralen Ebene fast deckungsgleich der Option für die Armen. In diesem Programm waren Vermögensumverteilung, Demokratisierung von Grund und Boden durch Landreform, Arbeitsplatzbeschaffung, die Änderung des Tilgungsmodus der Auslandsschulden und eine neue Politik der Anerkennung gegenüber den indigenen Völkern vorgesehen.

Aber die weltweit stattfindende ideologische Angleichung der Parteien hat auch in Brasilien stattgefunden. Kleine programmatische Unterschiede werden

[7] Auch die dezidierte Armenfrömmigkeit der frühen Kirche wurde schon bald flexibilisiert, wie die Schrift *Welcher Reiche wird gerettet werden?* des Klemens von Alexandrien zeigt.

rhetorisch aufgebauscht und durch neue Designs der Marktpsychologie profiliert. Die kleine Differenz wurde auf dem Markt zur Marke und in der Politik zur Partei. Differenzierte Originalität der Aufmachung täuscht über qualitative »Gleich-Gültigkeit« hinweg.

Spezialisten des Makroszenarios verweisen auf drei Systemkrisen: die Finanzkrise (Dollarschwäche), die Ökokrise[8] und die Krise der so genannten liberalen Demokratien. Spezifische regionale Eingriffe, Realutopien, Alternativen zur Eindämmung der Verteilungskrise werden unwahrscheinlicher. Die gesellschaftliche Großlandschaft ist heute in vieler Hinsicht eine weglose Wildnis. Ein Nicht-Weg und das Verschwinden von Horizonten charakterisieren die neoliberale, nachsozialistische Landschaft. Eine ökologisch geplünderte, sozial zerrissene und spirituell ausgebrannte »Nachwelt« – postmodern, postmetaphysisch, postsäkular, postsozialistisch – fordert auch eine theologisch abgesicherte Option für die Armen heraus.

Pastoralträger von heute haben vielfach noch in den Aufbrüchen der 1960er Jahre ihre theoretische und praktische Schulung erfahren. Aufgrund der Konfliktsituation ihres Projekts, das die Lebenschancen marginalisierter sozialer Gruppen zum Gegenstand hat, und aufgrund der Imperative einer vom Evangelium her geprägten Solidarität stehen sie unter ständigem sozial-politischem und ethisch-praktischem Druck. Im heutigen Brasilien sind sie ganz konkret von drei Konflikten bedroht, die etwas ungenau den Systemebenen Kultur, Gesellschaft und Politik zugeordnet werden können: kulturelle Entzauberung, soziale Verbürgerlichung und politische Verwaisung. Sie haben, gerade im so genannten christlichen Lateinamerika, zu einer spirituellen Depression durch Übertreibung (pfingstliches Schwärmertum, Fundamentalismus, formaler Rigorismus) und Unterlassung (aufgeklärter Atheismus, Relativismus, Säkularisierung) beigetragen.

Lösungen oder Erleichterungen für die Betroffenen sind realistischerweise nicht von makrostrukturellen Eingriffen zu erwarten. Makrostrukturelle Analysen, mit denen sich vor allem die Ökonomen herumschlagen, sind einmütig in ihrer Ausweglosigkeit. Wer Hoffnung sucht, muss sich an besorgniserregende Szenarien herantasten. Daher kann es gesamtkirchlich relevant sein, über die lateinamerikanische Option für die Armen nachzudenken und sich von ihr unterbrechen zu lassen. Das Wohlstandsgefälle zwischen Armen und Reichen ist das Endprodukt von Ellenbogengesellschaften, welche die Stärkeren schon im Vorfeld von Bildung und Ausbildung, von Erbschaft, Auslese und Ausschluss so privilegieren, dass sie, von der Mehrheit der Armen abge-

8 Der Hurrikan Katrina war nicht eine fatale Naturkatastrophe, sondern die Antwort der Natur auf eine Option. Die Nichtunterzeichnung der Protokolle von Kyoto seitens der USA zugunsten der Erdölindustrie hat natürlich etwas zu tun mit der Erwärmung des Golfs von Mexiko und der Zerstörung von New Orleans. Der September 2005 war der heißeste Monat, der seit Menschengedenken auf dem Planeten Erde registriert wurde. Selbst der Regenwald Amazoniens wurde zum ausgetrockneten Notstandsgebiet.

koppelt, in ihre eigene Umlaufbahn um die lichtlosen Planeten Wohlstand, Konsum und Verschleiß eingetreten sind.

2. Zum Ursprung

Die lateinamerikanische *Option für die Armen* kann als Programm des Umbaus einer kolonialen zu einer befreienden Kirche und einer neuen Evangelisierung gesehen werden. Konkret lässt sich dieser Umbau an der II. Generalversammlung des Lateinamerikanischen Episkopates in Medellín, 1968, festmachen, hat aber Wurzeln, die bis auf die Urkirche zurückgehen.[9] Die lateinamerikanischen Bischöfe unterschieden drei Gestalten der Armut: die Armut als Mangel an Gütern, also die *materielle* Armut, die *geistliche* Armut, die eine radikale Öffnung zu Gott kennzeichnet, und die *Armut als Engagement*, das die Bedingungen der Armen dieser Welt freiwillig und aus Liebe annimmt, um Zeugnis zu geben von dem Übel, das sie darstellt, und von der geistigen Freiheit gegenüber den materiellen Gütern.[10] Daraus ergeben sich für die Kirche folgende Konsequenzen:

- »Sie klagt den ungerechten Mangel der Güter dieser Welt und die Sünde an, die ihn hervorbringt;
- sie predigt und lebt die geistliche Armut als Haltung der geistlichen Kindschaft und Öffnung zu Gott;
- sie verpflichtet sich selbst zur materiellen Armut. Die Armut der Kirche ist eine Konstante in der Heilsgeschichte.«[11]

Ganz entschlossen schrieben die Bischöfe im Dokument über die *Armut der Kirche*: »Der besondere Auftrag des Herrn, ›den Armen die Frohe Botschaft zu verkünden‹, muss uns zu einer Verteilung der Kräfte [...] führen, die den ärmeren und bedürftigeren und aus irgendwelchem Grunde ausgeschlossenen Sektoren wirklichen Vorrang gibt [...]. Wir Bischöfe wollen uns in Einfachheit [...] immer mehr den Armen nähern [...].«[12]

Was war das für eine Zeit, als Medellín stattfand! In den Ereignissen des Jahres 1968 verdichteten sich das Elend und die Hoffnung eines Jahrhunderts. Die Gewalt sozialer Ausbeutung, institutioneller Unterdrückung und ethni-

---

9 Die Dokumente von Medellín, Puebla und Santo Domingo sind nach der deutschen Ausgabe des Sekretariats der Deutschen Bischofskonferenz (Hg.) o. J. zitiert, mit der Angabe des jeweiligen Ortes, Kurztitels bzw. der im jeweiligen Dokument angegebenen Nummerierung, z.B.: Medellín, Armut, Nr. 9, Puebla, Nr. 1134, oder Santo Domingo, Nr. 13. Versammlungsdaten der CELAM-Konferenzen: Rio de Janeiro: 25.7.–4.8.1955, Medellín: 24.8.–6.9.1968, Puebla: 27.1.–13.2.1979, Santo Domingo: 12.–28.10.1992, Aparecida: 13.–31.5.2007.

10 Vgl. Medellín, Armut, Nr. 4.

11 Ebd. Nr. 5.

12 Ebd. Nr. 9.

scher Diskriminierung rief nach Veränderung. Die strukturelle und individuelle Gewalt von 1968 hatte viele Gesichter.

Am 30. Januar begann der Vietcong die Tet-Offensive, die schließlich zum Abzug der USA aus Vietnam führte. Im März erklärte der brasilianische Innenminister, dass er Beweise für »Korruption und Sadismus« des staatlichen Indianerschutzdienstes (SPI) habe, »einschließlich des Massakers ganzer Indiostämme durch Dynamit, Schnellfeuergewehre und mit Arsen vermischten Zucker«. Am 4. April wurde Martin Luther King ermordet und am 15. April begann der Prager Frühling. Es folgten die Maiunruhen in Frankreich und weltweite Proteste von Studenten und Arbeitern. Die staatliche Repression ließ nicht auf sich warten. In Rio de Janeiro wurde der 21. Juni zum »blutigen Freitag«. 1000 Menschen wurden eingesperrt, viele verletzt und einige umgebracht. Am 26. Juni formierte sich ein Protestmarsch mit über 100.000 Menschen. Streiks, Attentate durch paramilitärische Gruppen, Protestdemonstrationen standen auf der Tagesordnung. Am 13. Dezember veröffentlichte der brasilianische Justizminister den Institutionellen Akt Nr. 5 (AI-5). Der Kongress wurde geschlossen, verfolgte Politiker und politisch Engagierte flohen ins Ausland, andere kamen in Gefängnisse, wo sie barbarischen Torturen ausgesetzt wurden.

Die Erfahrungen von 1968 jedoch haben gezeigt, dass die Strukturen der Gewalt auch erschüttert werden können. Inmitten der Protestbewegung von 1968 ereignete sich eine schöpferische Diskussion über das »Projekt Menschheit«. Die Option für die Armen war von diesem Geist geprägt, der sich später in Basisgemeinden artikulierte und in der Befreiungstheologie seine spirituelle Vertiefung fand.

Alle 16 Einzeldokumente von Medellín durchzieht der Ruf nach »einer globalen Veränderung der Strukturen«[13]. Die lateinamerikanischen Bischöfe erklärten sich für die Verteidigung »der Rechte der Armen und Unterdrückten«[14] verantwortlich. Die Denunzierung struktureller und willkürlicher Gewalt, das Einklagen von Selbstbestimmungsrecht und der Appell an die Betroffenen, sich zu organisieren, sind Aussagen des Lehramtes, die bis heute aktuell sind.[15] In seiner Eröffnungsansprache zur Medellín-Konferenz rief Paul VI. den Delegierten zu: »Die Armut der Kirche ist [...] ihr Zeugnis für die Treue zum Evangelium.«[16] Und Medellín antwortete dem Papst: »Wir wünschen, daß unsere Wohnung und unser Lebensstil einfach seien. [...] Wir verzichten auf Ehrentitel [...] und wollen, daß unsere lateinamerikanische Kirche frei sei von weltlichen Verquickungen, Annehmlichkeiten und zweideutigem Prestige.«[17]

---

[13] Medellín, Gerechtigkeit, Nr. 16.
[14] Medellín, Friede, Nr. 22.
[15] Vgl. ebd. Nr. 18, 19, 27.
[16] Conselho Episcopal Latino-Americano/Celam [5]1973, 17.
[17] Medellín, Armut, Nr. 12, 16, 18.

Die größere Nähe zu den Armen und die versprochene »Hilfe zur Selbsthilfe« waren wichtige Impulse für ein neues Verhältnis zwischen Kirche und Volk. Freilich kam es oft nur zu individuell-charismatischer Aneignung dieser Vorsätze und nicht zu ihrer innerkirchlich-strukturellen Umsetzung. Arme und Arbeiter, Indios und Schwarz-Amerikaner, Frauen und Jugendliche bleiben bis heute oft nur »Berater« für eine aus ihren vormodernen und patriarchalen Wurzeln lebende Kirche.

Die Option für die Armen hat Vorläufer und Nachfahren; Vorläufer in der Verkündigung Jesu, in der Patristik, in der franziskanischen Bewegung, im Armutsstreit in und außerhalb der Konzilsaula des Zweiten Vatikanums. Am 16. November 1965 feierten etwa 40 Konzilsväter in den Domitilla-Katakomben eine Eucharistiefeier und die Mehrheit unterschrieb anschließend einen heute nahezu vergessenen Pakt der Katakomben. Sie versprachen darin unter anderem:

- »Wir werden versuchen unseren Lebensstil im Hinblick auf Wohnung, Essen und Verkehrsmittel so zu gestalten, wie es dem normalen Leben unserer Leute entspricht.«
- »Wir versprechen, dass wir keine Häuser, Grundstücke, Möbel oder Bankkonten in unserem eigenen Namen haben werden.«
- »In unserem Verhalten und öffentlichen Auftreten werden wir alles vermeiden, was den Eindruck von Privilegien und bevorzugter Behandlung erweckt.«
- »Wir werden unsere Zeit, unser Herz und unsere Mittel für den apostolischen und pastoralen Dienst vorzüglich denen, die schwer arbeiten und ökonomisch schwach sind, zur Verfügung stellen.«[18]

Nach dem Konzil hat das Klima, das die Option für die Armen hervorgebracht hat, noch weitergewirkt. Die III. Generalversammlung des Lateinamerikanischen Episkopates hat in Puebla noch einmal die Option für die Armen als Beweis für authentische Evangelisierung hervorgehoben.[19] Wir lesen im dortigen Schlussdokument: »Mit erneuerter Hoffnung auf die belebende Kraft des Geistes machen wir uns wieder die Auffassung der II. Vollversammlung zu eigen, die eine klare und prophetische, vorrangige und solidarische Option für die Armen zum Ausdruck brachte [...].«[20]

Und auch die IV. Generalversammlung von Santo Domingo hat die vorrangige Option für die Armen nochmals besonders unterstrichen.[21] Die Äußerungen des Lehramtes sind also ganz klar. Die Option für die Armen kann so weit gehen, sagte Johannes Paul II. in seiner Enzyklika *Sollicitudo Rei Socialis*, dass die Kirche wertvolle Kultobjekte verkaufen muss, um Hungernden zu

---

[18] Kloppenburg 1966, 526ff. Vollständig ins Deutsche übertragen in: Suess 2001, 111–114.
[19] Vgl. Puebla, Nr. 382; 707.
[20] Ebd. Nr. 1134.
[21] Vgl. Santo Domingo, Nr. 296, 302.

essen zu geben und Obdach denen, die keines haben.[22] Und die deutschen Bischöfe gehen sehr weit in ihrem Dokument *Gerechter Friede*, wenn sie fordern, dass die Option für die Armen nichts mit Korporativismus oder mit Proselitismus zu tun hat, also nicht auf den innerchristlichen Raum oder auf Seelenwerbung beschränkt bleiben darf:

»Es geht um die Armen, unabhängig von Rasse, Geschlecht, Religion und Nation. Der Ernstfall unserer Zuwendung sind diejenigen, die, von den Kreisläufen des gesellschaftlichen und wirtschaftlichen Lebens ausgeschlossen, einfach als ›überflüssig‹ erscheinen. […] Kaum etwas ist christlicher, als sich diesen Armen zuzuwenden.«[23]

Auch das vom Rat der Evangelischen Kirche und der Deutschen Bischofskonferenz herausgegebene Dokument *Für eine Zukunft in Solidarität und Gerechtigkeit* nimmt die Option für die Armen auf und weist auf den Zusammenhang »zwischen der Option Gottes für die Armen und dem gerechten Tun der Menschen« hin. Die »Entscheidung über die endgültige Gottesgemeinschaft der Menschen« hängt »von der gelebten Solidarität mit den Geringsten« ab.[24] Es geht also bei der Option für die Armen nicht um eine isolierte Gesellschaftsanalyse oder um eine regional-konfessionelle Option Lateinamerikas, sondern um ein aus der christlichen Gottesrede erwachsenes mystisch-prophetisches Sprechen und universales Handeln. Der Ruf zum Christ-Sein ist ein Aufruf zur Präsenz an den zentralen Konfliktfeldern der Welt, um dort für Gerechtigkeit und Hoffnung einzustehen.

3. Zur Unterscheidung

Bei der *Option für die Armen* handelt es sich um einen universalen Imperativ, der für alle gilt, die sich auf das Evangelium berufen und sich mit anderen im interdisziplinären Gespräch für eine *Welt für Alle* einsetzen.[25] Die Option für die Armen ist vorrangig, weil sie besonders dringlich ist. Option heißt hier nicht geschmäcklerische Auswahl unter vielen Möglichkeiten, sondern integrale Gestaltung des Lebens im Horizont von Solidarität, größerer Liebe und Gerechtigkeit. Bei der »Option oder vorrangige(n) Liebe für die Armen«, so Johannes Paul II., geht es um den »praktischen Primat der Liebe […], der das Leben eines jeden Christen betrifft«.[26] Der universale Charakter dieser Option ist nicht nur vom Evangelium her einsichtig zu machen, sondern auch von einem moralischen Prinzip der Gerechtigkeit und der globalen Verantwortung in einer Welt für Alle. Habermas lässt die aus dem Kontext der Befreiungs-

---

[22] Vgl. Johannes Paul II. 1987/1988, Nr. 31.
[23] Die Deutschen Bischöfe 2000, 96, Nr. 173.
[24] Kirchenamt 1997, 44, Nr. 106.
[25] Vgl. Sedmak 2005. Hier wird der wichtige Versuch unternommen, die Relevanz der Option für die Armen interdisziplinär abzuklopfen.
[26] Johannes Paul II. 1987/1988, Nr. 42.

theologie kommende Option, »die den Mühseligen und Beladenen, den Unterdrückten und Erniedrigten eine Stimme geben will«, gelten als »tätige Empörung über die Trägheit und Unempfindlichkeit eines *status quo*, der sich im Strudel einer sich selbst beschleunigenden Modernisierung nicht zu bewegen scheint, [...] als Reflex der Ohnmacht des Einzelnen gegenüber den anonym-systemischen Zwängen eines politisch entfesselten Kapitalismus, der nur die Sprache der Preise, nicht die der Moral versteht«.[27]

Ist sie nur das, die Option für die Armen, Schrei der Empörung und Reflex der Ohnmacht, gutmütige Anwaltschaft für die Sklaven des 21. Jahrhunderts? Die Zweifel über die Universalität der Option für die Armen versucht Gustavo Gutiérrez mit dem Wort von Oscar Romero zu entscheiden: »Wenn die Kirche von den Armen ausgeht, wird sie für alle da sein.«[28] Weil es keine provinzielle Befreiung und keine privilegierte Erlösung gibt, gilt es immer, gleichzeitig an der Universalität der Liebe Gottes zu allen Menschen und an der Vorliebe zu den Letzten und Anderen festzuhalten.

Diese Umrisse der Universalität erklären den Übergang vom Alten zum Neuen Testament, vom ethnischen Auserwähltsein Israels, also vom privilegierten Etwas zum sozialen Nichts der Armen. Aufgrund seines Glaubens kann der Christ nur durch die Pforte der Armen zur Gottesanschauung gelangen. Der reiche junge Mann und der Schriftgelehrte, die nach dem ewigen Leben fragen, werden von Jesus darauf aufmerksam gemacht, dass es da keine Direktverbindungen und keine Gesetzeswege gibt, die zum ewigen Leben führen, sondern nur den »Umweg« über die verteilende Gerechtigkeit und die Sorge um die unter die Räuber Gefallenen. Angesichts der Versuchung, die Welt mit den Eliten (junger, reicher Mann, Schrift- und Gesetzeslehrer) zu reformieren, schlägt Jesus eine strukturelle Veränderung mit neuen Akteuren vor. Er beschreibt sie im Diskurs in der Synagoge von Nazareth (Lk 4,14ff). Hier sind die Armen nicht nur Adressaten der Frohen Botschaft, sondern der Ort, an dem Gott präsent ist. In den strategischen Diskursen in der Synagoge von Nazareth (Lk 4), jenen der Seligpreisungen (Mt 5) und der Gerichtsrede (Mt 25) wird Jesus ganz deutlich. Die Vermittler seines Projekts, welches das Reich Gottes ist, sind Arme, Gefangene, Blinde, Hungrige, Fremdlinge, Kranke. Sie sind nicht nur Berater, Adressaten oder Vermittler seines Projekts, sondern Repräsentanten Gottes in der Welt. Die Option für die Armen ist also zuallererst eine Option Gottes. In der Logik dieser Option geschieht die Vermittlung von Befreiung und Erlösung durch die *Opfer* der Systeme, nicht durch die »Reinen« in den Kirchen oder die »Eliten« der Gesellschaft. Ohne das Bündnis mit den Anderen und Armen, die Opfer der Systeme geworden sind, gibt es keine Erlösung für Mitläufer oder Sieger. Der Opfer wegen ist uns die Hoffnung auf Erlösung gegeben. Der Opfer wegen sind wir als Christen bis an die Grenzen der Erde dem leidenden Gottesknecht auf der Spur.

[27] Habermas 2001, 194f.

[28] Hier und zum Folgenden vgl. Gutiérrez 1995 passim.

Durch diese Universalität verliert die Option für die Armen nicht an kontextueller Nähe. Die kontextuelle Universalität der Option für die Armen kann gedacht werden als Alternative zur kulturellen Kolonisation im Nahbereich und zu weltweiter sozialer Gleichgültigkeit.

Diese Alternative hat ihre Grundlage in fundamentalen Prinzipien des Evangeliums:

– in der Praxis der größeren Liebe und der Verkündigung des Reiches als Befreiung von Gefangenschaft und Korruption;
– in dem Verständnis der globalen Einheit als Artikulation vieler Lebensprojekte mit verschiedenen Horizonten, die ihrerseits jedoch nicht auf ihrer eigenen Hegemonie beharren und sich nicht gegenseitig auslöschen. Wir nennen diese Vernetzung der Verschiedenheit »Einheit im Heiligen Geist«;
– in der Artikulation des lokalen Lebens und spezifischer Projekte mit einer universalen Verantwortung für die Gesamtheit der Menschen und des Planeten Erde.

Aus der Einheit von Nächsten- und Gottesliebe, die der Kern unseres geschichtlichen Handelns in heilsgeschichtlicher Relevanz ist, ergibt sich eine Orientierungskraft für den nächsten Schritt, den Schritt von der Option für die Armen zur Option der Armen. Ohne populistischem Leichtsinn zu verfallen, drängt die Option der Betroffenen und der Opfer auf Selbstorganisation und Vernetzung gegen die Gewalt des Hungers, gegen die Fatalität des Ausschlusses und gegen die Banalität konsumorientierter Scheinparadiese.

Eine Kirche, die sich ernsthaft für die Armen einsetzt, wird bald zu einer Kirche der Armen werden. Und eine Kirche der Armen wird notwendigerweise eine arme Kirche sein. Der heute in den Kirchen hörbare Ruf »Zurück zum Kerngeschäft« bedeutet nicht zurück zur Sakramentenpastoral, um den Preis eines kirchlichen Sozialabbaus. Das institutionelle Downsizing, das den nordatlantischen Kirchen in diesem Augenblick abgefordert wird, kann auch sein Gutes haben und uns klar machen, dass unsere gemeinsame Herkunft aus der Liebe Gottes weiterhin unser weltweites gegenseitiges Verhältnis bestimmt. Die Logik des Evangeliums will sich gerade jetzt bewahrheiten, nämlich, dass man die fünf Brote, die man hat, erst austeilen muss, damit zwölf Körbe übrig bleiben. Gerade darin liegt ja ein gutes Stück Kreativität und Widerstand gegen konventionelle Alltagslogik, vor der uns die Option für die und mit den Armen bewahren kann.

Die Vorliebe Gottes für die Armen ist kein Verdienst der Armen, sondern macht nur die Geschenktheit der Liebe Gottes deutlich. Die Armen haben zwar ein Anrecht auf besondere Fürsorge, aber sie brauchen dafür keine kompensierenden Tugenden nachzuweisen, also arm und gut oder arm und weise zu sein. Die Option der Armen gilt »ungeachtet ihrer moralischen und persönlichen Situation«[29]. Die Gottebenbildlichkeit der Armen springt nicht

---

[29] Puebla, Nr. 1142.

immer ins Auge. Unsere Sehen, Hören, Riechen und Tasten, all unsere Sinne sträuben sich bisweilen gegen ihre Nähe. Die Hingabe an ihre Sache fordert oft den ganzen Gehorsam der Nachfolge im Glauben, ohne kompensatorische Gegenleistung von Sympathie, Ethik oder Ästhetik. Und dennoch, die Armen sind das tutioristische Prinzip der Kirche. In Fragen des Heils geht man mit ihnen auf Nummer sicher. Sie sind der feste Grund unseres Glaubens, Hoffens und Liebens.

4. Zur Reichweite

Die Option für die Armen muss ausbuchstabiert werden, als Kampf gegen Armut, mit den Armen, und für Gerechtigkeit, als Menschenrecht im Horizont der Gottesebenbildlichkeit aller Menschen. Aus der Armut, die, so sagt es die Statistik der Weltbank,[30] über eine Milliarde Menschen nötigt (China nicht eingerechnet), mit weniger als einem Dollar pro Tag das Leben zu fristen, sind elementare Menschenrechte abzuleiten. Diese wurden auf dem Milleniumsgipfel der Vereinten Nationen im September 2000 in New York von den dort anwesenden Staats- und Regierungschefs der Welt als überprüfbare Ziele zur Bekämpfung von Armut und Elend beschlossen, die im weitesten Sinn als Option für die Armen betrachtet werden könnten. Der Anteil dieser Milliarde Menschen solle weltweit bis 2015 halbiert werden. Auf diesem Gipfel wurden noch andere Entwicklungsziele im Hinblick auf Ressourcen für Entwicklung, Entschuldung, globale Strukturpolitik und den Aufbau einer neuen Nord-Süd-Entwicklungspartnerschaft durch die aktive Teilhabe der Armen beschlossen.

Beim *UN Millennium+5*-Gipfel im September 2005 mussten sich die Mitgliedsstaaten der Vereinten Nationen vom Generalsekretär Annan sagen lassen, dass nun endlich die Zeit zum Handeln gekommen sei. Bereicherung und Verarmung gehen weiterhin Hand in Hand.[31] Sie erzeugen tiefe Ängste um den Verlust von Arbeitsplätzen und sozialer Ausgliederung. Solange die globale Bereicherung und die lokale Verarmung voll im Gang sind, bleibt die Option für die Armen nicht nur eine radikale Herausforderung an reiche Länder und Menschen, sondern muss der ganze Diskurs, der die Reduzierung der Armut zum Gegenstand hat, unter Ideologieverdacht gestellt werden; das heißt dann konkret, es muss diesem Diskurs das altruistische Mäntelchen weggenommen werden.[32] Georg Simmel hat schon 1908 darauf hingewiesen, dass der Kampf

[30] Vgl. Chen/Ravallon Juni 2004, zitiert in Mestrum 2005.
[31] Vgl. Mestrum 2002, 231.
[32] Vgl. Concilium 1986/5, das dem Thema gewidmet war: *Option für die Armen – Herausforderung an die Reichen*. Vgl. Die Welt, 13.4.2006, 11, wo die Bezüge der 30 bestverdienenden Vorstandschefs aus dem Jahr 2005 aufgelistet sind, an der Spitze Josef Ackermann von der Deutschen Bank mit 11,9 Millionen Euro pro Jahr. Nahezu alle – Vorstandschefs und Energiekonzerne – haben im Vergleich zum Jahr 2004 wesentlich zugelegt, ohne dass diese Gewinne zu einer Sozialisierung über Arbeitsplätze oder Besteuerung geführt hätten.

gegen Armut nicht die Armen selbst zum Ziel hat, sondern in erster Linie den Bedürfnissen der Nicht-Armen entgegenkommt. Aus dieser bis heute gültigen Behauptung könnten zwei Einsichten abgeleitet werden: Erstens, Armutsbekämpfung muss nicht zusätzlich belohnt werden, etwa durch Steuervorteile, weil sie ja in sich eigennützig ist; zweitens, Armutsbekämpfung kommt nur dann zu ihrem eigennützigen Ziel, wenn sie die Armen selbst mit einbezieht.[33]

Menschenrechte sind Armenrechte! Erst durch die Option für die Armen, also in einseitiger Zuwendung für die schwachen und beschädigten Subjekte, ist eine Option für Alle möglich. Universale Rechtsgleichheit beispielsweise, ist in Wirklichkeit oft nur »formale Rechtsgleichheit« einer »blinden« *Justitia*, die nicht auf jene schaut, die kein Ansehen haben. Eine blinde Gerechtigkeit aber garantiert nicht eine Welt für alle, sondern eine Welt für wenige, für die Stärkeren, für die Gerisseneren, für die »Schlaumeier«. Um Gewalttätigkeit einzudämmen, muss man über das Prinzip reziproker Gegenseitigkeit zum Prinzip der einseitigen Zuwendung vorstoßen. Auch in der Gegenseitigkeit steckt ja noch ein Kern des Vergeltungsprinzips und damit ein Stück Gewalt. Diesseits der Reziprozität liegt Ausbeutung. Jenseits der Reziprozität aber befindet sich der Horizont der einseitigen Zuwendung, die wir mit Gratuität zu umschreiben versuchen. Die Solidarität der einseitigen Zuwendung kann nicht rechtlich eingeklagt werden. Es ist schwierig, mit ihr Staat zu machen, und doch ist die kalte und »blinde« Staatsgerechtigkeit auf sie angewiesen.

Die universalen Menschenrechte, die auf die Opfer Bezug nehmen, sind historische Errungenschaften. Sie mussten und müssen von den verschiedenen Generationen von Unterdrückten erkämpft werden.[34] Daher ist heute von einer Generationenabfolge der Menschenrechte die Rede, deren Emanzipationskämpfe jeweils vom Bürgertum, von der Arbeiterklasse und vom so genannten *dritten Subjekt* ausgetragen wurden. Bei dieser dritten Generation der Menschenrechte geht es um die Rettung der inneren und äußeren Natur der Menschheit, um die Gleichberechtigung der Frauen, um Anerkennung der Armen-Anderen durch Chancengleichheit, Ausbildungsmöglichkeiten, Zugang zum Arbeitsmarkt und öffentlichem Gesundheitssystem. Eine vierte Generation der Menschenrechte wird sich mit den Rechten einer neuen Weltordnung und mit den Rechten der kommenden Generationen auseinander setzen müssen.

Die Option für die Armen, die als Kampf für Gerechtigkeit weit über Medellín hinausgeht, wird sich auf all diesen Ebenen einschalten müssen. Sie ist kein christliches Monopol oder Privileg. Alle Religionen haben als kulturelle Subsysteme ja die Funktion, Leben zu ermöglichen und zu erleichtern. Religionen bieten, im Lebensprojekt einer jeden Kultur, spezifische Zeithorizonte an, die zur Reduzierung von Konflikten dienen. Die christliche Perspektive einer in der Geschichte verankerten, aber doch nicht bruchlos aus ihr erwach-

---

[33] Vgl. Simmel 1908, 345ff; auch Houtart 2005.

[34] Vgl. Galtung 1994, 223ff.

senen Eschatologie ist ein starkes Motiv, die Gottebenbildlichkeit als Gleichheit aller Menschen immer wieder in konkreten sozialen Auseinandersetzungen einzuklagen, ohne je die vorläufige Dimension ihrer endgültigen Verwirklichung, ihren »regulativen Horizont«, zu verkennen.

Für universale Menschenrechte kämpfen heißt also, unter Einbeziehung der Armen selbst, weltweit das »Kerngeschäft« des Christentums betreiben: in der Unterdrückung Widerstand leisten, im Chaos Haltepunkt und an den Brennpunkten präsent sein, Todesurteile vernichten, Bilder der Hoffnung entwerfen und Zeichen der Gerechtigkeit setzen. Christliche Präsenz kann relevant sein, gerade nicht wie zu den Zeiten Franz Xavers, als Befreiung von jenseitigen Höllenstrafen, sondern als Befreiung aus der Hölle des irdischen Vergessens, der Ausbeutung und der Entsolidarisierung. Dazu wird es notwendig sein, Reste der Hoffnung aufzuspüren und in den Mikrostrukturen des Alltags zu vernetzen. Also zurück zu den Kontexten, wo sich das Leben ganz konkret abspielt. Die Sorge um den Anderen im Nahbereich ist nie ganz hoffnungslos, weil die Armen-Anderen die eigentlichen Hoffnungsträger der Welt sind.[35] Im Slum der Armen wird mehr gelacht und weiter gedacht als in der Chefetage vieler Bankinstitute.

Auf einem Treffen indigener Leiter in Amazonien erzählte ein Schamane, wie die Großgrundbesitzer – als sie die Wichtigkeit der Religion und ihrer geistlichen Führer für die Verteidigung von Indioland erkannten – einen Schamanen nach dem anderen ermordet haben. »Aber«, sagte ihr Sprecher, »die Herren des angemaßten Landes haben nicht mit unseren Träumen gerechnet. Als die meisten Schamanen ermordet waren, da haben wir geträumt, wir müssten zu den Quellen der Flüsse gehen, um dort ihre Stimme zu hören. Daraufhin haben die Goldsucher unsere Flüsse mit Quecksilber vergiftet. Dann hat uns die Stimme des Schamanen zu den heiligen Höhlen gerufen. In unseren Träumen und Visionen sind wir unbesiegbar.«

Wer Träume und Visionen hat, kann auch ganz materiell und historisch immer wieder eingreifen in den Gang der Dinge. In einer mehr und mehr von Satelliten vermessenen und überwachten Welt wird das uns eingeborene Menschenrecht zu träumen immer wichtiger werden. Träume und Bilder haben eine große innere Kraft, die Wirklichkeit zu verändern und neue Wege aufzuzeigen. Die Erinnerung des Traumes ist ein Teil seiner Verwirklichung. Und so träume ich mit den Armen-Anderen der ganzen Welt, mit den Indígenas Lateinamerikas, mit den Migranten und Obdachlosen unserer Großstädte, mit all den Frauen, die aus der großen Drangsal des Patriarchats kommen, von einer Welt,

- in der die Ökonomen nicht mehr das Niveau des Konsums mit Lebensniveau verwechseln;
- in der die Politiker nicht mehr von Befreiungskriegen sprechen, wo sie in ein anderes Land einfallen;

---

[35] Vgl. *A esperança* 2003.

- in welcher der Krieg gegen die Armut nicht mehr gegen die Armen geführt wird;
- in der jede Nacht, die das Leben Unschuldiger zur Qual macht, gelebt wird, als wäre es die letzte, und die Morgenröte eines jeden Tages erfahren wird mit der Intensität eines neuen Weges. Ich träume von einer Spur über den Berg.

An der Wurzel vulkanisches Feuer
ein versteinertes Lächeln auf den Lippen des Chimborazo
bedeckt mit einem Poncho aus Schnee und Ewigkeit.
Die Asche des verglühten Tages im Wetterleuchten der Nacht
konspiratives Geflüster gegen Wind und Fels
das Echo eiliger Schritte – Stimmen des Aufbruchs
zwischen Eis und Geröll eine Spur über den Berg.

Literatur

A esperança dos pobres vive. Coletânea em homenagem aos 80 anos de José Comblin, 2003, São Paulo.

AMIN, S./HOUTART, F. 2002, *Mondialisation des résistances. L'état des luttes,* Paris-Budapest-Torino.

CHEN, S./RAVALLON, M. 2004, *How have the world's poorest fared since early 1980's,* World Bank Policy Research working Paper 3341, Washington.

Conselho Episcopal Latino-Americano/Celam [5]1973, *A Igreja na atual transformação da América Latina à luz do Concílio. Conclusões de Medellín,* Petrópolis.

Die Deutschen Bischöfe 2000, *Gerechter Friede,* Bonn.

ELLACURÍA, I./SOBRINO, J. (Hg.) 1995, *Mysterium Liberationis. Grundbegriffe der Theologie der Befreiung,* 2 Bde., Luzern.

GALTUNG, J. 1994, *Menschenrechte – anders gesehen,* Frankfurt a.M.

GUTIÉRREZ, G. 1995, *Die Armen und die Grundoption,* in: Ellacuría, I./Sobrino, J. (Hg.), Mysterium Liberationis. Grundbegriffe der Theologie der Befreiung, Bd. 1, Luzern, 239–311.

HABERMAS, J. 2001, *Ein Gespräch über Gott und die Welt,* in: ders., Zeit der Übergänge, Frankfurt a.M., 173–196.

HOUTART, F. 2005, *El sentido de la »lucha contra la pobreza« para el neoliberalismo,* Arbeitspapier.

JOHANNES PAUL II. 1987/1988, Enzyklika *Sollicitudo rei socialis,* Rom-Bonn.

Kirchenamt der Evangelischen Kirche in Deutschland/Sekretariat der Deutschen Bischofskonferenz (Hg.) 1997, *Für eine Zukunft in Solidarität und Gerechtigkeit.* Wort des Rates der Evangelischen Kirche in Deutschland und der Deutschen Bischofskonferenz zur wirtschaftlichen und sozialen Lage in Deutschland, Bonn.

KLEMENS VON ALEXANDRIEN 1983, *Welcher Reiche wird gerettet werden?,* München.

KLOPPENBURG, B. (Hg.) 1966, *Concílio Vaticano II.* Vierte Sitzungsperiode (Sept.–Dez. 1965), Bd. V, Petrópolis.

MESTRUM, F. 2002, *La lutte contre la pauvreté: utilité politique d'un discours dans le nouvel ordre mondial,* in: Amin, S./Houtart, F., Mondialisation des résistances. L'état des luttes, Paris-Budapest-Torino, 227–256.

Ders. 2005, *De Rattenvanger van Hameln,* Amberes.

Option für die Armen – Herausforderung an die Reichen 1986, Themenheft Concilium 22 (1986) 5.

SCHURHAMMER, G. 1929, *Die Disputationen des P. Cosme de Torres S.J. mit den Buddhisten in Yamaguchi im Jahre 1551,* Tokio.

SEDMAK, C. (Hg.) 2005, *Option für die Armen. Die Entmarginalisierung des Armutsbegriffs in den Wissenschaften,* Freiburg-Basel-Wien.

Sekretariat der Deutschen Bischofskonferenz (Hg.) o. J., *Die Kirche Lateinamerikas.* Dokumente der II. und III. Generalversammlung des Lateinamerikanischen Episkopates in Medellín und Puebla, Bonn.

Sekretariat der Deutschen Bischofskonferenz (Hg.) o. J., *Neue Evangelisierung, Förderung des Menschen, christliche Kultur.* Schlussdokument der IV. Generalversammlung der lateinamerikanischen Bischöfe in Santo Domingo, Bonn.

SIMMEL, G. 1908, *Der Arme,* in: ders., Soziologie. Untersuchungen über die Formen der Vergesellschaftung, Berlin, 345–374. – Auch in: ders. 1993, Gesamtausgabe, Bd. 8, Aufsätze und Abhandlungen 1901–1908, Teil II, Frankfurt a.M.

SUESS, P. 2001, *Weltweit artikuliert, kontextuell verwurzelt. Theologie und Kirche Lateinamerikas vor den Herausforderungen des dritten Subjekts. Zeugnisse, Analysen, Perspektiven* (Theologie interkulturell, Bd. 12), Frankfurt a.M.

VIGIL, J.M. (Hg.) 1992, *Opção pelos pobres hoje,* São Paulo.

VITZTHUM, E. (Hg.) [3]1950, *Die Briefe des Francisco de Xavier: 1542–1552,* München.

ZUBILLAGA, F. (Hg.) 1968, *Cartas y escritos de San Francisco Javier,* Madrid.

José Fernando Diaz

Mission als Glaubenskommunikation – Vision einer indigenen Kirche der Mapuche in Chile

Einleitung

Die Mapuche, die größte indigene Gemeinschaft Chiles, die im südchilenischen Gebiet Araukanien und im angrenzenden Argentinien lebt, bezeichnen sich selbst als *Mapuche,* d.h. »Herren des Landes«, (*che* = Mensch und *mapu* = Erde), was wohl eine klare und nicht weniger religiöse Überzeugung enthält. Die Menschen sagen von sich selbst, sie seien die Herren dieser Erde.

Sie opferten Gefangene, um ihre Kriegsbündnisse zu besiegeln, und in ihren Friedensriten wurden Lämmer geopfert. Das Herz und das Blut der Opfer begründeten die Gemeinschaft mit den einen und die Feindschaft mit den anderen. Dass die Opferriten stets durchgeführt wurden und eine zentrale Funktion bei der Wiederherstellung ihrer Identität einnahmen, macht deutlich, dass die sakrifizielle Gewalt nach wie vor eine strukturierende Funktion in der Kultur der Mapuche hat.[1]

1. Die Utopie: Ein Lebensentwurf im opfer-losen Horizont

Der Kampf der Mapuche-Völker um ihre territorialen und kulturellen Rechte ist weder ein neuartiges noch ein isoliertes Phänomen im gegenwärtigen Panorama der ethnischen Konflikte auf der Welt. Die ethnisch-religiösen Konflikte mehrten sich nach den Weltkriegen immer dann, wenn die neu organisierte Gemeinschaft ein Gleichgewicht schuf zwischen der Verteidigung der allgemeinen Menschenrechte und dem Prinzip des souveränen Staats.[2]

Die sozialen, politischen und wirtschaftlichen Forderungen, die sich aus bruchstückhaften historischen Projekten ergaben, sind nicht ausgenommen von einer mimetischen Gewalt, mittels derer sich das Unrecht historisch fortsetzen kann. Die Enttäuschung über Revolutionen, die neue Unterdrückung erzeugen und neue Opfer fordern, hat das 20. Jahrhundert stark geprägt. Die Herausforderung besteht in der Entfaltung utopischer, nicht-sakrifizieller Horizonte, die größere Gerechtigkeit eröffnen und zugleich die Grenzen jeder

---

1 Dieser Beitrag stellt die leicht modifizierte und gekürzte Version einer Vorlesung dar, die ich im Zusammenhang mit meiner Gastprofessur bei *Theologie interkulturell* an der Goethe-Universität gehalten habe. Vgl. Diaz 2008.

2 Vgl. Appleby 1999, 58ff.

kulturellen Leistung ins Gedächtnis rufen können. Die Suche nach humaneren Lebensbedingungen stößt immer wieder auf regressive Prozesse unterdrückender Gewalt und traditioneller Rache.

Der Opfercharakter dieser Gewalt zeigt sich, indem er auf mimetische Prozesse verweist, die René Girard als »Mimesis des Antagonismus« bezeichnet.[3] Das gilt für den Fall, in dem nur die Vernichtung des Feindes oder seiner Unterschiede die Forderungen der Antagonisten zu befriedigen scheint.[4] Es herrscht kein Mangel an Begründungen, um Einvernehmen darüber zu erreichen, dass den Anderen Gewalt angetan wird.

In diesen Neugestaltungsprozessen des sozialen Zusammenlebens führt der Ruf nach den Ursprüngen die sozialen Gruppen in eine spannungsreiche Nähe zu ihren Ursprungsmythen. Dies bedeutet: Rückkehr zur ursprünglichen Gewalt und zu ihrer Lösung in Form von Opfern.

Die Riten und die Traditionen werden mit religiöser Hingabe wieder aufgenommen und man bemüht sich, die Unterschiede zwischen Verbündeten und Feinden neu zu bekräftigen. Die Betonung der Unterschiede verweist eindeutig auf ein mythisches Bewusstsein, dem deutlich eine soziale Sichtweise gegenübergestellt werden muss, dass nämlich Zusammenleben (*convivencia*) möglich ist. Eine kritische Reflexion über Ziele und Mittel kann helfen, Opferpraktiken zu vermeiden, die über ihren symbolischen Charakter hinausgehen und wahre Gräueltaten gegen die Feinde bedeuten.

Was wir unter der *Kultur* eines Volkes verstehen, muss ständig kritisch hinterfragt werden, von der Bestätigung des Lebenswertes der Menschen bis hin zu den Strukturen. Es geht darum, in jeder Kultur ihre utopische Öffnung wiederzuentdecken, also Gewalt zu überwinden durch das Verlangen nach einem humaneren Zusammenleben für alle, ohne Ausnahme. Mit anderen Worten: Es geht darum, dem Mythos, der die Stimme der Opfer zum Verstummen bringt, die Utopie der geschwisterlichen Gemeinschaft entgegenzusetzen. Darin erhalten die Anderen einen würdigen Raum, der von größerer Gerechtigkeit geprägt ist als derjenige der bloßen Reziprozität des »Auge um Auge, Zahn um Zahn«.

2. Die Anerkennung des Anderen

Die Angehörigen einer jeden Kultur interpretieren und handeln angesichts der verschiedenen Formen von Gewalt gemäß dem symbolischen Material, das ihre eigene Kultur ihnen zur Verfügung stellt und gemäß des Kontextes, in dem sie sich befinden. Das geschichtliche Handeln antwortet jedoch nicht auf

---

3 Vgl. Girard 1987.

4 »[...] der mimetische Wunsch des Objektes verwandelt sich in reziproke Besessenheit der Rivalen. Je größer die Anzahl der Rivalen, desto mehr wird der mimetische Wunsch dazu tendieren, sich dahingehend zu verwandeln, was ich als eine ›Mimesis des Antagonismus‹ bezeichne, die der mimetischen Aneignung weit voraus ist.« Assmann (Hg.) 1991, 51.

bloße vorherbestimmte und vorhersehbare strukturelle Schemata. In jedem Angehörigen einer Kultur, der zu mitmenschlichen Beziehungen fähig ist, ruht immer die Möglichkeit einer Überwindung der Zyklen mimetischer Gewalt. Als die Mapuche 1640 in Quilín nach Jahrzehnten des totalen Krieges in ihrem ersten Parlament mit den Spaniern den Friedensritus vollzogen, machten sie dies, indem sie vor allen ein weißes Lama (»Lamm der Anden«), opferten. Der Häuptling riss sein Herz heraus und gab es dem Gouverneur mit den Worten: »[...] schneeweißes Lamm, das in diesen Bergen und Gebirgsketten herangewachsen ist und vom Schnee seine Weiße, seine Reinheit und Unschuld getrunken hat, Dir und den Spaniern gebe ich zu verstehen, dass mit seinem Tod unsere Feindseligkeiten aufhören und aussterben.«[5]

Darauf erklärt der spanische Chronist: »Und mit diesem Opfer von Schafen wollen diese Barbaren zu verstehen geben, dass, so wie die Lämmer sterben, auch so ihre Feindseligkeiten aufhören und sterben müssen, und mit dem Herzen derer geben sie auch das ihrige, damit sie von hier und jetzt an in den Herzen vereinigt bleiben.«[6]

Zur gleichen Zeit wird der Ritus jedoch auch von einem anderen Chronisten beobachtet, der ihn anders versteht: »Was wir an dieser Zeremonie beobachten, ist, dass sie vollzogen wird, damit sich die barbarische Sitte nicht verliert, die Herzen der Gefangenen zu ihrer Berauschung herauszureißen; sie töten diese wie Schafe und reißen ihre Herzen noch pochend heraus und, in kleine Stücke zerschnitten, verteilen sie diese unter den bedeutendsten Männern in der Versammlung.«[7]

Kulturell betrachtet sind beide Lesarten korrekt und enthüllen das Wesen dieser Riten, die das Leben bestätigen, indem sie an den Tod erinnern. Es handelt sich um den Gebrauch der rituellen Gewalt, um die Gewalt, die alle gleichermaßen zu zerstören droht, unter Kontrolle zu halten. Dieses gewaltsame Ritual, vollzogen von Vertretern zweier Gesellschaften, die sich gerade in einem tödlichen Krieg gegenüber gestanden hatten, war der erste förmliche Schritt, um die Gewalt eines totalen Krieges zu überwinden. Die Unschuld des »Lammes« war für beide Teile klar. Sein Opfer erinnerte an die Unschuld aller Kriegsopfer. Gleichzeitig verwies es alle auf ihr Schicksal im Falle des fortgesetzten Krieges. Es scheint, dass dies alles ist, was die durch den Ritus kontrollierte sakrifizielle Gewalt in einer gewalttätigen Welt tun kann. Beim Kontrollieren der allgemeinen Gewalt durch die Gewalt des Ritus wird jedoch ein neuer Raum für die Kommunikation geschaffen.

In irgendeiner Weise neigt jede Gruppe von Menschen dazu, die eigene Sicherheit mittels der Lösungen, die ihr die je eigene Kultur bietet, zu bewah-

---

5 Rosales (1674) 1969, 163f.
6 Quiroga 1979, 369.
7 Ebd.

ren.[8] Die Möglichkeit, neue Lösungen zu finden und zu festigen, hängt wesentlich von der Qualität des Zusammentreffens mit anderen kulturellen Gruppen zusammen, das heißt mit anderen Lösungsweisen, Mythen und Riten. Anders ausgedrückt: Die Möglichkeit, sich etwas Neues auszudenken, hängt von der Fähigkeit ab, den Monolog jeder Kultur zu überwinden und sich dem Dialog zwischen Kulturen zu öffnen. – Ein Dialog, der nicht das Gleiche ist wie ein Diskurs über das, was der Andere ist oder sein soll, auch wenn dies den Ergebnissen unterschiedlicher Forschungen in den Sozialwissenschaften entspricht.

Bei einem Vernichtungskrieg, einem ritualisierten Krieg und einem Friedensritus gibt es ein grundlegendes Streben nach Humanisierung, nach der Förderung von Konvivenz, von Zusammenleben. Aufgebaut mittels des in jeder Kultur verfügbaren symbolischen Materials ist die erreichte Konvivenz immer etwas Neues, das einen wichtigen utopischen Wesenszug einbringt: die Möglichkeit des Friedens im Sinne des *shalom*; eine Gerechtigkeit, die mit der Achtung für die Schwächsten beginnt.

Die Aufnahme des Fremden oder Schwachen zwingt zur Erweiterung der eigenen Welt. Das Tolerieren der Unterschiede, bis hin zu ihrer Übernahme ist ein konkreter Versuch der Humanisierung. Auf diese Weise kann die Anerkennung des Anderen als ein Akt der Befreiung verstanden werden, der es ermöglicht, den Teufelskreis der Gewalt des mimetischen Begehrens zu durchbrechen.[9] Jede kulturelle Gruppe muss versuchen, sich den Ursprung oder den Sinn der Unterschiede, die sie bei Angehörigen anderer Kulturen wahrnimmt, zu erklären. Diese Unterschiede bewirken, dass die eigene »Humanität« in gewisser Weise relativiert wird. Trotzdem ist es nicht verwunderlich, dass sie sich ihre Selbstbestätigung durch die Aberkennung der Humanität der anderen *a priori* verschafft.

Jedes Volk bestätigt sich in der Legitimität seiner Bindung an das Heilige, das es sich mit anderen nicht ohne weiteres teilt. So erklärt es sich, dass Konflikte und Kriege im Allgemeinen einen religiösen Charakter haben. Der Triumph bestätigt immer die Legitimität der eigenen Götter, der eigenen Transzendenz. Der Friede zwischen unterschiedlichen Völkern ist immer ein komplexer Versuch der Vermittlung zwischen der eigenen Weltsicht und der Gegenwart des Andersartigen.

---

[8] Dies ist in dem Sinne gemeint, dass die durchschnittliche Vision jedes kulturellen Subjektes sich zu einer *self-contained-conception* aufbaut, d.h. es bedarf nicht des Anderen. Vgl. Sampson 1993, 165.

[9] Julio de Santa Ana deutet Girards Beobachtung und erklärt diesen Aspekt: »Der zentrale Punkt von dem, was ich sagen werde, ist mit den Ergebnissen der Befreiung verbunden und bedeutet somit die Versöhnung, die gegenseitige Anerkennung, die Möglichkeit des gegenseitigen Verstehens. Die Dankgabe besteht in der Anerkennung des Unterschiedes. Es gilt eben den *Circulus vitiosus* des mimetischen Begehrens zu durchbrechen.« Zit. nach Assmann (Hg.) 1991, 89.

Der Chronist berichtet davon, als die Mapuche in Quilín mit den Spaniern den Opferritus vollzogen: »Und obwohl dieses Opfer eine Zeremonie und ein Opfer einiger Indios mit anderen ist, und obwohl sie weder jemals Schafe der Erde opfern noch sie in Gegenwart der Spanier töten, sondern nur im Beisein der Indios, so bot bei dieser Gelegenheit dennoch der Häuptling *Antigueno,* Sonne am Himmel, der Herr des Landes war, in dem die Versammlung stattfand, dem Marqués ein schneeweißes Schaf an, um vom Üblichen abzuweichen.«[10]

Mit diesem Ritus versuchten die Mapuche eine neue Gemeinschaft über das sakrifizielle Opfer zu begründen. Das Blut des weißen Schafes sollte, wie im Entstehungsmythos der Mapuche, die Gewalt beruhigen und ein neues Zusammenleben begründen. In der indigenen Kosmovision konnte der Andere, in diesem Falle die Spanier, mittels des Ritus aufgenommen werden, in diesem Falle das Opfer des Lamms. So wurde die Gültigkeit des Kulturgesetzes der Mapuche (*admapu*) über alle am Opferritus Teilnehmenden bestärkt. Mit anderen Worten: In der Kosmovision der Mapuche entsprach die Artikulation mittels des Ritus einer wirklichen Öffnung zum Anderen hin. So war es nicht in der Kosmovision der christlichen Eroberer, deren Akzeptanz der Mapuche etwas mehr erforderte als die Teilnahme am Ritus. In Quilín erklärte der Marqués als Repräsentant des Kolonialsystems den Häuptlingen: »Habt Erbarmen mit euren Seelen, mit eurem Leben, mit eurer Freiheit; werdet Christen, und lasst uns ein Herz und einen Glauben haben: solange dies nicht der Fall ist, können wir keine wahre Eintracht haben, denn es gibt keine Eintracht der Nationen außer durch die Religion, und das, was sie trennt, ist die Verschiedenheit des Glaubens und der Anbetung.«[11]

Für die Mapuche genügte die Teilnahme am Ritus, um die Kommunion wirksam zu machen. Für die Eroberer ist sie nur möglich über die Asymmetrie der Unterwerfung. Der Indígena passt nicht in ihre Kosmovision, es sei denn als ein zum Christentum Bekehrter und klar in einen Vasallen Verwandelter. Das bedeutet, er passt weder mit seiner Andersartigkeit noch mit seiner Freiheit in ihre Kosmovision. Christ und Vasall zu sein bedeutete konkret, den Zwecken des Imperiums dienlich zu sein.

Hier geht es um die grundlegende Frage, wie der Andere Platz findet mit seinen eigenen Bräuchen und seiner eigenen Geschichte, mit seinem eigenen Lebensentwurf, seiner eigenen Weltsicht, seiner eigenen Vorstellungswelt. Oder, wenn man die Frage andersherum stellt: Wie ist dieser Andere beschaffen im eigenen symbolischen System? Es ist offensichtlich, dass es sich nicht um eine einfältige symbolische Konstruktion des Anderen handelt. Wie Pierre Bourdieu sagen würde, geht es darum, wie der Andere vorgestellt wird, um

---

[10] Rosales (1674) 1969, 163f.
[11] Ebd., 179.

ihn kennen zu lernen, zu begreifen, aber auch, um ihn zu beherrschen.[12] Barbaren, Heiden, Häretiker und Wilde wurden und werden immer noch konstruiert, oft, um andere Völker zu unterwerfen und den Interessen ihrer Beherrscher zu dienen.[13]

Während der Kolonialzeit wurden die fremden Bräuche der Indígenas als Ergebnisse einer unterlegenen Natur interpretiert, die es zu überwinden galt.[14] Ende des 18. Jahrhunderts, im Zuge der Entwicklung der Naturwissenschaften und der neuen Wissenschaft vom Menschen erklärten aufgeklärte Denker, dass die Unterschiede mit der Natur, dem Klima und der geografischen Lage in Zusammenhang stünden. Diese Naturalisierung der physischen und sozialen Unterschiede fand im Begriff der Rasse einen entscheidenden Hinweis zur Konstruktion neuer Identitäten, die dem Kolonialsystem passten. Im Zusammenhang mit der neuen Zivilisationsexpansion Europas über Afrika und Asien im 19. Jahrhundert tauchte die moderne Anthropologie auf, die die Idee der Kultur als spezifisch menschliches Element aufnahm. Dies verlagerte die Erklärung der Differenz von der Naturumgebung auf die Bräuche und auf die historischen Evolutionsprozesse. Der Indígena galt nun als »primitiv«, ebenso wie indigene Gemeinschaften »primitiv« genannt wurden. Es ist nicht verwunderlich, dass diese *Rassisierung* von Unterschieden und die Qualifizierung von Bräuchen im Rahmen der kolonialen Expansion und der Missionierung durch das westliche Europa stattfanden, das dabei war, seinen Handelsraum zu erweitern. Zur Krise solcher hegemonialen Erklärungsmodelle von Differenz, die bald durch die Religion, bald durch die Wissenschaften legitimiert wurden, und die bedingt durch die Interessen der herrschenden Gruppen immer wieder Aufwind bekamen, kam es erst, als diese »primitiven Gemeinschaften«, diese »Rassen« oder »Ethnien« damit begannen, soziale Räume zu besetzen und ihr Recht auf Gleichheit gegenüber den Nationalstaaten einforderten.

Die symbolischen Konstruktionen der Anderen enthüllen vor allem die eigenen Interessen an ihnen. In gleicher Weise wurzeln die ethnischen Forderungen, verstanden als die Darstellung, die jede Gruppe von sich selbst für die anderen gibt, im Wunsch nach einer gerechteren Wahrnehmung von Seiten der anderen.

---

12 Vgl. Bourdieu 1989.

13 Vgl. Sampson 1993, 4. Sampson entwickelt hier die Idee des »brauchbaren instrumentalisierbaren Anderen« (*serviceable other*), die vom Beherrscher konstruiert wird.

14 Nicht umsonst musste der Papst offiziell seinen Respekt gegenüber den Menschen der Neuen Welt und ihre Fähigkeit zum christlichen Glauben äußern. Vgl. die Bulle Subliminis Deus Pauls III. aus dem Jahr 1537. Ähnlich die Debatten von Las Casas und Sepúlveda in Valladolid im Jahr 1550 sowie das Trienter Konzil (1545–1563); auch hier ging es um Klarheit über das volle Menschsein der Indígenas.

3. Der Andere als Möglichkeit

Wenn Identitäten im Wesentlichen relational sind, so beginnt ihre Artikulation mit den verschiedenen Anderen in einer zunehmend pluralen Welt mit der Anerkennung der Liminarität, d.h. der Begrenztheit jedes Angehörigen einer Kultur.

Die Behauptung eines höherwertigen oder reineren Identitätskerns entspricht ganz sicher einer intoleranten Einstellung gegenüber den kulturellen Unterschieden sowie dem Wunsch, die Anderen zu beherrschen. Es geht nicht darum, eine absolute Pluralität im Sinne der Auflösung kultureller Subjektivität zu bejahen, sondern um die Überwindung des kulturellen Subjekts als Absolutes, das sich in seinem Streben nach Herrschaft offenbart, was zu einer »Kolonisierung« des Anderen führt. So besteht die Aussicht darauf, den Wert einer humanen Subjektivität zu erkennen, die sich intersubjektiv entwirft.[15] Anders gesagt: Es geht um ein Subjekt, das seine Identität nicht in der souveränen grenzenlosen Selbstbestätigung herausbildet, sondern gerade in der Erkenntnis dieser Grenzen.

Ausgehend von dieser Erkenntnis, kann man sich in freiwilliger Demut selbst begrenzen, um sich so der Existenz der Anderen zu öffnen. Die Grenzen zeigen sich in besonderer Weise gegenüber dem Anderen, in seiner Nicht-Zurückführbarkeit auf das Bekannte, das Gleiche. Gerade die Unterschiede enthalten die Möglichkeit, die Grenzen der eigenen Identität erkennen zu lassen, wobei sie gleichzeitig das Potential ihrer Intersubjektivität offenbaren. Die intersubjektive Erfahrung zeigt jedem Menschen, dass er nur in seiner Begrenztheit existiert. Die eigene Körperlichkeit erinnert jeden Einzelnen daran, dass es kein Menschsein ohne Unterschiede, die vorrangig geographisch und physisch begründet sind, gibt.[16]

Auf diese Weise zählt jedes Individuum nur mit einer subjektiven Rationalität, die durch die eigenen Erfahrungen und den eigenen kulturellen Kontext begrenzt ist. Niemand hat das letzte Wort, noch kann er es kennen oder alles wissen. Dies ist eine wichtige Bedingung des Menschseins.

Nicht umsonst ist dies einer der zentralen Kritikpunkte an der Konstruktion des modernen Subjekts, die von einer Vernunft ausgeht, die keine Grenzen kennt, d.h. von einer Vernunft, die ihre Einheit mit der Natur nicht sieht.[17] Die Vorstellung einer Vernunft ohne Grenzen geht von der Vorstellung der Grenzen als Negation aus. Eine Grenze ist jedoch *keine* Negation, wenn sie verstanden wird als Ort, an dem etwas beginnt und nicht als Ort, an dem es

[15] Die kartesianische Subjekt-Objekt Teilung, die das westliche Denken seit langem prägt, ist für Funke in der Wurzel des Identitätsproblems zu finden. Vgl. Funke 1972, 32.

[16] Vgl. Audinet 1999, 52.

[17] »In der Demut in der dieses sich als Domäne wiedererkennt und sich in der Natur aufhebt, löst sich sein Bestreben zur Beherrschung auf, die in der Tat eben diese ist, die ihn in der Natur versklavt.« Horkheimer/Adorno 1969, 92.

endet.[18] Grenzen sind die Möglichkeit des Menschseins, wenn man akzeptiert, dass Menschsein im Wesen Kommunikation und nicht Beherrschung ist.

Im heutigen multikulturellen Kontext eröffnet die Orientierung an den eigenen Grenzen die Möglichkeit, die eigene Subjektivität aus der Perspektive des Anderen zu überdenken. Damit wird es möglich, die Macht des Verlangens zu überwinden, sich über die anderen zu stellen, um sie dies als Bedrohung empfinden zu lassen. Im Anderen eröffnet sich die Möglichkeit des Dialogs, nicht mit dem Ziel, sich selbst im Gegenüber wiederzufinden, sondern eine Verbindung zu ihm aufzubauen, die wie eine Reise, ein Aufbruch zu neuen Ufern und neue Möglichkeiten des Zusammenlebens eröffnet.

4. Mimesis als Möglichkeit des Wandels

Die Globalisierung vollzieht sich in einer Art »Dekonstruktion« der symbolischen Welten der traditionellen Gesellschaften und ihrer Vereinnahmung durch die Konsumgesellschaft oder durch die Masse der Ausgeschlossenen. Ein heutiger Lebensentwurf sieht vor, sich auf ein dialektisches Verhältnis zwischen Mythos als Streben nach Identität und kritischer Vernunft als Erfahrung der Andersartigkeit (Alterität) einzulassen. Deswegen erscheint ein utopischer Horizont mehr denn je als nötig, der die Situationen des Unrechts überwindet in Richtung auf größere Gerechtigkeit.

Wenn auch die Anerkennung der Alterität ein fundamentales Erfordernis für den Bruch mit gewalttätigen Tendenzen des mimetischen Begehrens ist, bedeutet dies nicht die Überwindung des mimetischen Begehrens selbst. Das Phänomen der Mimesis besteht in seinen Wurzeln in einem Identifizierungsprozess, der nicht notwendigerweise gewalttätig ist, da sich ja in diesem Identifizierungsprozess die Öffnung zum Anderen hin vollzieht. In diesem Sinne stößt die These René Girards mit ihrer ausschließlichen Anbindung des mimetischen Begehrens an den mimetischen Zyklus der Gewalt an echte Grenzen.[19]

Die Mimesis spielt in quasi allen Bereichen des menschlichen Lebens eine wichtige Rolle und ist sicher eine *conditio humana*, d.h. der Mensch wäre ohne diese mimetische Fähigkeit nicht zu dem geworden, was er ist.[20] Beim mimetischen Handeln wird nicht zwischen Gut und Böse im moralischen

---

[18] Heidegger erinnert in seinem Text *Bauen Wohnen Denken* daran: »Die Grenze nicht das, wobei etwas aufhört, sondern, wie die Griechen es erkannten, die Grenze ist jenes, von woher etwas *sein Wesen beginnt*.« Heidegger ^{3}1967, 29.

[19] Girard stellt in seinen Werken fast ausschließlich die negativen Tendenzen des mimetischen Begehrens heraus. Aber das mimetische Begehren offenbart eine fundamentale menschliche Fähigkeit, die nicht nur mimetische Rivalität erzeugt. Im Gespräch mit den Befreiungstheologen Leonardo Boff und Carlos Susin wird gerade dieser Passus hervorgehoben und versucht, dazu andere Aspekte aufzuzeigen. Vgl. Assmann (Hg.) 1991, 49–56.

[20] »Gerade durch die Mimesis hebt sich der Mensch von anderen Kreaturen ab. Sie ist eine *conditio humana*.« Gebauer/Wulf 1994, 325.

Sinne unterschieden. Sein positiver oder negativer Charakter offenbart sich im Sozialisationsprozess selbst. Die Mimesis bezieht sich auf Vorstellungen, Gedanken, Verhalten und Empfindungsfähigkeit *vor* ihrer ethischen Wertung.[21] Die Mimesis erschöpft sich nicht in der Idee der »Nachahmung« (*imitatio*), ihre Besonderheit ist es, eine sinnstiftende Ähnlichkeit, eine absichtsvoll konstruierte Korrespondenz zu finden. Daher soll sie eine Mittlerrolle zwischen der äußeren Welt und der inneren Welt der Bilder einnehmen.[22]

Da die Kraft der Mimesis grundsätzlich in den Bildern wurzelt, die sie evozieren kann, liefert ihre Funktion wichtige Perspektiven zur Schaffung der eigenen Vorstellungswelt eines jeden Individuums und einer jeden Kultur. Die Einbildungskraft ist ein Moment der Öffnung zum Anderen hin durch den Prozess der Nachahmung in der Repräsentation.[23] Die Einbildungskraft als Akt eines sozialen Wesens gehorcht Reorganisationsschemata, die einer kulturellen Gruppe gemeinsam sind. Jeder Einzelne schafft sich allerdings auch sein je eigenes Ideal in Beziehung zu dem Modell, das ihm von seinem Kontext vorgegeben wird. Dieses Wirken der Einbildungskraft vollzieht sich in ständiger Konfrontation mit der rationalen Reflexionsfähigkeit, die die erdachten Modelle analysiert und kritisiert, sowie den Widersprüchen derselben mit den konkreten Erfahrungen.[24]

Die Teilhabe an der Vorstellungswelt der kultureigenen Mythen ist das, was dem Einzelnen in jeder Kultur gestattet, sich seiner Welt zugehörig und als Teil derselben zu fühlen. Gleichzeitig aber ist die Einbildungskraft als Ausdruck einer Unzufriedenheit in Bezug auf Verhaltensweisen, die von der eigenen Kultur auferlegt wurden, das, was die Möglichkeit einer Überwindung eröffnet, d.h. aus sich herauszugehen, bedingt durch die Sympathie (*synpathos*) zum Anderen. Ein Anderer enthüllt ihm Handlungsweisen oder neue Gedanken, eröffnet weitere Perspektiven als diejenigen der eigenen Kultur.[25]

Die Alterität kann als Bedrohung der eigenen Identität, der Weltordnung, der diese angehört, verstanden werden. Sie bietet sich aber trotzdem als Möglichkeit an, sich neuen Beziehungen zu öffnen und dazu zu motivieren, eine neue, gerechtere Welt zu entdecken und zu gestalten.

---

[21] Hier kommt das zum Tragen, was Taussig als mimetische Fähigkeit definiert: »die Natur, die die Kultur dafür benutzt, um eine zweite Natur zu kreieren, nämlich die Fähigkeit zu kopieren, zu imitieren, Modelle zu erstellen, Unterschiede zu erforschen und hervorzubringen und ein Anderer zu werden.« Taussig 1993, 13.

[22] Mimesis trennt nicht scharf zwischen Subjekt und Objekt und differenziert nicht einseitig zwischen Sein und Sollen. Vgl. Gebauer/Wulf 1994, 322.

[23] Vgl. Malrieu 1996, 225.

[24] »Eigentlich finden wir in der Phantasie eine dauerhafte Dialektik der Wechselwirkung zwischen dem Aufruf der Gesellschaft und den Projekten des Individuums.« Ebd. 239.

[25] Vgl. ebd.

5. Utopischer Horizont und religiöse Vorstellungswelt

An einem pluralistischen Projekt teilzunehmen verlangt eine Öffnung, eine Relativierung der Grenzen, ein Mühen um die Humanisierung der Identitäten im Konflikt. Es verlangt zugleich nach einem Verhandeln, das Grundvoraussetzungen für alle schafft. Dies geschieht nicht automatisch, sondern erfordert Optionen. Daher bedarf es eines regelnden Horizonts, der die Verantwortlichkeit für das Geschick der Anderen wachruft. Diese Verantwortlichkeit ist das Grundelement für die Humanisierung des Lebens.[26]

Auf dieser Ebene erweisen die Religionen ihre Fähigkeit, das Handeln und das Verständnis einer Gesellschaft mit Beziehung zu den Anderen in neue Bahnen zu lenken. In den Religionen sind diejenigen Kategorien zu überprüfen, die die Beziehungen zu dem definieren, was anders als das Eigene ist. Die einzelnen Auffassungen können sich für neue Beziehungen öffnen und zu einem gemeinsamen utopischen Horizont weiten. Dieser Horizont ist nichts anderes als die grundsätzliche Fähigkeit, sich das Unmögliche als möglich vorzustellen – nicht um das Eine mit dem Anderen zu verwechseln, sondern um die Situation zu demaskieren, von der aus man die Utopien erdenkt, und um das zu stärken, was unterdrückt ist. Es geht darum, humane Reserven, moralische und spirituelle Kräfte in den Dienst einer echten Verwandlung der gegenwärtigen Bedingungen eines großen Teils der Menschheit zu stellen, die Gewalt und Ungerechtigkeit erleidet.

6. Die Perspektive der Opfer

Der Dialog allein ist noch keine Garantie für die Achtung des Lebens aller Menschen. Weder politische noch wirtschaftliche oder religiöse Gemeinsamkeiten sichern das Leben der Schwächsten. Deswegen besteht die Bedeutung des interkulturellen und interreligiösen Dialogs in der Kommunikation und nicht im halbherzigen Konsens. Es geht darum, vom bloßen Dialog zum dialogischen Habitus überzugehen. Die Stimme der Kleinen, der Schutzlosen, der Ausgeschlossenen ist wesentlich für einen echten Dialog, der keine neue Strategie zur Beherrschung darstellt.

Es handelt sich um eine freie Option für das Leben der Schwächsten. Deswegen ist der Bereich des interkulturellen und interreligiösen Dialogs ein privilegierter Bereich, in dem die opfer-lose Utopie verwirklicht werden kann. Die radikale Verteidigung des Lebens aller ist nur dann möglich, wenn man die Perspektive der Opfer und der Schutzlosen einnimmt. Dies ist nicht für alle Religionen etwas Selbstverständliches. Historisch gesehen neigt jede Religion,

---

[26] »In der allgemeinen Seinsökonomie und der ihr inhärenten Spannung taucht die Sorge für den Anderen auf bis hin zum Opfer, bis hin zu der Möglichkeit, für ihn zu sterben; eine Verantwortung für den Anderen.« Lévinas 1997, 18.

insoweit sie dem Fundament einer Kultur verhaftet ist, dazu, diejenigen auszuschließen, die ein anderes Glaubensbekenntnis, andere Bräuche und eine andere Kultur haben. Deswegen hat die Sicht der Opfer einen Übertretungs- und Konfliktcharakter gegenüber dem traditionellen Charakter, der jeder Religion eigen ist. Beim Verteidigen der Opfer werden die konkreten Grenzen jeder kulturellen Institution klar an den Tag gelegt, und es eröffnet sich eine Perspektive, die einen neuen Horizont notwendig macht, nämlich der Horizont der *Gratuität*.

Die kulturellen Mechanismen antworten im Allgemeinen auf die Dynamik der Mimesis in ihrer sozialen Form der *Reziprozität*, d.h. des »Auge um Auge, Zahn um Zahn«. Die Schwierigkeit liegt gerade darin, dass es sich um einen Austausch handelt, in dem die Dynamik der Reziprozität überwunden und diejenige der Gratuität angenommen wird. Das Vergeben ist eine Gabe und keine Gegengabe. Das heißt, sie erwächst aus der Freiwilligkeit und nicht aus der mimetischen Dynamik der eigenen Reziprozität, die jeder Kultur eigen ist. Um dem Leben der Anderen zu dienen, scheint es notwendig zu sein, die Grenzen der eigenen Kultur zu überschreiten. Dies ist etwas, was sich nicht in ein Gesetz umwandeln lässt; es kann als erwünschtes Verhalten deutlich gemacht, jedoch nur als personale Option verwirklicht werden.

Die Solidarität mit den Opfern ist ein Herausgehen aus dem Zirkel der Reziprozität und ein Einbrechen in die Gratuität. Dieser Wechsel gehört im engeren Sinne nicht zum Kulturellen, trotzdem ist er in jeder Kultur möglich, ebenso wie zwischen Angehörigen verschiedener Kulturen. Dieser Schritt von der Reziprozität zur Gratuität führt uns zum Kern der Botschaft des Evangeliums. Nicht zufällig sprengen die Aufforderungen Jesu überlieferte Bilder: die andere Wange bieten, dem verlorenen Bruder vergeben, die Feinde lieben, diejenigen grüßen, die dich nicht grüßen.

All diese Bilder fordern dazu auf, die Gratuität als Grundverhalten zu entdecken, um das Himmelreich als Geschenk zu empfangen und zu verkünden. Dieser Schritt zur Gratuität des Einsatzes für die Opfer dient nicht dazu, die sozialen Strukturen zu ersetzen oder ihre Institutionen niederzureißen. Sie dient nicht dazu, das Soziale zu strukturieren, vielmehr handelt es sich bei der Gratuität um ein Prinzip der ständigen Dekonstruktion, das Kräfte bewusst macht und sie freisetzt in Richtung des Horizonts universaler Geschwisterlichkeit. Dieser Horizont lehnt sich gegen eine Globalisierung auf, die keine Geschwisterlichkeit fördert, da sie der Logik des Marktes folgt, die keine Gratuität kennt.

7. Mission als Gratuität

Die bisherigen Überlegungen sollen abschließend im Kontext des historischen Projekts der Mapuche und der Opferthematik aufgenommen werden. Dies erlaubt uns, Fragen zu formulieren und Wege vorzuschlagen für die Mission der Kirche bei den indigenen Völkern.

Das Grundproblem drückt sich im Verständnis von Mission aus, in dem sich historisch die Verkündigung des Reiches Gottes mit den zivilisatorischen »Heldentaten« des Westens und der Kolonisierung des lateinamerikanischen Kontinents vermischt. Dies führte durch Jahrhunderte hindurch zu einer Wahrnehmung der Kirche als extrem gewalttätige Institution. Das Christentum diente der Rechtfertigung der Unterwerfung und in vielen Fällen der Zerstörung zahlloser indigener Nationen.

Das Evangelium erschien auf diese Weise reduziert auf »christliche Kultur«. Das Geheimnis der Erlösung bricht weder am Rand der Geschichte noch am Rand der Völker als absolutes Handeln des Herrschergottes ein. Auch wenn die Verkündigung immer historisch und kulturell bestimmt ist, drängt sich das Evangelium kulturell nicht auf. Dies bedeutet, dass es den Glauben der Anderen nicht auslöscht, sondern dass es eine freiwillige Antwort Gottes auf den Glauben all derer ist, die eine höhere Gerechtigkeit als die der Menschen erhoffen. Der Universalcharakter der kirchlichen Mission erwächst aus diesem freiwilligen Angebot der Liebe Gottes an alle Völker und nicht aus einer kulturellen Hegemonie, die die Interessen einiger weniger globalisiert. Es handelt sich darum, ausgehend von den verschiedenen historischen Projekten die befreiende Kraft des Evangeliums anzubieten, um Geschwisterlichkeit in Gerechtigkeit, die nur aufgrund von Freiheit erreicht wird, zu verwirklichen.

In einer von Ungerechtigkeit durchkreuzten Welt, in der die natürlichen Unterschiede zwischen Starken und Schwachen sich ständig in unterdrückerische Beziehungen von Henker und Opfer verwandeln, ist die freiwillige Wahl, den Armen zu dienen und sich mit den Opfern solidarisch zu erklären, die einzige Möglichkeit, allen das Evangelium zu verkünden.

Es geht darum, die starke Spannung zwischen dem Opferkern jeder Kultur und der Gratuität der Liebe Gottes wahrzunehmen. Diese ist in der Aufgabe seiner selbst sichtbar geworden, um dadurch eine barmherzige, absolut neue Nähe zu allen zu schaffen, indem sie mit jeder Opfergewalt bricht.

Die Mission, als *kénosis* verstanden, verweist auf die Suche nach einer Kirche, die sich ihrer angesammelten Macht entäußert, die sie in ihrer langen kulturellen Entwicklung an die kulturelle Expansion des Westens gebunden hat, und die nun die Verkündigung des Gottesreiches in der Gesinnung Christi wieder aufnimmt, der sich zum Gast und bescheidenen Begleiter machte, indem er sein Zelt mitten unter uns aufschlug.

Die Dimension der Aufforderung, die im Ausdruck »indigene Kirche« liegt, verweist auf die Hoffnung, dass das Evangelium Jesu Christi bei der Vielheit der indigenen Völker angenommen werden könnte. Die Frohe Botschaft wird sich in eine befreiende und ihre Werte stärkende Kraft verwandeln, wenn die

Indígenas *selbst* diejenigen sind, die sie in der Verschiedenheit ihrer Kulturen artikulieren.

Literatur

APPLEBY, S. R. 1999, *The ambivalence of the sacred. Religion, violence and reconciliation,* Maryland.

ASSMANN, H. (Hg.) 1991, *René Girard com teólogos da libertação. Um diálogo sobre ídolos e sacrifícios,* Petrópolis.

BOURDIEU, P. 1989, *O poder simbólico,* Rio de Janeiro.

DIAZ, J.F. 2008, *Utopie braucht Tradition. Das Volk der Mapuche vor den Herausforderungen der Globalisierung* (Theologie interkulturell, Bd. 17), Frankfurt a.M.

FUNKE, D. 1972, *Identität des Subjekts? Psychoanalytische und theologische Gedanken zu einer fragwürdig gewordenen Idee der Moderne,* in: Zeitschrift für Psychoanalytische Psychotherapie (1972) 1/2, 27–59.

GEBAUER, G./WULF, Ch. 1994, *Mimesis in der Anthropogenese,* in: Kamper, D./Wulf, Ch. (Hg.), Anthropologie nach dem Tode des Menschen, Frankfurt a.M., 321–334.

GIRARD, R. 1987, *Das Heilige und die Gewalt,* Zürich.

HEIDEGGER, M. ^{3}1967, *Bauen Wohnen Denken,* in: ders., Vorträge und Aufsätze, Teil II, Pfullingen.

HORKHEIMER, M./ADORNO, Th. W. 1969, *Dialektik der Aufklärung. Philosophische Fragmente,* Frankfurt a.M.

LÉVINAS, E. 1997, Entre *nos, Ensaios sobre a alteridade,* Petrópolis.

MALRIEU, Ph. 1996, *A construção do imaginário,* Lissabon.

QUIROGA, J. de 1979, *Memorias de los sucesos de la guerra de Chile,* Santiago de Chile.

ROSALES, D. de 1969, *Historia general del reino de Chile, Flandes Indiano* (1674), in: Calderón, A. P./Rosales, D. de (Hg.) Historia General del Reino de Chile, Flandes Indiano (Colección Escritores Coloniales de Chile), Santiago de Chile.

SAMPSON, E. 1993, *Celebrating the other. A dialogic account of human nature,* London.

TAUSSIG, M. 1993, *Mimesis and alterity. A particular history of the senses,* New York-London.

JUAN CARLOS SCANNONE

Glaubenskommunikation im multikulturellen Kontext Argentiniens

In einer globalisierten Welt gibt es heute nicht nur das alte Phänomen der Vielfalt der Kulturen, sondern das neue der Pluralität derselben sogar in einzelnen Ländern, insbesondere in Ländern wie Argentinien, das von Anfang an mehrere Kulturen beheimatete. Daraus entstehen neue Herausforderungen für die Glaubenskommunikation im argentinischen Kontext.

Im *ersten Teil* meines Beitrags möchte ich über die sozio-kulturelle Situation in Argentinien berichten. Zunächst werde ich den allgemeinen Rahmen, dann die neuen Phänomene des Plurikulturalismus und des religiösen Pluralismus und schließlich den entsprechenden Wandel in der Volksreligiosität beschreiben.

Im *zweiten Teil* werde ich mich mit der Glaubenskommunikation in der Vielfalt des vorher analysierten plurikulturellen Kontextes beschäftigen. In diesem Zusammenhang möchte ich zuerst ein neues Verständnis des argentinischen Volkskatholizismus als inkulturierte Matrix und hermeneutischen Ort der Glaubenskommunikation und daran anschließend die Wiederentdeckung der Pastoral der Indigenen durch die katholische Kirche vorstellen.

Im *letzten Teil* werde ich die heutigen Herausforderungen benennen und einige Wege skizzieren, die auf die heutige Anforderung einer Pastoral der Kultur in Argentinien eine angemessene Antwort geben könnten.

1. Die heutige Lage in Argentinien

1.1 Allgemeiner soziokultureller Rahmen

Anhand von *vier Aspekten* werde ich den heutigen allgemeinen soziokulturellen Kontext in Argentinien darstellen, nämlich Postmoderne, Globalisierung, sozialen Ausschluss, Ansätze für die Zukunft.

- Für einige Autoren ist die *Postmoderne* die späte, fortgeschrittene oder vollendete Moderne; für andere ist sie dagegen deren Überwindung, wenigstens die der aufgeklärten Moderne. Sie ist durch die Sinnkrise und Sinnkonflikte, das Zerbrechen der (religiösen, philosophischen, ideologischen, politischen) Ganzheiten, die Kritik an den großen Erzählungen und

Institutionen, eine neue Säkularisierung durch Entinstitutionalisierung,[1] das »schwache« Denken, den ethischen und religiösen Relativismus und den Konsumismus gekennzeichnet. In Argentinien wirkt sie hauptsächlich (aber nicht ausschließlich) auf die Oberschicht und die höhere Mittelklasse, obwohl ihr Einfluss im Ganzen geringer als etwa in Europa ist.

- Die *Globalisierung*, die durch die neuen Informations- und Kommunikationstechnologien herbeigeführt wurde,[2] hat den Weg zu einem vorher unbekannten vielfältigen kulturellen und religiösen Angebot gebahnt, das nicht selten sogar zu einem religiösen Markt wird. Dieses Phänomen führt wiederum zu einem kulturellen und religiösen Fundamentalismus, darunter der so genannte Nationalkatholizismus, der zwar in Argentinien sehr minoritär ist, aber doch einen spürbaren Einfluss hat.
- Manchmal wird das Faktum der Globalisierung irrtümlich mit der neoliberalen Ideologie verwechselt, die einen konkurrenzorientierten Individualismus und einen selbstregulierten und das ganze gesellschaftliche Leben regulierenden Markt fördert. Ergebnisse der durch die oben genannte Ideologie, die so genannte »Zustimmung« von Washington und die Vorschläge des Internationalen Währungsfonds beeinflusste Politik, sind der heute immer noch sehr verbreitete *soziale Ausschluss* in Argentinien und die Verarmung der früher verhältnismäßig breiten Mittelschicht (40% der Gesamtbevölkerung). Beide Phänomene wurden durch die strukturelle Arbeitslosigkeit verursacht und führten zur gravierenden Krise im Dezember 2001. Zurzeit versucht die neue argentinische Regierung – bisher mit Erfolg – alternative, nicht immer orthodoxe Wege zum Neuaufbau des Landes zu gehen.[3]
- Nichtsdestoweniger gibt es heute in unserer Zivilgesellschaft vielversprechende *Ansätze für die Zukunft*, auf die ich weiter unten eingehen werde.

1.2 Plurikulturalismus

Dieser wächst bei uns jetzt sehr stark und wird durch folgende Tatsachen gekennzeichnet:

Die *Spannung* zwischen der von außen gekommenen und immer stärker wirkenden modernen globalen Kultur und den traditionellen Kulturen, die ihr zwar teilweise widerstehen, doch sich vor ihrem mächtigen Einfluss nicht schützen können.

Der gemeinsame Stamm der traditionellen Kulturen besteht in dem *Kulturmestizentum* aus eingeborenen Kulturen und der spanischen Kultur, Frucht einer schmerzlichen, aber folgenreichen Begegnung, deren Symbol die Dialektik zwischen dem männlichen spanischen Herrn und der weiblichen india-

---

1 Vgl. Mardones 1995. Zur Postmoderne und ihrem Einfluss in Argentinien vgl. die Arbeiten von P. Cifelli, J.C. Scannone und J.R. Seibold in: Farrell u.a. 1996.

2 Vgl. Scannone 1999a.

3 Vgl. Grupo Gerardo Farrell 2003; Scannone 2004.

nischen Magd darstellt.[4] Diesem Stamm wurde von 1860 bis etwa 1930 der wichtige ethnische und kulturelle Beitrag der vorwiegend europäischen Einwanderer aufgepfropft. Sie bereicherten die Vielfalt der Kulturen in Argentinien um Menschen hauptsächlich italienischer und spanischer, aber auch deutscher, arabischer, japanischer, irischer, jüdischer (aus Mittel- und Osteuropa) Herkunft usw.

Innerhalb des oben erwähnten Hauptstamms der Volkskultur sind verschiedene *Subkulturen* zu unterscheiden:

- *die Subkulturen aus dem Nordwesten und aus dem Nordosten Argentiniens*: die erste Frucht des Mestizentums mit den andinen (*Quechua-* und *Aymara-*) Kulturen, so dass sie enge Verbindungen zu den Kulturen Boliviens aufweist; die zweite eng verbunden mit der *Guaraní*-Kultur, die dem Mestizentum in Paraguay seine Besonderheit verleiht;
- *die Subkultur der so genannten »feuchten« Pampa*, Ergebnis der kulturellen Vermischung der europäischen, vor allem italienischen Einwanderer mit den traditionellen kreolischen und Mischlingskulturen;
- *die Subkultur der kosmopolitischen Hauptstadt Buenos Aires*, in deren Vorstädten aber das Phänomen eines »neuen Kulturmestizentums« entsteht, das auch – in geringerem Ausmaß – in den Vororten der wichtigeren Städte des Landesinneren (Córdoba, Rosario, Mendoza usw.) vorkommt (darauf werde ich weiter unten noch einmal eingehen);
- *die Subkultur Patagoniens* im kalten, schwach besiedelten Süden Argentiniens, die ähnliche Merkmale wie die Subkultur der »feuchten« Pampa hat.

Die Kulturen der argentinischen Eingeborenen stellen einen Teil der Volkskultur dar. Leider hat es bei diesen – durch die Nachlässigkeit der früheren Behörden – bis vor kurzem keine Volkszählung gegeben. Von Mai 2004 bis Dezember 2005 wurde die erste Zählung durchgeführt, deren Ergebnisse erst im August 2006 veröffentlicht worden sind. Danach gibt es heute – bei einer argentinischen Gesamtbevölkerung von etwa 36 Millionen – 402.291 Eingeborene, die 22 verschiedenen Ethnien angehören.[5] Die meisten wohnen im Norden an den Grenzen zu Bolivien und Paraguay oder im Süden, nahe der Südanden, an der Grenze zum südchilenischen Araucania. Es ist hervorzuheben, dass die *Mapuche* oder Araukaner ein Indianervolk sind, das die Spanier nie unterjochen oder integrieren konnten. Sie bilden nach der oben erwähnten

---

[4] Diese von Gaston Fessard beeinflusste Dialektik wird entwickelt in: Methol-Ferré 1977; über das Kulturmestizentum als hermeneutische Kategorie vgl. das Kapitel 10 von Scannone 1990b.

[5] Vgl. diese Information in *Clarín* (in Buenos Aires erscheinende Zeitung), 20. August 2006, 48. Im Dokument *Pastoral aborigen. Documento-Base de Trabajo* (vgl. *Documentos del Episcopado Argentino 1984*) schätzte der Nationaldienst für die indigenen Angelegenheiten die Gesamtzahl der Indigenen auf 350.000, das argentinische Episkopat auf 450.000 Menschen. Im Mai 2006 schätzte man die Anzahl der Indigenen auf knapp 800.000. Der große Unterschied zwischen den Zahlen beruht wahrscheinlich auf den unterschiedlichen Kriterien, die den Schätzungen zugrunde lagen.

Volkszählung heute die größte Gruppe unter den argentinischen Eingeborenen (26,1%); die zweitgrößte Gruppe sind die *Kollas* (d.h. *Quechua-* und *Aymara-*Bevölkerung mit einem Teil spanischen Bluts), die auf der nordwestlichen Hochebene leben, die ehemals ein Teil des Inkareiches gewesen ist (15,8%), und die drittgrößte die *Tobas*, die hauptsächlich den argentinischen Chaco bewohnen, der an den Chaco (ehemals Urwald) in Ost-Bolivien und West-Paraguay grenzt (15,4% aller Eingeborenen).

In den letzten Jahren ist das kulturelle Selbstbewusstsein aller dieser Völker viel größer geworden – nicht ohne die Mitwirkung der katholischen Kirche von Bolivien und Paraguay – aber leider bringt die Mehrheit der übrigen Bevölkerung Argentiniens – auch wenn sie die eingeborenen Kulturen mehr und mehr zu schätzen gelernt hat – deren Sprachen und Kulturen mit denen der erwähnten Nachbarländer in Zusammenhang.

Die Vielfalt der Kulturen in Argentinien hat in der letzten Zeit noch durch die neuen Einwanderer zugenommen, die nicht mehr aus Europa, sondern aus Korea (und in einer geringeren Anzahl aus China) und besonders aus Nachbarländern wie Paraguay, Bolivien, Peru und Uruguay gekommen sind. Dieses letzte Phänomen trägt zu einer immer größeren kulturellen »Lateinamerikanisierung« Argentiniens bei.

Die oben genannten »Ansätze für die Zukunft« sind nicht nur ein soziales, sondern auch ein kulturelles Phänomen. Dazu kann man folgende Tatsachen nennen:

- Die Entstehung einer sowohl vom Staat als auch vom Markt unterschiedenen *Zivilgesellschaft*, deren Interessen nicht nur privat und sektoriell, sondern öffentlich und universalisierbar sind (Adela Cortina). Man spricht sogar von einer neuen Art, Politik (d.h. die Sorge um das Gemeinwohl) zu treiben.[6] Diese Zivilgesellschaft wird durch Solidaritätsnetze, nicht-staatliche Organisationen, neue soziale Bewegungen (z.B. der Arbeitslosen oder der Eingeborenen), Volontariate, Basisgemeinschaften, -organisationen und -unternehmen (ökonomischer, sozialer, kultureller, religiöser Art) usw. gebildet, die sich alle gegen den Individualismus des Wettbewerbs und die neoliberale Politik wenden.
- Die praktische und theoretische (in den Sozialwissenschaften, in der Theologie und Philosophie) Wiederaufwertung von nichtwissenschaftlichen (d.h. symbolischen, spirituellen, weisheitlichen) *Formen der Vernunft*, die der Volkskultur, -weisheit und -frömmigkeit eigen sind.[7]
- Darüber hinaus wird heute ein *neues Kulturmestizentum* festgestellt und untersucht,[8] das sich vom ersten, grundlegenden der Kolonialzeit und vom zweiten, mit den Kulturen der Einwanderer entstandenen, unterscheidet.

---

6 Vgl. García-Delgado 2000, 232. Zur Zivilgesellschaft im Allgemeinen vgl. Cohen-Arato 1992; zur argentinischen Zivilgesellschaft vgl. Scannone 1999b.

7 Vgl. Scannone 1992.

8 Vgl. Trigo 2004.

Denn es ist die Frucht der – vom argentinischen Kulturanthropologen García-Canclini so bezeichneten – »kulturellen Hybridisierung«,[9] die heute in den Vororten der lateinamerikanischen Großstädte zwischen den traditionellen, den modernen und den postmodernen Kulturen zu finden ist. Auf diese Weise wird eine Relecture der aufgeklärten Neuzeit aus der Perspektive der eigenen kulturellen Wurzeln ermöglicht. Denn nicht selten widersetzen sich die Volkskulturen der negativen Komponente der beherrschenden Kulturen, aber eignen sich deren positive Elemente an (was vom argentinischen Philosophen Rodolfo Kusch als *fagocitación,* »Einverleibung« bezeichnet wird).[10]

– Zur Zeit ist die Stimmung des argentinischen Volkes die der *Hoffnung*, weil wir anscheinend die große Krise der Jahre 2001 und 2002 überwunden haben, obwohl die soziale Ungerechtigkeit, der Individualismus der oberen Klassen und der Mangel an politischem Dialog immer noch das gesellschaftliche Leben prägen.

1.3 Die religiöse Situation[11]

1.3.1 Säkularisierung, religiöses »Revival« und Pluralismus

Diejenigen, die bis etwa Mitte des 20. Jahrhunderts aufgrund des Fortschreitens der Säkularisierung den Untergang der Religion oder zumindest ihre Reduzierung auf den bloßen Privatbereich voraussagten, haben in Bezug auf Lateinamerika (einschließlich Argentinien) Unrecht gehabt, obwohl der Säkularisierungsprozess die Autonomie der säkularen Kulturbereiche und die Freiheit der Kirche in Bezug auf die Politik vergrößert hat. Vielmehr ist ein bemerkenswertes »Revival« des Religiösen entstanden, das durch die soziale Krise und die postmoderne Suche nach Sinn gefördert wurde. Allerdings ist ein solches Wiederaufleben ambivalent.[12]

Die Religionswissenschaftler, die zurzeit meistens den säkularistischen und marxistischen Deutungen der Religion nicht mehr trauen, betonen heute positiv aufwertend, dass sie ein wichtiges »symbolisches Mittel im Kampf des Menschen um sein alltägliches Überleben«,[13] vor allem in Grenzsituationen, darstellt; dass es sich bei der Religion um eine echt menschliche Dimension handelt, die nicht auf andere (etwa rein psychologische oder soziale) zurückzuführen ist;[14] dass heute »eine ständige Neugestaltung des Religiösen« stattfindet, und zwar »in einer Gesellschaft, die strukturell unfähig ist, auf die Hoffnungen zu antworten, die der Mensch braucht, um weiterleben zu kön-

---

9 Vgl. García-Canclini 1990.
10 Vgl. Kusch ²1999.
11 Hier übernehme ich einige Abschnitte aus Scannone 2006.
12 Vgl. Scannone 2005, Kap. 10; Oviedo-Torró 2005.
13 Ameigeiras 2004, 87.
14 Vgl. Martín-Velasco 1978.

nen«.[15] Bestimmt ist die Religion – aus der Perspektive des Glaubens betrachtet – viel mehr als das, was solche Worte ausdrücken. Trotzdem ist es interessant, die Fortschritte festzustellen, die die Religionswissenschaften gemacht haben, die uns helfen können, die heutige Wiederbelebung des Religiösen besser zu verstehen.

In Argentinien ist die offensichtlichste Neuheit im religiösen Bereich der religiöse – und sogar ethische – *Pluralismus*, dem die vorherige Hegemonie des Katholizismus weichen musste, obgleich dieser immer noch die Religion der großen Mehrheit (etwa 85%) ist; aber auch innerhalb des Katholizismus findet man ganz verschiedene kulturelle Erscheinungsformen von Religiosität.

Nichtsdestoweniger handelt es sich vor allem um die Ausbreitung der so genannten »neuen religiösen Bewegungen«, insbesondere evangelisch-pfingstlerischer Art. Zunächst kamen sie hauptsächlich aus den USA, danach aus anderen lateinamerikanischen Ländern, oder sie sind – wie abgebrochene Äste, aus denen neue Bäume wuchsen – in Argentinien selbst entstanden. Einige Religionssoziologen behaupten, dass unterdrückte Sektoren der Gesellschaft (z.B. strukturell Arme oder Eingeborene) durch eine geistliche Konversion versuchen, ihrem Leben einen neuen Sinn zu geben und sogar einen soziokulturellen ethischen Schutzrahmen innerhalb der modernen Gesellschaft zu schaffen, die ihnen keine umfassenden unumstößlichen Parameter für die Lebensorientierung anbietet.[16] Darüber hinaus ist in einigen Teilen der höheren Mittelklasse der Einfluss von »New Age«[17] und sogar von fernöstlicher Spiritualität zu verzeichnen. All dies führt zu einer Zunahme der kulturellen Vielfalt.

Gleichfalls beobachtet man nicht nur die Zunahme der indoamerikanischen Religiosität, die das oben erwähnte erneuerte Selbstbewusstsein der indigenen Völker begleitet, sondern vor allem die Einführung afroamerikanischer Kulte aus Brasilien. In beiden Fällen betonen die Forscher, dass die Religion das Rückgrat der entsprechenden Kultur ist, dass sich dabei eine Tendenz zum monotheistischen Verständnis des Heiligen durchsetzt und dass ursprüngliche religiöse Vorstellungen sich *synkretistisch* mit christlichen und modernen kreuzen. Nicht selten entsteht so eine mehrfache und relationale religiöse Kulturidentität, die subjektiv keine genauen Abgrenzungen zwischen den Religionen kennt.[18]

Trotzdem haben häufig Fachleute aus der Pastoral und Kulturanthropologen anerkannt, dass bei den indigenen Christen über einen synkretistischen An-

---

15 Hervieu-Léger 1986, 227.

16 Vgl. Parker 1994; Forni 1992. Die Metapher der Äste wird in Ameigeiras 2003 verwendet.

17 Diese und acht andere (hauptsächlich katholische) Formen heutiger lateinamerikanischer Religiosität werden in Trigo 2003 beschrieben und bewertet. Ähnliche Erscheinungsformen von Religion sind heute in Argentinien zu finden.

18 Vgl. Salas-Astrain 1999.

schein hinaus eine echte Inkulturation des Evangeliums erfolgte.[19] Im Fall der afrobrasilianischen Kulte spricht man dagegen eher von »Samen des Wortes«, z.B. bei der Ahnenverehrung.[20]

Erstaunlich ist die Kraft der letztgenannten Kulte, die aus Brasilien nach Argentinien kamen, wo es praktisch keine Bevölkerung afrikanischer Herkunft gibt. Einige Fachleute denken, dass die *Umbanda* – eine synkretistische afrobrasilianische Religion – durch nicht-religiöse Interessen leichter manipulierbar als z.B. die *Macumba* ist, die, weil sie authentischere afrikanische Elemente enthält, eine größere Fähigkeit zeigt, antihegemonialen Widerstand gegen die beherrschende globalisierte Kultur zu leisten.[21]

Obwohl eine solche Vielzahl religiöser Angebote identitätsbetonende und sogar fundamentalistische Reaktionen herausfordert, bemerken die Analysten die starke Durchlässigkeit und gegenseitige Durchdringung, die heute zwischen den verschiedenen symbolischen religiösen und kulturellen Welten stattfindet. Denn für die Betroffenen schließen sie sich untereinander nicht aus. Dadurch entstehen mehrere Formen von Synkretismus, eine gewisse religiöse Migration (*nomadismo religioso*) und eine Religion »auf eigene Rechnung«, d.h. eine individualistisch geprägte Religion. Mehrfach findet sogar eine Loslösung von den traditionellen religiösen Gemeinschaften statt, gemäß der oben erwähnten postmodernen Säkularisierung als Entinstitutionalisierung.

Dieses vielfarbige Bild der religiösen Situation in Argentinien wird durch die schon oben erwähnten rechtskatholischen fundamentalistischen Gruppen, eine geringe Zahl von Agnostikern und Atheisten und jene vervollständigt, die in bestimmten Kreisen ökonomischer oder politischer Macht unter einem existentiellen kulturellen Dualismus zwischen ihrem profanen und religiösen Leben leiden.[22]

1.3.2 Die Volksreligion

Wie gesagt konnte die argentinische Volksreligion öfter Widerstand gegen den Säkularismus leisten und ihre Fähigkeit beweisen, wertvolle Beiträge der Moderne zu assimilieren.[23] Manche Untersuchungen sprechen von drei kollektiven kulturellen imaginären Welten in Argentinien, die in gegenseitiger Durchdringung koexistieren und die Volksreligion beeinflussen, nämlich die *traditionelle,* die *moderne* und die *postmoderne*.[24]

---

[19] Vgl. Marzal 1985; ders. 1991; ders. 2002.
[20] Vgl. Pires 1992; Frisotti 1995.
[21] Vgl. Ireland 1988; mit einer anderer Bewertung vgl. Prandi 1992.
[22] Vgl. Trigo 2003.
[23] Vgl. Ameigeiras 2002; ders. 2003.
[24] Vgl. Seibold 1996; in anderen Kulturbereichen außer dem religiösen vgl. ders. 1999.

Die erste ist der Volkskatholizismus mit hauptsächlich iberischen, indianischen und italienischen Wurzeln, in deren Synthese je eines ihrer Elemente vorherrscht, abhängig von den regionalen Gegebenheiten. Die zweite imaginäre Welt ist die moderne, die vom Staat, vom Markt, von den öffentlichen Schulen und auch von mehreren pastoralen Mitarbeitern begünstigt wird. Die dritte, die so genannte postmoderne Welt, wird häufig durch die Massenmedien vermittelt.

Aus diesem Grund verbinden sich in der heutigen argentinischen Volksfrömmigkeit die überlieferten Komponenten mit modernen kulturellen Elementen. Zu den ersten sind folgende zu zählen: der Sinn für Gottes Nähe und Transzendenz, die Hochschätzung der Kirchenfeste und religiösen Feiern, der Volksweisheit, der Heiligen- und Totenverehrung, der Wallfahrtsorte, Volksandachten und Prozessionen usw. Zu den zweiten gehören folgende: eine größere Verantwortung und Beteiligung der Laien in der Pastoral und sogar in der Kirchenleitung, ein wachsendes religiöses Bewusstsein für das Handeln in Gesellschaft, Politik und Geschichte, die Entstehung neuer Volksbewegungen wie kirchliche Basisgemeinden, charismatische Gebetsgruppen, Bibelkreise, die die Heilige Schrift aus ihrer Perspektive lesen usw. Damit verbinden sich auch postmoderne Elemente, wie eine zunehmend selbstbewusste Rolle der Frauen in den religiösen Gemeinschaften, die nicht pyramidenförmige, sondern flexiblere Netzform mehrerer neuerer apostolischer Gruppen und pastoraler Einrichtungen, die Wiederaufwertung des Mystischen, Magischen und Wundersamen, die Suche nach persönlichen religiösen Erfahrungen und Lebenszeugnissen.[25]

Was Pedro Rubens über Brasilien sagt, gilt auch für Argentinien, nämlich dass die wichtigsten Formen der christlichen, auch der nicht-katholischen Volksreligiosität (z.B. der evangelischen Pfingstgemeinden) eine gemeinsame kulturanthropologische Matrix haben, nämlich die des Volkskatholizismus. So sind sie alle in der lebendigen Erinnerung an die erste Evangelisierung und das grundlegende Kulturmestizentum verwurzelt, wodurch sie einer Familie gleichen.[26] M.E. kann man etwas Ähnliches *mutatis mutandis* auch bei mehreren afroamerikanischen Formen der Volksreligiosität nachweisen. Trotzdem sind sie alle, katholische, evangelische und synkretistische Erscheinungsformen der Volksreligion – wie alles Menschliche – mehrdeutig und bedürfen deswegen immer einer theologischen und pastoralen Unterscheidung der Geister.

In all diesen Fällen, einschließlich der indigenen Religionen, gibt es einige Hauptmerkmale, die hervorzuheben sind, nämlich:

---

[25] Vgl. Scannone 1995.

[26] Vgl. Rubens 2004. Ähnlich schreibt Ameigeiras, dass »die Volksreligiosität als ein konstitutives Element der kulturellen Matrix der Volksgruppen erscheint«. Ameigeiras 2002, 607. Zu den beiden katholischen Formen von Volksreligion, die Rubens beschreibt, vgl. Boff 2000.

- ihr *kosmischer, chthonischer* Charakter mit dem Gravitationszentrum Erde – sei sie als die *Pacha Mama* (Mutter Erde) anerkannt, als *tierra sin mal* (Land ohne Übel) gesucht, als der Ort bzw. das Viertel, in dem man wohnt, oder sogar als der heilige afro-brasilianische *terreiro* verstanden;[27]
- ihr *holistischer* Grundzug, der die verschiedenen Dimensionen des Lebens und der Kultur nicht trennt, sondern – wie die im Dokument von Puebla N° 448 aufgezeigten Lebenssynthesen – »unvermischt und ungetrennt« vereint;
- ihr Verständnis der menschlichen Existenz als ein *Netz von Beziehungen*, die jeden Menschen religiös mit der übernatürlichen und natürlichen, mit der persönlichen und sozialen Welt, sogar mit den Verstorbenen eng verbinden;[28]
- die nicht cartesianische oder positivistische, sondern symbolische, weisheitliche, emotionale, »seminale« Logik, die der Volksreligion und -kultur eigen ist.[29]

Nach Trigo charakterisiert das »agonische Streben (*conatus*) nach einem würdigen Leben« die lateinamerikanische (folglich auch die argentinische) Volksfrömmigkeit, indem ein solches Leben als Gabe von Gott empfangen, aber dafür gearbeitet und gekämpft wird. Nach demselben Autor eigneten sich mehrere befreiungstheologische pastorale Mitarbeiter und Befreiungstheologen – die die erste und die zweite Aufklärung erlebt haben – dank des Einflusses dieser Volksreligion eine postkritische »zweite Naivität« (Paul Ricœur) an, indem sie über den Wert der wirksamen geschichtlichen Aktion hinaus auch den Wert des Leidens und der kontemplativen Passivität wiederentdeckt haben.[30]

2. Die Glaubenskommunikation im plurikulturellen Kontext Argentiniens

2.1 Der Volkskatholizismus als inkulturierte Matrix und hermeneutischer Ort der neuen Evangelisierung

Die argentinische »Theologie des Volkes«[31] und die argentinische »Schule der Volkspastoral«[32] hatten schon früher als *Evangelii Nuntiandi* (1975) und das Dokument von Puebla (1979) die lateinamerikanische (und argentinische)

---

27 Für die lateinamerikanischen Leser ist es selbstverständlich, dass ich mich im Text auf die andinen Kulturen (*Pacha Mama*) beziehungsweise auf die *guaraní*-Kultur (*la tierra sin mal*), auf die Kultur der Vororte der Großstädte Lateinamerikas (*barrios*) und auf die afroamerikanische Kultur beziehe.

28 Vgl. Semán 2000, 4.

29 Vgl. Parker 1993; Kusch 1973; ders. 1975.

30 Vgl. Trigo 2004; ders. 2003.

31 Segundo 1974, 260.

32 Alliende 1976, 119.

Volksfrömmigkeit wieder stark aufgewertet und so diesbezügliche Aussagen dieser beiden Dokumente beeinflusst.[33] Denn der Volkskatholizismus wurde dort – trotz seiner bekannten Ambivalenzen – als die kulturelle Inkarnation des Gotteswortes, d.h. *avant la lettre* als die Inkulturation des Evangeliums verstanden. Puebla erkannte in ihm »das evangelisierende Potential der Armen«[34] an und »eine aktive Form, durch die das Volk sich selbst ständig evangelisiert«.[35] Ohne dieses Verständnis des Volkskatholizismus aufzugeben, wird derzeit die Frage – angesichts der neuen kulturellen und religiösen Vielfalt – neu gestellt.

Denn man hat heute eine essentialistische Interpretation der durch die erste Evangelisierung geschehenen Inkulturation des Glaubens aufgegeben, d.h. die Deutung, die den Volkskatholizismus als ein unbewegliches und ungeschichtliches »katholisches Substrat« der argentinischen Kultur betrachtete. Wie gesagt wird er zurzeit nicht nur als eine Erscheinungsform lateinamerikanischer Volksfrömmigkeit unter anderen, sondern auch als die *inkulturierte Matrix* verschiedener – auch nichtkatholischer oder nichtchristlicher – Formen der Religion verstanden, in denen – trotz ihrer Ambivalenz – der Heilige Geist Gottes anwesend ist und wirkt. Dieser Geist ist *der*, der die Entwicklung der neuen Synkretismen in Richtung Inkulturation des Glaubens führen und steuern *kann*[36] und der den neuen ökumenischen und interreligiösen Dialog in Argentinien wirklich fruchtbar macht.

Aus diesem Grund ergibt sich die Notwendigkeit einer neuen (weisheitlichen, pastoralen und theologischen) Unterscheidung der Geister im Licht des Evangeliums, die die oben genannte inkulturierte volksreligiöse Matrix als ihren *hermeneutischen Ort* betrachtet. So wird sie inkulturierte Wege der Glaubenskommunikation und des interkulturellen – sowohl innerkatholischen als auch ökumenischen und interreligiösen – Dialogs bahnen können. Darüber hinaus kann sie als ein Weg gewürdigt werden, die bevorzugte Option für die Armen und deren Volkskultur und die Optik der Armen *mit* Geist (Ignacio Ellacuría)[37] interkulturell zu leben.

Wenn Trigo[38] das oben erwähnte »Streben des Volkes nach einem würdigen Leben« als Ergebnis der lateinamerikanischen Volksfrömmigkeit bezeichnet, will er – als Befreiungstheologe – nicht nur auf ein wichtiges kulturanthropologisches Faktum, sondern darüber hinaus auf das befreiende Handeln des Geistes Gottes hinweisen, der im alltäglichen (auch religiösen) Leben des

---

33 Zu dieser argentinischen Theologie vgl. González 2005; Scannone 1990a. Der wichtigste Vertreter dieser theologischen Strömung ist m.E. Lucio Gera. Vgl. den ersten Band ausgewählter Werke des Theologen: Azcuy/Galli/González (Hg.) 2006.

34 Puebla 1147.

35 Ebd., 450.

36 Vgl. Miranda 2000; ders. 2004.

37 Ellacuría bezeichnet mit dem Ausdruck »pobres *con* espíritu« (»Arme *mit* Geist«) die real Armen, die auch Arme *im* Geiste (»*en* espíritu«) sind.

38 Vgl. Trigo 2003; ders. 2004.

Volkes und durch die oben erwähnten *Ansätze für die Zukunft* in Kultur und Gesellschaft wirkt. In einem anderen Kontext äußert sich Walter Kasper ähnlich, wenn er sagt: »Wo immer Neues entsteht, wo immer Leben geweckt wird und die Wirklichkeit ekstatisch über sich hinausdrängt, in allem Suchen und Streben, Gären und Gebären [...] zeigt sich etwas von der Wirksamkeit und Wirklichkeit des Geistes Gottes.«[39]

Mit dem zuerst Gesagten verbindet sich eine andere wichtige Tatsache innerhalb der aktuellen Religionsforschung, nämlich die neue Anwendung von auf kollektive Subjekte bezogenen Kategorien wie *(Volks-)Mystik*[40] und *(Volks-)Spiritualität*[41] auf die Religion des armen Volkes. Es ist ein anderes Zeichen des Wirkens des Heiligen Geistes in ihr und durch ihre kulturelle Matrix.

2.2 Die Neuentdeckung der Pastoral der Eingeborenen

In der Kolonialzeit gab es – trotz aller theologischen Mängel und der Tatsache, dass die Eroberung auch die religiöse Ebene mit einbezog – in Argentinien eine eigene, spezifische Indigenenpastoral. Eine ihrer größten Leistungen bestand in den Jesuiten-Reduktionen Paraguays, die sich nicht nur in diesem Land ausbreiteten, sondern auch im heutigen Osten Boliviens, im Nordosten Argentiniens (Provinzen Misiones und teilweise Corrientes) und in einem damals von Spanien besetzten Gebiet Südbrasiliens. Das ganze Gebiet gehörte damals zum Vizekönigreich Río de la Plata mit seiner Hauptstadt Buenos Aires.

Während der Unabhängigkeitskriege (ab 1810) gab es auch bei uns das von Marzal[42] in Bezug auf Peru beschriebene Phänomen. Denn wegen des Priestermangels – Folge des Patronatsrechts der spanischen Könige, da es nach der Unabhängigkeit keine Bischöfe gab, die neue Priester weihen konnten – wurde die weitere Evangelisierung und Katechese der Indianer durch die schon christlich gewordenen indigenen Familien durchgeführt. Aufgrund der fehlenden Kontrolle durch die Priester entstanden damals verschiedene Formen von scheinbarem Synkretismus, die heute von Experten immer häufiger nicht als solche, sondern als indianische Formen der Inkulturation des Evangeliums betrachtet werden.[43] Solche Behauptungen erscheinen in einem neuen theologischen Licht durch die oben zitierten Arbeiten[44] über eine eventuelle Bedeutung des Synkretismus in einer gelungenen Inkulturation.

---

39 Kasper 1982, 279f.
40 Vgl. Seibold 2006.
41 Vgl. Gutiérrez 1983.
42 Vgl. Marzal 1991.
43 M.E. gab es bei den *Quechua* (und *Aymara*) in Bolivien und im Nordwesten Argentiniens ein ähnliches Phänomen, wie es Marzal bei den *Quechua* in den südperuanischen Anden beobachtet hat. Vgl. Marzal 1985; ders. 1991; ders. 2002.
44 Vgl. Miranda 2000; ders. 2004.

Später, nach Inkrafttreten einer endgültigen föderalen Verfassung (1853), versuchte die argentinische Nationalpolitik, die Indigenen kulturell zu vereinnahmen, was sich auch in der damaligen Pastoral der katholischen Kirche widerspiegelte. Dagegen wurden die katholischen (italienischen, spanischen, deutschsprachigen, irischen, polnischen, libanesischen) Einwanderer oft von ihrem eigenen Klerus begleitet.

Erst 1984 verfassten die Bischöfe der Diözesen mit indigener Bevölkerung ein wichtiges Arbeitsdokument, das ebenfalls von der IX. Vollversammlung der argentinischen Bischofskonferenz angenommen wurde.[45] In dieser Zeit wurde auch die Bischofskommission für Indigenenpastoral geschaffen, deren ausführendes Organ (ENDEPA) im Oktober 2005 »strategische Vorsätze« billigte, die der aktuellen Bewusstseinslage entsprechen.[46] Aber schon etwas früher, aus Anlass des neuen Jahrtausends, bat die Bischofskonferenz Gott und die indianischen Völker öffentlich um Vergebung für die gegen sie begangenen Sünden. Darüber hinaus veröffentlichte die Bischofskonferenz im Mai 2000 ein neues Dokument: »Das große Jubiläum und das Recht auf Land der indigenen Völker«, in dem sie »sich verpflichtet, weiter dazu beizutragen, dass die gegen sie in Vergangenheit und Gegenwart begangene Ungerechtigkeit wiedergutgemacht wird«, und »die National- und Provinzregierungen in allen drei Gewalten« ermahnt, »die Übertragung und Rückgabe von Land zu beschleunigen, das die eingeborenen Völker rechtmäßig beanspruchen, damit ihre Rechte verwirklicht werden«,[47] die sie nach Artikel 75 der Bundesverfassungsreform von 1994 besitzen. Später, im November 2005, fragt die Bischofskonferenz in ihrem Dokument über die Soziallehre der Kirche: »Wie kann man die konkrete Umsetzung der Gesetze fördern, die das Recht der Indigenen auf ein ertragbringendes Land und auf Gemeinschaftseigentum anerkennen?«[48] Anfang 2006 veröffentlichte die genannte Kommission zusammen mit den Bischofskommissionen für Sozialpastoral und für die *Caritas* ein sehr wertvolles Buch: *Ein Land für Alle*,[49] das deren Engagement für das zentrale Thema des Landbesitzes beweist. Denn die Erde ist für die Indigenen

---

45 Vgl. Pastoral aborigen. Documento Base de trabajo (9. November 1984), in: Documentos del Episcopado Argentino 1984, 191–204.

46 Siehe die *Propósitos estratégicos* (»Strategische Vorsätze«), die durch die XI. Vollversammlung vom ENDEPA (Nationaler Workshop für Indigenenpastoral) gebilligt wurden; vgl. http://www.endepa.org.ar/objetivos. ENDEPA ist das ausführende Organ der CEPA (Bischofskommission für Indigenenpastoral).

47 CEA (Argentinische Bischofskonferenz), Dokument *El Gran Jubileo y el derecho a la tierra de los Pueblos Aborígenes* (79. Vollversammlung, 11. Mai 2000). Vgl. auch dies., Dokument *Necesitamos ser Nación* (87. Vollversammlung, 15. Mai 2004), in dem es wieder um das Recht der Indigenen auf Land geht.

48 Hirtenbrief der Argentinischen Bischofskonferenz (90. Vollversammlung, 11. November 2005): *La Doctrina Social de la Iglesia. Una luz para reconstruir la Nación*, Nr. 13.

49 Vgl. Comisión Episcopal de Pastoral Social u.a. 2006. Vgl. auch ebd., 2. Anhang: »Technischer Bericht über die indigenen Gemeinschaften in Argentinien«, 85–100, der von Forschern der UCA (Katholische Universität Argentiniens) erstellt worden ist.

Mutter und heilig; sie betrachten sich nicht als ihre Besitzer, sondern als ihre Kinder und einen Teil von ihr. Dieses Buch zeigt auch die Sorge der Bischöfe um die Bewahrung der »Urkulturen«, fördert »einen respektvollen interkulturellen Dialog« und plädiert für eine »zweisprachige interkulturelle Ausbildung.«[50] Darüber hinaus ist die Arbeit der Kommission von ihrer sozialen Sorge für die indigene Bevölkerung gekennzeichnet. Sie wird von einer Laienorganisation (INCUPO: Institut für Volkskultur) unterstützt, zu deren wichtigen Initiativen die Förderung der oben genannten »interkulturellen Erziehung« zählt.

Trotz alledem hat dieses neue Bewusstsein einiger Bischöfe, Mitarbeiter in der Pastoral und Laien nicht genügend auf die Politik der Regierungen und auf das Bewusstsein der nicht-indigenen Bevölkerung eingewirkt. Nichtsdestoweniger hat der Dialog mit den Kulturen der heutigen Einwanderer aus Nachbarländern mit einer großen Indianerbevölkerung wie Bolivien oder mit einer indigenen Nationalsprache wie Paraguay dazu beigetragen, dass die ersten Schritte in Richtung eines echten interkulturellen Dialogs gemacht worden sind. Dieser wird heute durch die Bischofskommission für die Pastoral der Einwanderer – unter Mitwirkung der Scalabrinianer-Patres – und durch Gruppen von Wissenschaftlern (Kulturanthropologen, Soziologen, Psychologen, Philosophen, Theologen) gefördert.[51] Obgleich in Argentinien kaum von einer »interkulturellen Theologie« gesprochen wird, wird sie durch die Vereinigung der Theologen des Nordwestens (im Rahmen der Argentinischen Gesellschaft für Theologie) unter dem Namen einer kontextuellen Theologie gepflegt.

3. Aktuelle Herausforderungen an die Pastoral der Kultur und der Kulturen

Derzeit steht die Pastoral der Kultur in Argentinien vor Herausforderungen, die abschließend genannt werden sollen.

- Nicht immer finden die Priester und pastoralen Mitarbeiter die geeigneten Formen der Glaubenskommunikation vor allem mit der Jugend und ihrer Sonderkultur in der neuen Atmosphäre eines zunehmenden kulturellen, religiösen und ethischen Pluralismus.
- Die so genannten Sekten und die Katholiken »auf eigene Rechnung« verwirren manche, die keinen Weg für einen wirksamen interkulturellen Dialog mit diesen Menschen finden, obwohl andererseits ein fruchtbarer Dialog mit den traditionellen christlichen Konfessionen, dem Judentum und sogar dem Islam gelingt.

---

[50] Ebd.

[51] U.a. sind die Arbeiten einer Forschungsgruppe der UBA (Universidad de Buenos Aires) und die Moraltheologische Tagung aus dem Jahr 2005 über Einwanderung an der Theologischen Fakultät der Jesuiten in San Miguel (Prov. Buenos Aires) zu erwähnen, deren Dokumentation im Erscheinen ist.

– Der bemerkbare Einfluss der sich mehr und mehr durchsetzenden globalisierten Kultur und der Massenmedien hat noch keine passende Antwort in der Kirche gefunden, die die Evangelisierung dieser Kultur ermöglichen könnte und der strukturelle Ungerechtigkeit fördernden globalen Marktwirtschaft und der ihr entsprechenden Politik entgegenwirken könnte.

Ein positives Zeichen ist jedoch eine *aggiornata*-Interpretation der Soziallehre der Kirche bezüglich sozialer und kultureller Probleme, obwohl ein solches *aggiornamento* das Denken und Handeln der engagierten Laien vor allem aus der oberen Mittelklasse noch nicht durchdrungen hat. Trotzdem gab es einen erfreulichen Stilwechsel bei den Äußerungen der Bischofskonferenz während der Krise, die lebensnäher geworden sind und sich mehr mit den Interessen und dem Leiden des Volkes, insbesondere der Armen, beschäftigen.[52] Dazu kommt die Arbeit verschiedener Pastoralgruppen und der *Caritas* unter den Armen und mit den Armen. Vielleicht kann man heute behaupten, dass die offizielle katholische Kirche und viele ihrer pastoralen Mitarbeiter leichter die Kultur, die Sprache und die Religiosität des ärmeren Volkes als die sich nähernde postmoderne globale Kultur verstehen, die besonders in die Welt der Jugendlichen aller Klassen eindringt.

Daraus entsteht bei nicht wenigen der oben genannten Mitarbeiter ein gewisses, vielleicht unbewusstes pastorales Unbehagen.[53] Dieses und die daraus folgenden pastoralen Herausforderungen sind hat bei den Wachsameren unter ihnen zu einer größeren pastoralen Demut geführt. So tasten sie sich mit Hilfe des Heiligen Geistes an neue Antworten auf die kulturelle Situation heran, so dass sie, wie der Dichter Antonio Machado sagt, »einen Weg bahnen, indem sie laufen«.

Als einen bescheidenen Beitrag, auf diese durch die neue Situation aufgeworfenen Fragen zu antworten, betrachte ich das, was ich früher über den Volkskatholizismus als kulturelle Matrix und als hermeneutischen Ort des interkulturellen Dialogs gesagt habe. Denn es ist möglich, wenn auch nicht leicht, die globalisierte Kultur auf der Grundlage unserer eigenen kulturellen lateinamerikanischen Wurzeln neu zu interpretieren, um – durch eine Unterscheidung der Geister – ihren wertvollen Beitrag zu übernehmen und allmählich ihre negativen Komponenten zu beseitigen. Dieser Prozess hat m.E. durch das oben erwähnte, von Trigo beschriebene neue Kulturmestizentum schon begonnen. Er kann die kulturanthropologische Grundlage bieten, um heute im argentinischen Kontext die Glaubenskommunikation in der Vielfalt der Kulturen fortzusetzen.

---

52 Vgl. Scannone 2003; ders. 2004.

53 Vgl. González 2003.

Literatur

ALLENDE, J. 1976, *Diez tesis sobre la pastoral popular,* in: Religiosidad popular, Salamanca, 124.
AMEIGEIRAS, A. 2002, *Religiosidad popular: transformaciones socio-culturales y perspectivas de análisis a comienzos del siglo XXI,* in: CIAS 51 (2002), 595–609.
Ders. 2003, *El fenómeno religioso en la sociedad argentina. Crisis y transformaciones en el catolicismo a comienzos del siglo XXI,* in: Grupo Gerardo Farrell 2003, Bd. II.
AZCUY, V./GALLI, C. M./GONZÁLEZ, M. (Hg.) 2006, *Escritos Teológico-Pastorales de Lucio Gera,* Bd. I: Del Preconcilio a la Conferencia de Puebla (1956–1981), Buenos Aires.
BOFF, C. 2000, *Carismáticos e libertadores na Igreja,* in: REB 237 (2000), 36–53.
COHEN, J./ARATO, A. 1992, *Civil Society and Political Theory,* Cambridge (Mass.)-London.
Comisión Episcopal de Pastoral Social/Comisión Episcopal de Pastoral Aborigen/Comisión Episcopal Caritas/Observatorio de la deuda social argentina (UCA) 2006, *Una tierra para todos,* Buenos Aires.
Die Evangelisierung Lateinamerikas in Gegenwart und Zukunft (= Puebla), in: Sekretariat der Deutschen Bischofskonferenz (Hg.) o. J., *Die Kirche Lateinamerikas.* Dokumente der II. und III. Generalversammlung des Lateinamerikanischen Episkopates in Medellín und Puebla, Bonn.
Documentos del Episcopado Argentino 1984, Buenos Aires.
FARRELL, G. u.a. 1996, *Argentina, tiempo de cambios. Sociedad, Estado, Doctrina Social de la Iglesia,* Buenos Aires.
FORNI, F. 1992, *Emergencia de nuevas corrientes religiosas o »Iglesias alternativas« sobre fines de siglo,* in: Sociedad y Religión 9 (1992), 40–48.
FRISOTTI, H. 1995, *Teologia e religiões afro-brasileiras,* in: Cadernos do Ceas (Sondernummer), 21–28.
GARCÍA-DELGADO, D. 2000, *Estado-nación y globalización. Fortalizas y debilidades en el umbral del tercer milenio,* Buenos Aires.
GARCÍA-CANCLINI, N. 1990, *Culturas híbridas. Estrategias para entrar y salir de la modernidad,* México D.F.
GONZÁLEZ, M. 2003, *Repercusiones del cambio epocal en la vida pastoral de la Iglesia católica argentina: malestares y emergencias,* in: Grupo Gerardo Farrell 2003, Bd. II, 159–182.
Ders. 2005, *La reflexión teológica en Argentina (1962–2004),* Córdoba.
Grupo Gerardo FARRELL 2003, *Crisis y reconstrucción. Aportes desde el pensamiento social de la Iglesia,* Bd I: Dimensión político-económica; Bd. II: Dimensión social y ético-cultural, Buenos Aires.
GUTIÉRREZ, G. 1983, *Beber en su propio pozo. En el itinerario espiritual de un pueblo,* Lima.
HERVIEU-LÉGER, D. 1986, *Vers un nouveau christianisme,* Paris.
IRELAND, R. 1988, *Comunidades de base, grupos espiritistas* y la profund*ización de la democracia en Brasil,* in: Sociedad y Religión 6 (1988), 51–81.
KASPER, W. 1982, *Der Gott Jesu Christi,* Mainz.
KUSCH, R. 1973, *El pensamiento indígena y popular en América,* Buenos Aires.
Ders. 1975, *La negación en el pensamiento popular,* Buenos Aires.
Ders. ²1999, *América profunda,* Buenos Aires.

MARDONES, J. M. 1995, *Desde la secularización a la desinstitucionalización religiosa,* in: Fraijó, M./Masiá, J. (Hg.), Cristianismo e Ilustración. Homenaje a José Gómez Caffarena en su 70º cumpleaños, Madrid, 125–148.

MARTÍN-VELASCO, J. 1978, *Introducción a la fenomenología de la religión,* Madrid.

MARZAL, M. 1985, *El sincretismo iberoamericano. Un estudio comparativo sobre los quechuas (Cuzco), los mayas (Chiapas) y los africanos (Bahía),* Lima.

Ders. 1991, *El rostro indio de Dios,* Lima.

Ders. 2002, *Tierra encantada. Tratado de antropología religiosa de América Latina,* Lima-Madrid.

METHOL-FERRÉ, A. 1977, *Análisis de las raíces de la evangelización latinoamericana,* in: Stromata 33 (1977), 93–112.

MIRANDA, M. de França 2000, *Inculturação da fé e sincretismo religioso,* in: REB 238 (2000), 275–293.

Ders. 2004, *La inculturación de la fe. Un abordaje teológico,* Bogotá.

OVIEDO-TORRÓ, L. 2005, *Un sigiloso retorno de lo sagrado,* in: Razón y Fe 251 (2005), 497–512.

PARKER, C. 1993, *Otra lógica en América Latina,* México D.F.

Ders. 1994, *El pluralismo religioso de América Latina en el siglo XXI,* in: Cristianismo y Sociedad 32 (1994), 95–99.

PIRES, J. M. 1992, *Evangelización de la cultura negra,* in: Senderos 15 (1992), 122–129.

PRANDI, R. 1992, *Construcción de espacios públicos de expresión en religiones populares,* in: Religión y Sociedad 9 (1992), 4–14.

RUBENS, P. 2004, *Discerner la foi dans des contextes religieux ambigus. Enjeux d'une théologie du croire,* Paris.

SALAS-ASTRAIN, R. 1999, *Religiones, filosofía intercultural e identidades. (Pistas para pensar la religión en la modernidad avanzada),* in: Boletín de Filosofía 10 (1999), 183–206.

SCANNONE, J. C. 1990a, *Evangelización, cultura y teología,* Buenos Aires.

Ders. 1990b, *Nuevo punto de partida en la filosofía latinoamericana,* Buenos Aires.

Ders. 1992, *Weisheit und Befreiung. Volkstheologie in Lateinamerika* (Theologie interkulturell, Bd. 5), Düsseldorf.

Ders. 1995, *La religión en la América Latina del tercer milenio. Hacia una utopía realizable,* in: Stromata 51, 75–88.

Ders. u.a. 1999a, *Argentina: alternativas frente a la globalización. Pensamiento social de la Iglesia en el umbral del tercer milenio,* Buenos Aires.

Ders. 1999b, *La globalización como hecho e ideología,* in: ders. u.a. 1999a, 253–290.

Ders. 2003, *»Hoy la Patria requiere algo inédito«. La Conferencia Episcopal Argentina y la »crisis histórica« de nuestro país,* in: Grupo Gerardo Farrell 1999, 25–56.

Ders. 2004, *Die argentinische Krise und die Kirche,* in: Stimmen der Zeit 222 (2004) 3, 183–195.

Ders. 2005, *Religión y nuevo pensamiento. Hacia una filosofía de la religión para nuestro tiempo desde América Latina,* Barcelona-México D.F.

Ders. 2006, *Situación religiosa actual en América Latina,* in: CIAS 55 (2006), 157–172.

SEGUNDO, J. L. 1974, *Liberación de la teología,* Buenos Aires.

SEIBOLD, J.R. 1996, *Imaginario social, religiosidad popular y transformación educativa. Su problemática en medios populares del Gran Buenos Aires,* in: Farrell, G. u.a. 1996, 323–388.

Ders. 1999, *Ciudadanía, transformación educativa e imaginario social urbano,* in: Scannone, J. C./Santuc, V. (Hg.), Lo político en América Latina. Contribución filosófica a un nuevo modo de hacer política, Buenos Aires, 463–511.

Ders. 2006, *La místi*ca popular, México D.F.

Semán, P. 2000, *Cosmológica holista y relacional: una corriente de la religiosidad popular contemporánea,* in: Ciencias Sociales y Religión 3 (2000), 45–74.

Trigo, P. 2003, *Fenomenología de las formas ambientales de religión en Améri*ca *Latina,* in: Durán-Casas, V./Scannone, J. C./Silva, E. (Hg.), Problemas de filosofía de la religión desde América Latina, Bd. I: De la experiencia a la reflexión, Bogotá, 37–121.

Ders. 2004, *La cultura del barrio,* Caracas.

Kontextuelle Perspektiven aus Asien und Ozeanien

Francis X. D'Sa

Glaube, Glaubensausdruck und interkulturelle Theologie

Einleitung

Religionen haben die Welt geteilt; sie haben die Völker und Menschen auf unserer Welt geteilt. Bedauerlicherweise wird die Geschichte der Religionen uns keinen positiven Beleg dieser Teilung zeigen. Die jüngste Geschichte scheint dies mit aller Macht zu bestätigen. Der *clash of civilizations* (Kampf der Kulturen) ist nicht länger bloß eine Theorie aus dem Elfenbeinturm. Vielmehr liest sie sich nun wie die Vollstreckung eines rundweg unausweichlichen Berichts.

Lange Zeit haben uns moderne Seher und bestimmte Gläubige davor gewarnt, dass auf der einen Seite Religion für schändliche Zwecke verobjektiviert und instrumentalisiert wird und auf der anderen Seite Religion mit Verachtung gestraft wird von Leuten, die ihre intellektuelle und spirituelle Abstammung zurück in die Zeit der Aufklärung verlegen. Religion hat von beiden Gruppen eine grobe Abreibung erfahren. Beide Seiten missachten oder übersehen oder ignorieren die Tatsache, dass dem Innersten einer Religion ausschließlich in glaubenden Personen begegnet werden kann.

Vor langer Zeit schon hat Raimon Panikkar die Unterscheidung zwischen *faith* und *belief* – zwischen Glaube und Bekenntnis (Glaubensausdruck) – eingeführt; doch überraschenderweise hat sie noch nicht Eingang gefunden in den herrschenden theologischen Diskurs.[1] Diese Unterscheidung beleuchtet eine Vielzahl von Pseudo-Problemen, in denen der theologische Diskurs versunken zu sein scheint.

Gegenwärtig ist das Zusammentreffen von Kulturen und Religionen (einige bezeichnen dies als das Zeichen unserer Zeit) zu der Herausforderung des traditionellen Selbstverständnisses jedweder Religion geworden. Um nur eine Sache zu nennen: Keine Religion versteht die andere Religion wirklich. Alle Versuche, den anderen zu verstehen, werden innerhalb des Rahmens der eigenen Religion unternommen. Und ein Zweites: Religionen scheinen unfähig zu sein, sich selbst vom anderen her zu verstehen. Das Resultat ist eine Menge von gegenseitigen Missverständnissen, gestützt von Argwohn und Stereotypen. Es überrascht daher nicht, dass in solch einem Prozess ständig Vereinfachungen und Vermutungen am Werk sind.

Viele Menschen sind in Sorge angesichts dieser Situation und möchten als Mitglieder unterschiedlicher kultureller Gemeinschaften zu Diskussion und

---

1 Vgl. Panikkar 1999.

Klärung zusammenkommen. Das ist wichtig, aber in den meisten Fällen tendiert die Diskussion dahin, lediglich das Symptom, nicht jedoch die Wurzel des Problems anzupacken. Grundlegende Voraussetzungen müssen benannt und abgeklärt werden. Entlang dieser Linie möchte ich die folgenden Überlegungen über eine Glaubensverständigung in der Verschiedenheit der Kulturen verstanden wissen. Für ein solches Unterfangen gehören Glaube und Bekenntnis (*faith* und *belief*) zu den Grundpfeilern jedweder Kultur. Missverständnisse auf dieser Ebene führen unausweichlich zu weit reichenden Konsequenzen bei den Beziehungen zwischen den verschiedenen Glaubensgemeinschaften.

1. Der indische Kontext

Bei einer Bevölkerung von über 1 Milliarde Menschen in Indien bekennt sich nur eine verschwindende Minderheit dazu agnostisch zu sein und distanziert sich von Religion und religiöser Praxis. Folglich ist Religion in der einen oder anderen Form ein fester Bestandteil des kulturellen Kontextes Indiens. Das heißt nicht, dass da eine uniforme Gemeinschaft von Gläubigen existiert, noch impliziert dies, dass Unterschiede in der Religion notwendigerweise eine Gemeinschaft auseinander brechen lassen. Kultureller und religiöser Pluralismus sind ein unleugbares Merkmal des indischen Kontextes. Während durch die Verfassung und auch traditionell Toleranz in der indischen Tradition groß geschrieben wird, ist es doch eine Tatsache, dass Muslime und Christen von einer fanatischen und intoleranten Hindu-Minorität argwöhnisch betrachtet werden. Aber wir sollten beachten, dass auf Fanatismus und Intoleranz keine Tradition das Monopol hat. In mehr oder weniger großem Ausmaß sind sie in den meisten, wenn nicht in allen größeren und kleineren religiösen Traditionen zu finden.

Die säkulare Tendenz der indischen Verfassung wird von einigen der Erziehung von Indern im liberalen Großbritannien zugeschrieben. Aber das erklärt längst nicht alles. Indische Muslime, die Verfechter der Teilung Indiens in Indien und Pakistan waren, sind ebenso in England erzogen worden, schienen jedoch keinerlei Offenheit für jedwede Säkularität gezeigt zu haben.

Diese Entwicklung erreichte ihren Höhepunkt in der säkularen Verfassung des Landes. Sie kennt einerseits keinerlei Staatsreligion, was andererseits bedeutet, dass allen Religionen der gleiche Respekt zu zollen ist. Trotz des Widerstands seitens der Hindu-Fanatiker gibt es die verfassungsmäßige Unterstützung für einen religiösen Pluralismus in Indien.[2]

Historisch betrachtet jedoch haben die Religionen Indiens weitestgehend friedlich nebeneinanderher gelebt, größere Umbrüche gelten als Marksteine, die den Gang, den die verschiedenen Religionen genommen haben, markieren. Es gab Zusammenstöße zwischen Hindus und Muslimen und zwischen Mus-

[2] Vgl. D'Sa 2005a.

limen und Sikhs, in letzter Zeit auch zwischen Hindus und Sikhs und zwischen Christen und Hindus. Doch diese sollten meiner Meinung nach als die sprichwörtliche Ausnahme von der Regel verstanden werden. Solche Zusammenstöße waren niemals religiös motiviert; ihre Gründe waren meist politischer und wirtschaftlicher Natur, verkleidet lediglich mit religiöser Fassade.

Wann und wo auch immer solche Umbrüche stattgefunden haben, wurden sie geplant und ausgeführt von einer Gruppe Habgieriger mit aktiver Duldung einiger weniger Fanatiker. Wichtiger ist, nicht die Tatsache zu übersehen, dass diejenigen, die solche niederträchtigen Taten verurteilt haben und zur Rettung der Opfer gekommen sind, in den meisten Fällen nicht aus der Gemeinschaft stammten, aus der die Opfer kamen.

In den vergangenen Jahren gab es vorsätzlich von Extremisten, die sich Hindus nennen, Versuche, Mitglieder von Minderheiten einzuschüchtern, in einigen Fällen zu verletzen und ihre »Gotteshäuser« zu zerstören. Eben hier darf allerdings nicht vergessen werden, dass Hindus selbst sich von derartigen Gewalttaten und Intoleranz distanziert haben und sogar einen Schritt weitergegangen sind und im Namen der Opfer Prügel bezogen haben.

Angesichts dessen kann man in aller Bescheidenheit eingestehen, dass die unterschiedlichen Gemeinschaften in Indien tatsächlich schrittweise (und vielleicht sogar systematisch) *communalisiert* worden sind.[3] In einer derartig vergifteten Atmosphäre scheint jede Gemeinschaft nur mit sich selbst beschäftigt zu sein; nationale Interessen wurden zurückgestuft. Solche Reaktionen haben zweifellos ihre nachteiligen Wirkungen auf die liberalen Mitglieder der Mehrheits-Gemeinschaft und drängen sie in die *communalistische* Richtung. Von nun an sind es immer die Mitglieder der Hindu-Mehrheit gewesen, die als das Gewissen der Nation fungiert haben. Es wäre eine Tragödie unvorstellbaren Ausmaßes nicht nur für Indien, sondern für ganz Asien, würde dieses Gewissen aufhören zu funktionieren. Es liegt im ureigenen Interesse der Minderheiten, dass sie gut daran täten, ihre *communalistischen* Tendenzen über Bord zu werfen und sich auf Werte verpflichten, die von nationaler Dimension sind. Allein ein solches Vorgehen wird helfen, das Vertrauen der Hindu-Mehrheit wiederherzustellen. Religiöse Minderheiten handeln kurzsichtig, wenn sie auf dem schmalen Pfad des *communalism* bleiben; sie sollten vielmehr die Autobahn nationaler Interessen nehmen.

In den vergangenen Jahren wird allerdings ein größerer *clash* immer wahrscheinlicher, nämlich die Misere der so genannten Unberührbaren, die sich selbst heute *Dalits* nennen (d.h. die Unterdrückten). Das Los dieser Unberührbaren (die Gandhi als den größten Schandfleck des Hinduismus bezeichnete)

---

[3] *Communalized* und *communalism* ist in Indien die besondere Konnotation einer extremen und exklusiven Gemeinschafts-Ausgerichtetheit eigentümlich. Christlicher *communalism,* Hindu communalism usw. trägt der Tatsache Rechnung, dass jede Gemeinschaft ausschließlich auf ihre eigenen Interessen und ihre Durchsetzung bedacht ist.

ist höchst wahrscheinlich schon immer eine erbärmliche Geschichte gewesen; in den letzten Jahrzehnten sind dann schrittweise Dinge ans Licht gekommen, die das schreckliche Ausmaß offenbaren, auf das die so genannten Gläubigen bei der Beschäftigung mit dieser Gruppe gestoßen sind. Nur sehr wenige religiöse Gemeinschaften haben diesbezüglich eine weiße Weste. Dies ist ein Punkt, den wir beachten sollten, wenn wir über eine Gemeinschaft im Glauben sprechen.

2. Universum des Glaubens und Pluriversum der Glaubensbekenntnisse

Wenn wir von Glaube und Glaubensbekenntnis sprechen, gibt es immer das Sprachproblem, weil Glauben dazu tendiert, für alle alles Mögliche zu bedeuten. Die Differenzierung von Glaube und Glaubensausdruck soll helfen, zu einem besseren Verständnis vom Wesen des Glaubens zu gelangen.

Ganz allgemein kann gesagt werden, dass der Glaube auf der existentiellen Ebene angesiedelt ist. Die Existenz ist der Ort des Glaubens. Existenz umfasst Sein und Bewusstsein. Auf der existentiellen Ebene ist Glaube eine Art von »Offenheit«. In den Worten der Bhagavadgita gesprochen: Es ist der Glaube (auf dieser Ebene), der uns zu dem macht, was wir sind. Wir sind, was unser Glaube ist (17,3). Diese Offenheit, mit der wir ausgestattet sind, macht uns und prägt uns zu der Art von Person, die wir sind.

Glaube als Begabung (oder Beschaffenheit) ist das, was Glaube auf der existentiellen Ebene ist.[4]

Diese Begabung bedarf jedoch einer Aktivierung mittels eines Glaubensaktes. Man könnte dies auch Glaubenserfahrung nennen. Die existentielle Offenheit wird durch eine Glaubenserfahrung verwirklicht. Eine Verwirklichung der ursprünglichen Offenheit macht aus einem Individuum eine Person. Dies ist stets eine umwandelnde Erfahrung.

Dann gibt es *belief* – den Glaubensausdruck – das ist der Ausdruck solchen Glaubensaktes auf der sprachlichen Ebene. Im Gegensatz zum allgemeinen Verständnis ist der Glaubensausdruck nicht der Inhalt des Glaubensaktes. Das macht ihn nicht unwichtig, denn er manifestiert die Richtung des Glaubensaktes. Der Glaubensakt ist ein personales Ereignis, das der »äußeren Welt« nicht zugänglich ist. Glaubensausdruck gibt die Richtung bekannt, in die sich das Glaubensereignis bewegt.

Wie wichtig der Glaubensausdruck auch immer sein mag, er darf niemals mit der Glaubenserfahrung (mit dem Glauben) identifiziert werden. Glaube und Glaubensausdruck sind untrennbar miteinander verbunden, aber eben nicht identisch. Ersterer ist auf der existentiellen, Letzter auf der sprachlichen Ebene angesiedelt. Die Glaubenserfahrung kann weder seitens verschiedener

---

[4] Vgl. Panikkar 1983.

Glaubensausdrücke erschöpfend dargestellt werden, noch kann sie durch jene ersetzt oder vertreten werden. Religiöse Traditionen haben differierende Glaubensausdrücke innerhalb derselben Glaubenstradition, und jede mit der Absicht, orthodoxer (rechtgläubiger) als die andere zu sein. Eine solche Verschiedenheit der Glaubensausdrücke innerhalb der gleichen Tradition mag von kulturellen, politischen und persönlichen Vorlieben herrühren.

Glaube selbst dagegen meint die Offenheit der Transzendenz gegenüber, die der alles Leben und die Existenz ausrichtende Pol ist. Der Glaubensausdruck hingegen zeigt auf diesen »Nordpol«. Dieser ist das Zentrum, auf den alle Ausdrücke hinweisen und hinauslaufen. Das Universum des Glaubens ist der alles verbindende Faktor, jenes Universum, das alle Arten gläubigen Menschseins deswegen anzieht, weil es von der Transzendenz bewegt und bestimmt wird. Universum des Glaubens ist hier nur ein anderer Name für Transzendenz, insofern es allumfassend ist. Die verschiedenen und sich unterscheidenden Glaubensausdrucks-Familien sind jeweils Teil dieses Universums.

Kulturelle Unterschiede der erfahrenden Subjekte und ihrer Gemeinschaften allein können nicht für die Differenzen in den Glaubensausdrücken verantwortlich sein; wir dürfen die Unterschiede in der Letzten Wirklichkeit selbst nicht übersehen. Unterschiede auf bloße Unterschiede kultureller oder persönlicher Art zu reduzieren hätte im Fall des Pluralismus fatale Auswirkungen. Wir müssen vielmehr davon ausgehen, dass die Wirklichkeit selbst im Letzten pluralistisch (plural) verfasst ist.[5] Anzunehmen, dass verschiedene Glaubensausdrücke lediglich subjektive (persönliche und kulturelle) Unterschiede repräsentieren, ist gleichbedeutend mit der Behauptung, dass Glaubensausdrücke keinerlei objektiven Grund haben. Umgekehrt würde dies bedeuten, dass Religionen nichts weiter als rein subjektive Phänomene seien. Daraus ergäben sich zwei Schlussfolgerungen:

- Religionen brauchen ihre eigenen Glaubensausdrücke nicht allzu ernst zu nehmen und
- sie brauchen auch die anderen Religionen nicht allzu ernst zu nehmen.

Ohne einen objektiven Grund allerdings haben Religionen keinen *locus standi.* Es fehlt ihnen ihre Daseinsberechtigung. Dass Religionen aber Sinn machen bzw. Sinn geben – nicht bloß für uns als Individuen, sondern ebenso als Gemeinschaften – ist ein starkes Argument für eine objektive Grundlegung von Religion. Die Verschiedenheit sowohl des Ausdrucks als auch des Lebensstils, die von den kulturellen und religiösen Gemeinschaften hervorgebracht und repräsentiert werden, ist eine Bestätigung der objektiven Verbindung ihrer je eigenen Glaubensausdrücke mit der Wirklichkeit.

[5] Vgl. D'Sa 2006a.

Selbstverständlich ist die Welt der Religion eine sehr komplexe, aufgebaut aus einer Vielzahl von Ausdrücken unterschiedlichster Bedeutung und Relevanz. Nicht allen Glaubensausdrücken kommt dasselbe Gewicht zu; auch sind heutzutage nicht alle von gleicher Relevanz. Aber jenseits aller Komplexität liegt ein wichtiger Horizont, nämlich der des Sinns des Lebens. Darum geht es der Religion, nicht um das Wesen*(tliche)* von Glaubensausdrücken. Die Glaubensausdrücke zusammen entwerfen den Horizont des Lebenssinns, wozu der einzelne Glaubensausdruck nicht in der Lage ist. Jede Glaubenstradition hat ihren je eigenen Horizont des Lebenssinns und deswegen muss auch jede Tradition ernst genommen werden.

Aber es gibt hier eine wichtige Ergänzung: Der Horizont jedweder Religion ist begrenzt, und zwar begrenzt auf seine Ausdrücke. Und diese umfassen nicht das Ganze der Wirklichkeit. Für die Religionen ist es nicht leicht, diese Begrenztheit zu erkennen und zu akzeptieren. Das ist der Grund, warum sie ständig in Versuchung sind, ihre Glaubensausdrücke zu verabsolutieren.[6]

Was die Religionen und ihre Anhänger verbindet, ist das Glaubens-Universum, was sie trennt bzw. unterscheidet, ist das Pluriversum ihrer Glaubens-Ausdrücke, ihrer Glaubens-Bekenntnisse. Das Herzstück jeder Religion besteht in der Tatsache, dass sie alle im Dasein gehalten werden durch die Anziehungskraft, die das unaussprechliche Geheimnis auf sie ausübt. Dieses Geheimnis, das weder eins noch viele ist, sondern advaita (nicht-zwei, a-dual) – wie es seit Jahrhunderten in Indien bekannt wird – dieses Geheimnis ist es, das Einheit und Identität gibt, sowohl den Gläubigen als auch ihren Glaubensbekenntnissen als auch der Welt ihrer Glaubensbekenntnisse. Aber die Frage ist die: Wie muss die Beziehung des unsagbaren Geheimnisses zum Menschen[7] und zur Welt verstanden werden? Raimund Panikkar hat eine trinitarische Sicht der Wirklichkeit vorgeschlagen – die er zuerst mit der

---

6 Panikkar schreibt: »[...] relationship between truth and the expression of truth in concepts and symbols is one of the most central philosophical problems. Truth has the inbuilt claim to be universally valid, here and there, yesterday and tomorrow, for you and for me. Yet my grasping and formulating it cannot sustain the same claim without charging all the others who do not agree with me with stupidity or wickedness. Hence the necessary via media between agnostic relativism and dogmatic absolutism. This is what can be called relativity [...] Our particular case is a typical example of the pars pro toto: from the optic of the inside it looks like the whole; from the outside it looks like a part, a fragment [...] Here lies the crux. We cannot but aim at the totum, and yet we often forget that all we see is the pars which we then take pro toto [...] In brief, we need a new hermeneutic: the diatopical hermeneutic that can only be developed in a dialogical dialogue. This would show us that we must take neither the pars pro toto, nor believe that we see the totum in parte. We must accept what our partner tells us: simply that we take the totum pro parte, when we are aware of the pars pro toto; which is obviously what we will retort right back to him. This is the human condition and I would not consider it to be an imperfection.« Panikkar 1984, 37f.

7 Mensch wird hier ausschließlich in Kontexten wie Gott, Welt und Mensch verstanden. Vgl. D'Sa 2004.

christlichen Trinität in Verbindung brachte, die er aber im Laufe der Zeit dahingehend weiterentwickelte, dass sie das Ganze der Wirklichkeit umfasst.[8]

3. Die kosmotheandrische Wirklichkeit

Nach Panikkar weist die Wirklichkeit überall und in allem eine dreifache Invariante auf, die abwechselnd als die kosmische, die menschliche und die göttliche Dimension ausgedrückt werden kann. Die kosmische ist die objektivierbare Dimension, die menschliche ist die objektivierende Dimension und die göttliche oder die Tiefen-Dimension ist diejenige, welche die beiden ersteren ermöglicht.

Die *objektivierbare Dimension* ist der Beschreibung zugänglich, der Quantifizierung und der Vergegenständlichung. Ihre Sprache ist um Präzision bemüht und ihre Wahrheit wird durch eine wörtliche Interpretation in der Welt der Dinge entdeckt.

Die *menschliche Dimension* ist die des Bewusstseins und des Verstehens, des Entdeckens, der Sprache, der Person, der Liebe und Beziehung, des Vertrauen und der Hoffnung, der Sehnsucht und des Verlangens. Ihre Wahrheit liegt in der Welt der Person.

Die *Tiefen-Dimension* ist diejenige des Unfassbaren, des Nicht-Verstehbaren, des Nicht-Begrenzbaren. Diese Dimension macht die beiden anderen Dimensionen grenzenlos bzw. unbegrenzt. D.h. das Objektivierbare kann unendlich objektiviert werden, ohne an ein Ende zu kommen; und die objektivierende Dimension vermag zu verobjektivieren, ohne an eine Grenze zu stoßen. Diese Grenzenlosigkeit ist der Beitrag der Tiefen-Dimension.

Diese drei Dimensionen sind konstitutiv für unsere Welt und für jedes einzelne Ding, und zwar in der Weise, dass es nichts Wirkliches gibt, das nicht aus diesen drei Invarianten besteht. Immer gehören sie zusammen und durchdringen sich gegenseitig, aber sie behalten doch ihre Identität. Jede bleibt, was sie ist, und ist nicht auf eine der beiden anderen reduzierbar. Gleichzeitig sind sie so voneinander abhängig, dass keine ohne die anderen sein kann. Wirklichkeit ist *kosmotheandrisch* (*Kosmos*, *Theos* und *Aner*) oder *theanthropokosmisch* (*Theos*, *Anthropos* und *Kosmos*).

An dieser Stelle muss man Vorsicht walten lassen: Die kosmische Dimension ist nicht der Kosmos. Der Kosmos selbst ist kosmotheandrisch, d.h. er wird von allen drei Dimensionen konstituiert, aber er hebt die kosmische Dimension hervor. Die menschliche Dimension ist nicht der Mensch; der Mensch ist kosmotheandrisch, d.h. auch er wird von allen drei Dimensionen konstituiert, aber er hebt die menschliche Dimension hervor. Und die göttliche Dimension ist nicht Gott; auch Gott ist kosmotheandrisch, d.h. konstituiert durch alle drei Dimensionen, aber Gott betont eben die göttliche Dimension.

[8] Vgl. Panikkar 1993, insbes. Teil I: Colligite Fragmenta. For an Integration of Reality, 1–77.

Der Hinweis auf diese Vorsicht meint:

- dass die Dimensionen der Wirklichkeit bloße Dimensionen sind und
- dass diese Invarianten kompatibel mit den verschiedensten Verständnissen von Gott, Welt und Mensch sind. Der kosmotheandrischen Intuition ist nicht daran gelegen, die einschlägigen Theologien, Kosmologien und Anthropologien zu ersetzen. Sie schlägt einzig vor, dass jene weniger aggressiv und mehr integrativ, weniger einseitig und mehr holistisch werden, und zwar durch interkulturelle Begegnungen.[9]

Die drei Dimensionen der einen Wirklichkeit machen überaus deutlich, dass diese Wirklichkeit eine organische ist und dass jedes Seiende eine spezifische Rolle in einem spezifischen Kontext besitzt.[10] Innerhalb eines solchen Verstehens gibt es weder Dinge noch Individuen, sondern einzig und allein in-Beziehung-stehende Wesen. Dinge und Individuen sind in Wirklichkeit nämlich bloße Abstraktionen, denn sein heißt nun *bezogensein.* Esse bedeutet *inter-esse.* Die heutige moderne Wissenschaft unterstützt dies, obgleich nur auf der Ebene der kosmischen Dimension. Aber die Hermeneutik geht einen Schritt weiter und zeigt, dass unser Bewusstsein wirklich Teil des Stroms des mensch(heit-)lichen Bewusstseins ist.[11] Letztlich bezeugt unsere eigene Erfahrung die Tatsache, dass wir von unserer Suche nach Sinn angetrieben werden, immer mehr und immer besser, in dem Maße, in dem wir uns ihm öffnen. Dieser Antrieb ist genau die Tiefen-Dimension, die die menschliche und die kosmische Dimension grundlegt. Das Ergebnis ist Einheit in der Vielheit.

Es war Martin Heidegger, der uns die Augen für das Phänomen unseres In-der-Welt-Seins geöffnet hat. Das in meint hier keinen geographischen Ort, sondern benennt vielmehr die Welt-Dimension unseres Seins.[12] Er war es auch, der darauf hinwies, dass unsere Seinsweise eine des Verstehens ist. Im Unterschied dazu hat Panikkar sein Augenmerk nicht nur auf die Welt-, die Bewusstseins- und die Tiefen-Dimension aller Wirklichkeit gerichtet, sondern insbesondere auf deren gegenseitige Durchdringung, ihre Perichorese. Weit entfernt von einer Nivellierung dieser drei Ebenen taucht eine Einheit in Verschiedenheit auf, eine Identität in Differenz. Daraus zieht Panikkar folgenden Schluss: »[...] there is no matter without spirit and no spirit without

---

9 Die drei Invarianten können dabei helfen, *funktionale Entsprechungen* zu entdecken, die genau jene Knackpunkte der Begegnung zwischen Religionen und Kulturen sind. Funktionale Entsprechungen lenken die Aufmerksamkeit auf die gleichwertige Funktion, die in der jeweiligen Kultur allgemein verbreitet ist. Was Brahman für die upanischadische Welt bedeutet, bedeutet Jahwe für die jüdische; und was Christus für die christliche Welt bedeutet, bedeutet Krishna für die hinduistische. Panikkar nennt das auch homöomorph. »By homeomorphism we understand the ›topologically‹ corresponding (analogous) function (a functional equivalent) within another setting, Hinduism in this case.« Panikkar 1982, 4, Anm. 12.

10 Panikkars hilfreicher Beitrag zum Gesetz der *Ontonomie* – die besondere Beziehung eines Seienden zu allen anderen Seienden – findet sich in Panikkar 1973, 41ff.

11 Vgl. Gadamer 1960.

12 Vgl. Heidegger 1993, 52ff: Das In-der-Welt-sein überhaupt als Grundverfassung des Daseins.

matter, no world without Man, no God without the Universe, etc. God, Man and World are three artificially substantivized forms of the three primordial adjectives which describe Reality.«[13]

Was wir hier haben, ist nicht einfach bloß eine Welt für jedermann, sondern Gott, Welt und Mensch füreinander. Gott ist für Welt und Mensch, Mensch ist für Gott und Welt und Welt ist für Gott und Mensch. Die menschliche Person als eine Integration von Mensch, Welt und Gott hat die Aufgabe sicherzustellen,

- dass Gott (oder wie auch immer die jeweilige funktionale Entsprechung bezeichnet wird) nicht auf ein Super-Wesen, ein Über-Wesen reduziert wird, sondern das je Größere bleibt, das uns erfasst, das aber wir nicht erfassen können;
- dass die Welt nicht instrumentalisiert und in eine bloße Ansammlung von Dingen umgewandelt wird, sondern vielmehr unser Heim und unser Erbe wird; und
- dass der Mensch weder zu einer privaten Insel noch auf ein Rädchen im technokratischen Getriebe reduziert, sondern in die Lage versetzt wird, seine Würde und Freiheit als verantwortliche Person zu entdecken.

Die Perichorese von Gott, Welt und Mensch hat konkrete Konsequenzen: Wir können nicht an das kosmotheandrische Geheimnis glauben und Welt und Mitmenschen weiterhin als Objekte behandeln. Wir können nicht an das kosmotheandrische Geheimnis glauben und gleichzeitig eine völlig einseitige Weltordnung schaffen. Wir können nicht an das kosmotheandrische Geheimnis glauben und fortfahren, Frauen, Unberührbare und Ureinwohner als minderwertige Wesen zu behandeln.

Das kosmotheandrische Geheimnis ist integrativ und befreiend, d.h. es fördert Integration und Befreiung; deswegen kann und darf es nicht den Starken dem Schwachen vorziehen. Wohlverstanden: Das kosmotheandrische Geheimnis löst nicht alle unsere Probleme, aber es ermutigt und inspiriert uns, uns und unsere Welt ernst zu nehmen, um sich der Lösung unserer Probleme anzunehmen. Das kosmotheandrische Geheimnis ist gerecht und voller Mitgefühl, aber es kann nicht bestochen werden durch den Bau von Kirchen, Moscheen, Tempeln oder durch große Spenden. Es ist am Werk, wo immer es Gerechtigkeit und Mitgefühl gibt. Doch weder seine Gegenwart noch seine Macht werden dort gefühlt, wo allein der Geist menschlichen Kalküls Herr im Hause ist. Das kosmotheandrische Geheimnis ist kein Begriff, der theologische Probleme löst, noch versorgt es uns mit einem gefälligen Denksystem; es ist lebendige Wirklichkeit, die die Quelle allen Lebens, Liebens und Lichts ist.

Das Bekenntnis zum kosmotheandrischen Geheimnis ist weder auf eine intellektuelle Aussage noch auf eine intellektuelle Aktivität reduzierbar (obwohl beide wichtig sind), weil es eine existentielle Haltung ist, die vom Kon-

---

[13] Panikkar 1978.

takt mit dem Geheimnis, das unsere Welt aktiv teilt und unserem Leben Richtung und Sinn gibt, abhängig ist. In diesem Sinn ist Glaube an das Geheimnis als Haltung äußerst selten. Solche Haltung ist aufrichtig und aufrichtig handelnd, wo immer sie eine kosmotheandrische Spiritualität erzeugt.

4. Unterschiedliche Glaubenswelten in Beziehung setzen und verbinden

Im Kontext unseres Sprechens vom Universum des Glaubens und vom Pluriversum der Glaubensbekenntnisse müssen wir nach einer Metapher suchen, die geeigneter und relevanter ist als die Metapher von der Glaubens-Mitteilung. Diese Metapher ist deswegen ungeeignet, weil in unserem Schema es nicht die Glaubenserfahrung selbst ist, die mitgeteilt wird. Was mitgeteilt werden kann, ist immer nur der Glaubensausdruck und die Spiritualität, die er verkörpert. Daher sind wir gezwungen, unsere Ausdrucksweisen in einem interkulturellen Kontext zu verstehen und zu interpretieren. Sie entstammen stets einem bestimmten kulturellen Kontext, außerhalb dessen sie keinen oder wenig Sinn machen.

Hier ist der Ort für eine interkulturelle Theologie, die sich bemüht, funktionale Entsprechungen zwischen den Kulturen zu finden, aber auch gemeinsame Mythen. Beide – funktionale Entsprechungen und gemeinsame Mythen als echte Orte der Begegnung – können die Kommunikation zwischen den Kulturen initiieren. Funktionale Entsprechungen – so sagten wir – sind befasst mit ähnlichen Funktionen in den verschiedenen Ausgestaltungen diverser Bekenntnis-Welten. Obwohl die symbolhaften Ausdrücke für das Göttliche weder gleich noch ähnlich sind, teilen uns die funktionalen Entsprechungen mit, dass z.B. der Gott der Christen, obgleich sehr verschieden in seinen Eigenschaften von Krishna, dem Gott der Gottheiten der Hindus, dennoch eine Funktion besitzt, die der Krishnas ähnlich ist. Wird von Ersterem gesagt, dass er der Herr der Geschichte ist (in der westlichen Christenheit), so wird von Letzterem gesagt, dass er der Herr allen Seins und Geschehens ist. »Funktioniert« der eine im Kontext eines anthropischen Geschichtsverständnisses, so der andere innerhalb eines karmischen. Beide haben sie mit Geschichte zu tun, aber eben in unterschiedlicher Weise.[14]

Der Mythos von Geschichte, wie er in der christlichen Tradition verstanden wird, legt die Betonung auf den Menschen und auf all das, was ihn und seine Welt betrifft – ich habe das *anthropische* Geschichte genannt, weil im Zentrum dieses Denkens der Mensch steht. Innerhalb des Kontextes dieses Mythos werden Wirklichkeit, Wahrheit, Zeit und Geschichte, Freiheit und Verantwortung, die Beziehung von Gott, Mensch und Welt in einem spezifisch anthropischen Sinn-Universum verstanden.

---

[14] Vgl. D'Sa 2006b, 63–86: Meine Karmische und Anthropische Geschichte.

Der Mythos von Geschichte, wie er in der Hindu-Tradition verstanden wird, richtet das Augenmerk insbesondere auf die Interaktion aller Wesen untereinander, und zwar ohne Ausnahme, und auf die Konsequenzen und Implikationen dieser universalen Interaktion. Der Mensch ist dabei nur ein Wesen unter anderen Wesen. In der *karmischen* Geschichte kommt ihm keine herausgehobene Position zu. Jedes Wesen ist betroffen vom karmischen Ganzen und betrifft umgekehrt das Ganze der karmischen Verknüpfung. Daher kommt es, dass innerhalb des Kontextes dieses Mythos' Wirklichkeit, Wahrheit, Zeit, Geschichte und Wiedergeburt sowie geistige Blindheit *(moha)* und letzte Freiheit *(Moksha)* eben in einem spezifisch karmischen Sinn-Universum verstanden werden.

Wir haben hier eine gute Illustration sowohl einer funktionalen Entsprechung als auch eines möglichen Zusammentreffens zweier Mythoi von Geschichte. Der sich in Europa rasant ausbreitende Glaube an »Reinkarnation« (obgleich nicht dasselbe wie »Wiedergeburt« – punarjanma – der Hindus) ist der karmischen Geschichte näher als der anthropischen. In ähnlicher Weise führen die »Umweltbewegungen« zu einem Kontakt mit dem Kosmos, wie er in Zeiten eines »historischen Bewusstseins« auffallend vermisst worden ist. Andererseits stellen die Globalisierung und die Welt der Informationstechnologie (eigentlich Technokratie) eine riesige Herausforderung für traditionelle Werte im Allgemeinen und für das spirituelle Erbe der Hindus im Besonderen dar. Der Mythos der anthropischen Geschichte hat Schneisen in das Hindu-Denken geschlagen, wie es auf jeden Fall der Tempel-Moschee-Streit zeigt, in dem der Ort als der historische Geburtsort Ramas behauptet wurde. Je länger der Disput dauert, desto größer wird der Einfluss der anthropischen Geschichte auf das karmische Bewusstsein vieler Hindus sein. Ein weiteres Beispiel ist das Bewusstwerden über die Menschenrechte und eine soziale Spiritualität auf Seiten der Hindus.[15]

Von daher sind christliche Bekenntnisse in der Welt der anthropischen Geschichte formuliert worden, d.h. vor dem Hintergrund der hebräischen, griechischen und lateinischen Kulturen. Man kann daher nicht erwarten, dass

[15] Swami Agnivesh ist ein aufgeklärter Hindu-Aktivist, der etwas von der kosmotheandrischen Spritualität versteht. »Where social justice is merely notional, as it is the case in India, the prescriptions of human rights will remain a theory to which lip-service is paid from time to time. We have, for instance, one of the most enlightened Constitutions in the world. But its provisions have not been made available to the weaker sections of our society because of the virtual absence of social spirituality in the Indian context. In place of social spirituality, we have an alarming rise in popular religiosity that is ready at any given point in time to degenerate into aggressive communalism. All over the world, religiosity of the Extreme Right becomes a cover up for communalism, corruption and exploitation, all of which are inimical to the cause of human rights. The moral of the story is that human rights cannot be thought out and pursued in isolation from the reigning social realities. Human rights are an index to the spiritual status of the given society. They are also a catalyst to awaken its dormant spirituality. Social spirituality is to human rights what fire is to light. One implies the other; and it is high time we realized this glaring truth.« Swami Agnivesh o.J.

diese Bekenntnisse in ihrer Tiefe und Bedeutsamkeit Gläubigen einsichtig sind, die ganz einem karmischen Denken verhaftet sind.[16] Aber aufgrund osmotischer und symbiotischer Prozesse sind auch indische Christen beeinflusst vom »karmischen Bewusstsein«, sodass es mehr und mehr zum Thema wird, Jesus aus einer mehr karmischen Perspektive zu betrachten.[17] Panikkar – beeinflusst von upanischadischer Spiritualität – hat eine *Christophanie* auszuarbeiten begonnen, die über eine Christologie insoweit hinausgeht, als sie die Aneignung des von Jesus gebrachten Lebens betont.[18]

In all das sind die Prozesse der Inkulturation und Interkulturation involviert und nicht bloß menschliches Planen und Kalkül.[19] Interkulturelle Theologie, die ein Produkt dieser Prozesse ist, schließt eine Hermeneutik des Verdachts mit ein. Nicht jede Inkulturation ist legitim und lobenswert, wie die Fortdauer des Kastensystems in den indischen Kirchen zeigt. Hier bedarf es der Führung durch den Geist, der der erste Akteur authentischer Inkulturation ist. Ecclesia in Asia von Johannes Paul II. betont zu Recht »that the Holy Spirit is the prime agent of the inculturation of the Christian faith in Asia«.[20] Daher ist Glaubensvermittlung in der Verschiedenheit der Kulturen kein geeigneter Weg, um die interkulturellen Herausforderungen, denen wir heute begegnen, auszudrücken. Glaubenserfahrung wird nicht vermittelt; sie wird evoziert und verwirklicht sich in der Vielfalt des *global village;* hier beginnt interkulturelle Theologie.

Schlussbemerkung

Wie die Flüsse Indiens während der Zeit des Monsuns, überfluten religiöse Gefühle alles, was auf dem indischen Subkontinent in den Blick kommt. Aber Flüsse, die Hochwasser führen, befruchten nicht, sie zerstören nur. Was wir von den Flüssen der Religion erwarten können, ist, dass sie befruchten und Leben fördern, nicht nur das Leben derer, die an ihren Ufern wohnen, sondern auch und gerade derer, die weiter weg sind – sei ihr Abstand physischer, psychischer oder auch religiöser Art. Die Religionen in Indien haben ihre Glaubwürdigkeit eingebüßt. So viel Religion und religiöser Eifer und so wenig Sinn für Gerechtigkeit und Gleichheit und – wie es Swami Agnivesh nannte – »soziale Spiritualität«![21] Religiöse Traditionen werden in zunehmendem Maße

[16] Vgl. Panikkar 2005, 180–184. »We need to explain how the mystery Christians call Christ is manifested in other religions. Although the latter do not speak of Christ, they possess different symbols to which they attribute a salvific function, which, in a homeomorphic sense, is equivalent to the function of Christ. Christians assert that, even though unnamed and unknown, it is Christ who exercises this salvific function.« Ebd., 157.

[17] Vgl. D'Sa 2005b.

[18] Vgl. Panikkar 2005.

[19] Vgl. D'Sa 2003.

[20] *Ecclesia in Asia,* 61f.

[21] Vgl. Swami Agniveshs Kritik dazu in Anm. 15.

für antireligiöse Zwecke missbraucht. In diesem Prozess ist die Nation dabei, ihre Seele zu verlieren. Unsere Religionen bedürfen der Reinigung, einer Art Regeneration an drei Fronten.

Religionen müssen *prophetisch[er]* werden, um die großen Ungleichheiten und Diskrepanzen in Indiens sozialer, wirtschaftlicher und politischer Unordnung zu erkennen und zu brandmarken. Ohne dies werden sie nur ein »dröhnender Gong und klirrendes Becken« bleiben. Aufgrund des Verlusts dieser prophetischen Dimension werden die Religionen weltfremd und irrelevant, ohne Interesse an der Welt. Doch Religionen müssen dabei helfen, den Sinn des Zur-Welt-Gehörens wiederzuentdecken. Die Welt ist nicht einfach eine Bühne, auf der das Drama des Lebens gespielt wird, sondern der Körper, dem wir entstammen und zu dem wir gehören und in den wir unausweichlich wieder zurückkehren. Das Schicksal unseres Körpers ist Teil des Schicksals des Kosmos, weil jener Teil von diesem ist.[22]

Die Religionen müssen poetischer und weniger dogmatisch oder doktrinär werden. Poesie befasst sich nach ihrem Selbstverständnis mit dem, was Sinn macht, und sendet Sinn ins Leben. Die Religionen müssen mehr Aufmerksamkeit auf das Entdecken der symbolhaften Dimension der Wirklichkeit richten, wenn sie Sinn im Leben vermitteln wollen, und sie müssen aufhören, mit anderen zu konkurrieren, indem sie ihre Einzigartigkeit betonen. So gesehen sollten sie weniger moralisieren und sich mehr auf Meditation fokussieren, weniger auf religiöse Lehren, mehr auf Innerlichkeit. Lehren bilden nicht die Seele der Religion; sie sind mehr wie ein Stadtplan. Das Poetische kann kultiviert werden mithilfe der symbolischen Welt der Riten und Rituale (was vom Ritualismus zu unterscheiden ist), die relevanter und weniger rigide sind.

Und schließlich müssen sich die Religionen verstärkt um die Aufgabe des Pontifex kümmern, die Aufgabe des Dialogs, des gegenseitigen Verstehens, der Versöhnung und des Brückenbauens. Die Religionen haben ihre Glaubwürdigkeit verloren aufgrund des Gezänks und ihres Egoismus. Sie müssen eine neue Seite aufschlagen, die Seite der Zusammenarbeit der Religionen, um die Probleme unserer Zeit zu lösen und um – ganz wichtig – für den Frieden zu arbeiten. Nicht Mauern, sondern Brücken sind das Gebot der Stunde – Brücken zwischen Völkern, Kulturen und Religionen.

Eine letzte Bemerkung: Liebe, wie immer sie verstanden werden kann, ist ein Aspekt jedweder Religion. Nächstenliebe ist eine Seite der Medaille; die andere Seite ist die Feindesliebe. Aber heutzutage dürfen wir weder den Nachbarn noch den Feind individualistisch interpretieren – nicht bloß, weil Liebe keine Grenzen kennt, sondern weil wir im *global village* alle zu Nach-

[22] Vgl. Swimme/Berry 1992.

barn in einer gemeinsamen Welt geworden sind.[23] Der gemeinschaftliche wie der kosmische Aspekt dieses Phänomens, das lange verkannt worden ist, müssen nun zur Geltung gebracht werden. Das letzte Ziel – jede Tradition mag es anders formulieren – wird jedenfalls immer Einheit in Verschiedenheit umfassen, wo das Kosmische, das Menschliche und das Göttliche in ein integriertes Ganzes zusammengeführt sind.

Literatur

Swami AGNIVESH O.J., *Human Rights and Social Spirituality,* in: http://www.ishvanikendra.org/docs/articles_swm_agnivesh.htm, Zugriff am 14.05.2006.

D'SA, F. X. 2003, *Inculturation in Asia,* in: Kavunkal, J./D'Lima, E./Jayant, M. (Hg.), Church in the Service of Asia's Peoples, Pune, 307–330.

Ders. 2004, *Fullness of Man or Fullness of the Human?,* in: Panikkar, R., The Fullness of Man. A Christophany, New York, xi-xvi.

Ders. 2005a, *Die wohlwollende religiöse Neutralität gegenüber Religionen und Kirchen in der Verfassung Indiens,* in: Ostkirchliche Studien 54 (2005) 2, 115–128.

Ders. 2005b, *Missionarisch Kirche sein in Asien. Dialog der Religionen als Herausforderung,* in: Gerth, A./ Rappel, S. (Hg.), Global Message – Weltmission heute, München, 53–74.

Ders. 2006a, *Pluralismus und der Dialog der Religionen. Einführung in den Beitrag Raimon Panikkars,* in: Bertsch, L./Evers, G./Moerschbacher M. (Hg.), Viele Wege – ein Ziel. Herausforderungen im Dialog der Religionen und Kulturen, Freiburg i.Br.,60–78.

Ders. 2006b, *Regenbogen der Offenbarung. Das Universum des Glaubens und das Pluriversum der Bekenntnisse* (Theologie interkulturell, Bd. 16), Frankfurt a.M.

GADAMER, H.-G. 1960, *Wahrheit und Methode,* Tübingen.

HEIDEGGER, M. 1993, *Sein und Zeit,* Tübingen.

PANIKKAR, R. 1973, *Worship and Secular Man. An essay on the liturgical nature of man, considering Secularization as a major phenomenon of our time and Worship as an apparent fact of all times. A study towards an integral anthropology,* New York.

Ders. 1978, *Philosophy as Life-Style,* in: Mercier, A./Svilar, M. (Hg.), Philosophers on Their own Work, Bd. 4, Bern, 193–207.

Ders. 1982, *The Unknown Christ of Hinduism. Towards an Ecumenical Christophany,* Bangalore.

Ders. 1983, *Faith as a Constitutive Dimension,* in: ders., Myth, Faith and Hermeneutics. Cross-Cultural Studies, New Jersey, 188–229.

Ders. 1984, *Is the Notion of Human Rights a Western Concept?,* in: Inter-Culture 27 (1984) 1.

Ders. 1993, *The Cosmotheandric Experience. Emerging Religious Consciousness,* New York, (Deutsch: *Der Dreiklang der Wirklichkeit. Die kosmotheandrische Offenbarung,* Salzburg-München 1995).

---

[23] Dr. Samuel Kobia aus Kenia, der neue Generalsekretär des Ökumenischen Rats der Kirchen, zitierte in seiner Antrittsrede ein afrikanisches Sprichwort, das gut hierher passt: »Willst du schnell gehen, dann geh allein, willst du weit gehen, dann geh mit anderen.«

Ders. 1999, *Faith and Belief: A multireligious Experience,* in: ders., The Intrareligious Dialogue, überarb. Aufl., New York, 41–59.
Ders. 2005, *The Fullness of Man. A Christophany,* New York.
Sekretariat der Deutschen Bischofskonferenz (Hg.) 2000, *Ecclesia in Asia,* Bonn.
SWIMME, B./BERRY, T. 1992, *The Universe Story. From the Primordial Flaring Forth to the Ecozoic Era. A Celebration of the Unfolding of the Cosmos,* San Francisco.

Felix Wilfred

Glaubensaneignung im pluralistischen religiösen Kontext Asiens. Zwei Fallstudien

Wenn wir das Wort *Aneignung* hören, mögen wir an Eigentum, Besitz usw. denken. Dies ist hier nicht beabsichtigt. Unter Aneignung verstehe ich hier den Prozess, in dem man sich den Glauben zu Eigen macht oder den Glauben in sein Leben, Handeln, seine Vorstellungen, Einstellungen usw. integriert. In diesem Sinne möchte ich über Glaubensaneignung sprechen. Ich verwende diese Terminologie mit Absicht, um sie von dem Ausdruck *Glaubenskommunikation* zu unterscheiden. Was ich hier darlegen möchte, ist, dass der Zugang über die Perspektive der »Aneignung« den großen Vorteil hat, den Glauben in einer dynamischen Interaktion zwischen dem Subjekt und seinem gesellschaftspolitischen Umfeld zu betrachten. Ich werde dies am Beispiel der *Christubhakta-Bewegung* in Indien und der Glaubensreise einer großen indischen Sozialreformerin, *Pandita Ramabai*, veranschaulichen.

Wenn wir von Glaubensaneignung in der religiös pluralistischen Gesellschaft der Gegenwart sprechen, werden wir mit zwei großen Fragen und Herausforderungen konfrontiert:

- Wie könnte sich die christliche Gemeinschaft den Glauben so aneignen, dass sie in ihrem Glaubensprozess die Realität kultureller und religiöser Pluralität akzeptiert?
- Wie eignen sich unsere Nachbarn, die einen anderen Glauben haben, die christliche Botschaft an, welche Dynamik steht dahinter?

Ich werde mich hier nicht mit der ersten Frage beschäftigen, die separat behandelt werden muss. Meine Interpretation der beiden oben genannten Beispiele ist ein Versuch, auf die zweite Frage zu antworten, obwohl vieles, was auf den folgenden Seiten gesagt wird, auch auf die erste Frage anzuwenden ist. Die Antwort auf diese zweite Frage ist so wichtig, weil eine bedeutende Anzahl unserer Nachbarn, die einen anderen Glauben haben, großes Interesse an der christlichen Botschaft und an der Person Jesu Christi haben. Ihre Neugier ist nicht intellektuell.[1] Für viele von ihnen ist der Zugang zur christli-

---

1 Hier können wir unterscheiden zwischen dem Phänomen der »Kulturchristen« in China und denjenigen in Indien, die den Weg des Glaubens beschreiten möchten, indem sie sich Jesus Christus und seiner Botschaft nähern. Die »Kulturchristen« zeigen Interesse am Christentum, weil das Christentum in ihren Augen den passenden Hintergrund und die Voraussetzung dafür darstellt, die moderne Welt, ihre Wissenschaft, Technologie usw. zu verstehen und zu interpretieren. Mit anderen Worten: Es gibt in China, Japan und anderen Teilen Ostasiens ein großes Interesse am Christentum als Tor zur Moderne.

chen Botschaft und zu Jesus Christus ein wesentlicher Bestandteil ihrer spirituellen Reise.

1. Der historische und theoretische Hintergrund der Fallstudien

Das Vorbild und der Zugang zur Glaubenskommunikation in Verbindung mit der Missionsgeschichte Indiens – und was dieses Thema betrifft, in allen Teilen Asiens – hatte einige charakteristische Merkmale.

Erstens sorgte man dafür, dass sich Inhalt und Strategie der Glaubenskommunikation[positiv] vor folgendem Hintergrund abhoben: Die Kultur und die Religion der Einheimischen wurden in den dunkelsten Farben gezeichnet. Die Verunglimpfung des Hinduismus sollte einen Hintergrund schaffen, vor dem sich die Erhabenheit der christlichen Botschaft und des christlichen Glaubens deutlich abzeichnen sollte. Der Gegensatz von Licht und Dunkelheit in der Glaubenskommunikation prägte den Geist und den Inhalt von Katechismen, Predigten, Messen usw.

Zweitens machte die traditionelle Glaubenskommunikation die Menschen, an die die Botschaft gerichtet war, zu reinen *Objekten* und Empfängern einer Botschaft. Die Menschen hatten keinen eigenen Einfluss auf das, was kommuniziert wurde. Es galt die Annahme, dass das, was ihnen mitgeteilt wurde, die Wahrheit sei, und als solche vom Volk akzeptiert werden müsse. Es gibt unzählige Beispiele aus der Missionsgeschichte, die zeigen, wie sich bestimmte Missionare fragten, warum das, was sie in ihren Augen so überzeugend präsentierten, nicht akzeptiert wurde.[2]

Drittens wurden Glaubensbekenntnis und -kommunikation in den westlichen Begriffen von *Vernunft, Historizität und Wahrheit* betrachtet. Dies machte der Angriff der Missionare auf den Hinduismus im Indien des 19. Jahrhunderts ganz deutlich. Insbesondere wurde den *puranas* und den *Veden* vorgeworfen, irrational – nichts als Mythen und Lügen – zu sein. Die Prediger dieser Zeit waren nicht offen für die Wahrheit, dass der Glaube verschiedene literarische Formen und Ausdrucksweisen finden kann. Die fehlende Akzeptanz und Befolgung dessen, was sie kommunizierten, wurde (wegen seiner inneren Eigenschaften wie Vernunft, Historizität, Wahrheit usw.) als moralischer Defekt und sträfliche Gleichgültigkeit oder Zurückweisung interpretiert.

Es geht nicht nur darum, den negativen Zugang durch einen positiven zu ersetzen, indem wir die religiöse Welt unserer Nachbarn respektieren; wir

---

[2] Es sollte ziemlich lange dauern, bis man, wenigstens theoretisch, erkannte, dass es im Glauben eine subjektive Dimension und einen Glaubensweg gibt. Die Befürwortung religiöser Freiheit durch das II. Vatikanum war dann ein Meilenstein in der modernen Geschichte des Christentums.

müssen, grundsätzlicher, unsere Vorstellungen dahingehend ändern, dass die Person selbst, mit der andere kommunizieren sollen, zum Zentrum der Aufmerksamkeit wird.[3] Denn der Glaube berührt das Selbst des/der Gläubigen, und deshalb wird er oder sie letztlich zum Hauptbezugspunkt. Außerdem müssen wir die Tatsache berücksichtigen, dass das Subjekt und sein oder ihr Glaube von anderen Subjekten und ihrem Glauben stark beeinflusst werden. In dieser Hinsicht müssen wir den Glauben unserer Nachbarn achten und von ihnen lernen. Die Glaubenserfahrung, die unsere Nachbarn bereits gemacht haben, wird in unterschiedlichem Maße reflektiert, wenn sie mit dem Evangelium der Christen in Berührung kommen. Die Entstehung des Glaubens wird hier zu einem kreativen Prozess und weniger zum Ergebnis effektiver Kommunikationsstrategien. Dies ist auch so, weil die Glaubensentwicklung nicht nur, jedenfalls nicht ausschließlich, ein rationaler Prozess des Hineinwachsens in ein Glaubenssystem ist. Sie ist eine Art emotionaler Beteiligung, die durch verschiedene kulturelle Praktiken geprägt wird.

2. Erste Fallstudie: Die Christubhaktas und ihre Erfahrungen – ein einzigartiger Fall der Glaubensaneignung

2.1 Der Hintergrund des Entstehens der Bewegung

Die Missionare in Nordindien haben ihren Glauben durch ihre Arbeit im Bereich der Bildung, des Gesundheitswesens und der Entwicklungshilfe bezeugt. Ihr Engagement richtete sich insbesondere auf die unteren Gesellschaftsschichten, unter denen ein größeres soziales Bewusstsein herrschte. Gleichzeitig veränderte sich das politische Szenario in Nordindien. Bis in die 1980er Jahre war die Kongresspartei in Nordindien dort wie in den meisten anderen Teilen des Landes die einzige regierende Partei. Diese unangefochtene Herrschaft einer einzigen Partei wurde durch die Gründung der linksgerichteten *Janata-Partei* unter der Führung von Jayaprakash Narayan und später durch die Gründung der *Bharatya-Janata-Partei* mit ihrem *Hindutva*-Programm ins Wanken gebracht. Diese neue politische Entwicklung war eine Herausforderung für die Vorherrschaft der Ein-Parteien-Regierung. Doch

---

[3] Die nationale Unabhängigkeitsbewegung in Indien führte auch zu einem kritischen Hinterfragen der Glaubensvermittler. Die Rolle der Missionare wurde sorgfältig geprüft. Dies ist nicht nur in Indien, sondern auch in vielen anderen asiatischen Ländern geschehen. Die Abwesenheit der Missionare als Glaubensvermittler führte zu einer zweiten Phase, in der die Einheimischen bestimmte Verfahren für die Glaubenskommunikation anwandten. Ein Beispiel dafür ist das Inkulturationsmodell. Es soll hier darauf hingewiesen werden, dass Inkulturation nicht einfach ein guter Einfall der Kirche war, sondern dass der Inkulturationsprozess unter anderem durch gesellschaftliche Entwicklungen ausgelöst wurde, hauptsächlich durch den Kampf um die Unabhängigkeit. Der politische Kampf hatte wichtige Konsequenzen für die Art der Glaubensvermittlung. Vgl. die kürzlich unter meiner Betreuung verfasste Dissertation von John 2006.

gleichzeitig bildeten sich in den unteren Gesellschaftsschichten kleinere politische Gruppierungen, besonders im Staat Uttar Pradesh, namentlich die *Samajvathi-Partei*, die die Interessen der landwirtschaftlichen Gemeinden (*Kurmis* und *Yadavs*) vertrat, und die *Bahujan-Samajvathi-Partei*, die für die Interessen der *Dalit* eintrat. Diese Situation führte zu einer raschen Zunahme des politischen und sozialen Bewusstseins bei der zuvor unpolitischen Mehrheit der Bevölkerung.[4]

Dieses politische und soziale Gären stand im Einklang mit den sozialen Zielen und Idealen, die die christlichen Gemeinden durch das Bewusstmachen sozialer Missstände in Nordindien verfolgten. Dieses neue Bewusstsein führte auch zur Suche nach einer neuen Identität. Die *Christubhaktas* (wörtlich: »Anhänger Christi«) kommen aus den unteren Kasten und armen Schichten – Landarbeitern und nicht organisierten Arbeitsgruppen. Eine Befragung der Christubhaktas in Varanasi und Umgebung hat ergeben, dass 46% der Christubhaktas aus Dalitgemeinden stammt; weitere 36% kommen aus der Landwirtschaft und gehören zu den untersten Kasten; 12% wollen ihre Kaste nicht angeben und nur 6% stammen aus höheren Kasten – Brahmanen und anderen. 59% sind arm und 39% gehören der Mittelklasse an.[5] Diese statistischen Daten ermöglichen es uns, die Christubhaktas der gesellschaftlichen Gruppe der Subalternen zuzuordnen.

2.2 Glaube und Spiritualität der Christubhaktas

Ende der 1980er und zu Beginn der 1990er Jahre fand in dem christlichen Ashram in Varanasi (*Matridham Ashram*), der als Zentrum für Inkulturation nach dem klassischen hinduistischen Modell fungierte, eine bedeutende Veränderung statt. Die neue Suche der Christubhaktas nach spirituellen Ressourcen fand in dem Ashram eine Antwort. Der Ashram öffnete sich und wurde von einem elitistischen spirituellen Zufluchtsort zu einem Zentrum, das den Bedürfnissen der immer zahlreicher werdenden Christubhaktas entsprach. Dieser häufig von Christubhaktas besuchte Ashram hatte eine Atmosphäre, die geeignet war, eine Vielfalt spiritueller Ausdrucksformen miteinander in Einklang zu bringen. Durch seine Einfachheit und Offenheit entwickelte sich der Ashram zu einem Zentrum, das die spirituellen Bedürfnisse der Christubhaktas erfüllte. Hervorzuheben ist, dass diese Anhänger Christi nicht getauft sind.

Christubhakta-Gruppen gibt es außer in Varanasi auch in Gorakpur, Lucknow, Agra und Faridabad in der Nähe von Neu Delhi. Die Christubhaktas, die den Ashram in Varanasi besuchen, werden auf ca. 15.000 geschätzt. Mehr von ihnen finden sich in 72 kleinen Dörfern im Distrikt Varanasi und

---

4 Vgl. Wilfred ^{2}2007.

5 Diese Zahlen wurden bei einer Feldstudie unter den Christubhaktas im Zusammenhang mit einer wissenschaftlichen Untersuchung erhoben, die ich an der Universität Madras leite.

Umgebung. Ein Zentrum in Allahabad wird bei Festen wie Weihnachten von schätzungsweise 50.000 Christubhaktas besucht. Man schätzt, dass in den Vororten der Stadt Lucknow etwa 30.000 Christubhaktas leben. Da diese Schätzungen sich auf Menschen beziehen, die Ashrams und spirituelle Zentren besuchen, schließen sie nicht die Christubhaktas ein, die in verschiedenen Dörfern verstreut leben und am wöchentlichen *satsang* teilnehmen.[6]

Die Spiritualität der Christubhaktas ist an der Basis entstanden; es ist ihre eigene Spiritualität, die von der *Bhakti*-Bewegung der Hindus beeinflusst worden ist. In der Bhakti-Bewegung selbst verehrt man *Ishtadevata* – die Göttin, die der eigenen spirituellen Neigung und Suche entspricht. Die Bhakti-Bewegung ermöglicht es den Gläubigen, sich Ishtadevata hinzugeben. Die neue Suche der Christubhaktas nach Identität findet in den Lehren Jesu und in der Erfahrung seiner Person eine Antwort, und er wird ihre Ishtadevata – ihre persönliche Gottheit. Die Botschaft dieser Ishtadevata – Jesus –, die sie sich aneignen und interpretieren, wird zu einer befreienden Erfahrung. Wir sehen, wie bedeutend die *Subjektivität* des/der Gläubigen und seiner oder ihrer Aneignung ist, anders als beim Zugang der Glaubenskommunikation.[7]

Hier sind wir mit einer einzigartigen Aneignung des christlichen Glaubens konfrontiert, die von den konkreten Umständen und der Geschichte eines Volkes selektiv bestimmt wird statt von einer abstrakten Glaubensvermittlung, die von der konkreten Geschichte der beteiligten Subjekte losgelöst ist. Die Achse verschiebt sich hin zur Selbstbestimmung derjenigen, die beginnen, den christlichen Glauben zu erfahren.

Im Gegensatz zum Verständnis von Heiligkeit als »Perfektion«, die in der Praxis mit Ordnung und Uniformität gleichgesetzt wird, drücken sich die Christubhaktas mit einer Einfachheit und einer großen Vielfalt von Möglichkeiten aus, die nicht klassifiziert werden können. Außerdem beinhaltet die Glaubenserfahrung der Christubhaktas keine Veränderung in ihren traditionellen kulturellen Ausdrucksweisen und Riten. Zum Beispiel führen sie weiterhin ihre traditionellen Hochzeitsrituale durch. Die Tatsache, dass sie Christubhaktas sind, führt zu keiner Veränderung ihrer kulturellen Praktiken. Außerdem bringen die Christubhaktas in einigen Gegenden ihre Säuglinge in die Zentren,

---

6 *Satsang* ist ein Treffen von Wahrheitssuchenden mit Gesprächen, Lobpreis und Gottesdienst, bei dem religiöse Grenzen überschritten werden. Satsang wird gewöhnlich in den Ashrams abgehalten, die offen für interreligiöse Begegnungen sind.

7 In diesem Zusammenhang möchte ich das Beispiel einer 35jährigen Christubhakta-Frau aus Varanasi anführen. Sie nahm am *satsang* teil. In ihrem Eifer, mehr über das Christentum zu erfahren, hatte sie eine Bibel gekauft, obwohl sie ungebildet war und nicht lesen konnte. Doch als das Gleichnis von den zehn Jungfrauen vorgelesen wurde, begann sie, sich selbst als törichte Jungfrau zu betrachten, weil sie die Bibel hatte und trotzdem nicht lesen konnte. Daraufhin lernte sie das Alphabet und konnte schließlich selbst die Bibel lesen. Nun ist sie in ihrem Ort zur Übersetzerin der christlichen Botschaft für andere Frauen und Christubhaktas geworden. Dies ist ein klarer Beweis für den einzigartigen Wert der Glaubensaneignung, die in keiner Weise durch die Glaubenskommunikation ersetzt werden kann.

in denen gemeinsam Gottesdienst gefeiert wird, und lassen dort ihren Kindern einen Namen geben. Dies könnte als Einführung in die Glaubenserfahrung und nicht als Taufe betrachtet werden.

Es ist wichtig darauf hinzuweisen, dass die Gemeinschaft der Christubhaktas keinen festen Ort für ihre Begegnungen und Gottesdienste hat. Überall, wo sich die Menschen versammeln, »geschieht Gemeinschaft«. Der Ort für den Gottesdienst ist für sie nicht separat und exklusiv. Das bedeutet, dass verschiedene andere Aktivitäten am gleichen Ort wie der Gottesdienst stattfinden können. Es bedeutet auch, dass die Christubhaktas viel Sinn für Mobilität haben, insofern für sie ein heiliger Ort nicht an einem festen Platz, sondern vom tatsächlichen Zusammentreffen der Mitglieder der Gemeinschaft abhängig ist.

2.3 Die Christubhakta-Bewegung und ihre Bedeutung für den religiösen Kosmopolitanismus

Was in der Christubhakta-Bewegung geschieht, ist die »Begegnung des Glaubens mit dem Glauben« in der Tiefendimension der Person des Gläubigen. Der Dialog, den die Christubhaktas mit der christlichen Erfahrung führen, ist schon von ihrer Glaubenserfahrung im Hinduismus oder in anderen religiösen Traditionen ihrer Heimat geprägt. Die Begegnung mit der christlichen Erfahrung vertieft die durch ihre traditionellen Riten, Praktiken etc. gewachsene Erfahrung. Gleichzeitig erreicht ihr Glaube in der Begegnung mit dem Christentum auf organische Weise eine andere Tiefe. Die Christubhaktas befinden sich auf einer Glaubensreise. Es findet weder ein Bruch mit der eigenen religiösen Vergangenheit statt noch die Annahme eines völlig neuen Glaubens, einer ganz neuen Botschaft. Die Erfahrung und die spirituelle Entwicklung der Christubhaktas sind eine Reise, auf der sie von ihrer Vergangenheit begleitet werden, während sie in ihrer Glaubenssuche voranschreiten. In ihrer Erfahrung begegnen sich zwei Welten religiöser Erfahrung. Kurz gesagt: Die Erfahrung der Christubhaktas könnte als religiöser Kosmopolitanismus bezeichnet werden.

Ich habe über das Fehlen eines völligen Bruchs mit der vergangenen Religiosität gesprochen. Dies ist wichtig in Indien vor dem Hintergrund dessen, was zum Beispiel im 19. Jahrhundert geschehen ist, als die Konvertiten beim Predigen des Evangeliums dazu ermutigt wurden, nicht nur mit ihrer religiösen Vergangenheit, sondern auch mit ihrer Familie zu brechen und ihre sozialen Bindungen aufzugeben.[8] Dies führte zu vielen Gerichtsverhandlungen, in denen die nahen Familienangehörigen dagegen klagten, dass ihre Freunde und Verwandten zu diesem Bruch gezwungen worden waren.

[8] Vgl. Grafe 1990.

3. Zweites Fallbeispiel: Glaubensaneignung von einer Randposition aus – der Fall Pandita Ramabai

Pandita Ramabai (1858–1922), Brahmanin und Witwe seit frühester Jugend, eine Self-Made-Frau und Sanskritgelehrte, machte eine abenteuerliche Reise, die sie von ihrem orthodoxen hinduistischen Glauben zur Erfahrung des christlichen Glaubens führte. Das Bemerkenswerte dabei war, dass die Entdeckung, die sie machte, sie nicht zur Aufgabe ihres ursprünglichen Glaubens brachte, im Gegensatz zur Erwartung derjenigen, die ihr den Glauben vermitteln wollten. Darüber hinaus ist Ramabai der »Prototyp der feministischen Sehnsucht von Generationen indischer Frauen«,[9] was ihre Glaubenssuche durch alle Wechselfälle des Lebens hindurch zu einem bereichernden und anregenden Vorbild macht.

Eine weit verbreitete Erfahrung in verschiedenen Teilen Asiens ist, dass die Menschen sich im Großen und Ganzen nicht an feste Grenzen halten. Die Grenzen sind fließend und durchlässig. Dies trifft besonders auf die Religion und religiöse Erfahrungen zu. Sogar die Grenze zwischen der Welt der Götter und der Menschen ist offen, es findet eine gegenseitige Durchdringung und ein Wechselspiel zwischen den beiden Welten statt. Heute, in einer politischen Situation, in der Macht mit zahlenmäßiger Stärke verbunden ist, gibt es die Tendenz, die Grenzen zu sichern. Doch im Allgemeinen ist das asiatische kulturelle Ethos der fließenden Grenzen sehr lebendig und aktiv. Die Beziehung zwischen den unterschiedlichen religiösen Traditionen Indiens zeigt, wie die eine in die andere übergeht, und sie teilen oft eine grundsätzliche Einstellung, grundlegende Paradigmen und Werte. Doch sogar in den Fällen, in denen es keine »Familienähnlichkeit« gibt, tendieren die religiösen Traditionen Asiens dazu, sich zu begegnen und zu vermischen. Ein sehr gutes Beispiel ist die religiöse Erfahrung in Japan, wo shintoistische, konfuzianische und buddhistische Traditionen verschiedenen Ursprungs Teil eines Kontinuums werden, ein einziger religiöser Bereich, so dass die religiöse Zugehörigkeit zu einer bestimmten Tradition nicht bedeutet, dass man eine andere religiöse Tradition aufgibt. Die verschiedenen religiösen Traditionen werden, obwohl sie sich äußerlich in ihren Lehren unterscheiden, innerlich im Bewusstsein der Gläubigen zusammengehalten. Sie werden nicht als Alternativen gesehen, zwischen denen man wählen muss.

»Die Grundlage religiöser Vorstellungen in Japan ist eine Sichtweise, die sich von derjenigen unterscheidet, die Religion als Angelegenheit einer bewussten Entscheidung oder subjektiven Wahl betrachtet. [...] Unsere Weltanschauung hat die ausschließliche Zugehörigkeit zu einer bestimmten Sekte als eine in Wirklichkeit irreligiöse Haltung betrachtet.«[10]

---

[9] Viswanathan 1998, 118.
[10] Zit. nach Cornille (Hg.) 2002, 18.

Dieses panasiatische Ethos spiegelt sich in einigen der bedeutendsten Persönlichkeiten Asiens, insbesondere Indiens, wider. Die wichtigste religiöse Persönlichkeit des modernen Indiens, Sri Ramakrishna, ein Mystiker, wollte nicht nur, dass ihm die Bibel vorgelesen wurde (weil er Analphabet war), sondern erklärte auch, eine intensive mystische Erfahrung mit Jesus gemacht zu haben; er erlebte, dass Jesus in sein Fleisch eindrang. Wegen ähnlicher Erfahrungen weigerten sich Menschen in einer Randposition wie Shusaku Endo, Brahmabandab Upadhyay[11] und Pandita Ramabai, ein Christentum zu akzeptieren, das zu abgegrenzt und isoliert von den religiösen Traditionen ihrer Nachbarn ist. Ein Objekt der Glaubenskommunikation zu sein ist etwas, das sich Ramabai nie vorstellen konnte, weil sie sich entschieden jedes Übergriffs auf ihre aktive Subjektivität bei der Suche nach wahrer Religiosität widersetzte.

3.1 Antwort auf ein vorprogrammiertes Christentum

Pandita Ramabai hat gegen ein vorprogrammiertes Christentum rebelliert.[12] Sie hat das Christentum als Teil ihrer eigenen tiefen religiösen Suche neu erfunden, bei der ihr hinduistisches religiöses Erbe eine wichtige Rolle spielte. In diesem Prozess wurde sie der hinduistischen Tradition gegenüber so kritisch wie der christlichen Tradition, besonders was die Kontrolle über die spirituelle Suche betrifft.[13] Dies ist etwas, das nie über das Modell der »Glaubenskommunikation« erreicht werden könnte, dessen Ansatz zur Konformität und Assimilation dessen führt, was schon vorgegeben ist. Ramabai würde dann völlig missverstanden. Denn hier haben wir ein Beispiel für eine spirituelle Reise zu etwas, das das Objekt des wahren Strebens und der spirituellen Sehnsucht ist.

»Ich bin zwar ein Mitglied der Kirche Christi, aber ich bin nicht verpflichtet, jedes Wort zu akzeptieren, das aus dem Mund der Priester oder Bischöfe kommt. Wenn es Ihnen gefällt, das, was ich Freiheit nenne, als Gesetzlosigkeit zu bezeichnen, können Sie das tun, aber soweit ich mich selbst kenne, bin ich nicht gesetzlos. Gehorsam gegenüber dem Gesetz und dem Wort Gottes unterscheidet sich sehr vom Gehorsam nur gegenüber Priestern. Ich habe mich gerade mit großer Mühe vom Joch des priesterlichen Stamms der Inder befreit, daher bin ich derzeit nicht bereit, ein ähnliches Joch auf mich zu nehmen, indem ich alles akzeptiere, was von den Priestern als autorisierter Befehl des Höchsten kommt.«[14]

---

11 Vgl. Lipner 1999.

12 Eine exzellente Darstellung des historischen und sozialen Hintergrunds der Zeit, in der Ramabai lebte, siehe in: Chakravarti 1998. Siehe auch Dyer o.J.; Dongre/Patterson 1969; Sengupta 1970; Macnicol 1926; Miller 1949; Butler 1922; Adhav 1979.

13 Vgl. Sarasvati 1988.

14 Brief 39, Pandita Ramabai an Sr. Geraldine, am 12. Mai 1885, in: Shah (Hg.) 1977.

Interessanterweise war der Anlass für diese rebellischen Worte, dass es Pandita Ramabai, obwohl sie eine große Sanskritexpertin war, von ihren christlichen Mentoren untersagt wurde, Engländer in dieser Sprache zu unterrichten. Wie Gauri Viswanathan bemerkt, war »ihre religiöse Suche im Wesentlichen eine Suche nach gangbaren Wegen, Freiheit weit außerhalb der Grenzen priesterlicher Interventionen zu definieren und zu verwirklichen«.[15] Ihre Aneignung des Glaubens war einzigartig und von ihrem Ideal der Befreiung der Frauen geprägt, und ihre Kritik war sowohl gegen den Hinduismus als auch gegen das Christentum gerichtet wegen der priesterlichen Kontrolle und Repression, die den Frauen Raum und Freiheit verwehrte. Aus diesem Grund wurde sie von beiden Seiten gesteinigt: Für die orthodoxen Hindus wurde sie zur »Verräterin« der Nation und ihrer Religion, und für das christliche Establishment war sie eine »Häretikerin«. Doch sie stand diesen persönlichen Glaubenskampf durch und übte scharfe Kritik sowohl am Hinduismus als auch am Christentum wegen ihres Patriarchats und ihrer unterdrückenden Methoden.

3.2 Erste Eindrücke

Es ist interessant, über Pandita Ramabais Eindrücke von ihrer ersten Begegnung mit Christen zu lesen. Als sie sich mit ihrem Bruder in Kalkutta aufhielt, erhielt sie von Christen eine Einladung zu einem gesellschaftlichen Beisammensein, die sie auf Anraten ihrer brahmanischen Bekannten in Kalkutta annahm. Sie war überrascht, dass die Inder bei diesem Treffen wie Europäer gekleidet waren und dasselbe aßen wie diese, und sie dachte bei sich, dass das *kali yuga* schon nach Indien gekommen sei!

»Aber nach einer Weile öffnete einer von ihnen ein Buch und las etwas daraus vor und dann knieten alle vor ihren Stühlen nieder und sagten etwas mit geschlossenen Augen. […] Uns wurde gesagt, dass sie auf diese Weise zu Gott sprachen. Wir sahen kein Bild, dem sie Ehrerbietung erwiesen, sondern es schien, als verehrten sie die Stühle, vor denen sie knieten [!]. Dies war die grobe Vorstellung von Christen, die sich mir einprägte.«[16]

3.3 Selbstermächtigung des Subjekts bei der Glaubensaneignung

Um die Glaubensaneignung durch Pandita Ramabai zu interpretieren, ist es wichtig, sich von einem Verständnis des Glaubens als Zustimmung zu lehramtlichen Wahrheiten der Kirche zu distanzieren. Dagegen wehrte sie sich, und ihre christlichen Freunde im Westen konnten sie nicht verstehen, weil dies ihr Zugang zum Glauben war. Doch in der christlichen Tradition haben wir ein anderes, tieferes Glaubensverständnis, das die Subjektivität des Gläubigen

---

[15] Viswanathan 1998, 123.
[16] Miller 1949, 23.

berücksichtigt. Thomas von Aquin hat vom Licht des Glaubens (*lumen fidei*) gesprochen, durch das wir sehen können. Für ihn ist der Glaube, »die Geisteshaltung, durch die das ewige Leben in uns beginnt und die den Intellekt dazu bringt, Dinge zu akzeptieren, die nicht sichtbar sind«.[17] Pierre Rousselot und andere haben ihre Aufmerksamkeit auf dieses Glaubensverständnis gerichtet, und es wurde in der transzendentalen Theologie Karl Rahners weiterentwickelt.[18] Dieses Glaubensverständnis sieht das letzte Geheimnis oder Gott als das, worauf der Glaube gerichtet ist. Diese Suchbewegung hin zum Ultimaten war die Reise, die Pandita Ramabai unternommen hat, und ihre Suche konnte nicht auf ein begrenztes Glaubensverständnis beschränkt werden, auf die Zustimmung zu den Lehren der Kirche. Weil ihr Blick auf das Geheimnis gerichtet war, zu dem sie reiste, das größer war als das Leiden, die Angst und die Tragik, die ihren Lebensweg prägten, konnte sie sich nicht mit einem begrenzten Verständnis von Glauben und Christentum abfinden. Die Reaktion der Missionare auf die Bemühungen der Hindus, sich die Botschaft des Christentums anzueignen und sich Jesus Christus zu nähern, war im Allgemeinen negativ. Dies ist im Fall Pandita Ramabais deutlich zu erkennen. Schon vor ihrer Zeit, als Raja Rammohan Roy und andere Persönlichkeiten der indischen Renaissance versuchten, sich dem Christentum von ihrer Erfahrung und ihrem Verständnishorizont aus zu nähern, hatten sie damit ähnliche Reaktionen hervorgerufen.

»Persönlichkeiten wie Roy, Ranade, Sen und Vivekananda sahen deutliche Parallelen zwischen dem Besten im Christentum und dem Besten ihrer Versionen des Hinduismus. Tatsächlich wurde die Schuldigkeit gegenüber dem Christentum, sowohl in Bezug auf die Art der Texte als auch auf die Lehrer, von Roy und Radhakrishnan offen zugegeben. Man könnte sogar die These aufstellen, dass Roy zunächst ernsthaft versuchte, in einen Dialog mit den christlichen Missionaren zu treten, doch war er so überrascht von der Reaktion der Missionare auf seine Darstellung Jesu, dass er bald in eine Verteidigungshaltung und in manchen Fällen in die Polemik flüchtete.«[19]

---

[17] S. th. II, q. 4, a.1.

[18] Vgl. Dulles 1994, 172f.

[19] Neufeldt 1989, 42. Ein Aspekt, der die verschiedenen Persönlichkeiten der indischen Renaissance mit Jesus Christus verbindet, ist die Tatsache, dass sie ihn als »Asiaten« oder »Orientalen« begriffen. Diese Position muss vor dem Hintergrund des Überlegenheitsanspruchs des Christentums gegenüber dem Hinduismus verstanden werden, und die Unterlegenheit des Letzteren ist auf den »verweichlichten« Charakter Asiens zurückzuführen. In Korrespondenz dazu steht, dass Jesus als einer von ihnen, als Asiat, vereinnahmt wurde. Dies wurde besonders von Keshab Chunder Sen hervorgehoben. Vgl. Neufeldt 1989, 172f.

4. Schlussfolgerungen aus den Fallstudien

Nachdem wir uns mit den beiden Fällen von Glaubensaneignung vertraut gemacht haben, können wir nun *zwei Aspekte* hervorheben, die sich aus diesen Erfahrungen erschließen.
Erstens können wir daran die *Bedeutung indigener Geschichte* für die Glaubensaneignung erkennen. Bis jetzt ist es im Großen und Ganzen die Kultur gewesen, die Bedeutung erlangt hat. Meist vergessen wird hingegen, dass die Aneignung des Glaubens in einem bestimmten sozio-politischen Kontext stattfindet, der eine entscheidende Rolle spielt. Ein ent-historisierter Zugang zum Glauben ignoriert diese wichtige Tatsache. Und dies hat Konsequenzen für die Glaubensaneignung. Obwohl seit Beginn der Moderne die Rolle des historischen Bewusstseins in der Entwicklung des Denkens und des Glaubensbekenntnisses anerkannt wird, meinte man lange, dies treffe nur auf die entwickelten westlichen Gesellschaften zu. Die Völker aus anderen, nichtwestlichen Regionen wurden als Objekte in der Glaubenskommunikation betrachtet. Dies ist auch bei der Entwicklung in der Soziologie und der Anthropologie der Fall. Lange Zeit wurde die Soziologie als eine Wissenschaft betrachtet, die nur in westlichen Gesellschaften anwendbar ist. Man ging von der Annahme aus, dass nur diese Gesellschaften sich wandeln und sich in einer dynamischen Entwicklung befinden.

Andererseits wurden die Völker im Süden als Objekte der Anthropologie betrachtet, die im Allgemeinen mit der Beobachtung von Verhaltensmustern, Bräuchen und Umgangsformen einherging. Dies taten auch die Kolonialherren und Verwalter. Sie waren daran interessiert, die Bräuche und das Verhalten des Volkes zu beobachten und nicht die innere Dynamik der Gesellschaft. Das Versäumnis von Seiten der Glaubensvermittler, sich intensiv mit der inneren Dynamik der Gesellschaft auseinanderzusetzen, führte zum Missverständnis und zur falschen Darstellung des Volkes, dem sie die Gute Nachricht verkündeten. Die ent-historisierte Glaubensvermittlung stieß auf taube Ohren.

Das oben Gesagte ist wichtig, um die Entstehung der Christubhakta-Bewegung zu verstehen, bei welcher der Bezugspunkt nicht die Vermittler oder die Vermittlungsstrategien sind, sondern die Glaubenserfahrung in einer bestimmten sozio-politischen Situation und das Handeln derjenigen, die ihren Glauben bekennen. Dies ist eine andere Welt als die der Glaubensvermittler. Zum Beispiel war die Glaubensaneignung für Pandita Ramabai etwas, das von den »harten Fakten« der Gesellschaft ihrer Zeit begleitet wurde. Sie bringt dies selbst zum Ausdruck, wenn sie an den Westen appelliert. In einem Brief, den sie am 11. Dezember 1893 an eine Schwester in England schrieb, sagt Ramabai: »Lass meine westlichen Schwestern nicht von den Büchern und Gedichten, die sie lesen, bezaubert sein. Es gibt viele harte und bittere Tatsachen, die wir akzeptieren und ertragen müssen. Bei uns ist nicht alles Poesie. Die Prosa, die wir in unserem Leben lesen müssen, ist sehr schwer. Sie kann von unseren gelehrten Brüdern und bequem lebenden Schwestern des Westens nicht verstanden werden.«[20]

Hinter diesen Worten stand die quälende Erfahrung, die sie bei ihrem unerschrockenen Engagement für die indischen Frauen gemacht hatte, deren Befreiung zu ihrem Lebensinhalt wurde. Sie erlaubte es sich nicht, sich vom Reiz religiöser Lehren und ihrer Bedeutungen verführen zu lassen, als sie mit der »Prosa«, der beklagenswerten Situation der Frauen ihrer Zeit, konfrontiert wurde. Als die Konfrontation mit den nackten Tatsachen ihre Entrüstung hervorrief, konnten ihr die Lehren und die Suche nach Sinn, die die Realität »poetisch« abschirmten, nicht helfen. Dies scheint sie zu beklagen.

Zweitens werden durch den Prozess der Glaubensaneignung die daran beteiligten Menschen oder Gruppen auch in unterschiedlichem Ausmaß zu *kritischen Subjekten* gegenüber den verschiedenen religiösen Traditionen. Es geht nicht um den Bruch mit einem religiösen Universum und die Hinwendung zu einem anderen. Die Aneignung des christlichen Glaubens durch die Christubhktas findet nicht statt, weil sie vom Hinduismus enttäuscht sind, obwohl sie die Unterdrückung durch das Kastenwesen in der hinduistischen Gesellschaft kritisieren.[21] Im Falle Ramabais war ihre Hinwendung zum christlichen Glauben ein Weg, sich von einer Tradition zu distanzieren, die nach ihren Alltagserfahrungen ein wesentlicher Grund für die Unterdrückung der Frauen war.

Schluss

Die Geschichte zeigt, dass die Bemühungen, den christlichen Glauben durch kulturelle Anpassung oder Inkulturation zu vermitteln, die indische Seele nicht erobern konnten. Sie stellten sich im Großen und Ganzen als Misserfolg heraus, wie der Fall des bekannten Missionars Robert de Nobili im 17. Jahrhundert deutlich zeigte. Wir können aus der Geschichte auch lernen, dass die Bemühungen im 19. Jahrhundert, den Glauben durch eine rational begründete Argumentation und rationale Debatten zu kommunizieren, keinen wirklichen Erfolg hatten, außer dass sie eine reaktionäre Stimmung erzeugten. Nur eins scheint funktioniert zu haben: wenn sich die Menschen den christlichen Glauben und die christliche Botschaft selbst aneigneten als Teil der Herausbildung einer eigenen Identität (im Fall der Dalits oder »Unberührbaren« und anderer Randgruppen) oder, bei einzelnen Personen, wenn sie die christliche Botschaft als integralen Bestandteil ihrer spirituellen Reise und Suche entdeckten. Es ist auch eine Tatsache, dass die Aneignung des Glaubens

---

[20] Brief Pandita Ramabais an Schwester Geraldine, SSMV, Dezember 1893, in: Shah (Hg.) 1977, 308.

[21] Wir müssen jedoch zur Kenntnis nehmen, dass es Dalits gibt, die sich unabhängig vom Protest gegen die Unterdrückung des Kastenwesens bekehrt haben.

verschiedene Formen und Ausdrucksweisen annahm und nicht immer zum Kurswechsel auf einer Reise aufforderte, die man bis dahin gemacht hatte. Vielmehr waren diejenigen, die sich den christlichen Glauben aneigneten, davon überzeugt, dass ihre Glaubensreise einfach weiterging, ohne dass eine Richtungsänderung erforderlich war.

Anders als im Fall der Glaubenskommunikation, deren Ziel es ist, ein vermeintliches Verständnis und eine Totalität des Glaubens zu vermitteln (der Anspruch der Verfasser von Katechismen), hat der Weg der Aneignung des Glaubens einen selektiven Aspekt, der von der konkreten Situation und dem Ausmaß von Übereinstimmungen oder Erschütterungen vorgegeben ist, die der eine oder andere Aspekt christlicher Erfahrung bei dem suchenden Subjekt hervorrufen kann. In den beiden untersuchten Beispielen kann weder der Glaube der Christubhaktas noch derjenige Pandita Ramabais als umfassend betrachtet werden in dem Sinne, wie der christliche Glaube durch Katechismen vermittelt wird. Und doch können sie bezüglich ihrer Tiefe und Originalität mit der traditionellen Art der Glaubenskommunikation verglichen werden.

Die Geschichte des Christentums in Indien lenkt unsere Aufmerksamkeit auf die Tatsache, dass die christliche Botschaft nicht den größten Einfluss auf die Gesellschaft hatte, als sie durch einen Kommunikationsprozess empfangen wurde, sondern vielmehr, als sich Heilige und Weise des Landes im Prozess einer spirituellen Suche die christliche Botschaft aneigneten. Ich möchte zum Schluss die Behauptung wagen, dass die Erfahrung Christi durch einen heiligen Hindu wie Ramakrishna oder durch das, was Gandhi aus der Bergpredigt und durch das Kreuz Christi lernte, einen dauerhafteren Einfluss des Christentums auf Indien gehabt haben als die letzten fünfhundert Jahre des Predigens und der Glaubensvermittlung durch die Missionare.

Literatur

ADHAV, S. M. 1979, *Pandita Ramabai*, Madras.

BUTLER, C. 1922, *Pandita Ramabai Sarasvati, Pioneer in the Movement for the Education of the Child-widow of India*, New York.

CHAKRAVARTI, U. 1998, *Rewriting History. The Life and Times of Pandita Ramabai*, Delhi.

CORNILLE, C. (Hg.) 2002, *Many Mansions? Multiple Religious Belonging and Christian Identity*, New York.

DONGRE, R. K./PATTERSON, J. F. 1969, *Pandita Ramabai*, Madras.

DULLES, A. 1994, *The Assurance of Things Hoped For*, New York.

DYER, H. S. o.J., *Pandita Ramabai. Her Vision, Her Mission and Triumph of Faith*, London.

GRAFE, H. 1990, *History of Christianity in India, Vol. IV, Part 2: Tamilnadu in the Nineteenth and Twentieth Centuries*, Bangalore.

JOHN, R. M. 2006, *National Movement and Catholic Christianity in India (1857–1947). A Study Based on the Official Catholic Journals of the Period* (unveröffentl. Diss., Universität Madras), Chennai.

LIPNER, J. J. 1999, *Brahmbandhab Upadhyay. The Life and Thought of a Revolutionary,* Delhi.

MACNICOL, N. 1926, *Pandita Ramabai,* Calcutta.

MILLER, B. 1949, *Pandita Ramabai. India's Christian Pilgrim,* Grand Rapids.

NEUFELDT, R. 1989, *The Response of the Hindu Renaissance to Christianity,* in: Coward, H. (Hg.), Hindu-Christian Dialogue. Perspectives and Encounters, New York, 28–46.

Ders., *Hindu Views of Christ,* in Coward, H. (Hg.), Hindu-Christian Dialogue. Perspectives and Encounters, New York, 162–175.

RAMABAI SARASVATI, P. 1988, *The High-caste Hindu Woman,* London.

SENGUPTA, P. 1970, *Pandita Ramabai Saraswati. Her Life and Work,* Bombay.

SHAH, A. B. (Hg.) 1977, *The Letters and Correspondence of Pandita Ramabai,* Bombay.

THOMAS von Aquin [3]1985, *Summe der Theologie,* hrsg. v. Bernhart, J., Stuttgart.

VISWANATHAN, G. 1998, *Outside the Fold. Conversion, Modernity, and Belief,* Delhi.

WILFRED, F. 2006, *Theologie vom Rand der Gesellschaft. Eine indische Vision* (Theologie der Dritten Welt, Bd. 35), Freiburg-Basel-Wien.

Ders. [2]2007, *Dalit Empowerment,* Delhi.

Louis J. Mascarenhas

Glaubenskommunikation im Kontext Pakistans

Wir leben in einer Welt der schnellen Kommunikation. Wir haben erkannt, dass alles, was heute irgendwo in der Welt geschieht, Einfluss auf den Ort hat, an dem wir leben. Dies hat enorme Auswirkungen auf unser Denken, unseren Glauben und auch auf die Kirche, zu der wir gehören. Das II. Vatikanum hat die Kirche tatsächlich für die Welt geöffnet, für den Fortschritt und die Entwicklung des Menschen. Wir können sagen, dass die Kirche zu keiner Zeit so katholisch gewesen ist wie heute.

In der Welt herrschen noch immer kein Frieden und keine Harmonie. In den letzten Jahren haben wir so viel Gewalt wie nie zuvor gesehen. Dies hat zu einem größeren Druck von Seiten mächtiger Nationen geführt, die oft wie Wachmänner und Polizisten handeln, die die Regierungen der Länder kontrollieren. Wenige verstehen, dass die Ursache für einen großen Teil der Gewalt die dem Kapitalismus innewohnende Gewalt ist, der auf Kosten der Armen und Unterprivilegierten Profit macht. Wir haben in Pakistan sehr aufgrund von Entscheidungen der Vereinigten Staaten in Bezug auf Afghanistan, Irak, Palästina und Israel gelitten. Wir sind dabei, eine Feindes- und Terroristenphobie zu entwickeln, und weigern uns zu erkennen, dass die Ursache für so viel Gewalt in unserer eigenen Politik liegt, die Nationen und Völker diskriminiert.

Es herrscht ein zunehmendes Ungleichgewicht im Handel, ein überwältigender Druck wird auf junge, sich entwickelnde Nationen ausgeübt, das zu produzieren, was die entwickelten Nationen brauchen, weshalb sie die alltäglichen Bedürfnisse ihrer eigenen Völker nicht befriedigen können. Die Sozialprogramme der meisten jüngeren Länder sind in Gefahr; sie führen zu enormer Unzufriedenheit im Volk. Das Versickern des Reichtums und das wenige Geld, das für Bildung und Gesundheit und die Schaffung von Arbeitsplätzen übrig bleibt, provozieren noch größere Gewalt. Die Menschen verlieren den Glauben in ihre eigenen Politiker und Verantwortlichen, und so neigen sie zu religiösem Fundamentalismus und Extremismus.

Trotz, vielleicht gerade wegen der Unterstützung der so genannten Drittweltländer durch reichere Handelsländer und Regierungen nimmt die Korruption in der Welt und in unseren eigenen Ländern zu, was das Leben für die Armen schlichtweg erbärmlich werden lässt. Nichts kann heute getan werden, ohne dass Schmiergelder im Spiel sind.

Strukturell sind ähnliche Entwicklungen bei der Kirche festzustellen. Nach dem II. Vatikanum wurden große Hoffnungen in die Kirche und ihren Respekt für die jüngeren Kirchen gesetzt. Die Kollegialität wurde sehr hervorgehoben. In den Jahren danach ließ die Kollegialität deutlich nach und die Kontrolle vom Zentrum aus nahm zu. Auf der asiatischen Synode, die 1998 in Rom stattfand, sprachen die asiatischen Bischöfe offen und eindringlich über das fehlende Vertrauen in die Fähigkeiten der lokalen Bischöfe. Wir müssen alle Kirchen, junge und alte, reiche und arme, als gleichwertig betrachten. In einer Kirche, die wächst und sich erneuert, sind es die jungen Kirchen in den Entwicklungsländern mit ihren mehrheitlich jungen Menschen, die neues Leben in die Weltkirche bringen. Es ist klar, wo die Zukunft liegt. Wir waren sehr glücklich darüber, dass der neue Papst, Benedikt XVI., der es asiatischen Theologen als Präfekt der Glaubenskongregation oft schwer gemacht hat, ausdrücklich versichert hat, dass er von nun an mehr zuhören als lehren wird.

Wir glauben, dass die Welt und die Kirche nur dann wirklich universal sein können, wenn die Rechte und Werte der verschiedenen Länder und Kirchen respektiert werden. Die Kirche kann nur wirklich universal sein, wenn sie wirklich lokal ist; daran führt kein Weg vorbei. Daraus wächst das zunehmende Bewusstsein für die Notwendigkeit neuer theologischer Reflexionsprozesse und Ausdrucksformen.

Die asiatische Kirche spricht heute sehr deutlich von einem asiatischen Jesus, einer asiatischen Theologie und Missiologie, einem asiatischen Denkansatz zum Dialog der Glaubensformen und zur Option für die Armen. Die Weltkirche wird reicher, wenn sie sich für die Werte der neuen Ortskirchen öffnet. Der größte Beitrag, den die asiatischen Kirchen für die Weltkirche leisten können, ist ihr Verständnis für den Erlösungswert anderer Glaubensformen und den Reichtum der verschiedenen kulturellen Ausdrucksformen in Gebet und Gottesdienst. Die Kirche muss sich für die Welt öffnen, in der sie lebt.

Im asiatischen Kontext, in dem wir leben, hat der Verband der asiatischen Bischofskonferenzen (FABC) die Bischöfe und Ordensoberen dabei unterstützt, die Entscheidungen des II. Vatikanums in die Praxis umzusetzen, insbesondere die Offenheit für die Welt zu fördern, in der die Kirche sich in der Regel als Minderheit, einem winzigen Senfkorn vergleichbar, erlebt. Seit dem ersten Treffen der FABC in Taiwan im Jahr 1971 wurde ein *dreifacher Dialog* geführt: der *Dialog der Kulturen*, den *Dialog mit den Armen* und den *Dialog mit Menschen anderen Glaubens*. Dies hat die Christen Asiens dazu ermutigt, anderen Glaubensformen mit Respekt zu begegnen, und ihnen die Einsicht vermittelt, dass es auch Heil außerhalb der katholischen Kirche geben kann. Dadurch kam es zu vielen Initiativen lokaler Kirchen in Asien, sich Muslimen, Buddhisten, Hindus und anderen Gläubigen mit Respekt anzunähern. Neue Meditationsformen, Ashrams und Meditationszentren sind entstanden und man hat begonnen, mit anderen Gläubigen zusammenzuarbeiten, um gemeinsam für eine gerechtere und menschlichere Gesellschaft und einen respektvollen Umgang mit der Erde, auf der wir alle zusammenleben, einzutreten.

1. Christen als gesellschaftliche Minderheit in Pakistan

Pakistan ist ein großes muslimisches Land mit mehr als 160 Millionen Einwohnern. Drei Millionen davon sind Christen.

Als das II. Vatikanischen Konzils stattfand (1962–65), gab es in Pakistan nur einen einheimischen Bischof. Heute hat sich das völlig geändert. Die kirchliche Hierarchie besteht nur noch aus Pakistanern. Es gibt nur noch wenige Missionare aus den westlichen Ländern, die meisten davon sind ziemlich alt. Sie sind durch Missionare aus asiatischen Ländern und durch viele einheimische Priester, Ordensleute und Laien ersetzt worden.

Unmittelbar nach Beendigung des II. Vatikanum vorbei war, machten sich die theologischen Hochschulen und Seminare daran, die Beschlüsse des Konzils umzusetzen. Dies führte zu großen Spannungen mit der Hierarchie, doch die Richtung war klar. Theologische Reflexion sollte nun bei der Lebenserfahrung ansetzen. Der Glaube der Menschen, seien es Christen oder Nichtchristen, muss Ernst genommen werden. Zeitgleich begann die Regierung, Druck auf die Kirche auszuüben, indem sie den Koranunterricht für Muslime in christlichen Schulen durchzusetzen versuchte. Die Bischöfe dachten, dies käme einer *communicatio in malis* gleich, und wehrten sich dagegen, gaben dann aber widerwillig nach. Die Theologen ermutigten in dieser Situation die Bischöfe, den Koranunterricht in katholischen Schulen als Herausforderung und zugleich als Chance zu akzeptieren.

Im Bemühen, neue Wege des Theologietreibens zu finden, wurde der Lehrplan des Seminars komplett überarbeitet; sogar die strenge Unterscheidung von Philosophie und Theologie wurde dabei aufgehoben. Gegen diese Entwicklung legte Rom später Einspruch ein und forderte die Rückkehr zum traditionellen Curriculum des Seminars mit Philosophie und Theologie als zwei verschiedenen Fächern. Die Franziskaner konnten ihre eigenen Ausbildungsprogramme im Grundstudium bzw. Propädeutikum beibehalten, die mit Beginn des eigentlichen Theologiestudiums in das Curriculum des Seminars einmündeten.

Im Bemühen, die engen Beziehungen zur großen Gemeinschaft der Muslime aufrechtzuerhalten, eröffneten die Franziskaner ein Haus, in dem eine Ausbildung im neuen Stil angeboten wurde, das in einem rein muslimischen Gebiet lag, weil sie von der Umgebung, in der sie lebten, lernen wollten. In dieser Zeit unterstützte es der Orden auch, dass die Studenten während ihrer Ausbildung mit der Lebenswelt der Menschen außerhalb des theologischen Seminars in Kontakt kamen. Sie sollten sich nicht nur mit binnenkirchlichen Fragen beschäftigen, und so kamen die Studenten mit Drogenabhängigen, HIV-Infizierten, Behinderten, Leprapatienten, Gefangenen und alten Menschen in Berührung. Erst im letzten Jahr der theologischen Ausbildung sollten diejenigen, die sich auf die Ordination vorbereiteten, mit praktisch-theologischen Inhalten wie der Predigt, Katechese und Gemeindeleitung vertraut gemacht werden. Dies hat dazu geführt, dass die Studenten offener für die Bedürfnisse der Welt wurden und erkannten, dass die Kirche für die Welt leben muss und sich nicht zurückziehen darf.

Obwohl die Kirche in Pakistan eine kleine Minderheit in einer großen muslimischen Welt darstellt, sieht sie die Notwendigkeit, sich für Harmonie und Frieden einzusetzen. In den letzten Jahren, besonders nach der Bombardierung Afghanistans und seit dem Ende der Herrschaft der Taliban, haben die Spannungen zwischen der muslimischen Gemeinschaft und der christlichen Gemeinschaft zugenommen. In einigen Moscheen wurde sogar die Ausrottung der Christen gepredigt. Die Bombardierungen des Irak verschärften diese Spannungen im Land noch einmal. Gleichzeitig ergriffen führende Persönlichkeiten aus dem Kreis der christlichen Minderheit die Initiative, die Bemühungen um Frieden und Harmonie voranzutreiben. Beispielsweise wurden Friedenskommissionen gegründet und katholische Priester trafen sich mit Mullahs, um über mögliche Wege und Strategien zu beraten, die Spannungen zu entschärfen und Harmonie und Verständnis zu fördern. Die Warnungen Papst Johannes Pauls II. vor einem Krieg wurden sehr ernst genommen.

Doch der Zorn darüber, was der christliche Westen der muslimischen Welt angetan hat, ist immer noch groß. Obwohl sich unsere Bischöfe in einem offenen Brief an Präsident Bush gegen einen Krieg ausgesprochen haben, sind die Menschen sehr verärgert über die Art und Weise, wie Amerika und der Westen mit den Entwicklungsländern, besonders den muslimischen Ländern, umgeht.

In Pakistan kämpfen die Christen gegen diskriminierende Gesetze. Diese haben den Christen viel Unglück gebracht. Das Gesetz gegen die Blasphemie ist darunter dasjenige, das die größten Schwierigkeiten verursacht und zum Tod einiger Christen und zu großem Schaden für christliche Einrichtungen geführt hat. Erst kürzlich überfiel ein Mob unsere Kirchen, Schulen und Internate und in Sangla Hill, Pnjab, wurde das Pfarrhaus gestürmt, nachdem das Gerücht gestreut worden war, ein Christ habe den Koran verbrannt. Der Karikaturenstreit hat die Situation weiter verschlimmert. Vor einigen Wochen hat eine andere Gruppe von Fanatikern zwei unserer Kirchen in Sukkur, Sindh, überfallen und niedergebrannt. Die Polizei wurde zwar rechtzeitig gerufen, erschien jedoch erst, nachdem am Tatort, nachdem der Schaden bereits angerichtet war. Unsere Zukunft hängt einzig und allein davon ab, dass wir mit Menschenrechtsaktivisten und Gruppen für Gerechtigkeit und Frieden der Mehrheitsgesellschaft zusammenarbeiten, um die diskriminierenden Gesetze abzuschaffen, im Wissen, dass dies ist ein langwieriger Prozess ist. Die Regierung ist schwach und benötigt die Unterstützung der religiösen Parteien. Diese befürworten eine Gesetzesänderung keineswegs, im Gegenteil: An den Hauswänden sieht man Graffiti, die jede Veränderung als Unterstützung des Säkularismus verurteilen.

Wir Pakistani halten weiterhin am Wert der Ortskirchen fest. Als Theologen sehen wir auch den Wert unserer besonderen Situation in Pakistan als Minderheitengemeinschaft, mit einer großen Zahl armer Menschen in unserer Umgebung, gravierenden Mängeln im Bildungs- und Gesundheitswesen und fehlenden Arbeitsplätzen. Daher legen wir großen Wert auf das Zeugnis unseres Lebens, das Leben nach dem Evangelium, den mitfühlenden Kontakt zu den Armen und Bedürftigen. Bei dem Erdbeben, das sich im Jahr 2005 im Norden des Landes ereignete, waren die ersten Menschen, die gleich nach den Verwüstungen vor Ort waren, katholische Ordensleute. Unsere Gemeinsacht legt den Schwerpunkt auf eine kontextuelle Ausbildung, die induktive Methode der Theologie, die wird auch vom Nationalen Katholischen Institut für Theologie bei der Ausbildung von Geistlichen, Ordensleuten und Laien nachhaltig gefördert wird. Viele Impulse stammen aus den Dokumenten des Verbands asiatischer Bischofskonferenzen. Wir glauben fest daran, dass der Geist in der FABC gegenwärtig ist und dass sie mehr ist als ein bloßes Instrument der Kommunikation zwischen den Bischöfen. Vielmehr vertrauen wir darauf, dass in ihren Versammlungen Optionen zugunsten des Volkes als Ausdruck des gemeinsamen Glaubens formuliert werden.

Theologietreiben in Pakistan geschieht immer im Bewusstsein, dass die Kirche Pakistans im Kontext verschiedener Religionen lebt. Die Kirche ist stolz darauf, pakistanisch zu sein, und sie wird wegen ihrer Schulen und medizinischen Einrichtungen respektiert. Die Menschen in ihrem Umfeld sehen, dass sie nicht nur für eine gute Ausbildung und für medizinische Einrichtungen sorgt, sondern auch darüber hinaus fürsorgliche, mitfühlende und großzügige karitative Dienste leistet. Trotz diskriminierender Gesetze sind die Beziehungen zwischen Christen und Muslimen gut. Beide haben Interesse an einer friedlichen Zukunft, an Perspektiven für ihre Familien, an menschenwürdigen Unterkünften, gleichen Chancen im Bereich der Bildung und der Gesundheitsversorgung und an der Teilhabe am Wohlstand und an den Ressourcen des Landes. Es gibt eine große Kluft zwischen Arm und Reich, und die Theorie des Versickerns von Geld und Fortschritt im Land ist nur ein Teil der Wahrheit. Immer noch gehen zu viele Kinder nicht zur Schule, nicht viele haben die Möglichkeit einer guten medizinischen Versorgung und es ist nicht leicht, eine Arbeit zu finden. Nach Angaben der National Bank of Pakistan ist die Armut im Land trotz der Steigerung des Bruttosozialprodukts und großer Reserven an ausländischen Währungen auf 33% gestiegen. So lebt ein Drittel der Menschen unterhalb der Armutsgrenze. Viele von ihnen wissen nicht, wo sie hingehen sollen, und klopfen an die Türen der Kirche. Manchmal ist alles, was wir tun können, ihre Bitten anzuhören, doch es bleibt eine herausfordernde Situation, auf die viele Ordensleute reagieren.

2. Kirchliche und theologische Herausforderungen

In den letzten Jahren hat die pakistanische Kirche erkannt, dass sie fähig werden muss, selbst für ihren Unterhalt zu sorgen. Obwohl sich die Kirche für die Sache der Armen einsetzt und zu ihrem Wohl arbeitet, ist die Institution selbst relativ reich und die Geistlichen und Ordensleute haben einen hohen Lebensstandard. Es gibt Rufe nach Veränderung, und wenn die Kirche eine sich selbst tragende Kirche sein will, muss sie ihren Lebensstil ändern. Es kann keine wirkliche Veränderung geben, solange sich die Kirche nicht zu einer wirklichen Kirche der Armen bekehrt. Die Laien werden dazu aufgefordert, mehr für die Kirche zu tun, und sie reagieren sehr großzügig darauf, doch so lange die Kirche ihren hohen Lebensstandard aufrechterhält, wird ihre Unterstützung der Armen nur symbolisch sein.

Es gibt Bereiche in der Dogmatik, die noch einmal einer genaueren Reflexion unterzogen werden müssen. In einer muslimischen Welt wird uns ständig neu bewusst, wie schwierig es ist, über zentrale Themen des Glaubens angesichts der Formulierungen christologischer und trinitarischer Dogmen einen Dialog zu führen. Immer wieder wird die Notwendigkeit neuer Formulierungen dieser Dogmen thematisiert. Im Wissen darum, dass dies eine heikle Angelegenheit ist, dürfen wir uns dieser Probleme nicht verschließen. Wir ermutigen vielmehr die Theologen bei ihrer Suche nach zeitgemäßen Möglichkeiten, unseren Glauben so kommunizieren, dass er in der Welt des Islam verstanden werden kann. Es hat seit dem Konzil von Chalcedon im Jahre 451 praktisch keine Entwicklung bei der Formulierung christologischer und trinitarischer Dogmen mehr gegeben. Das Thema ist sensibel, aber es ist dringend.

Die Betonung der Menschlichkeit Jesu durch asiatische Theologen ist ein Schritt in die richtige Richtung. Von diesem Standpunkt aus müssen wir über die Inkarnation Jesu im Leben und in den Kulturen der Menschen sprechen, über die Erlösung vieler, die treue Anhänger ihrer Religionen sind, und den Stellenwert des leidenden Jesus in dieser pluralen Welt. Die römischen lehramtlichen Texte betonen die Verkündigung, klingen aber zuweilen sehr arrogant und es fehlt ihnen an Sensibilität; besonders in einer Zeit, in der alles veröffentlicht und gelesen wird, führt uns dies in sehr schwierige Situationen bei unseren Bemühungen, mit Menschen anderer Glaubensrichtungen in den Dialog einzutreten. Zu oft reklamieren wir die absolute Wahrheit auf Kosten anderer.

In diesem Kontext über Mission zu sprechen, gestaltet sich schwierig. Unsere Theologie ist immer noch zu sehr auf die Kirche bezogen und nicht genug auf das Reich Gottes hin ausgerichtet. Wir wünschen uns, dass die Zahl unserer Kirchen zunimmt, und vergessen, dass unser christliches Leben Zeugnis geben soll. Wir sind immer noch besessen von der engen Auslegung von Mt 28,20 und wir vergessen die Aufforderung von Mt 5,13–16. Wir sollen das Salz der

Erde und das Licht der Welt sein. Es ist gut, wenn wir uns an unsere franziskanische Haltung erinnern: Der Hl. Franziskus ging zum Sultan von Damietta und erklärte, dass er Christ sei. Er wurde vom Sultan wohlwollend empfangen, und nachdem er die Gläubigkeit der Muslime erlebt hatte, kehrte er als neuer Mensch zurück und betonte die Notwendigkeit des Kniefalls, des Rufs zum Gebet und des Interesses für das geschriebene Wort Gottes, wo auch immer es zu finden sei. Franziskus, der in einer mittelalterlichen Welt lebte, konnte seinen Anhängern sagen, dass sie sich nicht auf Debatten und Diskussionen einlassen und die Haltung des Gegen-etwas-Seins vermeiden sollten. Vielmehr sollten sie als Minderbrüder *zu den anderen gehen* (Reg. non bullata 16).

Die Kenosis wird heute als eine sehr wichtige Form der Mission betrachtet. Sie führt zu einer positiven Antwort, sie droht nicht, sie fördert Versöhnung und Verständnis, Harmonie und Frieden. Es gibt keine Gewinner und Verlierer, sondern nur Gewinner. In einer Welt, die immer pluraler wird, ist unsere Erfahrung in Pakistan sehr wichtig. Wir ermutigen zum Dienst an allen, unabhängig von der gesellschaftlichen Klasse, der Hautfarbe und der Religion. Wir erinnern unsere Gemeinschaften daran, dass unsere christlichen Institutionen mehr auf die Bedürfnisse der Armen und Benachteiligten achten müssen. Es kommt zu großer Unzufriedenheit in unseren christlichen Gemeinden, wenn sie sehen, dass die Armen aus ihren Reihen in ihren eigenen Institutionen keine Chance bekommen und stattdessen wohlhabende Muslime willkommener sind. Alle Versuche, das Verständnis und den Austausch zwischen Christen und Muslimen zu fördern, sind ein wertvoller Beitrag für die ganze Kirche und müssen unterstützt werden.

Die Kirche Pakistans zeichnet sich durch ihre Hilfsangebote für Behinderte, Aidskranke, Senioren und Leprapatienten aus. Trennende Mauern fallen, wenn die Menschen sehen, dass alle in unseren Einrichtungen willkommen sind. Hier verkünden wir auf besondere Weise durch unser Leben und unseren Dienst die Güte und die Barmherzigkeit Jesu. Unser Zeugnis ist sehr mächtig, und religiöse Vorurteile verschwinden, wenn wir uns um die wahren Bedürfnisse der Menschen kümmern.

Das gemeinsame Feiern religiöser Feste ist auch ein wichtiger Faktor, der die Menschen miteinander verbindet. Wo die Beziehung zwischen Christen, Muslimen und Hindus gut ist, wird großer Wert darauf gelegt, beim gemeinsamen Feiern zusammen fröhlich zu sein. Dies geschieht in Schulen und Institutionen, die für alle Gemeinschaften da sind, und auch in Gegenden, in denen Christen und Gläubige anderer Religionen zusammenleben. Die Eltern respektieren jeden, der ihre Kinder liebt. Wir Franziskaner haben ein Bildungshaus in einem Viertel, das nur von Muslimen bewohnt wird; dort haben wird die Erfahrung von gegenseitiger Fürsorge und des miteinander Teilens gemacht. Wenn wir an Geburtsfeiern, Hochzeiten und Trauerfeiern teilnehmen, können wir den Menschen anderer Glaubensrichtungen näher kommen.

Auf globaler Ebene müssen wir uns wegen der Dominanz des Kapitalismus in der heutigen Welt damit auseinandersetzen, was in der Welt geschieht. Im Namen der Demokratie werden kapitalistische Interessen propagiert. Sie sehen auf dem Papier gut aus, doch das Unheil, das sie bei den armen Menschen und in den armen Ländern anrichten, ist schrecklich. Da sie kein Geld und keine Ressourcen haben, um mit anderen zu konkurrieren, sind sie von Anfang an im Nachteil. Die Schulden, die sie machen, weil sie Kredite von anderen Ländern bekommen, sind eine große Belastung für diese Länder und behindern soziale Entwicklungsprojekte für die Armen, Schwachen und Bedürftigen. Die Länder werden gezwungen, sich am Weltmarkt zu orientieren und die Bedürfnisse ihrer eigenen Völker zu vergessen. Die Preise für lebenswichtige Güter und Nahrungsmittel steigen so sehr, dass sie die finanziellen Möglichkeiten gewöhnlicher Menschen überschreiten. Auch werden die Menschen dazu gebracht, die traditionelle und weitgehend organische Landwirtschaft aufzugeben und chemische Dünger und Pestizide zu verwenden, die dem ökologischen Gleichgewicht schaden. Die landwirtschaftlichen Flächen werden übermäßig genutzt und können sich nicht regenerieren.

Beim Versuch, die christliche Gemeinde in einer pluralen Welt aufzubauen, wird deutlich, dass wir dringend eine bessere Katechese brauchen. Die christliche Gemeinschaft, die dazu neigt, in Ghettos zu leben, sollte ermutig werden, sich der Umwelt zu öffnen, Kontakt mit der muslimischen Gemeinschaft zu haben, die Freundschaft mit den Muslimen zu fördern und ihren Glauben durch diesen Prozess zu vertiefen. Katechesekurse, die das Wachstum im Glauben fördern sollen, finden in der Schule statt, werden aber auch für Erwachsene angeboten. Das Nationale Katholische Theologische Institut hat theologische Kurse für Laien organisiert, die mit Begeisterung aufgenommen worden sind. Auch hier wird Theologie im größeren Kontext der Welt gelehrt, in der die Menschen leben und arbeiten. Die Laien lernen, kritisch über die Themen Globalisierung, Welthandel, Medien, Ungerechtigkeit und Ungleichheit in kirchlichen und staatlichen Organisationen nachzudenken, so dass sie weiterhin eine solide christliche Antwort auf die aktuellen Entwicklungen geben können.

In diesem Kontext wird der Ökologie besondere Aufmerksamkeit geschenkt. Die Kirche arbeitet mit NGOs zusammen, damit wir eine freundlichere Welt bekommen, in der man sparsam mit den Ressourcen umgeht und Müll vermeidet. Die Menschen werden auf die Katastrophen aufmerksam gemacht, die durch Abholzung, Dämme und Überfischung entstehen, sowie auf die Gefahr der Verseuchung des Bodens, die durch eine unüberlegte Verwendung von Düngern und Pestiziden, Wasser- und Luftverschmutzung durch Fahrzeuge und die Industrie verursacht werden. Als Franziskaner ermuntern wir unsere Ordensleute in allen Bereichen der Bildung, sich für eine sicherere und gesündere Welt einzusetzen. Besonders in Pakistan, wo es so große Wüstengebiete gibt, ermutigen wir die Menschen, mehr Bäume zu pflanzen und die wertvollen Wälder im Gebirge nicht abzuholzen.

In den letzten Jahren haben wir begonnen, die Medien zur Verbreitung von Informationen und zur Vermittlung von gegenseitigem Verständnis zu nutzen. Die privaten Fernsehsender laden einige unserer Theologen zum Dialog über Fragen ein, die Muslime zum Christentum haben. Dies ist eine wunderbare Chance. Obwohl der Dialog oft aus zwei parallelen Monologen besteht, ist die Atmosphäre friedlich und es gibt viele im In- und Ausland, die die Sendungen hören.

Dies sind einige der Bemühungen der winzigen christlichen Minderheit in einer großen muslimischen Welt. Wir sind der festen Überzeugung, dass die Kirche auf diese Weise leben und Zeugnis geben muss. In Pakistan sind wir mit einer christlichen Gemeinschaft gesegnet, die stolz auf ihr Erbe ist. Ihre Zukunft liegt in einer guten Beziehung zu der Welt, in der sie lebt.

Literatur

MASCARENHAS, L. 1997, *Historical Development of Ecumenism,* in: Moghal D./ Jivan, J., The Christian Church in Pakistan. A Vision for the 21st Century, Rawalpindi, 27–40.

Ders. 2002, *Theology in Dialogue,* Sadhoke.

Ders. 2004, *The Pastoral Ministry – the Challenge Today,* in: Focus 24 (2004) 3, 25–31.

Ders. 2005, *History of the Religious Presence in Pakistan,* in: Henry H./Asi, E., Spiritual Legacy, Sadhoke, 15–24.

SEEMAMPILLAI J. EMMANUEL

Glaubenskommunikation im Kontext Sri Lankas

Einleitung

In Sri Lanka begegnen sich viele ethnische Gruppen und Kulturen, vier große Weltreligionen und drei Sprachen. Sri Lanka hat das Potential, ein Vorbild für die Einheit in der Vielfalt zu werden, eine Welt für Alle. Doch leider haben böse Kräfte wie der religiöse Fanatismus und der ethnische Nationalismus und die Passivität der Guten das Land in einen anhaltenden Krieg und andauernde Zerstörung geführt.

1. Die Kommunikation des christlichen Glaubens

Die Kommunikation des christlichen Glaubens ist im gegenwärtigen problematischen Kontext Sri Lankas eine riesige Herausforderung für die Kirche. Ihre Ursprünge und ihr Wachstum als selbstgenügsame Kirche mit einer nur kirchenzentrierten Verkündigung machen sie schwach und unfähig, die gegenwärtige Herausforderung der Kommunikation eines christlichen Glaubens, der alle Menschen des Landes heilen und retten kann, zu bewältigen.

Erstens fragen wir, wie dieser Glaube vor 500 Jahren im Land eingeführt wurde (2), wie dieser Glaube seit dem II. Vatikanum gewachsen ist (3, 4) und wie die religiöse und kulturelle Situation im Land seit der Unabhängigkeit Extremismus und Krieg gefördert hat (5, 6).

Zweitens sollten wir uns über die Schwäche der Kirche Klarheit verschaffen, die sowohl durch die innerkirchlichen ethnischen Spannungen als auch durch ihre historische Vergangenheit als »fremde« Kirche bedingt ist (7). Trotz ihrer Bemühungen interethnische Beziehungen aufzubauen, blieb sie wegen ihrer prophetischen Schwäche und ihres Minderwertigkeitskomplexes letztlich hinter diesem Anspruch zurück (8).

Drittens schlagen wir trotz der gegenwärtigen Unzulänglichkeiten, in der Hoffnung auf eine bessere Zukunft, Wege vor, die uns in dieser konfliktreichen Situation auf eine Glaubenskommunikation durch interreligiösen Dialog und Zusammenarbeit vorbereiten (9).

2. Wie wurde der christliche Glaube in der Kolonialzeit kommuniziert?

Die Verkündigung des christlichen Glaubens erfolgte in zwei verschiedenen Regionen oder Kontexten, den von Singhalesen und den von Tamilen bewohnten Gebieten. Dies geschah weder in Beziehung zu den schon existierenden Religionen oder kulturellen Kontexten der beiden Regionen (Südwesten und Nordosten) noch zu den beiden Ethnien, die dort zusammenlebten (Colombo), sondern als einseitiges Überstülpen des Christentums im Kontext der Singhalesen-Buddhisten und Tamilen-Hindus.

Missionare, die in europäischen Schulen und Seminaren der gegenreformatorischen Kirche ausgebildet worden waren, marschierten in Gebiete ein, die schon von den Portugiesen kolonisiert worden waren. Während die Soldaten das neue Land eroberten und die Völker des Königs von Portugal besiegten, eroberten die guten Missionare, Priester, Mönche und Nonnen, die die einzige, im Buddhismus oder Hinduismus nicht mögliche Rettung versprachen, neue Subjekte für die römische Kirche. Dies entsprach der damaligen Missionspraxis.

3. Das Wachstum der Kirche in der postkolonialen Zeit

Die Missionare setzten also ihre Arbeit mit einer Eroberungsmentalität und einer kirchenzentrierten Verkündigung fort. Sogar nachdem sie einige Priester und Ordensleute unter den Einheimischen rekrutiert hatten, fanden Bekehrungen wegen des attraktiven Angebots einer guten katholischen Erziehung und ebenso wegen der karitativen und humanitären Dienste katholischer Institutionen statt.

Doch mit dem Beginn der Unabhängigkeit im Jahr 1948 wurden die kolonialen Privilegien allmählich von der Mehrheitsregierung der Singhalesen-Buddhisten zurückgenommen. Die katholischen Schulen wurden übernommen, die in staatlichen Krankenhäusern arbeitenden Ordensleute wurden weggeschickt, europäische Missionare wurden nicht ins Land gelassen und von denjenigen, die zum Arbeiten bleiben durften, wurden Abgaben verlangt.

Trotz dieser Restriktionen für ausländische Missionare und die Aktivitäten der Kirche wuchs die postkoloniale Kirche auf verschiedene Weise. Die sich herausbildende Führung der Kirche durch Einheimische, die durch Berufungen in Ämter gefördert wurde, festigte ihre Strukturen und baute ihre Dienste für die Menschen inner- und außerhalb der Kirche aus. Doch es gelang ihr nicht, die postkolonialen Herausforderungen für die Zukunft zu bewältigen.

Das Zweite Vatikanische Konzil, das während des postkolonialen Wachstums der Kirche stattfand, war eine große Chance und Herausforderung, um die Kirche radikal zu erneuern und den Bedürfnissen unseres Kontextes entsprechend zu akkulturieren. Mit einer Begeisterung für die Umgangssprache in der Liturgie, der schnellen Zunahme von Berufungen für das Priesteramt und das Ordensleben[1] und der vollständigen Übertragung der Kirchenleitung an die Einheimischen wurde die größere Vision des Konzils in Bezug auf die säkularen und multireligiösen oder multikulturellen Realitäten (vgl. GS, NA, LG) übersehen.

Bald nach dem Konzil (1968) legte eine Provinzsynode der ganzen Kirche wertvolle Vorschläge für die Gestaltung der zukünftigen Kirche vor, doch im Anschluss an die Synode wurde wenig davon umgesetzt.

Die Kirche Sri Lankas hat sich an eine selbstbezogene Stabilität und Zuversicht gewöhnt und ist angesichts neuer Bedrohungen, Herausforderungen und Erfordernisse des heutigen Kontextes vor allem am Erhalt des Bestehenden interessiert.[2]

4. Die postkoloniale Wiederherstellung ethnischer, religiöser und kultureller Identitäten

In der zweiten Hälfte des letzten Jahrhunderts, als sich die Kirche in Sri Lanka als Kirche mit einheimischer Führung stabilisierte, gab es ein postkoloniales Wiederaufleben ethnischer, religiöser und kultureller Identitäten. Diese Unterschiede blieben weiterhin unter der Oberfläche und wurden zu einem großen Teil von der fremden politischen Macht reguliert, die sie alle gleich behandelte. Die Verwendung der Fremdsprache Englisch als Verwaltungssprache befähigte die Gebildeten und Eliten zur Zusammenarbeit mit den Regierenden. Die breite Bevölkerung unterdrückte ihre Sehnsucht nach religiöser, kultureller und ethnischer Identität und hielt sich so selbst unter Kontrolle.[3] Doch sobald die Kolonialherrschaft beendet war, kamen die latenten oder kontrollierten Sehnsüchte und der Ärger des Volkes zum Vorschein und lösten eine Suche nach Identität und Nationalismen aus.

4.1 Dominanter singhalesisch-buddhistischer Nationalismus

Die meisten Buddhisten warteten nicht nur darauf, die Insel zu entkolonialisieren, indem sie die politische Macht übernahmen, sondern auch darauf, die begünstigten Kollaborateure zu bestrafen. Folglich entstand mit der Unabhän-

[1] Neue einheimische Priester und Ordensleute wurden Missionare für Indien, Pakistan und Bangladesh.

[2] 1961 wurden alle Schulen der Insel verstaatlicht. Doch die Kirche protestierte, um ihre Konfessionsschulen zu verteidigen, und entschied sich letztlich dafür, angesichts des hohen finanziellen Aufwands einige wenige private Colleges für Betuchte zu eröffnen.

[3] Die Portugiesen und die Holländer ließen die Trennungen und Unterschiede, wie sie waren, aber führten das Christentum bei den Singhalesen und den Tamilen ein. Die Holländer führten die Reformierte Kirche ein, aber verwalteten Ceylon im Sinne ihrer wirtschaftlichen Interessen. Die Briten eroberten das letzte der Königreiche – das Königreich Kandyan – und brachten dann alle Bewohner Sri Lankas (damals Ceylon genannt) unter die Herrschaft der Zentralregierung in Colombo.

gigkeit des Landes im Jahr 1948 ein singhalesisch-buddhistischer Nationalismus, der von einer *Mahavamsa-Mentalität*[4] gefördert wurde und der die koloniale Macht durch die Mehrheitsmacht der Singhalesen-Buddhisten ersetzte und alle ethnischen und religiösen Gemeinschaften als Bürger zweiter Klasse mit weniger Rechten in Bezug auf Landbesitz, politische Macht und Gleichheit betrachtete. Mit anderen Worten: Das Land geriet unter eine neue Art der Herrschaft der Mehrheitsdemokratie der Singhalesen-Buddhisten, wodurch jedes Recht – sei es menschlich, ethnisch, kulturell oder religiös – dem demokratischen Verständnis dieser neuen Demokratie unterworfen war.

Unter dem Deckmantel einer von der Mehrheit gewünschten Demokratie beschließt das Parlament Sri Lankas bis heute Gesetze, die die ethnischen und religiösen Minderheiten diskriminieren, und setzt sie mit Hilfe einer zu 100% aus Singhalesen bestehenden Armee durch. Deshalb ist der Staat Sri Lanka seit 56 Jahren für den Rest der Welt ein demokratischer Staat und ein angesehenes Mitglied der Internationalen Gemeinschaft, doch für uns, die Tamilen und andere Minderheiten, bedeutet dies ein Leben unter der Herrschaft einer ethnisch-religiösen Mehrheitsregierung und ihrer militärischen Unterdrückung.

Eine Reihe diskriminierender Gesetze wurden in einem Parlament mit singhalesischer Mehrheit verabschiedet und mithilfe der singhalesischen Armee durchgesetzt. Die staatlich unterstützte Kolonialisierung tamilischer Gebiete (im Nordosten) durch Singhalesen, die aus der singhalesischen Sprache die einzig offizielle Sprache der Insel machten, den Tamilen den Zugang zu Universitäten und Arbeitsplätzen verwehrten, die Gebiete der Tamilen nicht in deren Sprache verwalteten, die Diskriminierung bei lokaler und ausländischer Entwicklungshilfe ... dies alles führte zu Protesten im Parlament und im Volk. Doch diese wurden mit der Gewalt des singhalesischen Mobs und mit Staatsterrorismus beantwortet.

4.2 Defensiver tamilischer Nationalismus

Nach der Unabhängigkeit gab es zunächst kein Wiederaufleben des tamilischen Nationalismus und keine Tendenz zur Autonomie oder Trennung von den Singhalesen. Die Tamilen glaubten, dass sie weiter als ursprüngliche Einwohner des Landes überleben und sich an der Regierung wenigstens auf der Basis einer föderalen Struktur beteiligen könnten. Erst nach drei Jahrzehnten der Diskriminierung durch die singhalesische Mehrheit, die alle demokratischen Proteste der Tamilen mit staatlichem Terror niedergeschlagen hatte, erhoben sich die Tamilen, um ihre traditionelle Heimat im Nordosten zu verteidigen, und verlangten einen eigenständigen Staat. Diese Forderung der

[4] Die Mahavamsa-Chronik, die im 7. Jahrhundert von einem buddhistischen Mönch geschrieben wurde, überliefert, dass Buddha auf seinem Totenbett den Wunsch äußerte, Sri Lanka möge als buddhistisches Land geschützt werden.

Tamilen wurde natürlich als Bedrohung für die singhalesisch-buddhistische Vorherrschaft interpretiert.

4.3 Der singhalesische Staatsterrorismus und der Gegenterrorismus der Tamilen

Der Nationalismus der Tamilen und ihr gemeinsamer Wunsch nach einem unabhängigen Staat[5] ließ den Mob der Singhalesen und die staatliche Gewalt anwachsen und folglich antwortete die tamilische Jugend mit Gegengewalt. 1983 erlebten die Tamilen einen Holocaust, der durch den singhalesischen Mob und die staatliche Gewalt ausgelöst wurde. Tausende von Tamilen wurden ermordet, ihr Eigentum wurde verbrannt und fast eine Million innerhalb des Landes oder aus dem Land vertrieben. Von da an schaukelten sich die Gewalt der Singhalesen und die Gegengewalt der Tamilen[6] gegenseitig hoch und mündeten in einen anhaltenden Krieg zwischen den staatlichen Kräften und den LTTE (*Liberation Tigers of Tamil Eelam*).

So provozierte ein diskriminierender und exklusiver singhalesisch-buddhistischer Nationalismus einen defensiven tamilischen Nationalismus, und die singhalesischen Kräfte, die dem Staat durch Staatsterrorismus halfen, führten zum Gegenterrorismus der Tamilen. Der dadurch ausgelöste Bürgerkrieg dauerte von 1983 bis 2002.

5. Der Kontext der Kirche in der Gegenwart – ihre Stärken und Schwächen

Durch die Zunahme von Gewalt und Krieg wurde die Kirche, die die eigene Konsolidierung und den Schutz ihrer eigenen Interessen anstrebte, ohne den neuen Realitäten in ihrem Umfeld ins Auge zu sehen, weiter geschwächt.

Obwohl die Kirche die einzige (religiöse) Gemeinschaft war, die Mitglieder auf beiden Seiten des Konflikts und des Krieges hatte, wurde diese Möglichkeit der Kommunikation[7] und Vermittlung nicht genutzt.

---

[5] Bei den Parlamentswahlen im Jahr 1977, an denen alle Tamilen teilnahmen, stimmten diese mit großer Mehrheit für die Föderale Partei, die einen föderalen Staat für die Tamilen forderte.

[6] Die tamilische Jugend, die an die Wand gedrückt wurde und die durch ihre Diskriminierung in den Bereichen Sprache, Bildung und Arbeit ohne jede Zukunft war, griff zu den Waffen, um ihr Land und ihre Leute zu verteidigen. Die LTTE stellt mittlerweile die Führung der Tamilen mit 22 tamilischen Parlamentsmitgliedern dar.

[7] Unter den singhalesischen und tamilischen Christen gibt es zahlreiche Geistliche und Laien, die alle drei Sprachen sprechen – und so die Möglichkeit haben, zwischen den Singhalesen und den Tamilen zu vermitteln und Frieden zu stiften.

5.1 Die Zentralisierung einer föderalen Kirche

Die singhalesischen Christen, die unter den singhalesischen Buddhisten im Südwesten leben, teilen die Gefühle und Sehnsüchte der singhalesisch-buddhistischen Mehrheit und ihrer Regierung. Ebenso teilen die tamilischen Christen, die unter den tamilischen Hindus leben, die Gefühle und Sehnsüchte der dortigen tamilischen Mehrheit unter der Führung der LTTE.

Die Tamilen erwarten jedoch, dass die singhalesischen Christen für sie eintreten. Die drei tamilischen Bischöfe im Kriegsgebiet kümmern sich um der Einheit der Bischofskonferenz willen nicht genug um die Belange der Opfer.[8] Und die acht singhalesischen Bischöfe und ihre Christen schweigen lieber, weil sie befürchten, als Sympathisanten der Tamilen stigmatisiert zu werden. Sie haben nicht den prophetischen Mut zu protestieren. So existiert die Einheit der Kirche nur auf der Ebene der Bischofskonferenz und innerhalb der hierarchischen Strukturen, aber nicht im Volk. Es fehlt die wahre christliche Solidarität, sogar bei Katastrophen.[9]

Jede Seite wird in hohem Maße von den jeweils in ihrer Sprache berichtenden säkularen Medien beeinflusst. So gibt es eine Kommunikationslücke im Bereich von Presse, Radio und Fernsehen. Die staatlichen Medien, die in Englisch und Singhalesisch senden, sind zu mächtig. Die kirchliche Führung hat zu wenig dazu beigetragen, um diese Kluft zu überwinden.[10] Die Überbrückung dieser Kluft durch die Ressourcen der Kirche ist eine unverzichtbare Bedingung für die Einheit und die Mission der Kirche.[11]

5.2 Eine defizitäre Kirche

Obwohl die Kirche von einem einheimischen Klerus geleitet wird, ist sie nicht genug in der eigenen ethnisch-kulturellen Identität verwurzelt. Sie ist sich ihrer Situation als Minderheit bewusst, deren Überleben von der buddhistischen Mehrheit abhängt. Es fehlt ihr an prophetischem Mut, für die christli-

---

8 Sogar auf der Ebene der Bischofskonferenz werden viele der schockierenden Realitäten von Tod und Gewalt in den Kriegsgebieten des Nordostens nicht als Priorität betrachtet. Rein innerkirchliche und von Rom diktierte Themen haben Vorrang vor Problemen, die das Leben der Menschen bedrohen.

9 Es waren sehr wenige, die einander während der größten Zerstörungen durch den Krieg oder den Tsunami Mitgefühl und Anteilnahme entgegenbrachten.

10 Auf der Provinzsynode der Kirche im Jahr 1991 entwarf der Autor dieses Beitrags ein Dokument mit dem Titel *Kirche als das Sakrament der Kommunikation in der Nation*. Es wurde als Teil des Synodendokuments veröffentlicht, doch wenig wurde unternommen, um es in die Praxis umzusetzen.

11 Anfang des letzten Jahrhunderts erschienen neben den beiden katholischen Wochenzeitungen in Singhalesisch und Tamil zwei katholische Wochenzeitungen in Englisch, herausgegeben von der singhalesischen Kirche (Colombo) und der tamilischen Kirche (Jaffna). Diese beiden Wochenzeitungen waren eine Form des Dialogs. Doch finanzielle Überlegungen und ein falsches Verständnis von Einheit verdrängten die Zeitung der tamilischen Kirche und führten dazu, dass die *Colombo weekly* zu der einzigen diözesanen und nationalen Wochenzeitung wurde.

chen Werte einzutreten, die wegen der immer schlimmer werdenden Situation des Landes so wichtig wären. Die Kirche ist mehr am Schutz der Einheit und am Status quo der institutionellen Kirche interessiert, damit sie die Herde innerhalb der Kirche ernähren und einige humanitäre Dienste wie die Behandlung der Verwundeten und das Begraben der Toten leisten kann.

Außer beim gemeinsamen Gebet um Frieden, das oft eine Flucht oder ein Ersatz für das Handeln ist, gibt es keine Einheit im Verständnis der transkulturellen Botschaft Jesu[12] für Menschen, die voneinander getrennt sind und auf beiden Seiten des Konflikts sterben. Die Einheit wird fälschlicherweise in Bezug auf die Institution, aber nicht auf die Jüngerschaft Jesu hervorgehoben.

Die Kirche als Institution hat auf Ungerechtigkeiten so lange mit Kompromissen oder Schweigen reagiert, bis sie eine apolitische Distanz zu Problemen erlangte. Heute kann sie nur als Institution für humanitäre Dienste betrachtet werden, nicht aber als Institution im prophetischen Dienst an Wahrheit und Gerechtigkeit im Geiste des Evangeliums.

6. Vorrangige Aufgaben der Kirche heute

Im gegenwärtigen, von ethnischen Konflikten, Gewalt und Krieg geprägten Kontext muss der Hilferuf von Menschen in Lebensgefahr gehört werden, zumal die staatliche und kommunale Politik von Korruption auf allen Ebenen durchdrungen sind. Angesichts dieser Herausforderungen ist vor allem die christliche Kirche, die über Potential zur Vermittlung, eine gebildete Kirchenführung und über weltweiten Einfluss verfügt, zum Handeln gefordert. Buddhisten und Hindus sehen diese Ressourcen und erwarten von den Christen, dass sie mehr tun, um Menschenleben zu retten.

Wir wissen, dass alle Religionen in Sri Lanka durch die bittere Erfahrung der letzten Jahrzehnte den Hunger nach menschlichem Leben und umfassender Befreiung erkannt haben und entsprechende Initiativen begrüßen. Die Anhänger von Buddhismus, Hinduismus und Islam sind nicht weniger engagiert als die Christen bei der Suche nach Antworten auf ihre menschliche Situation; »die Menschen erwarten von den verschiedenen Religionen Antwort auf die ungelösten Rätsel des menschlichen Daseins« (NA 1).

Das ganze Land, alle seine Religionen und Kulturen rufen heute nach menschlicher Erlösung – nach der Befreiung aus den Klauen von Tod und Zerstörung, vom Übel des Extremismus, Fanatismus und der Korruption. Das Land sehnt sich nach Botschaftern und Heilern, die die Wunden der anhaltenden Trennung und Zerstörung heilen können, das menschliche Leben wieder normalisieren und Wege friedlicher multikultureller Koexistenz für das ganze Volk finden.

---

[12] Vgl. Pieris 2006, 29.

Wird die Kirche wenigstens jetzt mit all den ihr zur Verfügung stehenden Mitteln zur Kommunikationsmittlerin werden, indem sie sich gemäß der Vorgaben der Welt und der asiatischen Kirche erneuert und die Vermittler dieses neuen Glaubens dazu befähigt, sich für Wahrheit und Gerechtigkeit einzusetzen?

6.1 Welche Art von Kommunikation ist in diesem Kontext gefordert?

Der heutige Hilferuf an die Kirche erfordert keine Glaubenskommunikation, die als Bekehrung, Verkündigung, Evangelisierung verstanden wird, sondern als Hineinbringen der Glaubensinhalte und Lehren Christi in die gemeinsame Bemühung aller Religionen, das Land zu retten.

Unsere Vermittlung des christlichen Glaubens, der christlichen Werte an andere muss die schon existierenden Offenbarungen Gottes in Hinduismus, Buddhismus und Islam (die verborgenen Offenbarungen) anerkennen. Was in diesen Religionen und Kulturen schon wahr und gut ist, bringt sie vom Bösen weg und zum Guten hin. Unsere Vermittlung der Vision einer Welt für Alle muss diejenigen bewegen, die sich schon bewegen, ohne sie zu Veränderungen anzutreiben, über die sie sich ärgern. Denn wir glauben, dass wir uns alle, unabhängig von unserer Religionszugehörigkeit, auf das letzte Ziel der Befreiung im Reich Gottes, auf das *Nirwana* oder *Moksha* bzw. auf das *Ewige Leben* hin bewegen.[13]

Die Kommunikation des christlichen Glaubens wurde früher gerne als die Übergabe eines Pakets kirchlicher Glaubenslehren verstanden. Aber unser christlicher Glaube besteht nicht so sehr darin, die von der Kirche präsentierten Glaubensinhalte über Gott und Jesus passiv zu akzeptieren, sondern darin, die Beziehung Jesu Christi zu Gott und zu seinen Mitmenschen zu der unseren zu machen.

6.2 Welche Rolle spielt die Kirche bei dieser Kommunikation?

Die institutionelle Kirche in Sri Lanka hat Schwächen, aber auch Ressourcen. Sie ist Teil eines weltweiten Programms, das allerdings von einem römischen Zentralismus und den Spendern des Westens abhängt. Unsere Hoffnung, einen christlichen Glauben zu vermitteln, der dieses Land heilen, normalisieren und einen kann, sind die Christen, die die Kirche als Heimat betrachten, die ihnen mehr bedeutet als ein Arbeitsplatz.

---

[13] »In unserer Zeit, da sich das Menschengeschlecht von Tag zu Tag enger zusammenschließt und die Beziehungen unter den verschiedenen Völkern sich mehren, erwägt die Kirche mit um so größerer Aufmerksamkeit, in welchem Verhältnis sie zu den nichtchristlichen Religionen steht. Gemäß ihrer Aufgabe, Einheit und Liebe unter den Menschen und damit auch unter den Völkern zu fördern, faßt sie vor allem das ins Auge, was den Menschen gemeinsam ist und sie zur Gemeinschaft untereinander führt. [...] Seine Vorsehung, die Bezeugung seiner Güte und seine Heilsratschlüsse erstrecken sich auf alle Menschen« (NA 1).

Die Christen können anderen nur das vermitteln, was sie schon besitzen. Die Glaubensüberzeugungen, die sie haben, werden ihren Willen und ihren Weg bestimmen, die Werte des Evangeliums nach außen zu kommunizieren. Deshalb besteht unsere vorrangige Aufgabe darin, uns selbst zu katechetisieren oder neu zu evangelisieren auf der Grundlage der Richtlinien, die das Zweite Vatikanische Konzil, die Föderation Asiatischer Bischofskonferenzen (FABC) und die Asiatische Synode vorgegeben haben.

6.3 Wie bereitet sich die Kirche auf diese Kommunikation vor?

Die Vermittlung des christlichen Glaubens an diejenigen, die außerhalb der Kirche stehen, hängt sehr von unseren Bemühungen ab, unseren eigenen Glauben zu reformieren und zu erneuern, indem wir zu den Quellen zurückkehren und ihn im Kontext unserer eigenen historischen religiös- und sozialpolitischen Realitäten lesen, wie es schon in den Lehren des Konzils aufscheint und von den Lehren der Asiatischen Synode und der FABC weiter entwickelt worden ist.

Die Lehren des Zweiten Vatikanums wurden nur in ausgewählten Bereichen und in beschränktem Maße in die Katechese aufgenommen, meist in Bezug auf die Liturgie, die in der Muttersprache stattfand, und auf größeres humanitäres Engagement. Es wurde sehr wenig getan, um den Geist und die Vision für die Zukunft radikal zu verändern, wie es vom Konzil initiiert und inspiriert worden war. Trotz der Richtlinien und der Ermutigung des Zweiten Vatikanums haben unsere Kirchen weder den Schwerpunkt von einer kirchenzentrierten zu einer Christus-zentrierten Katechese verschoben, noch ihr Erlösungskonzept zu einer ganzheitlichen Befreiung hin erweitert, noch haben sie sich für andere Religionen positiv geöffnet.

Die erste Verkündigung oder Evangelisierung in Sri Lanka orientierte sich nicht genug daran, was für das Christentum spezifisch ist, nämlich das Ereignis Jesu Christi und seine Botschaft ganzheitlicher Befreiung in Bezug auf Gott und den Menschen. Sie konzentrierte sich auf eine neue Religion in ihrer institutionellen Form – der Kirche –, um durch sie den bestehenden religiös-kulturellen Kontext des Volkes gewaltsam zu ersetzen.

Doch nun müssen sich unsere kirchlichen Ressourcen, wie die Liturgie und die Katechese, darauf konzentrieren, die Bibel von unten, aus dem Kontext des Volkes heraus zu lesen und zu fragen, was Jesus in einer solchen Situation gesagt oder getan hätte. Die Dokumente des Konzils, besonders *Gaudium et Spes* und *Nostra Aetate*, können dafür Orientierung bieten.

7. Kommunikation durch interreligiösen Dialog und interreligiöse Zusammenarbeit

Eine Kommunikation unseres Glaubens, wie sie der Hilferuf unseres Landes erfordert, kann nicht durch die Kirche allein oder von außen erfolgen. Sie muss in Zusammenarbeit mit den Menschen aller religiösen und kulturellen Richtungen stattfinden.[14] Dies ist eine riesige Herausforderung für die Kirche im heutigen Sri Lanka, die eine radikale Verschiebung des Schwerpunkts ihrer aktuellen Katechese innerhalb der Kirche erfordert. Nur eine solche Katechese kann sowohl die breitere Masse der Christen darauf vorbereiten, die neuen Herausforderungen zu verstehen, als auch talentierte Botschafter für die interreligiöse Kommunikation und Zusammenarbeit qualifizieren.

In diesem Kontext müssen wir den interreligiösen Dialog und die interreligiöse Zusammenarbeit für den Frieden im Land untersuchen als zwei Seiten der einen Herausforderung der Kommunikation des christlichen Glaubens. Jeder Versuch, den christlichen Glauben an die Anhänger anderer Religionen zu vermitteln, muss kommunikativ und gemeinschaftlich sein, ein Dialog über religiöse Überzeugungen (nicht Religionen) und über das Leben und ein Einsatz für gemeinsame Interessen wie Wahrheit, Gerechtigkeit und Frieden.

Heute ist es notwendig, die Menschen zu inspirieren, die Anhänger ihrer Religion bleiben werden und dennoch Jesus in seinem Geist und seiner Mission folgen, ohne Mitglied der Kirche zu werden oder sich als Christ zu bezeichnen. Die Jüngerschaft Jesu ist kein Monopol der Kirche. Deshalb wird es viele buddhistische und hinduistische Christen geben, die zusammen mit den Christen in der Kirche an der Verwirklichung des gemeinsamen Ideals von Heil und Befreiung arbeiten werden, für Einheit, Frieden und Wohlstand aller im Land. Mit diesem Ziel sollten wir Jesus in den Kategorien der Religionen, die wir schon haben, den anderen vorstellen.[15]

Die Verbreitung der Werte des Evangeliums erfordert, dass wir dem Geist und der Botschaft des Evangeliums treu bleiben. Statt des früheren Gefühls von Überlegenheit, Eroberungsgeist und exklusivem Absolutismus in Beziehung auf die Formulierung unseres Glaubens und auf die Art und Weise, wie

---

[14] Die Väter der Asiatischen Synode im Jahr 1999 waren sich der anhaltenden Menschenrechtsverletzungen in vielen Teilen der Welt, und besonders in Asien, wo viele Millionen unter Diskriminierung, Ausbeutung, Armut und Ausgrenzung leiden, wohl bewusst. Sie betonten die Notwendigkeit, dass Gottes Volk in Asien die unentrinnbare und unverzichtbare Herausforderung im Zusammenhang mit der Verteidigung der Menschenrechte und der Förderung von Recht und Frieden erkennen würde.

[15] Die Väter der Asiatischen Synode haben vielfach die Notwendigkeit hervorgehoben, so zu evangelisieren, dass die Sensibilität der asiatischen Völker angesprochen wird, und sie schlugen Bilder von Jesus vor, die für die asiatischen Vorstellungen und Kulturen ver-ständlich und gleichzeitig mit der Heiligen Schrift und der Tradition vereinbar sein würden. Dazu gehörten: Jesus Christus als Lehrer der Weisheit, als der Heiler, der Befreier, der Geistliche Führer, der Erleuchtete, der Mitfühlende Freund der Armen, der Gute Samariter, der Gute Hirte, der Gehorsame.

wir die Lehren Christi darstellten, verlangt der neue Kontext wiederbelebter Religionen, dass wir unsere Botschaft demütiger vortragen, durch unseren Lebensstil, der durch die Werte des Evangeliums bereichert wird, und unsere klare Haltung gegenüber diesen Werten, auch wenn es unser Leben kostet.

Können wir das Lesen der Bibel »von unten« fördern, von den Menschen selbst, mit ihrer Denkweise und ihren Sehnsüchten als Kontext? Wir brauchen einen radikal neuen Weg, die Bibel zu begreifen, indem wir sie selbst lesen, auf der Grundlage unseres eigenen Kontextes, mit unseren eigenen Sorgen, Problemen und Bedürfnissen, ohne dass uns von Außenstehenden diktiert wird, was wir daraus nehmen sollen oder wie wir den Text verstehen sollen. Die mit den Methoden der westlichen Scholastik betriebene Exegese hat uns der Wahrheit nicht näher gebracht. Die Menschen in Sri Lanka haben schon einen ihnen eigenen Zugang zu Gott erhalten, der ihnen durch die Kultur und den religiösen Kontext vermittelt wurde. Sie haben ihre eigenen Denkweisen und philosophischen Kategorien. In dem so kulturell und philosophisch geprägten Kontext muss die Bibel rezipiert werden.[16]

Schlussbemerkung

Wie kann der christliche Glaube dem Volk Sri Lankas so kommuniziert werden, dass wir uns in eine Welt für Alle bewegen? Wie können Christen mit Hilfe der Kirche zu Botschaftern, Heilern und Lebensspendern einer Menschheit werden, die dabei ist, zu verbluten?

Die Einführung des christlichen Glaubens in verschiedenen Regionen Sri Lankas führte zu einer Strategie der Vermittlung zwischen verschiedenen Gemeinschaften, doch die kirchenzentrierte, gegen andere Religionen und Kulturen gerichtete Verkündigung gab der Kirche ein fremdes Gesicht und machte ihr Bekehrungsprogramm suspekt. Zu Beginn der Unabhängigkeit und des Wiederauflebens indigener Kulturen und Religionen stand die Kirche vor der Herausforderung, indigen, akkulturiert zu werden und sich sozialpolitisch für das Wohl des Landes zu engagieren. Das Zweite Vatikanische Konzil gab rechtzeitig den Anstoß zu dieser Offenheit und Veränderung. Doch leider entschied sich die einheimische Kirchenleitung für ein apolitisches Schweigen und eine innerkirchliche Stärkung. Sogar angesichts der ungerechten Gesetze des Staates gegen die Minderheiten und der Unterdrückung ihrer gewaltlosen

---

[16] Die Asiatische Synode in Rom spricht davon, dass einige der Anhänger der großen Religionen Asiens kein Problem damit haben, Jesus als eine Manifestation des Göttlichen oder des Absoluten oder als einen »Erleuchteten« zu akzeptieren. Aber es sei schwierig für sie, ihn als die *einzige* Manifestation des Göttlichen zu betrachten. Tatsächlich ist es aus philosophischen, kulturellen und theologischen Gründen schwierig, das Glaubensgeschenk in Jesus Christus als einzigem Retter zu akzeptieren, besonders wegen der Glaubensinhalte der großen Religionen Asiens, die eng mit kulturellen Werten und bestimmten Weltanschauungen verflochten sind.

Proteste durch die staatlichen Kräfte wachte die Kirche nicht auf, um eine prophetische Haltung einzunehmen und sich für die Wahrheit und den Frieden einzusetzen. Dies hat zu einem Vertrauensverlust des Volkes gegenüber der Kirche geführt.

Durch einen langen Konflikt, Gewalt und Krieg blutet das Volk nun aus. Wieder ruft es um Hilfe, um zu überleben. Das Bestreben, menschliches Leben zu retten, hat bei allen Religionen höchste Priorität. Extremistische Kräfte haben ihren Krieg gefährlich eskalieren lassen. Politiker, NGOs und andere Organisationen sind hilflos. Die Internationale Gemeinschaft versucht lediglich, den Krieg zu stoppen. Auch wenn es ihnen gelingen sollte, bleibt die riesige Herausforderung, die Gemeinschaften zu heilen, Beziehungen zu normalisieren und einen Weg in die Zukunft zu weisen.

Wie kann eine geschwächte und diskreditierte Kirche in diesem kritischen Augenblick den Glauben in einer Weise vermitteln, die das Land heilen, retten und normalisieren wird? Diese Herausforderung verlangt von uns Christen in den Kirchen, unseren Glauben zu überdenken und neu zu formulieren, nicht als kirchenzentriertes Paket, das für eine lebenslange Mitgliedschaft in der Kirche bestimmt ist, sondern als etwas, das uns dafür begeistert, Jesu Jünger zu werden und außerhalb der Kirche seinen Geist, seinen Glauben und seine Lehren im Dienst der Wahrheit und des Friedens zu empfangen und weiterzugeben. Wir müssen unseren Glauben neu ausrichten, von einer ekklesiozentrischen zu einer theozentrischen und christozentrischen Soteriologie, die das Anliegen hat, allen Menschen Heil und Rettung zu bringen.

Parallel zu diesen Bemühungen innerhalb der Kirche müssen die Christen mutig den interreligiösen Dialog und die interreligiöse Zusammenarbeit für Gerechtigkeit und Frieden aufnehmen.

Literatur

Sekretariat der Deutschen Bischofkonferenz (Hg.) 2000, *Ecclesia in Asia,* Bonn.

PIERIS, A. 2006, *The New Quest for Asian Christian Identity. Guidelines from the pioneers of the past,* in: Bertsch, L./Evers, M./Moerschbacher, M. (Hg.) 2006, Viele Wege – ein Ziel. Herausforderungen im Dialog der Religionen und Kulturen, Freiburg i.Br., 24–42.

Mary John Mananzan

Im Einsatz für das Empowerment der Frauen im philippinischen Kontext

1. Biographischer Hintergrund

Mein Einsatz für das *Empowerment* (»Ermächtigung«) von Frauen hat seine Wurzeln in meiner persönlichen Geschichte. Ich komme aus einer philippinischen Mittelklasse-Familie und kam mit 11 Jahren an das St.-Scholastica-College, eine Schule für Mädchen und Frauen, die von deutschen Benediktinerinnen geleitet wird. Nach meinem Schulabschluss trat ich im Alter von 19 Jahren dem Orden bei und wurde zehn Jahre später zum Studium der Philosophie und Theologie nach Deutschland und Rom geschickt. Als ich nach Hause zurückkehrte, herrschte auf den Philippinen das Kriegsrecht. Durch die Erfahrung der Brutalität des Militärs und der Ungerechtigkeit und Unterdrückung, die in der Gesellschaft herrschten, wurde ich zur politischen Aktivistin und schloss mich den Kundgebungen, Demonstrationen und Mahnwachen der Arbeiter, Bauern und Armen in der Stadt an. Ich wurde auch Mitglied der Arbeitsgruppe zur Vorbereitung kirchlicher Mitarbeiter im Verband der *Major Religious Superiors* und bereiste die ganzen Philippinen, um Workshops, Seminare etc. zu leiten. Sie hatten die Situation der philippinischen Gesellschaft zum Thema, denn wir sahen die Notwendigkeit, sich mit dem Volk zusammenzuschließen, um die Gesellschaft zu verändern.

Nach einigen Jahren erkannten wir, dass wir, um eine umfassende Veränderung der Gesellschaft zu bewirken, uns insbesondere mit der Unterdrückung von Frauen beschäftigen mussten, weil Frauen die Hälfte der Bevölkerung darstellen. So wurde ich eine der Frauen, die die Frauenbewegung auf den Philippinen anführten. Eine Dachorganisation, GABRIELA, wurde gegründet, deren Vorsitzende ich seit 1986 bin. Diese Organisation führte viele Massenveranstaltungen zu Frauenfragen, z.B. Frauenhandel, verschiedene Formen von Gewalt gegen Frauen, Diskriminierung und Unterordnung von Frauen durch. Sie mobilisierte auch Frauen zu nationalen Themen wie den US-Stützpunkten auf den Philippinen, den Anstieg der Ölpreise, Atomkraftwerke, *visiting forces agreement* usw. GABRIELA hatte eine sehr aktive Rolle in der sogenannten *Second EDSA Revolution*, die im Jahr 2001 den Präsidenten Joseph Estrada stürzte.

Als Dekanin des St.-Scholastica's-College führte ich 1985 den Studiengang *women's studies* (Frauenstudien) ein und gründete 1988 das *Institute of Women's Studies*, welches das Ziel hat, Kurse ohne akademische Abschlussprüfung nicht nur für Frauen der Philippinnen, sondern auch für Frauen aus ganz Asien, dem Pazifik und Afrika anzubieten. Ich wurde auch Mitglied des Ökumenischen Verbandes von Dritte-Welt-Theologen (EATWOT) und half beim Aufbau seiner Frauenkommission, die dann eine asiatische feministische Befreiungstheologie entwickelte.

In den 1990er Jahren wurde ich mir der großen Problematik der ökologischen Krise bewusst und so erwarb das Institut für Frauenstudien eine Farm, die für unseren Bedarf ausgebaut wurde. Heute ist die *Women and Ecology Wholeness Farm* (Farm für Frauen und ökologische Ganzheitlichkeit) ein Ort, an dem eine nachhaltige Landwirtschaft mit großer Artenvielfalt betrieben wird und die zugleich ein Tagungsort für öko-feministische Kurse und Seminare ist.

In meiner Amtszeit als Präsidentin des St.-Scholastica-Colleges (1996–2002) versuchte ich, die Sorge um drei Probleme zu institutionalisieren: *ökonomische Ungerechtigkeit, Umweltkrise und Frauenfragen*.

2. Die Frauenfrage

Zum besseren Verständnis meines Engagements für das Empowerment der Frauen muss ich erklären, was die Frauenfrage ist.

Ich definiere die Frauenfrage als
 die Tatsache, dass es
 Unterordnung
 Diskriminierung
 Ausbeutung
 Unterdrückung
 von Frauen als Frauen gibt
 und zwar unabhängig von
 Klasse
 Rasse
 Nationalität
 Glauben.
Sie ist ein ideologisches, strukturelles und globales Problem.

Die äußere Gestalt dieses Problems sind die verschiedenen Frauenfragen, die uns in der Gesellschaft begegnen – ungleiche Behandlung der Frauen in allen Bereichen – in der Familie, der Gesellschaft, der Wirtschaft, der Politik und der Religion; verschiedene Formen von Gewalt gegen Frauen wie Vergewaltigung, Inzest, Mitgiftmorde, Ehrenmorde, die Tötung weiblicher Föten oder Säuglinge und Frauenhandel, wie Prostitution, *mail-order brides* (Bräute auf Bestellung) und Vertragsarbeit von Frauen in Übersee.

Die Ideologie, die hinter der Frauenproblematik steht, ist das *Patriarchat*, das seine Wurzeln in der absoluten Herrschaft des Vaters in früheren Gesellschaften hat und durch die Herrschaft von Männern über Frauen in allen Bereichen charakterisiert ist. Die lange Praxis des legalen Patriarchats hat bei den Männern zu einem unbewussten Besitzanspruch oder einer Anspruchshaltung gegenüber den Frauen geführt. Diese Werte prägen alle Strukturen, wirtschaftliche, politische, gesellschaftliche und religiöse. Sie werden kommuniziert und durch Erziehung, Religion und Massenmedien aufrechterhalten.

Um die Gesellschaft gerechter, gleicher und menschlicher zu machen, muss eine Veränderung des Bewusstseins und der Strukturen stattfinden, das heißt ein Empowerment der Frauen. Dies ist der Grund für die verschiedenen Projekte und Aktivitäten, für die ich mich engagiere und die ich in den folgenden Abschnitten genauer beschreiben möchte.

2.1 Empowerment der Frauen durch Organisierung

Weil die Frauenfrage eine soziale Frage ist, ist die Lösung nicht die individuelle, sondern die gesellschaftliche Emanzipation, und deshalb ist es wichtig, sich zu organisieren. Die Frauenbewegung auf den Philippinen begann in den 1970er Jahren. Wir haben zwei Grundprinzipien:

- Die Frauenbewegung auf den Philippinen ist ein Teil, ein wesentlicher Aspekt des allgemeinen Kampfes des philippinischen Volkes für gesellschaftliche Veränderungen;
- die Frauenprobleme müssen im Befreiungsprozess selbst angegangen werden und nicht nur sein Ziel sein.

GABRIELA, der größte Zusammenschluss von Frauenorganisationen auf den Philippinen, umfasst inzwischen 200 Einzelorganisationen und 50.000 einzelne Frauen aus der ganzen Welt. Zu seinen Strategien gehört die Organisation von Frauen nach Sektoren, die Mobilisierung der Mitglieder für nationale und geschlechtsspezifische Themen, die Bewusstseinsbildung und Ausbildung der Mitglieder und anderer Frauen, Gleichberechtigung in den Schulen, Ausbildung in Fragen des Rechts und seiner Anwendung, Krisenintervention für Gewaltopfer, die Förderung alternativer Medien und nationaler und internationaler Solidarität.

2.2 Empowerment der Frauen durch Bildung

Die Frauenproblematik wird durch die Erziehung aufrechterhalten, die zu Hause beginnt und in der Schule im gleichen Sinne weitergeführt wird. Es ist dringend erforderlich, dass sich das Bewusstsein der Frauen ändert, so dass sie ihre Unterdrückung nicht aufrechterhalten, indem sie ihre Kinder alle Klischees lehren, die sie von ihren Müttern und Großmüttern gelernt haben.

Deshalb wurde im St.-Scholastica's-College, einem College für Mädchen und Frauen, 1985 eine Einführung in Frauenstudien angeboten, die nun Teil des allgemeinen Lehrplans und darin Pflichtthema ist. Das College bietet inzwischen weiterführende Lehrveranstaltungen in diesem Bereich an und führte vor fünf Jahren einen Master-Studiengang mit dem Hauptfach Geisteswissenschaften ein.

1988 wurde ein Institut für Frauenstudien gegründet, das administrativ und finanziell autonom, aber dem College angeschlossen ist. Es umfasst vier Bereiche: Ausbildung, Forschung und Veröffentlichungen, das Ressourcen-Zentrum und einen Radiosender.

Zur Ausbildung gehört ein dreimonatiger interkultureller Kurs über Frauen und Gesellschaft für Frauen aus Asien, dem Pazifik und Afrika. Bis heute wurden zwölf Kurse durchgeführt mit ca. 200 Absolventinnen, die aus allen Ländern Asiens sowie einigen Ländern des Pazifik und Afrikas, der Vereinigten Staaten von Amerika und Europas stammen. Es wird auch zweimal im Jahr ein einmonatiger Kurs für philippinische Ausbilderinnen angeboten, um Frauen auf die Leitung von Seminaren zur Sensibilisierung für die Gender-Problematik oder zur grundlegenden Orientierung von Frauen vorzubereiten. Außerdem werden Kurse über gleichberechtigte Erziehung, Ökofeminismus und Frauenspiritualität angeboten.

Der Bereich Veröffentlichungen hat Bücher für Frauen und eine asiatisch-pazifische Frauenzeitschrift publiziert. Die Seminarhäuser des Instituts für Frauenstudien und der ganzheitlich-ökologischen Frauenfarm werden auch als nationale und internationale Tagungsorte genutzt. Eine Radiosendung über Frauenfragen wird wöchentlich gesendet.

15 Jahre nach der Gründung des Instituts für Frauenstudien kann positive Bilanz hinsichtlich des persönlichen Empowerments der an den Kursen teilnehmenden Frauen gezogen werden. Die Kurse haben ihnen größeres Selbstbewusstsein und Selbstvertrauen eingebracht und sie zu einem überzeugten Engagement für die Sache der Frauen angeregt, dem konkrete Taten folgten. Eine systematische Evaluation durch externe Prüfungen, Zusammenkünfte und Erhebungen durch Fragebögen haben diese Überzeugung von der Kraft spendenden Wirkung der vom Institut angebotenen Kurse bekräftigt.

2.3 Das Empowerment der Frauen durch die Feministische Theologie

Die institutionalisierte Religion ist eine der bedeutendsten sozialisierenden Kräfte, die die Frauenproblematik aufrechterhalten. Sogar in Ländern, in denen die Religion nicht dominant ist (wie in Japan), sind viele kulturelle Praktiken im Leben der Menschen in der religiösen Geschichte verwurzelt. Im Christentum haben die feministischen TheologInnen im Bewusstsein des Einflusses der Religion auf die Frauen eine feministische Befreiungstheologie entwickelt, die das Unterdrückende im Christentum abbaut und das Befreiende aufwertet.

Ich bin Mitglied des Ökumenischen Verbands von Dritte-Welt-Theologen (EATWOT), der 1976 gegründet wurde und Mitglieder in Asien, Afrika, Lateinamerika und unter der kulturellen Minderheit in den Vereinigten Staaten hat. Bis September 2001 war ich fünf Jahre lang Geschäftsführerin des Verbands. Zuvor, 1983, war ich an der Gründung einer Frauenkommission in Genf beteiligt gewesen, die die Feministische Theologie in das Programm von EATWOT einführte. Ich war fünf Jahre lang (1983–1988) ihre Koordinatorin. Seit ihrer Gründung hat die Frauenkommission die Dritte-Welt-TheologInnen dazu befähigt, ein hermeneutisches Prinzip zu entwickeln und eine Methodologie, Theologie aus der Perspektive von Frauen zu treiben, die nicht nur Theologinnen in der ganze Welt, sondern auch die Theologie männlicher EATWOT-Theologen beeinflusst hat. Sie hat ihnen auch geholfen, ein Programm für die folgenden Jahre zu entwerfen. Bei den feministischen Theologen Asiens schließt dieses Programm eine eingehende Untersuchung der asiatischen Weltreligionen und der Ur- oder indigenen Religionen Asiens, besonders in Beziehung zu den Frauen, ein.

Die größte Leistung der Frauenkommission von EATWOT, die Frauen in der ganzen Welt zu spirituellem Empowerment verholfen hat, war die Entwicklung einer Spiritualität für Frauen mit den folgenden Merkmalen:

- *Sie ist selbstbejahend.* – Die traditionelle Spiritualität verlangt von den Frauen, sich selbst zu verleugnen. Die Entwicklung eines gesunden Selbstbewusstseins von Frauen wird in der neuen Spiritualität für wichtig gehalten, besonders im Blick auf Gewaltopfer, die zu glauben scheinen, dass sie nichts Besseres verdient haben. Selbstbejahung bedeutet eine Wertschätzung der eigenen Person mit allen Gaben und Begrenzungen. Sie bedeutet, den Prozess der Selbstwerdung zu akzeptieren, sogar die traumatischen Erfahrungen, die man überwunden hat.
- *Sie ist gegenseitiges Empowerment.* – Frauen lieben einander nicht automatisch. Weltweite Schwesterlichkeit ist ein Projekt und nichts Vorgegebenes. Deshalb braucht es eine bewusste Entscheidung, niemals eine Frau im Stich zu lassen, und mehr als das, sich zu bemühen, Frauen stark zu machen, indem man ihnen die Möglichkeit zum Wachstum und zur Entwicklung gibt. Macht wird dabei als »Macht *in*« und »Macht *mit*«, nicht als »Macht *über*« verstanden.
- *Sie ist ganzheitlich.* – Diese Spiritualität überschreitet die Dichotomie und den Dualismus zwischen Kontemplation und Aktion, heilig und profan, Himmel und Erde, Körper und Seele. Sie versucht die Beziehung zu sich selbst, zu anderen, zu Gott und zur Erde miteinander zu verbinden.
- *Sie ist befreiend.* – Anderen Frauen zur Befreiung zu verhelfen setzt voraus, dass eine Frau mit der eigenen Befreiung begonnen hat. Dies bedeutet, dass sie eine bestimmte innere Freiheit von dem erreicht hat, was versklavt und

lähmt. Es bedeutet Freiheit von der Angst, von positiven und negativen Idolen, und Freiheit von Verbitterung und Groll. Freiheit von der Angst heißt nicht, dass man sich nicht fürchtet. Es bedeutet vielmehr, zwischen einer begründeten und einer unbegründeten Angst unterscheiden und trotz einer realen Angst handeln zu können. Idole, ob positiv oder negativ, versklaven, und wenn eine Frau reifer wird, sollte sie sich von ihnen unabhängig machen. Man muss zu einem autonomen Subjekt heranwachsen. Jede hat negative Erfahrungen gemacht, die sie verbittern können, aber sie muss damit aufhören, im Selbstmitleid zu schwelgen, und ihr Leben weiterführen.

– *Sie ist prophetisch.* – Es ist eine Spiritualität, die versucht, schon in der eigenen Person widerzuspiegeln, was man bei anderen bewirken will. Das bedeutet, dass Frauen, die mit Frauen arbeiten, sich um Ganzheitlichkeit in sich selbst bemühen und Selbstachtung, subjektive Autonomie, Selbstvertrauen und Mitgefühl schon in ihrem eigenen Leben konkretisieren müssen. Prophetie bedeutet auch, die »schlechten Nachrichten« anzuprangern. Frauen müssen den Mut entwickeln, diejenigen anzuklagen, die sie missbraucht haben, und gegen die gesellschaftlichen Faktoren zu protestieren, die patriarchalische Werte und Strukturen aufrechterhalten.
– *Sie ist kontemplativ.* – Zeiten ruhiger Reflexion sind wichtig für das Leben jedes Menschen. Sie befähigen eine Frau, die unerschöpfliche Quelle der Kraft, Stärke und Liebe in ihrem Inneren zu nutzen, weil sie in der Tiefe ihres Seins mit Gott in Berührung kommt. Diese Zeiten der Präsenz vor der Präsenz verhelfen zur Selbsterkenntnis und zur Befreiung von der Enttäuschung und Irreführung der eigenen Person.
– *Sie ist heilsam.* – Die Wunden von Frauen, die ernsthaft eine tiefe Spiritualität entwickeln, werden geheilt. Es ist wichtig, dass sie verwundete Heilerinnen werden, die anderen helfen, ihre Opferrolle aufzugeben und nicht nur Überlebende, sondern Anwältinnen zu werden. Wo jemand am meisten verwundet wurde, kann er am meisten helfen. Wenn eine Frau diese Haltung einnimmt, erkennt sie, dass sie keine negativen Erfahrungen mehr hat, weil die negativste zur größten Chance wird, eine verwundete Heilerin zu werden.
– *Sie feiert.* – Die Spiritualität von Frauen besteht nicht aus einem verbissenen Streben nach Perfektion. Sie ist vielmehr eine völlige Hingabe an jemanden, den sie als Einen erfahren haben, der bedingungslos liebt. Sie ist nicht so sehr Kontrolle von Leidenschaft, sondern ein Feiern der Leidenschaft. Sie zieht das Feiern dem Fasten vor. Sie ist keine kalte Askese. Sie ist ein erfülltes und frohes Leben.
– *Sie ist ein kontinuierlicher Prozess.* – Sie ist eine anhaltende, das Leben stabilisierende Spiritualität. Eine Frau darf nicht selbstgefällig sein, weil sie sich von einer inneren Gefangenschaft befreit hat, und zwar deshalb, weil es so leicht ist, in eine neue Unfreiheit zu geraten. Und es kommt nicht darauf an, was uns am Boden hält – ob es ein dickes Seil ist oder ein dünner

Faden – beides verhindert, dass wir unser Geerdet-sein verlieren. Wir können voll Hoffnung sein, weil Gottes Liebe unendliche Möglichkeiten hat. *Sie ist eine leidenschaftliche und mit-fühlende Spiritualität!*

Literatur

MANANZAN, M. J. 2004a, *Commitment and Contemplation (Mystik und Politik),* in: Schreijäck, Th. (Hg.), Werkstatt Zukunft. Bildung und Theologie im Horizont eschatologisch bestimmter Wirklichkeit, Freiburg i.Br., 428–435.

Dies. 2004b, *Religionen und Frauen in Asien. Wege zu einer lebensfördernden Spiritualität* (Theologie interkulturell, Bd. 14), Frankfurt a.M.

Benigno P. Beltran

Prophetischer Dialog mit den Armen. Solidarität mit Gottes Volk in Smokey Mountain

»Diejenigen, die glauben, dass sie an Gott glauben, ohne Leidenschaft in ihrem Herzen, ohne Angst in ihrer Seele, ohne Unsicherheit, ohne Zweifel, ohne ein Element des Zweifels sogar im Trost, glauben nur an die Idee Gottes, nicht an Gott selbst.«
(Juan Miguel de Unamuno, Der tragische Sinn des Lebens)

Ich wurde nach dem Zweiten Weltkrieg in den Regenwäldern Mindanaos geboren. 1961 wurde ich unsanft in den Asphaltdschungel Manilas verpflanzt, wo ich an der Universität Santo Tomas Elektrotechnik studierte. 1965 beschloss ich, ein Missionar der Gesellschaft des Göttlichen Wortes (SVD) zu werden und mich freiwillig für die Mission im afrikanischen Busch zu melden. 1973 wurde ich zum Priester ordiniert.

Meine Träume wurden zerstört, als ich, statt nach Ghana geschickt zu werden, den Auftrag erhielt, im Priesterseminar zu unterrichten. Ich musste das Gelübde des Gehorsams erfüllen und wurde an die Gregoriana in Rom geschickt, wo ich studieren und in Systematischer Theologie promovieren sollte.

Als ich 1978 auf die Philippinen zurückkehrte, beschloss ich, die Kluft zu überwinden und zu den Müllsammlern in *Smokey Mountain* zu gehen. Ich brauchte ein Gegengift zur Illusion. Nachdem ich eine Doktorarbeit von 806 Seiten mit Hunderten von Fußnoten in verschiedenen Sprachen geschrieben hatte, spürte ich, dass etwas zwischen mir und meinem Gefühl der Ganzheit stand. Ich war entsetzt darüber, dass mein Leben für mich bald nicht mehr wiederzuerkennen sein würde. Die wörtliche Bedeutung des hebräischen Wortes für Erlösung ist »weit machen«, »groß genug machen«. Der Weg, den ich gerade ging, war nicht so breit, dass ich mich darauf wohl fühlte. Ich war dabei, in einer Flut von Worten unterzugehen. Ich stand in großer Gefahr, intellektuelle Zusammenhänge und akademischen Wettbewerb höher zu bewerten als die Aufforderung des Nazareners, Gottes heilsame Gegenwart zu denen zu bringen, die sie brauchen. Ich wurde wie Pawlows Hunde darauf konditioniert, Speichel zu produzieren, wenn Gedanken verständlich, quantifizierbar, kohärent waren. Ich sehnte mich nach präzisen Definitionen, koste es, was es wolle. Das jahrelange Studium hatte mich dafür qualifiziert, einzelne Wörter mit solcher Hingabe zu sezieren, dass ich jegliches Interesse an ihrer Bedeutung verloren hatte. Ich war vom wissenschaftlichen Anspruch der Unvoreingenommenheit und des Unbeteiligtseins erfüllt. Ich wollte Gott in die Schablone pressen, die ich entworfen hatte.

Mein Geist wurde müde, irrte ziellos durch eine Wildnis von Fachbegriffen, in denen bei dem Versuch, den Herrn des Universums in mein theoretisches System zu sperren, jede Bedeutung dahinwelkte und starb. Die Wörter, mit denen ich mich oft beschäftigte, waren nicht mehr eine Reflexion des Göttlichen Wortes, das vom Vater kam und unter uns wohnte, voll Gnade und Wahrheit (Joh 1,14). Sie erstarrten und wurden unwirklich, geistige Barrikaden, die ihre Grundlage verloren hatten, so verführerisch und irreführend wie die markanten Sprüche, die in der Fernsehwerbung für Deodorante und Waschmittel verwendet werden.

Vorlesungen, Seminare, Workshops, Konferenzen, Prüfungen, stundenlange Aufenthalte in Bibliotheken wurden zu einer großen Ablenkung, die manchmal kurzweilig war, doch oft hielten mich diese Aktivitäten davon ab, mit meinem zerbrechlichen, einsamen, verletzlichen, sündigen, armen, zerbrochenen Selbst konfrontiert zu werden, das die wichtigste Quelle meiner Theologie hätte sein sollen, die den integrierenden Funken hätte entzünden können, der mir eine neue Perspektive auf mich selbst eröffnet hätte.

Theologie ist nötig, weil ein Verzerren der Bedeutung die Gemeinschaft untergräbt. Wir müssen von der Hoffnung berichten, die in uns ist (1 Petr 3,15). Die Menschen sind vor allem Geschichten erzählende Kreaturen, die verzweifelt nach einer Bedeutung suchen, die ihrem Platz im System der Dinge Sinn verleiht. Die Theologie sorgt dafür, dass die Bedeutung verständlich und mit dem Glauben, der uns von den Aposteln überliefert wurde, vereinbar ist. Doch der Glaube sollte sich nicht der Theologie anpassen, sondern der Geschichte, die aus der Erfahrung des Dreieinen Gottes hervorgegangen ist.

Die ursprüngliche Bedeutung von *Theologie* war »Verbindung mit Gott im Gebet«. Mein Theologiestudium hat mich nicht frei gemacht, weil ich vor mir selbst weglief. Ich hatte Angst davor, mit den Schatten, dem dunkleren Bereich in mir konfrontiert zu werden, befürchtete, dass meine eigene Geschichte überhaupt keine Bedeutung hatte. Ich wollte vor dem Nichts in mir fliehen, dessen Anblick so furchtbar war, dass ich mich mit Dingen ablenkte, die auf lange Sicht wenig Bedeutung hatten. Ich lehnte es ab, die Reise in die Einsamkeit zu machen, weil ich befürchtete, dass ich dabei auf meine eigene Heuchelei stoßen würde.

Meine Rebellion gegen meine innere Armut und Einsamkeit verwandelte sich langsam in Stolz, der meinen Geist nur mit ablenkenden Selbstverwirklichungsprojekten und falschen Idolen beschäftigte. Ich hatte Angst davor, was ich über meine eigene Nichtigkeit entdecken würde, wenn ich lange genug ausharrte. Ich wollte vor einer unbewussten Pathologie fliehen, auf deren Erforschung ich nicht aus war. Ich setzte meine Studien fort und verbrachte auch übermäßig viel Zeit mit dem Besuch von Museen und Sehenswürdigkeiten in *Bella Italia*, tat mich an verschiedenen Pasta- und Pizzasorten gütlich und wurde ein Experte für Weißweine (*in vino veritas!*). Ich aß, trank und war fröhlich.

Als ich eines Tages nach einer mit Auszeichnung bestandenen Prüfung (ich hatte mich zuvor mit den theologischen Gegnern des Professors befasst und gegen sie zu argumentiert gelernt) ging ich über die Piazza del Risorgimento, als ich eine leise, in ruhigem Ton sprechende Stimme hörte, die in meinem Kopf widerhallte: »Gut, aber kannst du diese Zusammenhänge auch deiner Mutter erklären, sodass sie sie versteht?« Die alte Dame ist jetzt übrigens 88 Jahre alt und weckt ihren Mann um 4 Uhr morgens, um mit ihm den Rosenkranz und das Brevier zu beten. Fortan war ich von einer tödlichen Traurigkeit und unendlichen Einsamkeit erfüllt. Ich fühlte mich fremd in meiner Haut.

Alles wurde trocken und hart, als hätte sich alle gnadenhafte Zuwendung aus dem Universum verflüchtigt. Dieser dumpfe Schmerz, der sowohl geistig als auch psychisch war, dauerte mehrere Wochen. Ich wurde von der Gewissheit überwältig, dass ich verdammt war, überschattet von einer undefinierbaren, sich undeutlich abzeichnenden Bedrohung. Dies zerstörte meine Psyche und entkräftete meinen Körper. Die Versuchung, Pillen zu schlucken, um einzuschlafen, oder mich vor Wut über die Leblosigkeit in meiner Seele bis zur Bewusstlosigkeit zu betrinken, war sehr groß.

Als ich mich an der Universität noch mit Differenzialrechnung und symbolischer Logik beschäftigt hatte, um Ingenieur zu werden, hatte ich eine ganz ähnliche Erfahrung gemacht; es war, als ob sich ein kosmisches schwarzes Loch in meiner Brust auftat. Schließlich wurde ich durch die »Himmelhunde« von dieser Dunkelheit befreit.

> »Halts by me that footfall:
> Is my gloom, after all,
> Shade of His hand, outstretched caressingly?
> ›Ah, fondest, blindest, weakest,
> I am He Whom thou seekest!
> Thou dravest love from thee, who dravest Me.‹ [...]«
> *(Francis Thompson, Hound of Heaven)*

Doch diesmal war es anders! Ich war von einem schwarzen Loch in meiner Brust überwältigt worden, als ich praktisch ein Agnostiker gewesen war. Nun aber feierte ich täglich die Eucharistie, sprach mit meiner religiösen Gemeinschaft Morgen- und Abendgebete und studierte in der Ewigen Stadt im Schatten des Vatikans Theologie. Wieso wurde der Schmerz sogar noch schlimmer und intensiver? War dies nur eine gewöhnliche Midlifecrisis?

Nachdem ich mein Studium in Rom beendet hatte, erlaubte mir unser Generalsuperior, Br. Heinrich Heekeren, SVD, die Konzentrationslager Dachau und Auschwitz zu besuchen. Ich wollte mich an diesen Orten, wo Millionen von Menschen vergast und verbrannt worden waren, mit meiner eigenen Verstörtheit auseinandersetzen. Danach lebte ich einige Monate in einem Ashram in

Indien. Spiritueller Leiter in Shantivanam in Tamil Nadu war Br. Bede Griffith, OSB. Eine komplette, vegetarische Mahlzeit am Tag und stundenlanges *Om*-Singen am Cauvery River erfrischten meinen Geist. Doch ich fand nicht die Erleuchtung, nach der ich mich sehnte. Dann träumte ich davon, zu einer Gemeinschaft von Menschen zu gehören, die die Welt vergessen hatte, die nichts haben, deren Leben die Machtlosigkeit und die Verwundbarkeit des Zimmermanns aus Galiläa widerspiegelt. Ich brauchte sie, um den Mut zu finden, nicht vor meiner eigenen Gebrochenheit und Sterblichkeit zu fliehen, und mich davor zu bewahren, das Sprechen über die Trinität mit der wahren Verletzbarkeit angesichts des Dreieinen Gottes im Gebet zu verwechseln. Ich wollte mir meine eigene Wüste schaffen und mein Zelt unter diesen Menschen aufschlagen, um mich dorthin zurückzuziehen, wo ich meine Fixierungen abschütteln und in der freundlichen, heilsamen Gegenwart Gottes verweilen konnte.

Thomas Merton hat geschrieben, dass Theologie in den Beziehungen zwischen den Menschen geschieht. Was mitten unter uns heilig ist, hat zu tun mit dem Geruch von Mist in einem Stall in Bethlehem, mit dem fruchtigen Geschmack des Weins auf einem Tisch in Kanaan und dem Geruch getrockneten Blutes am Kreuz von Golgota. Ich erkannte, dass, wie auch immer die Wahrheit über mich sein würde, dies keine Frage des Geistes, sondern des Seins wäre. Ich würde sie erfahren, indem ich mit den Armen in ihren Baracken leben würde, nicht, indem ich über alten und merkwürdigen Büchern mit vergessenen Weisheiten in muffigen Bibliotheken und sterilen Lesesälen grübelte. Ich brauchte die Ärmsten der Armen, um mich zur Wahrheit über mich selbst zurückzubringen.

> Liebe im Handeln ist etwas Rohes und Furchtbares, verglichen mit der Liebe in Träumen.
> *(Fjodor Dostojewski)*

Es war alles sehr schön, als es Frühling in Rom war und die Blumen blühten und die hübschen Signorinas in Scharen auf die Plätze kamen, und du entscheidest dich, unter den Armen zu leben. Du kannst in dir die romantische Vorstellung nähren, dass du die Armen scharenweise zu Gott zurückbringst, indem du schöne Liturgien ersinnst, die ihnen die Tränen in die Augen treiben, bei der Jugend beliebt bist und effektiv auf die Bedürfnisse der Notleidenden, sozial Benachteiligten und Unterdrückten eingehst.

Es war, als ob ich auf einem anderen Planeten landete, als ich nach meiner Rückkehr aus Rom mit den Schwestern von Mutter Theresa auf die Müllkippe ging. Es war, als beträte ich eine andere Welt, als ich von der puritanischen Effizienz Europas, wo die Züge pünktlich abfahren, in die wimmelnde, vor Leben pulsierende Unordnung auf der Müllhalde kam. Ich war plötzlich direkt mit der Anarchie der Verzweiflung, der Furcht, der Gier unter Menschen konfrontiert – mit Menschen, die ihr Überleben sichern mit dem, was andere wegwerfen, mit Müllsammlern, die sich an die Unterseite der Stadt klammern wie Erdwürmer, die sich durch den Mist fressen.

Die Müllkippe war erst erschreckend, dann ekelerregend, dann machte sie mich zornig. Dieses eiternde Geschwür im Gesicht der Erde hatte den infernalischen Charme eines Albtraums. Ich kam nicht zurecht mit dem, was meine Augen sahen. Ich verlor mein inneres Gleichgewicht – es war eine zu plötzliche Kehrtwende, eine zu schnelle Umdrehung. Ich war von einer Aura der Verwirrung, Instabilität und Entfremdung umgeben, besonders als die Müllmenschen taten, als sei ich nicht da. Viele von ihnen hatten noch keinen Priester gesehen, der einen Fuß in ihre trostlose Landschaft gesetzt hatte, geschweige denn einen, der mit ihnen unter Moskitonetzen aß, um die Fliegen vom Essen fernzuhalten. Ich hatte absolut keine Idee, was ich tun sollte, bemühte mich aber sehr, diese Tatsache zu verbergen, im Dunkeln pfeifend, um nicht den Mut zu verlieren. Millionen riesiger grüner Fliegen beschossen die Haufen stinkenden Mülls. Ich wusste nicht, wie ich die Pferdebremsen während der Messe vom Kelch fernhalten sollte.

Der Gestank war widerlich und zugleich faszinierend, er klebte an unseren Kleidern und unserer Haut und ließ sich kaum abwaschen, unser Magen rollte sich ein wie ein Gürteltier, das sich vor dem Angriff eines Feindes schützt. Der Gestank war eine sich bedrohlich abzeichnende Präsenz, wie eine verfaulte Klapperschlange, die sich ihren Weg in deine Nasenlöcher gebahnt hat, über deine Zunge geglitten ist, deine Kehle verstopft und deinen Kehlkopf mit ihren Schuppen abgeschmirgelt hat. Durch den Rauch, der von dem brennenden Müll aufstieg, und den Ruß in der Luft fühlte sich die Lunge an, als ob Säure in sie gekippt würde. Man konnte den vergifteten und verrottenden Schutt und das verrostete Metall und zerbrochene Glas nicht lange ansehen, ohne an Eiter und Wundbrand zu denken. Wie kann so viel Elend auf einem so kleinen Gebiet zusammenkommen?

Als wir Novizen waren, habe ich eine Geschichte über einen Jünger gelesen, der seinen Herrn fragte, wie er Gott finden könnte. Der Herr führte ihn zu einem Fluss, stieß seinen Kopf unter Wasser und hielt ihn dort fest, bis sich der Novize wieder an die Luft gekämpft hatte. Der Meister sagte zu ihm: »Wenn du Gott so sehr willst, wie du die Luft gewollt hast, wirst du ihn sehr schnell finden.« Als ich im erstickenden Gestank der Müllhalde um Atem rang, wünschte ich verzweifelt, dass Gott existiert, denn wenn es keinen Gott gäbe, wäre dies eine unfreundliche Welt und das Elend der Müllmenschen und der Tod von Millionen, die in Konzentrationslagern ums Leben kamen, hätte keinen Sinn gehabt. Bergers Argument der Verdammung als Zeichen der Transzendenz, über das ich im Priesterseminar gesprochen hatte, erhielt plötzlich eine persönliche Bedeutung.

Das schwärzliche Müllsickerwasser floss in die beiden Flüsse, die an die Müllkippe grenzten, verschmutzte die Bucht und vergiftete das Leben im Meer. Chlorfluorkarbonate gelangten durch Selbstentzündungen in die Atmosphäre, vergrößerten das Ozonloch, strömten giftige Partikel aus, die Krankheiten verursachten und die Lungen schwärzten. Verwüstete Erde und schwindendes Leben – die Müllkippe hatte globale Auswirkungen auf die Umwelt und wurde zur Schande der Nation.

Als ich in das Seminar zurückging, um Theologie zu unterrichten, herrschte eine absolute Verwüstung in meinem Kopf. Mein Fundament wurde unsicher, der Boden fühlte sich glitschig an. Ich spürte eine Benommenheit, es war ein wenig, wie man sich fühlt, nachdem einem ein Zahn gezogen wurde. Die Geographie meines Lebens hatte sich von Grund auf verändert und keiner hatte mir einen Kompass zur Orientierung gegeben. Mein Geist berührte immer noch den Rand der neuen, selbstdefinierenden Realitäten. Ich spürte, dass ich endlich am Anfang des Versuchs stand, herauszufinden, was ich bin.

Neben dem Angriff auf meine Geruchsnerven musste ich mit dem Horror, dem Schrecken und der Wut kämpfen, als ich mich entschied, auf der Müllhalde zu leben. Millionen von Fliegen und Kakerlaken und mutierten (riesigen!) Ratten konkurrierten mit 25.000 Lumpensammlern ums Überleben, 25.000 Männer, Frauen und Kinder, die niedergetrampelt, zerquetscht, ausgelöscht, ohne Prozess dazu verurteilt wurden, eine stinkende Klasse menschlicher Wesen zu sein, Menschen, die belogen, enttäuscht und betrogen wurden. Und diejenigen, die dafür verantwortlich waren, dass sie dort waren, würden nie ihre Last tragen und von keinem Gericht zur Verantwortung gezogen werden.

Ich war erschrocken und entsetzt, als ich mit dem Elend, dem Leid im Leben der Müllmenschen, ihrer Angst und Verbitterung, ihren geerbten Realitäten voll unerbittlicher Konsequenz, ihren geringen Chancen und erstickenden Horizonten konfrontiert wurde. Sie waren Menschen wie ich, sie bluteten, wenn sie gestochen, und lachten, wenn sie gekitzelt wurden, doch sie lebten in Baracken und Hütten, die aus Kartons, Holzkisten und verschrottetem Wellblech bestanden, ohne fließendes Wasser und Strom – und ich hatte ein komfortables Zimmer im Priesterseminar, das viel größer war als ihre Hütten, wo nachts manchmal 18 Menschen abwechselnd schliefen. Die Erinnerung an den Ausdruck von Verlust und Traurigkeit und Verrat in ihren Augen würde mich an jedem Tag in meinem Leben heimsuchen.

Der Gedanke an das verschwendete Potential erzeugte in mir das Gefühl, in einem Zustand ständiger Verwirrung zu ertrinken über das Ausmaß der Verdreckung, in der sprachlose Menschen lebten, die sich nicht einmal adäquat über den Schmerz und das schreiende Verlangen in ihren Herzen austauschen konnten. Sie zogen es vor, still zu leiden und es der Gesellschaft zu erlauben, ihnen Leid zuzufügen, damit ihre Lieben überlebten. Der Ärger und die innere Qual knurrten und schnappten in meinem Herzen wie Tiere im Käfig, doch ich versuchte mich immer wieder davon zu überzeugen, dass das, was ich tat, ihr Leben irgendwie verändern würde.

Ich lernte rasch, wie zerbrechlich das Leben ist, wie schnell man es verlieren kann. Als es z.B. eine Mülllawine gab, die mehrere Müllmenschen unter sich begrub, entstand durch die wenigen Sekunden, die es dauerte, bis der Müllberg auf die Hütten herabgesunken war, in mir eine Vorstellung von der Zerbrechlichkeit der Erde und meiner eigenen Vergänglichkeit, die durch stundenlange Reflexion in der idyllischen Atmosphäre des Seminars niemals entstanden wäre. Kinder, die als Müllsammler arbeiteten, wurden von Bulldozern überfahren, einige wurden von Baggerschaufeln erschlagen und wieder andere von einer Mülllawine begraben – in Sorge geboren, im Elend gelebt und in Schmerzen gestorben. Viele der Säuglinge überlebten nicht. Wenn es eine Masernepidemie gab, starben dreißig Babys innerhalb von zwei Wochen. Ich spiele mit ihnen an einem Tag und am nächsten Tag sind sie schon einbalsamiert worden und liegen unschuldig in einem billigen Sarg oder Pappkarton. Ich weiß nicht, wie viele Säuglinge ich in ihren Särgen gesegnet habe, vielleicht zwei oder drei pro Woche. Das Leiden der Eltern war unermesslich groß. Die Kinder waren alles, was sie hatten.

Es ist das Jammern der Säuglinge, das ich von weitem höre, wenn Stille die Luft erfüllt in der Leere der Nacht, tote Babys, die mit leisen, elenden Stimmen in meinem Kopf wehklagen. Die Laute und Bilder sterbender Säuglinge verfolgen mich in meinem Schlaf und höhlen große Stücke meiner Seele aus, besonders in den einsamen, dunklen Stunden zwischen Mitternacht und Sonnenaufgang. Die Schreie schienen noch lauter und qualvoller zu sein, wenn ich versuchte, dem ganzen Schrecken zu entfliehen. Es ist mehr als schrecklich – es ist unerträglich.

Das Leben auf den Müllhaufen war wertlos. Ich segnete die Körper derjenigen, die in der Zeit des Kriegsrechts »verschwanden« – Menschen, die entweder von Regierungsbehörden oder Kriminellen umgebracht worden waren. Die Müllhaufen waren nicht nur ein Abladeplatz für Müll, sondern auch für tote Körper. Ich segnete die namenlosen, gesichtslosen Opfer, die nicht wichtig genug waren, um einen Moment des Mitgefühls von der Presse und der Gesellschaft zu rechtfertigen. Auf der Müllhalde hatten sie Freude und Sorge, Schrecken und Schmerz erlebt. Sie hatten Kinder und Freunde, die um sie trauerten und sie vermissten, doch ihr Tod war unbedeutend – es waren ja nur Müllsammler, die »verschwunden« waren. Viele von ihnen hatten die Verbrechen nicht begangen, derer sie beschuldigt wurden, doch es gab keine Gerichtsverhandlungen. Wenn ich ihren Körpern die letzte Ölung gab, »roch« ich hier etwas, das ich an keinem anderen Ort riechen konnte. Das verwesende Fleisch war dem meinen nahe, ich roch meinen eigenen Tod.

Die Erkenntnis, dass Jesus nicht einfach starb – denn er wurde brutal ermordet, wie all die Menschen, deren Leichen in *Smokey Mountain* abgeladen wurden –, fühlte sich an, als hätte die Faust eines Boxers meinen Solarplexus getroffen. Wir betrügen uns selbst, wenn wir versuchen, die schreckliche Tatsache zu beschönigen, dass Jesus Christus unter großen Qualen starb. Jesus erlebte die grausamste Art des Todes, um uns zu zeigen, wie unbedeutend und sterblich wir sind und wie schrecklich die Sünde ist, wenn dies der Preis war, den er zu zahlen hatte.

Es dauerte manchmal wochenlang, bis die Toten begraben wurden, und die Leichname wiesen verschiedene Schattierungen von Grün und Grau auf, fettige Flüssigkeiten gerannen unter ihren Särgen. Ihre Verwandten mussten während der Totenwache Glückspiele organisieren, um die Begräbniskosten finanzieren zu können. Es gab Nächte, in denen ich Albträume von verwesenden Körpern hatte, die mit einem blauen Plastikseil aneinandergebunden waren und über mir schwebten, während ich darum kämpfte, an die Oberfläche des stinkenden Sumpfes zu gelangen, mit brennender Lunge nach Luft schnappend. Ich wachte oft schweißgebadet auf. Wenn ich an einer Totenwache teilgenommen hatte, war ich immer von der Angst erfüllt, mir eine Krankheit eingefangen zu haben und meine Mitbrüder im Seminar anzustecken. Es war der reine Terror, als ein Dermatologe, der einen Fleck auf meiner Haut untersuchte, den Verdacht auf beginnende Lepra äußerte. Einige Mitbrüder, die mit mir auf der Halde arbeiteten, zogen sich lebensgefährliche Infektionen zu.

Kinder mit aufgeblähten Bäuchen schieden Darmparasiten in die Abflussrinnen aus. Ehemalige Strafgefangene mit Tätowierungen am ganzen Körper schärften ihre Eispickel und Macheten auf den Pfaden, die über die Müllhaufen führten. Unruhen zwischen Müllsammlergangs waren etwas Alltägliches. Ich war erschrocken über die unterschwellige Gewalt, die auf der Müllkippe herrschte. Die nackte Angst umklammerte meine Eingeweide, als ich hinter dem ruhigen Äußeren von Menschen, die sehr freundlich aussahen, das latente Gewaltpotential aufscheinen sah, das sich hinter ihrem ständigen Lächeln verbarg – die Fähigkeit, anderen Schmerz zuzufügen, die direkt unter der Oberfläche ihres Lachens lauerte. Ich erkannte, wie leicht es für einen verwirrten Süchtigen war, mir auf den dunklen Wegen ein Messer zwischen die Rippen zu stoßen. Ich wäre in die Kriminalstatistik der Stadt eingegangen – als Opfer einer sinnlosen, willkürlichen und plötzlichen Gewalt. Die Vorwegnahme von Schmerz und Tod führte zu einer wahnsinnigen Angst in jeder Nervenzelle des Körpers, die weit über einen bloßen Schrecken hinausging.

Doch die Kinder auf der Halde lächeln mit einer so müden, herzzerreißenden Aufrichtigkeit, dass ich meinen Schreck für einen Moment vergesse. Sie singen in der Messe wie Regentropfen, die auf einen dürren Boden fallen. Ich erwartete, dass die Schrecken des Lebens auf einer Müllkippe bei den Menschen in *Smokey Mountain* sichtbar wären, dass die Erfahrung ihre Gesichter zeichnen würde und in ihre Körper Kanten des Zorns und der Furcht meißeln würde, mit einem Schimmer von Verzweiflung in ihren Augen. Stattdessen war ich von lächelnden Gesichtern umgeben, mit Augen, die stille Teiche waren, in denen sich die Tiefen der Akzeptanz und Freundlichkeit wie Mondlicht auf einem ruhigen Meer spiegelten. Dann wurde der Friede auf der Müllhalde wieder durch den Schuss aus einer selbstgebauten Waffe oder die

Aufregung nach einem anderen hinterhältigen Vorfall gestört oder durch ein Aufgebot von Polizisten mit Sturmgewehren, die nach einem weiteren Verbrecherunterschlupf suchten und dann die Hütten zerstörten.

Und dann kam der Zorn. Ich war schon zur Zeit der Diktatur von Ferdinand und Imelda Marcos ein zorniger Seminarist gewesen, nachdem ich in Sommercamps die Unterdrückung der Bauern auf dem Land und die Verschwendung vieler Reicher, die in bewachten Wohnsiedlungen lebten, hautnah erlebt hatte. Viele Kameraden, die an diesen Begegnungen teilnahmen, verschwanden spurlos, nachdem sie sich bewaffnet und den Rebellen in den Bergen angeschlossen hatten.

Als Mutter Theresa die Müllhalde besuchte, sagte sie, dass angesichts der Tatsache, dass die Philippinen ein christliches Land sind, niemand so leben sollte wie Hunderte von Menschen in *Smokey Mountain*, die Müllberge durchsuchen, um ihr Überleben zu sichern. Die Müllmenschen sind in ihrem Elend nicht allein. Bei einer Gesamtbevölkerung von 80 Millionen leben 32 Millionen Philippinos von weniger als einem Dollar am Tag, und das in einem Land, das reich an natürlichen Ressourcen ist. Doch im Gegensatz zu Mutter Theresa scheint dies sehr wenige Menschen zu belasten, so wie es sehr wenige stört, dass mitten in ihrer Stadt ein Müllberg steht.

Wer sind die Armen, die in *Smokey Mountain* leben? Wie sehen sie das Leben und wie verstehen sie die Realität? Welche Logik herrscht in ihrer Welt? Welches Denken und welche Ansichten sind für Menschen charakteristisch, die von und auf den Müllkippen leben? Wieso rebellieren sie nicht gegen bestechliche Politiker, die sie vor den Wahlen täuschen, und die prahlerischen Reichen, die ihren Wohlstand zur Schau stellen?

Das 15. Generalkapitel der SVD sah die Berufung zur Mission am treffendsten durch den Ausdruck *prophetischer Dialog* beschrieben. Der prophetische Dialog wird durch den Dialog mit Menschen geführt, die keine Glaubensgemeinschaft oder Religionszugehörigkeit haben, mit den Armen und Ausgegrenzten, Menschen aus anderen Kulturen und anderen religiösen Traditionen und weltlichen Ideologien. Je mehr ich versuchte, mir über die Denkweise der Müllmenschen klar zu werden, desto mehr spürte ich, dass es nicht nur ein Dialog mit den Armen war, auf den ich mich eingelassen hatte, sondern zugleich im Grunde ein Dialog mit Menschen einer anderen Kultur und einer anderen Religion.

Die Bedeutungen und Werte, die ihr Leben prägen, unterschieden sich von meinen. Ich entdeckte schnell, dass ich ein Fremder im eigenen Land war. Ich betrachtete die Müllmenschen die meiste Zeit aus der Perspektive eines Außenseiters. Ich spürte, wie die ruhige Existenz der Müllmenschen parallel zu meiner eigenen verlief, auf einer ganz anderen Ebene, wodurch eine verborgene Inkongruenz entstand, die dazu führte, dass ich immer wieder interpretierte und vereinfachte. Sie gelangen auf direktem Weg zu einer Wahrheit, ihre Schlussfolgerungen basieren auf Instinkt und Intuition. Wenn ich frage, wie sie zu einem bestimmten Schluss gekommen sind, schauen sie weg, voller Unbehagen, als ob sie ängstlich oder gelangweilt sind, so wie ich es wäre, wenn mich ein Blinder bitten würde, eines der impressionistischen Bilder von Monet zu beschreiben.

Während ich darauf eingestellt war, Menschen als *Individuen* und *Personen* wahrzunehmen, wird Identität von den Müllmenschen immer als geteilte Identität verstanden. Die Menschen in *Smokey Mountain* empfinden sich nicht als voneinander getrennt. Ihr Selbstverständnis zeichnet sich durch die intensive Erfahrung ihrer selbst als Mitglied einer Gruppe aus. Die Armen haben keine übertriebene Vorstellung von ihrer eigenen Bedeutung und kein gesteigertes Bedürfnis nach einer Privatsphäre. Ihre Ich-Grenzen überschneiden sich mit denen anderer und ihre Identität hängt von der Großfamilie ab.

Ihre Selbstdefinition ist zutiefst relational. Tatsächlich gibt es in den philippinischen Sprachen kein Wort, das genau dem *Individuum* in den indogermanischen Sprachen entspricht. Die Philippinos zeichnen sich durch ein relatives nicht-individualisiertes Ich, eine abhängige Subjektivität aus. Sein bedeutet In-Beziehung-Sein. Das Motto »Sei deinem Selbst treu« ist den Müllmenschen fremd. »Sei deiner Familie treu« würde ihrem Denken mehr entsprechen. Und deshalb ertragen sie eine Menge Kinder. Dies ist unabhängig vom Bedürfnis einer großen Familie, mehr Müll zu sammeln, oder vom Bedürfnis nach Sicherheit im hohen Alter. Sie lieben die Kinder wirklich – es gibt auf der Müllhalde keine heimatlosen Kinder. Irgendjemand sorgt immer für sie. Behörden, die Kondome und Antibabypillen verteilen, werden die Erfahrung machen, dass sie nicht benutzt werden. Die Kondome werden bei Geburtstagsfeiern als Luftballons verwendet.

Die Müllmenschen sind in Bezug auf ihr Identitätsgefühl, ihr Sicherheitsgefühl und ihr emotionales Wohlbefinden stark von der Großfamilie abhängig. Wenn ich mit den Kindern in ein Fastfood-Restaurant gehe, essen sie nur die Hälfte des Hamburgers, den ich für sie gekauft habe. Sie wickeln die andere Hälfte zärtlich in eine Serviette ein und bringen sie ihrer Familie mit. Sie wissen nicht nur von ihrer Abhängigkeit von Gott und den Mächtigen, sondern auch von ihrer gegenseitigen Abhängigkeit. Die Familienmitglieder der Paten werden bei der Taufe zu Mitgliedern des Systems der Großfamilie. Religiöse Symbole werden verwendet, um familiäre Beziehungen zu legitimieren. Die Armen gründen ihre Sicherheit nicht auf Dinge, sondern auf andere Menschen – sie haben sehr wenig Sinn für die Privatsphäre und halten es nicht lange aus, alleine zu sein. Diese fehlende Privatsphäre ist für andere schwer zu ertragen. Das eigene Leben ist ihrem prüfenden Blick ausgesetzt und sie klopfen den ganzen Tag an deine Tür, besonders wenn du gerade etwas anderes tust.

Als Lilibeth geboren wurde, starb ihre Mutter bei der Entbindung. Der Vater lief davon, weil er Angst hatte, allein die Verantwortung zu übernehmen. Ich wollte nach ihm suchen, ihn am Genick packen und ihm sagen, dass er sich wie ein Mann mit seinen Problemen konfrontieren solle. Die Novizen vom Heilig-Geist-Kloster dagegen kauften Milch für das Baby. Ich war über meine Blindheit sehr beschämt. Diese heiligen Novizen sahen wirklich mit dem Herzen, während ich damit beschäftigt war, über das Macho-Sein nachzudenken. Es gibt viele Dinge, die man nicht sieht. Man braucht andere, die einen auf die wirklich wichtigen Dinge hinweisen. Eine weitere Illusion, die auf meinem grundlegend individualistischen Verständnis des geistlichen Amtes beruhte, wurde zerstört.

Diejenigen, die das Interesse der Gruppe oder der Großfamilie nicht über alles andere stellen, verlieren ihr *pagkatao*, ihre grundlegende Menschlichkeit. Das harmonische Besprechen zwischenmenschlicher Angelegenheiten mit der Großfamilie bringt Sicherheit, Anerkennung und sogar materielle Belohnung. Die Armen erwarten wenig von der Konkurrenz und viel von der Zusammenarbeit. Obwohl sie materielle Unterstützung akzeptieren, ist es nicht Mitleid, sondern Respekt, was sie wirklich wollen. Sie sind bereit, für eine Behausung oder ein Stück Land, das sie bekommen können, zu bezahlen. Im Gegensatz zu den Stereotypen über die Trägheit der Philippinos arbeiten die Menschen in *Smokey Mountain* sehr hart – man muss lange in den Müllhaufen wühlen, um ein Kilo Aluminiumdosen zu sammeln, die man für einen Hungerlohn verkaufen kann, besonders wenn man mit Hunderten anderer Müllsammler konkurriert. Sie tragen auf den glatten Abhängen der Halde schwere Ballen aus Plastik oder Karton zu den Waagschalen der Schrotthändler hinunter.

Die zwischenmenschliche Welt wird für die Menschen in *Smokey Montain* zur wichtigsten Quelle emotionalen Wohlbefindens. Es ist nicht so sehr das Gefühl der Zugehörigkeit und der Verwurzelung – das eigene Überleben auf der Müllhalde hängt davon ab. Die Selbstachtung basiert auf dem »Gesicht« – darauf, wie ein Mensch von anderen gesehen wird, mit der Tendenz zur Angepasstheit, Schüchternheit und Zurückhaltung. Sie haben einen großen Sinn für Dankbarkeit und sind sogar bereit, Bosheit zu ertragen. Eine gute Tat, aber auch eine Beleidigung bewahren sie in ihren Herzen wie in Stein gemeißelt.

Aufgrund ihrer Vorliebe für unproblematische zwischenmenschliche Beziehungen verwenden sie häufig Euphemismen. Es ist fast unmöglich, eine klare Antwort von ihnen zu bekommen – sie möchten die Gefühle anderer nicht verletzen. Sie lieben das Drama und das Geschwätz, statt sich für Technik und harte Fakten zu interessieren. Sie verbringen Stunden vor dem Fernseher, bewundern die Filmstars und sehen sich die aktuellen Folgen der Seifenopern an. Sie ertragen viel Ärger und warten meistens lange, bis sie zurückschlagen; wenn sie aber mit ihrer Geduld am Ende sind, können keine zehn Pferde sie davon abhalten, sich zu rächen. Und sie ertragen auch viel Lärm: ein Hund, der die ganze Nacht heult, Discomusik, bei der einem das Trommelfell platzt, stört sie kaum in ihrem Schlaf, während ich mich in meinem Bett hin und her werfe, besonders wenn mir meine chronische Bronchitis zu schaffen macht;

dann knirsche ich mit den Zähnen angesichts der Unsensibilität dieser Menschen.

Durch bestimmte erzieherische Maßnahmen lernen die Kinder früh, Konfrontation zu vermeiden und zu erkennen, wo ihr Platz im Leben ist. Sie lernen Respekt und Unterwerfung gegenüber moralisch höher stehenden Menschen; das sind zunächst die Eltern und Lehrer, dann andere, deren Stellung Respekt verlangt. Die Menschen in *Smokey Mountain* glauben an die grundsätzliche Ungleichheit der Menschen. Man wird in seine Stellung innerhalb des Systems hineingeboren. Dies schärft ihnen gewissermaßen die Schlussfolgerung ein, dass sie ihr Schicksal verdienen. Sie geben sich selbst die Schuld dafür, arm zu sein, keine Bildung, keine Fähigkeiten, keine anständige Arbeit zu haben.

Die Höhergestellten sind dazu bestimmt, zu führen und zu schützen, die Untergebenen müssen gehorchen, dankbar sein und sich ihrem Status entsprechend verhalten; sie müssen die Ehre und Würde der Höhergestellten respektieren. Die Müllmenschen warten immer noch auf einen Ritter, der auf einem weißen Pferd herbeigeritten kommt und sie von Armut und Unterdrückung erlösen wird – sie haben keinen Blick für ihre eigene Stärke und Initiative.

Sie sind eine leichte Beute für eine Politik der Almosen und erwarten auch von mir, dass ich ihnen jedes Mal, wenn sie vor dem Klostertor Schlange stehen, etwas gebe. Es hat lange gedauert, bis sie verstanden haben, dass ich auch nichts habe.

Die Bewohner der Müllhalde nehmen den Reichen ihren Reichtum nicht übel, weil sie denken, dass sie an dem Platz stehen, der ihnen zusteht, und dass es ihr Schicksal ist, reich zu sein. Ihr eigenes Schicksal ist es, Müllmenschen zu sein – es ist in ihren Handflächen zu lesen und vom Rad des Schicksals diktiert. Wenn die Zeiten gut sind, genießen sie sie. Wenn die Zeiten schlecht sind, ertragen sie es. Sie stehen mit dem Schicksal in einem freundschaftlichen Verhältnis und begegnen jeder Veränderung im Leben mit großer Ruhe und Gelassenheit. Wenn sie Kummer haben oder ihnen eine schmerzvolle Operation bevorsteht, zeigen sie im Allgemeinen wenig Angst. Sie sind auf das Unvorhergesehene eingestellt und an das Unerwartete gewöhnt. Philippinos, die im Westen erzogen wurden, streben danach, sich vor dem Unbekannten und den Pfeilen und Schleudern eines schrecklichen Schicksals zu schützen. Sie verstehen den Leichtsinn der Armen und ihre Unfähigkeit zu langfristigem Planen nicht, weil sie, wie ich am Anfang, die Armen betrachten, als ob sie keine Vorgeschichte hätten, kein kulturelles Gedächtnis, kein kollektives Unterbewusstsein. Die Armen müssen vor Kummer sterben über die Schulmeisterei eines Missionars der Mittelklasse mit einem in Rom erworbenen Doktortitel, der ihnen Vorlesungen darüber hält, wie sie für die Zukunft sparen und planen müssen!

Die Armen können warten, weil sie eine Art Geduld erworben haben, die aus der Erkenntnis der Abhängigkeit erwachsen ist. Jeder Mensch in *Smokey Mountain* hat einen Doktortitel in Geduld. Und hier war ich – in eine Reflexion über verschiedene sich widersprechende Persönlichkeitstheorien vertieft, mit zu vielen anspruchsvollen Aufgaben beschäftigt, in zu vielen Projekten engagiert, jedem bei allem helfen wollend, vom Fetisch sofortiger sichtbarer Erfolge besessen – und wollte mich auf einen prophetischen Dialog mit Menschen einlassen, die die Geduld von Bergen haben!

Manchmal, wenn ich mitten in der Nacht aufwache, erkenne ich den Irrtum in meinem Denken über die Armen. Ihr Problem ist nicht ihr Leichtsinn, Fatalismus oder ihre Resignation; das Problem ist meine Ungeduld. In meinem Glauben, dass man die Zukunft am besten vorhersagen kann, indem man sie schafft, wollte ich Erfolgsgewissheit – meine Arbeit bei den Armen sollte nicht von Wahrscheinlichkeit und Bestechlichkeit abhängen. Ich wollte sie antreiben, ich wollte sofort sichtbare Ergebnisse, doch sie nahmen sich Zeit. Es ist diese kulturelle Kluft, die im Dialog mit den Armen überwunden werden muss. Viele wohlwollende Menschen, die voller Mitgefühl für die Kinder auf der Müllhalde sind, kommen, um zu helfen, aber viele von ihnen geben auf, wenn sie keinen Erfolg sehen. Ihr Sinn- und Wertesystem passt nicht zu dem Sinn und den Werten, an denen sich die Müllmenschen in ihrem Leben orientieren, was zu vielen Missverständnissen führt. Und weil sie nur ab und zu auf die Müllhalde kommen, sind sie oft nicht dort, wenn in der Gemeinschaft etwas Wichtiges geschieht, Ereignisse, die das Leben und das Weltbild der Müllmenschen prägen.

In meiner Rastlosigkeit wegen ihres Elends und ihres Fatalismus, niedergedrückt von der Erschöpfung, die ich wie eine Müllhalde in mir trage, hatte ich mich nicht darum bemüht, dankbar für die Dinge zu sein, die die Armen haben. Die Armen können zwischen Notwendigkeiten und Luxus unterscheiden. Die Befürchtungen der Armen sind realistischer und weniger übertrieben, weil sie schon wissen, dass man großes Leiden und große Entbehrungen überleben kann. Die Armen in *Smokey Mountain* konfrontierten mich mit meiner Ungeduld und Kontrollwut. Ich beiße mir immer noch auf die Lippen, wenn sie nicht rechtzeitig zum Gottesdienst und zu den Versammlungen kommen – »Gesegnet seien die Pünktlichen, denn sie werden einsam sein!«, scheinen sie zu mir zu sagen.

Ich hatte auch das Gefühl, in einen Dialog mit Menschen mit anderen religiösen Überzeugungen zu treten, weil die Armen in *Smokey Mountain* einen Katholizismus praktizieren, der auf einer fühlbaren Liturgie beruht. Sie reiben Handtücher an religiösen Bildern, mit denen sie dann kranke Körperstellen berühren, zum Schutz vor Unglück oder zur Stärkung der inneren Ressourcen, und denken immer daran, eine Münze in den Geldschlitz zu stecken und eine Kerze anzuzünden, bevor sie auf Knien zum Altar kriechen. Sie kämpfen darum, auf der Osterprozession das Bild des auferstandenen Christus tragen zu dürfen. Ein Müllsammler sagte mir, dass sein Kopf, wenn er mit dem Bild tanzt, immer größer wird, bis er den ganzen Kosmos erfüllt.

Ich beauftragte einen Künstler damit, ein Herz-Jesu-Bild mit Jesus als Müllsucher anzufertigen, um die allmächtige und unsterbliche Liebe Jesu für sie zum Ausdruck zu bringen. Sie schrieben dem Bild eine wundertätige Wirkung zu und sprachen lange nicht mit mir, wenn die Prozession nicht an ihren Hütten vorbeiführte. Ich wurde sofort von dem Irrtum befreit, dass es meine Bemühungen und meine Eloquenz seien, die sie retten würden. Obwohl sie zu Hunderten die Weihnachts- und Ostergottesdienste besuchten, kamen nicht sehr viele zur sonntäglichen Eucharistiefeier auf der Müllhalde. Sie nahmen lieber an Pilgerfahrten und Prozessionen zu Orten teil, an denen Wunder geschehen. Ich beschloss, die Eucharistie täglich in ihren Häusern zu feiern. Nachdem ich die Toten gesegnet und dabei Gebete aus dem Messbuch verwendet hatte, feierten sie ihre eigene Liturgie, bei der sie viel weinten und mit dem oder der Toten sprachen und sich an schöne Momente erinnerten, die sie mit ihm oder ihr in der Vergangenheit verbracht hatten. Die Gebete, die ich sprach, waren ihnen zu langweilig. Sie brauchten eine emotionalere Liturgie und mehr Predigten mit Feuer und Schwefel.

> »Hilf uns, Gott zu finden«, bat der Suchende den Ältesten.
> »Niemand kann euch dabei helfen«, antwortete der Älteste.
> »Aber warum nicht?« insistierte der Suchende.
> »Aus dem gleichen Grund, aus dem man einem Fisch nicht helfen kann, den Ozean zu finden.«

Religion ist für die Armen so natürlich wie die Luft zum Atmen. Die allgegenwärtigen Symbole des Katholizismus auf den behelfsmäßigen Altären in ihren Hütten stellen ihre große Vertrautheit mit dem Göttlichen und ihren Glauben an seine Nähe auf anschauliche Weise dar. Beweise für die Existenz Gottes anzuführen ist wie ein Blitzlicht auf die Nachmittagssonne zu richten, wie mir ein Müllsammler sagte, als ich die Frage zu erörtern begann, warum wir an einen Gott glauben müssen. In *Smokey Mountain* gibt es keine Atheisten. Wer Gott nicht fürchtet, wird geringer geachtet als ein Tier. Die Armen wissen, dass sie dringend Erlösung brauchen, doch ihr Volkskatholizismus ist oft mit schamanischen und animistischen Elementen vermischt. Sie erwarten von mir als Priester, ein Wundertäter, Heiler und Exorzist zu sein. Als ein Brand, der mehr als zwei Drittel der Hütten vernichtete, die Kirche und das Kloster bedrohte, kniete ich mich zum Gebet hin und streckte meine Arme aus, mehr aus Verzweiflung als um Gott anzuflehen. Ein Windstoß drehte das Feuer in eine andere Richtung, sodass Kirche und Kloster gerettet waren. Ich war voller Ehrfurcht und Bestürzung, doch die Menschen fanden es natürlich, dass das Gebet eines Priesters immer beantwortet wird, weil sie annehmen, dass er Gott nahe ist.

Übernatürliche Eingriffe in menschliche Angelegenheiten werden in allen Bereichen des Lebens erwartet. Glaubensheilungen und Gespräche über Erscheinungen sind alltäglich, ebenso Gerüchte über Hexen, Geister und Kobolde. Der Glaube an Wunder und die Heiligen ist sehr stark durch den

Glauben an die aktive Rolle, die die kürzlich Verstorbenen im Leben spielen. Tote Verwandte werden in schweren Zeiten und in Zeiten, in denen man Trost braucht, angerufen. Allerseelen (gefeiert an Allerheiligen!) ist ein großer Tag, an dem die Müllmenschen ihre Toten auf den Friedhöfen besuchen, ihnen Essen bringen und eine *fiesta* veranstalten. Mit den Toten kann man nicht nur kommunizieren, sie nehmen sogar an den Feiern teil.

Wenn sie Kundgebungen abhielten, um die Regierung wegen der Behausungen auf der Müllhalde unter Druck zu setzen, brachten sie immer ihre Bilder von Maria und dem Jesuskind mit – Panzerfäuste hätten sie nicht von ihrem Weg abgebracht. Ihre Bilder gaben ihnen einen transzendenten Mut, den einem keine Ideologie geben kann. Von diesen Menschen, die sich so schwer ausdrücken konnten, habe ich gelernt, dass wir immer mehr wissen als wir verstehen und dass wir immer mehr verstehen als wir sagen können. Sie spüren, dass Worte unzureichend sind, um Gott zu preisen, und so tanzen sie, genau wie ihre Vorfahren vor ihren heiligen Hainen und die Stammesgemeinschaften in den Bergen und Regenwäldern. Die kreative Schönheit ihrer Tanzbewegungen ist wie ein Versprechen, dass solch ein menschlicher Ausdruck von Schönheit letztlich über die Zerstörung siegen wird, sogar über die Hässlichkeit von Müllkippen und die Unsäglichkeit von Konzentrationslagern.

Sie interpretieren die Bibel allegorisch. Ich versuchte, die Verse hermeneutisch und redaktionskritisch zu interpretieren, bis ich erkannte, dass ihre Interpretation oft psychologisch scharfsinniger war als meine. Sie erfassen die integrative und transformierende Dimension der Bibel leichter als ich. Sie lesen die Bibel und hören Gott in jedem Vers zu ihnen sprechen. Ich erkannte, dass sie nicht nach Bedeutung, sondern nach Präsenz suchten und war immer von der Gewissheit erfüllt, dass diese Menschen Gott näher sind als ich, sogar wenn ich die Segensworte über sie spreche. Ich beneide sie um ihre instinktive Nähe zum Allmächtigen, ihre angeborene Fähigkeit, sich im Gebet in Gott zu verlieren, während ich damit kämpfe, den Glauben an den Dreieinen Gott mit den Pulsaren, Quasaren und Supernovas im Weltall und den Myonen, Gluonen und Leptonen in der subatomaren Physik in Übereinstimmung zu bringen.

Nachdem der Lakai eines Drogendealers eine Granate in mein Kloster geworfen hatte, wachte ich mitten in der Nacht auf und sah die Männer, die mit ihren Macheten und selbstgebauten Waffen das Kloster umstellten, um mich zu schützen. Viele von ihnen waren die bevorzugte Zielscheibe meiner Predigten gegen die Übel des Trinkens und der Hahnenkämpfe. Und dort waren sie, bereit, ihr Leben für mich zu opfern. Gibt es eine größere Liebe?

Die Müllmenschen haben keine Angst vor dem Tod, sie leben jeden Tag mit dem Tod. Ihr gekreuzigter Christus stellt das menschliche Leid des Mannes aus Galiläa anschaulich dar. Sie fanden übrigens nicht, dass Mel Gibsons *Passion Christi* zu blutig und gewalttätig ist, als sie den Film sahen. Müllmenschen, die geringfügiger Verbrechen beschuldigt werden, sehen schlimmer aus, nachdem sie von der Polizei zusammengeschlagen wurden.

Die Müllmenschen leben in einer Art magischer Realität, in der das Heilige und das Profane kongruent sind und sich überschneiden. Denn in ihrem Weltbild gibt es keine Grenzen zwischen dem spirituellen und dem materiellen Bereich, auch wenn diese verschieden sind. Sie beschäftigen sich mit Segnungen, Macht (besonders gegen böse Geister), mit der Abwehr von Gefahr und Unglück, von Unbekanntem und Schicksalsschlägen. Viele ihrer Rituale haben mit heiliger Macht (Amulette), Energie und Wirksamkeit, die man nutzen kann, wenn man die richtigen Gebete, Rituale kennt oder den richtigen Heiligen anruft, zu tun. Sie wecken mich mitten in der Nacht, damit ich einen Menschen segne, der von einem Wicht (es gibt weiße und schwarze) oder einem Heiligen oder der Jungfrau Maria besessen ist. Ich habe Exorzismen durchgeführt, bei denen ich die ganze Zeit über die Erklärungen westlicher Theorien für die Symptome nachdachte, die die besessene Person aufwies. Wenn sie geheilt waren, hatte ich eine Menge psychologischer Erklärungen zur Hand, während die Müllmenschen die Heilung auf meine priesterliche Macht zurückführten. Als ein Mann, der mich verflucht hatte, noch vor Sonnenuntergang starb, dachten die Menschen, dass jeder, der mir etwas antut, bis in die siebte Generation bestraft würde.

Die Armen in *Smokey Mountain* sind auf das Unvorhergesehene eingestellt und an das Unerwartete gewöhnt. Sie fürchten Schmerz und Tod weniger als ich und da sie vom Leben gelernt haben, dass alles unsicher ist, sind sie immer bereit, ein Risiko einzugehen – *Bahala na*, d.h. »komme was wolle« oder auch »in den Händen Gottes«. Sie stehen mit dem Schicksal in einem freundschaftlichen Verhältnis und begegnen Tragödien, sogar dem Tod, mit großer Ruhe. Resignation und Fatalismus werden in ihrem Weltverständnis großgeschrieben. Der Stoizismus, mit dem sie ihre Qualen ertragen, erzeugte stets ein großes Unbehagen in mir. Warum kochen sie nicht vor Wut, Wut gegen das Erlöschen des Lichts?

Ich werde nie mehr länger in einem entwickelten Land leben können, nachdem ich bei den Müllmenschen in *Smokey Mountain* gelebt habe. Zusammen mit ihnen habe ich die andächtige und läuternde Ehrfurcht vor der Initiation in den Ritus und das Geheimnis erlebt, das heilende und transformierende Gefühl der Ehrfurcht und Scheu vor dem *mysterium tremendum et fascinans*. Wenn wir gemeinsam in der Bibel lasen, lud sich die Atmosphäre im Raum oft mit Möglichkeiten auf, die mich sanft auf eine gnadenreiche Ebene des Bewusstseins brachten. Ich lernte die Bibel zu lesen, indem ich nicht mehr nach Bedeutung, sondern nach Präsenz suchte. Ich war nicht mehr zu sehr mit Interpretationen beschäftigt, sondern mit dem Gefühl, dass Gott da ist; das genügt. Manchmal antwortet Gott nicht auf unsere Gebete, weil unser Herz noch nicht für eine Antwort bereit ist. Man muss dann einfach warten. Es sind jetzt die Müllmenschen, die sich um meine Seele kümmern, die mir das Warten beibringen, die es mir ermöglichen, die vielen Möglichkeiten zu entdecken, durch die uns der Dreieine Gott seine Gegenwart mitteilt.

Erst die nachträgliche Einsicht gibt einer Reise ihre Bedeutung. Im Rückblick auf die Jahre, die ich damit verbracht habe, unter und mit den Armen zu arbeiten, erkannte ich, dass ich durcheinander gebracht, herausgefordert und provoziert worden war. Ich war oft zornig, wurde häufig gedemütigt und manchmal überrascht. Doch eine wachsende Seele wird am besten durch Tränen der Traurigkeit genährt und sollte in der Gemeinschaft verwurzelt sein. Thomas Merton sagt, dass es gefährlich ist, sich nur in die Einsamkeit zu begeben, weil man gerne allein ist. Ich musste mir das Recht verdienen, bei den Müllmenschen zu sein, um die innere Pilgerreise unternehmen zu können. Es gibt auch eine Art Dunkelheit, in die man sich begibt, wenn man sich auf einen prophetischen Dialog mit den Armen einlässt – die Erkenntnis, dass es Menschen gibt, die einem nichts Gutes wünschen. Sie blockieren deine Arbeit, stellen deine Motive in Frage und fügen dir Schmerz zu, auch wenn du ihnen nichts getan hast.

Nach all diesen Jahren wusste ich, dass ich nie einer von den Armen sein kann. Als Mitglied einer religiösen Gemeinschaft kann ich, wenn ich alles verloren habe, einfach zum nächsten Kloster gehen und dort wieder alles bekommen. Ich werde nie spüren, was es bedeutet, nicht zu wissen, was ich bei der nächsten Mahlzeit essen soll, wie ich die Krankenhausrechnungen bezahlen werde oder ob für meine Beerdigung genug Geld da sein wird. Doch wenn keine Hilfe kommt und es kein Geld gibt, um die Mitarbeiter zu bezahlen, werfe ich mich im Bett hin und her, teile ich ihre Not. Ich bin ihr Priester und muss den bitteren Kelch für sie trinken. Ich bin dazu aufgerufen, mich für sie zu fürchten und zu sorgen. So »ergänze ich in meinem irdischen Leben das, was an den Leiden Christi noch fehlt« (Kol 1,24). Sophie Scholl, die gewaltlosen Widerstand gegen die Nazis leistete, sagte, dass Mitgefühl oft schwierig ist und schnell hohl wird, wenn man den Schmerz nicht selbst spürt.

Beim Zusammenleben mit den Armen wurde mir bewusst, dass eine der spirituellen Disziplinen – neben Bibellesen, Beten und Gottesdienste mit der Liturgie der Kirche halten – der physische Kontakt zu den Armen sein sollte, besonders zu denjenigen, die das Heilige noch nicht erfahren haben und immer noch fragen müssen: Wo kann ich Gott finden? Wer bin ich? Wo ist mein Platz im System der Dinge? Was ist der Sinn des Lebens? Wie kann ich glauben? Diejenigen, die kämpfen, um zu überleben, die ständig ihr Leben aufs Spiel setzen, haben ein Lebensgefühl, das die in Sicherheit Lebenden nicht kennen. Mit ihnen zusammenzuleben kann den Fragen, die sich mit dem Sinn des Lebens beschäftigen, eine gewisse Dringlichkeit verleihen.

Es sollte ein wesentlicher Bestandteil unseres spirituellen Lebens sein, mit den Armen zusammen zu sein, besonders während der Ausbildung, damit wir uns endlich von unserem falschen, illusorischen Selbst lösen können. Wenn wir nie in ihrer Gegenwart sind, wenn wir nie das Brot mit ihnen brechen, wenn wir nie ihre Geschichten hören, wenn wir ihnen immer aus dem Weg gehen, fehlt etwas wirklich Lebenswichtiges und es könnte dann schwierig sein, vom Dreieinen Gott zu seinem Geheimnis und in seine Freiheit geführt zu werden. Die Armen haben mich zu Orten jenseits des Teils von mir geführt, der sicher und geschützt sein will, um beim Bequemen und Vertrauten zu bleiben. Sie haben mich gelehrt, einen heiligen Raum zu schaffen, in dem ich auf den Dreieinen Gott warten kann.

> Ein Suchender lief durch die Straßen und rief immer wieder:
> »Wir müssen Gott in unser Leben bringen. Wir müssen Gott in unser Leben bringen.«
> »Arme Seele«, sagte ein Ältester und lächelte schwach. »Wenn wir doch nur die Wahrheit erkennen würden: Gott ist immer in unserem Leben. Unsere spirituelle Aufgabe besteht einfach darin, dies zu erkennen.«

Ich habe das Leuchten in den Augen der Müllmenschen gesehen, die Konturen ihrer Gesichter wahrgenommen und den Klang ihrer Namen gehört. Ich habe nicht nur etwas über den Schmerz und den Kampf eines verwundeten Volkes gelernt, sondern auch über seine einzigartigen Gaben und seine Gnade. Die Menschen haben mir viel über Freude und Frieden beigebracht, über Liebe und Fürsorge und Gebet – in einer Form, die ich niemals in Bibliotheken oder im Internet kennen gelernt hätte – und auch viel über Trauer, Gewalt, Fatalismus, Resignation und über das Kreuz als Erinnerung an Gottes Gegenwart inmitten allen menschlichen Leidens.

Ich habe eine wache Erinnerung daran, dass ich im Gebet der lichtreichen Geheimnisse des Rosenkranzes mit alten Frauen so von Gott absorbiert war, dass ich den Schmerz des Alleinseins vergaß. In solchen Augenblicken höre ich die freundliche doch beharrliche Aufforderung, nicht nur mit den Armen zu leiden und zu arbeiten, sondern wirklich arm zu sein. Wirklich arm zu sein bedeutet, meine Hoffnung nur in Gott zu setzen, doch auch den Armen zu erlauben mich dorthin zu führen, wohin ich nicht gehen will.

Ich habe aufgehört, bei der Organisation der Gemeinschaft mit so grimmiger Entschlossenheit strategische ökonomische Pläne zu schmieden und meine moralische Empörung so ausufern zu lassen, dass meine eigene Verwundbarkeit vor dem Dreieinen Gott in den Hintergrund gedrängt wird. Die Armen haben mich davor bewahrt, von einer dringenden Angelegenheit zur anderen gehetzt zu werden und ein Fremder meines eigenen Herzens zu werden. Sie haben mich in meinen Wunsch bestärkt, in der Gegenwart des Dreieinen zu verweilen, seinen Ruf zu hören, seine Schönheit zu bestaunen und seine Güte zu schmecken, statt mich auf Workshops und Machbarkeitsstudien zu verlassen. Der prophetische Dialog mit den Armen hat etwas mit der Ehrfurcht zu tun, die zulässt, dass Gott die Fähigkeiten in uns weckt, vor deren Wahrnehmung wir uns fürchten. Es geht um das Sein, nicht um das Tun.

Ich habe auf den Müllbergen zu viele Menschen gesehen, die mit einem Schlag aus dem Leben gerissen wurden mit Gefühlen, die unausgesprochen blieben, und Träumen, die nie verwirklicht wurden, und das Leben ist mir dann kostbarer erschienen, wie etwas, an das man sich klammern und das man genießen muss. Nach jahrelangem Trauern um Kinder, die vor ihrer Zeit gestorben sind, habe ich verstanden, dass das Leben ein Geschenk ist. Die Schönheit und der Glanz des Lebens sind eng mit seiner Zerbrechlichkeit und Vergänglichkeit verbunden; sie erinnern mich daran, dass unser Schicksal, meines und das der Müllmenschen, jenseits unserer Zusammengehörigkeit liegt. Wir sind nicht nur zur Einheit, sondern zur Gemeinschaft mit dem Heiligen und Dreieinen Gott aufgefordert.

Das Leben der Armen hat meine Vorstellungskraft erweitert. Ich habe mit ihnen Tränen des Entsetzens, des Schreckens, des Zorns, des Mitleids geweint, Tränen, die in die Wüste der Fixierung auf mich selbst gefallen sind und eine Oase des Mitgefühls, der Kreativität und des Muts in meiner Seele geschaffen haben. Ich kam zu der Erkenntnis, dass das Gebet nicht etwas ist, was getan wird, vielmehr ist Beten eine Weise des *Seins*. Das Gebet ist eine Alltagserfahrung geworden, die dankbar und staunend erlebt wird. Evagrius von Ponticus hat einst geschrieben: »Wenn du Theologe bist, bete wahrhaftig; und wenn du wahrhaftig betest, bist du Theologe.« Der prophetische Dialog mit den Armen muss mit einer Reflexion und einer Zentriertheit einhergehen, die aus dem Gebet und der Meditation hervorgeht, sonst wird man vom Stolz zerfressen oder von dunkler Verzweiflung zerstört oder erschöpft sich in Bitterkeit und Groll.

Gefährlich ist es, wenn man abgestumpft ist und sich einen emotionalen Panzer zugelegt hat, um von dem Elend, das man sieht, nicht verzehrt zu werden. Manchmal, wenn man sehr viel Leid und Sorgen gesehen hat, erreicht man einen Punkt, an dem nichts mehr an einen herankommt, und der Panzer beginnt löchrig zu werden, das Böse beginnt, ihn zu zerfressen, und man verzweifelt bei dem vergeblichen Versuch, alle Drachen auf der Müllhalde zu töten. Lass' nur ein Quäntchen Zynismus in dein Herz, und dein ganzer Körper wird davon befallen, wie von einem lähmenden Virus, der sich in deinen Gehirnzellen ausgebreitet hat und alles in dir verdunkelt; er weckt in dir den Gedanken, dass du besser etwas anderes in deinem Leben getan hättest, oder er führt dich in die Versuchung einer rein privaten Spiritualität, die nicht vom Dreieinen Gott kommt.

Meine Gebete sind meist voller Widersprüche, innerer Rastlosigkeit, Benommenheit, Zerstreuung und Stumpfsinn. Es gibt Zeiten, in denen ich die ganze Nacht mit Gott ringe (Gen 32,25) und sage: »Ich lasse dich nicht gehen, bis du der Kooperative der Gemeinde eine Maschine gibst, die Essensreste in organischen Dünger verwandelt.« Doch Beten heißt einfach, da zu sein und sich auf das einzulassen, was offenbar wird: »Lasst ab und erkennt, dass ich Gott bin« (Ps 46,11). Worte scheinen fast vergeblich zu sein, wenn man mit einer Präsenz konfrontiert ist, die einfach da ist.

Nach Thomas Merton werden Gebet und Liebe gelernt, wenn das Gebet unmöglich geworden und das Herz zu Stein geworden ist. Das Gebet muss aus dem tiefsten Schmerz herausgepresst werden, damit wir die Mauern der Furcht überwinden und uns von dem Wunsch befreien können, das zu sein, was wir nicht sind. Wenn wir uns das wünschen, was wir nicht sind, uns ein falsches Selbst zulegen, verleugnen wir das, was wir werden sollen. Meistens bete ich nur eine Version des Jesusgebetes, bete unablässig das »Ehre sei dem Vater und dem Sohn und dem Heiligen Geist«, um in den Zeiten, in denen das Gebet eine Wüste und mein Herz zu Stein geworden ist, in mir eine innere Stille zu schaffen.

Nach Hegel erlangen wir nur Freiheit, indem wir unser Leben riskieren. Wenn man nicht die Erfahrung gemacht hat, im – ganz konkreten – Elend zu leben, in Not, Dunkelheit, Gefahr, hat man nur die Oberfläche dessen angekratzt, was es bedeutet, ein Mensch zu sein. Nur wo es leere Gräber gibt, gibt es Auferstehung. Wenn Gott nicht entschieden hätte, in einer Weise zu wirken, die uns verwirrt, wäre die Gnade nicht so wunderbar. Wir sind Verwalter des *Mysteriums*, aber wir müssen unser Kreuz tragen. Der russische Mönch Macarius von Optino hat gesagt: »Damit die Menschen ihre spirituellen Wunden wahrnehmen können, müssen sie bitteres Leid erleben, durch welches das Herz gereinigt wird und die angeschlagene Seele wieder gesundet.«

Ich habe von den Armen etwas über die theologische Integrität gelernt. Sie betrachten es als selbstverständlich, dass Gott ein Teil des Lebens ist, so wie die eigenen Glieder und die Erinnerung. Man sollte Theologie nicht nur mit dem Geist treiben. Eine persönliche Beziehung zum Heiligen ist von entscheidender Bedeutung, wenn es darum geht, Wahrheit, Transzendenz und Bedeutung zu finden. Die Armen kommunizieren mit dem Unendlichen, sie sind ganz in die Gegenwart Gottes vertieft, wenn sie beten, und sie erfahren die Transzendenz in den alltäglichen Ereignissen ihrer elenden Existenz. Es gibt bei den Armen einen enormen Hunger nach Erlösung und Transzendenz. Wenn sie nur die richtigen Worte finden können, werden sie bessere Theologen sein, als ich es jemals sein werde.

Wenn wir mit den Ärmsten der Armen solidarisch sind und einen prophetischen Dialog mit ihnen führen, müssen wir lernen, Wege zu finden, um unsere verschiedenen Welten, Werte, die manchmal sich bekriegenden Teile unseres Selbst miteinander zu verbinden, so dass wir zu wirklichen menschlichen Wesen werden können. Wir können aus unserer Schwäche eine Quelle der Kreativität machen. Die Freiheit, die Christus für uns errungen hat, bedeutet nicht, dass die Welt von Armut, Ungerechtigkeit, Heuchelei, Schinderei und zerstörten Träumen befreit ist. Dieses Böse gehört zum Menschsein dazu. Mein Stolz sagte mir, dass ich stark genug sei, um auf der Müllhalde zu leiden. Die Müllmenschen lehrten mich, dass das Leiden etwas Böses ist, das immer da sein wird wegen des Bösen in mir selbst: Hochmut, Zorn, Wollust,

Trägheit, Habsucht, Völlerei und Neid sind in meiner Seele noch gesund und munter, vielen Dank.

Wegen der Inkarnation sollte uns nichts Menschliches fremd sein. Und so trotte ich auf meiner Pilgerreise durch dieses verwüstete und umkämpfte Gebiet zwischen den beiden Ewigkeiten, erfüllt von einer Mischung aus Schuld, Demut und dem Entschluss, weiterzumachen mit dem *sandiwaan* (»eines Geistes sein«) mit den Armen, auch wenn ich weiterhin Angst habe in einer Atmosphäre sinnloser Gewalt und Todesnähe, voller Leidenschaft und Hingabe. Es ist so, wie Henry James schrieb: »Wir arbeiten im Dunkeln – wir tun, was wir können – wir geben, was wir haben. Unser Zweifel ist unsere Leidenschaft und unsere Leidenschaft ist unsere Aufgabe.« Ich habe, nachdem ich Ernährungsprogramme für Kinder und Krankentransporte durchgeführt und den Menschen beim Begraben ihrer Toten geholfen hatte, die Gemeinschaft dazu mobilisiert, um eigene Häuser zu kämpfen. Die Müllmenschen haben ihre Hütten verlassen und sind in eigene Wohnungen in mittelgroßen Gebäuden gezogen. Zurzeit nehmen sie an Kursen zu strategischem Management und Systementwicklung für betriebswirtschaftliches Training teil und verbinden selbst verwaltete Netzwerke der Menschen in *Smokey Mountain* mit Tausenden von Farmern und Fischern in ländlichen Gebieten. Ich kann immer noch nicht sagen, ob ich bei diesen Bemühungen ein Mystiker, ein Prophet oder ein Technokrat oder alles zusammen bin. Ich weiß nur, dass die Geschichte meines Lebens nicht länger eine Geschichte der Eroberung, sondern der Entdeckung sein sollte.

Ich hoffe, dass ich es nach 26 Jahren auf der Müllhalde dem Leiden unter den Müllmenschen erlaubt habe, in die Tiefe meines Herzens zu gelangen und in Mitgefühl verwandelt zu werden. Eine seltsame, glückselige Ruhe breitet sich jetzt in mir aus, ein Glücksgefühl wie das, was man empfindet, wenn der Arzt die Spritze aus dem Arm gezogen hat. »Dies ist eine Müllhalde«, sage ich zu mir und spüre eine unglaubliche Leichtigkeit des Seins, »dies ist der Ort, an dem ich sein soll.«

Jedes Jahr wird der Müllberg meines Verstandes größer. Parallel dazu entwickelt sich ein immer tieferes Verständnis von Gottes Wegen mit den Armen, das mich an die Prinzipien erinnert, nach denen ein Leben gelebt werden sollte – mit Spontaneität, Innigkeit und Großzügigkeit. Ich habe in den Augen der Müllmenschen den Widerschein eines Lebens jenseits dieses Tals der Tränen gesehen, auch wenn dieses Leben sehr geheimnisvoll und ebenso furchterregend wie faszinierend erscheint. Ich habe gelernt, dass die mutigsten, loyalsten und liebevollsten Menschen auf der Welt selten die physischen Merkmale von Helden oder die Aura sehr heiliger Menschen haben. Ihre Gesichter können die von Müllsammlern in einer Müllhalde sein. Ich bin jetzt dankbar dafür, Schmerzen erfahren und Kämpfe geführt zu haben, denn diese Erfahrung macht es mir weniger schwer, jede Versuchung von Selbstvertrauen zurückzuweisen, und leichter, andere dazu zu befähigen, ihre Gaben mit den anderen zu teilen.

Ich und meine Gebrochenheit haben endlich einen Waffenstillstand vereinbart. Ich habe den Schmerz der Menschheit miterlebt und meine Trauer ist größer als meine Zerbrechlichkeit geworden. Ich leugne nicht die Gebrochenheit, die Verletzbarkeit, doch ich habe beschlossen, nicht in ihr zu verweilen. Solange wir Pilger sind, werden weder die Zweifel ganz überwunden noch die Schuld völlig getilgt, der Schmerz hinweggefegt, die Angst besiegt, das Mitleid aufgegeben und der Feind vertrieben sein. Es ist eine große Illusion zu denken, dass man endlich am Ziel angekommen ist.

Doch Gebrochenheit und Ärger und Zweifel können Orte des Verzichts, der Veränderung und der Entdeckungen sein. Das Licht, das ich in den Augen der Müllmenschen aufblitzen sehe, offenbart mir die verborgene, doch reale Gegenwart Gottes, des Gottes, dessen Antwort auf meine Sünden nicht darin bestand mich zu verwerfen, sondern mich zu segnen. Ich erwache und tanze im Glanz eines perfekten Widerspruchs: Ich bin ein Sünder und werde von einem Gott geliebt, der nicht danach fragt, ob ich es wert bin, sein Priester zu sein.

Es ist eine Gnade verborgen in meinem Kummer, im Miterleben der Härte und Monotonie, die das Leben aller Armen, der uninteressanten und vergessenen Menschen auf der Müllhalde charakterisiert. Die Müllmenschen haben mich zu Hause, in den tieferen Dimensionen meines Inneren, willkommen geheißen. Ich bin unter diesen Fremden glücklich. Es ist alles da auf der Müllhalde, die ich zu meiner Heimat gemacht habe – die wichtigen Dinge, die mir das Gefühl geben, wirklich zu *sein* – Verlangen und Bitterkeit, Elend und Erlösung, Leidenschaft und Hoffnungslosigkeit, Reinheit und Sündigkeit, Freundlichkeit und Gewalt, ein Ringen mit der bittersüßen Heftigkeit der Wahrheit.

Die Idee, sich auf einen prophetischen Dialog mit den Armen einzulassen, bedeutet nicht, ein fremdes Land zu betreten; sie bedeutet, den eigenen Ort im Universum wie ein fremdes Land zu betreten. Nach Catherine M. Lacugna findet man Gott, weil man schon von Gott gefunden wurde. Alles, was wir selbst finden würden, wäre nicht Gott. Man darf die Trinität nicht zu früh ein Geheimnis nennen, warnt Leonardo Boff. Jemand, der den Ruf hört, mit den Armen zu leben, muss durch eine Dunkelheit gehen, die größer ist als die Nacht, in der kein Licht brennt außer dem Licht im eigenen Herzen. Dann können die Masken nach und nach fallen und man wird etwas weniger unwert, die Trinität ein Geheimnis zu nennen.

Ich habe vor langer Zeit aufgehört zu fragen, was ich für diese Menschen tun kann. Jetzt frage ich, was ich für sie sein kann, weil ich, wie Paulus jeden ermahnt, an meiner Erlösung arbeite, in Furcht und Zittern. Ich werde meine Seele nie wieder verlieren. Die Müllmenschen von *Smokey Mountain* haben mich gelehrt, meine Seele an mich zu ketten, wohin ich auch gehe.

Wenn du die Armen befreien willst, erlaube ihnen zuerst, dich zu befreien. Lass dein Leben unter ihnen ein Gegengift für deine Illusionen sein, so dass dich der Dreieine Gott endlich finden kann und du dem Zustand näherkommen kannst, der im 8. Jahrhundert von dem Priester Theognostos beschrieben wurde:

> Wenn du deinen Obsessionen nicht länger ausgeliefert bist
> Und du spürst, wie die Liebe Gottes immer tiefer in deinem Herzen brennt,
> Wenn du in das Stadium kommst, in dem dich der Gedanke an den Tod
> nicht mehr mit Furcht erfüllt –
> Denn du betrachtest ihn nur als einen nächtlichen Traum
> Oder, genauer, als eine willkommene Befreiung –
> Dann hast du wirklich das Unterpfand deiner Erlösung gefunden.
> An diesem Tag wird dich eine unbeschreibliche Freude erfüllen,
> Denn du wirst das Reich Gottes in dir tragen.

Literatur

BELTRAN, B. P. 1988, *Philippinische Theologie in ihrem kulturellen und gesellschaftlichen Kontext* (Theologie interkulturell, Bd. 3), Düsseldorf.

Ders. 1999, *Kolonisierung, Globalisierung und nationale Identität. Die philippinische Erfahrung,* in: Schreijäck, Th. (Hg.), Menschwerden im Kulturwandel. Kontexte kultureller Identität als Wegmarken interkultureller Kompetenz. Initiationen und Inkulturationsprozesse, Luzern, 220–252.

Ders. 2007, *Müllberg und Umweltkirche. Interkulturelle, theologische, pastorale und pädagogische Perspektiven auf den Philippinen* (Forum Religionspädagogik interkulturell, Bd. 14), Berlin.

LUIS GUTHEINZ

Glaubenskommunikation in der Vielfalt der Kulturen. Der Kontext China

Zur Hinführung

In der weltweiten Vernetzung der Kulturen, in der Ausformung einer globalen Zivilisation, im Dialog und in der Zusammenarbeit der Religionen – wenn auch auf diesem Feld noch sehr viel zu wünschen übrig bleibt – darf im heutigen akademischen und praktischen Diskurs *China* nicht mehr fehlen. *Theologie interkulturell* hat dies früh erkannt und lud Prof. Dr. Thaddäus Tui-Chieh Hang als 7. Gastprofessor zur Vorlesung im Wintersemester 1992–1993 ein; sein Thema kreiste um *das kosmische Jen: Die Begegnung von Christentum und Konfuzianismus*.[1]

Im Wintersemester 2000–2001 wurde der Autor dieses Artikels gebeten, den Fragenkreis *Kultur und Religionen Chinas und das Christentum*[2] zu behandeln. Wir beide danken *Theologie interkulturell* für die ehrende Einladung und möchten in den folgenden *6 elementaren Themen* dem vorgegebenen Thema »20 Jahre *Theologie interkulturell*« folgend unsere Gedanken weiterführen im Kontext China heute.[3]

1. Der Kontext China

Eine Beschreibung Chinas im Detail geht weit über das Thema dieses Beitrages hinaus. Seminarräume der Abteilung Sinologie an den verschiedenen Universitäten können die Fülle der Fachliteratur kaum mehr fassen. Der anschwellende Besucherstrom von Touristen und Fachleuten aus dem Ausland leistet einen wichtigen Beitrag zur Grundinformation über das Faszinosum »China«.

Wir versuchen, den Kontext Chinas unter dem *Blickwinkel der Glaubenskommunikation in der Vielfalt der Kulturen* etwas näher zu beschreiben. China ist eine Welt voller Spannungen: Auf der einen Seite die fiebernde Anstrengung nach materiellem, technischem Fortschritt, auf der anderen Seite die Angst, die kulturelle, spirituelle und religiöse Identität zu verlieren; hier die offizielle Staatsideologie des Kommunismus-Marxismus »nach chinesischer

[1] Vgl. Hang 1993. Professor Hang starb am 8. September 2004 im Alter von 81 Jahren.
[2] Vgl. Gutheinz 2001.
[3] Vgl. ders. 2005.

Art« (ein treffendes Wort des Praktikers Deng Xiaoping), dort die dem massiven Druck der Partei eisern widerstehende Volksfrömmigkeit (ihre Lebendigkeit drückt sich in den erstaunlichen religiösen Feiern und Bewegungen); einerseits die dominierende Hinwendung zu dieser Welt als typisches Zeichen chinesischer Lebensart (Immanenz als prägende Dimension), andererseits das bleibende, wenn auch nicht personal empfundene Bewusstsein der Eingebundenheit in das übergreifend Absolute (Transzendenz als Horizont des Alltagsbewusstseins); und schließlich die Spannung zwischen Nationalstolz als »Reich der Mitte« und der heutigen Suche nach dem richtigen Platz im Weltdorf der Globalisierung.

Diese geraffte Beschreibung des Kontextes China im Blickwinkel der Glaubenskommunikation wirft die Frage auf nach dem fundamentalen Glauben im Spannungsfeld der chinesischen Welt.

2. Der fundamentale Glaube chinesischer Menschen

China ist neben Indien und der malaiischen Welt ein wesentlicher Teil Asiens, wenn wir Asien etwas vereinfachend als eine Lebenseinheit betrachten. Das Grundlegend-Gemeinsame Asiens[4] zeigt eine Tendenz zum *Monismus*, d.h. zu einer Auffassung von der umgreifenden Einheit aller Seienden, die aus dem Urgrund aller Dinge strömen und sich sehnen, dorthin zurückzukehren; Asien bewertet die Familie, die Sippe und das Lebensganze höher als die einzelne Person; Asien sucht von alters her durch seine *Ratio* nach den letztbegründenden Prinzipien der gesamten Welt, ist also von sich her nicht unmittelbar gewillt, eine direkte und personal anrufende Offenbarung Gottes als Fundament seiner religiösen Lebensform anzunehmen; Asien zeigt einen Hang zur *Mystik*, in der es weniger um eine begrifflich scharf umrissene Erfassung der Wirklichkeit, sondern eher um ein Stillewerden vor und ein Sich-Versenken in das eine, unfassbare, geheimnisvolle und alles tragende Lebensganze geht.

Im Rahmen dieser grundlegend-gemeinsamen Überzeugungen Asiens kommen die Grundelemente chinesischen Glaubens deutlicher in Sicht,[5] konkret gelebt in den drei Bereichen chinesischer Religiosität: *Konfuzianismus*, *Daoismus* und *Buddhismus*, drei Ströme, die teilweise in der *Volksreligion* zu einer eigenen Form der Religiosität zusammenfließen. Während der Buddhismus aus dem indischen Mutterboden einen starken Vorbehalt der sichtbaren Welt gegenüber mitbrachte, aber dann in einem jahrhundertelangen Prozess der Inkulturation etwas mehr von der positiven Lebensfreude chinesischer Menschen in sich aufnahm, stehen Konfuzianismus und Daoismus für die bodenständigen chinesischen *Urströme*, in denen das als gut empfundene menschliche und kosmische Leben im Vordergrund steht.

---

4 Vgl. ders. 2001, 84–86.
5 Vgl. ebd., 86–108.

Der Buddhismus konzentriert sich auf die Pflege der vielen Gefühle, Impulse und Triebe im Menschen und bemüht sich um eine innere Ausgewogenheit der Ursachen und Wirkungen, um so schließlich den Zyklus der Wiederkehr von Geburt und Tod zu übersteigen im Eintritt in den Zustand der Vollkommenheit in der einen, absoluten Wirklichkeit, jenseits jeglicher Beschreibung, *Nirvana* (nicht Geburt, nicht Tod) genannt.

Im Konfuzianismus und Daoismus kommt der fundamentale Glaube u.a. in den folgenden Kategorien zum Ausdruck:

Tian (Himmel), *Tiandiren* (Himmel-Erde-Mensch-Kontinuum), *Dao* (Weg, Urquell, Sein, ein kaum übersetzbares Urwort chinesischer Weltsicht), *Yin* und *Yang* (als die beiden Prinzipien der Dynamik des umspannenden und schöpferischen Dao), *Qi* (vitale Kraft, Energie, Lebensodem), *Ren* (Mitmenschlichkeit, kosmische Einheitskraft), *Gan-ying* (Stimulus und Resonanz).

Der Konfuzianismus betont eher die aggressive, anthropozentrisch-sozialpolitische, der Daoismus hingegen eher die hinnehmende, geschehen lassende, nicht gewalttätige (*wuwei er wu buwei*) Dimension der Harmonie der Wirklichkeit.

Die immerwährende gegenseitige Durchdringung von *Yin* und *Yang* bringt die »zehntausend Dinge« (*wan wu*) hervor; alle Seiende der Wirklichkeit schwingen in diesem geheimnisvollen Ineinander von *Yin* und *Yang*.[6] Das »Diagramm des Allerhöchsten Prinzips« (*Taiji tu*) gehört zur weltweiten Bildung heutiger Menschen: *Yin*, die Erde, liegt der uralten geozentrischen Kosmologie zufolge unten; *Yang* hingegen, der Himmel, die Sonne, steht oben in kraftvoller Energie. Der weiße Punkt im dunklen *Yin* deutet an, dass ein reines *Yin* ohne einen Energiezuschuss von *Yang* nicht handeln kann; der schwarze Punkt im strahlend weißen *Yang* besagt, dass in aller Energie des *Yang* immer auch ein Element des ausgleichenden *Yin* am Werke ist.

Das *Qi* deutet auf den Lebensodem in allen Lebewesen auf den verschiedenen Stufen hin. Chinesische Theologen sehen in der Kategorie des *Qi* eine konkrete und sehr lebensnahe Brücke zu einer inkulturierteren chinesischen Theologie des Heiligen Geistes.[7]

Die Kategorie des *Ren* liegt dem konfuzianischen Denken näher, weil in ihr die Verwobenheit des mitmenschlichen und des kosmischen Lebens zum Ausdruck kommt. Auf der menschlichen Ebene gilt *Ren* als die Summe solider Tugenden; es wird wie der Elan des aufbrechenden Lebens im Frühling empfunden, die vielen Dinge »unter dem Himmel« zu einer schönen Symphonie verbindend. Nur der Mensch weiß um das *Ren*. Dieses Wissen soll aber aktua-

---

[6] Christliche Theologen in der chinesischen Welt versuchen in neuester Zeit neben anderen Zugängen, das Geheimnis des Dreieinen Gottes mit *Yang* (Gott, der Vater), *Yin* (Gott, der Sohn, das Wort, Abbild) und *He* (Ineinander, gegenseitige Einwohnung, Perichorese) theologisch dem chinesischen Lebensempfinden näher zu bringen.

[7] Vgl. Song 1979; Kuen 2000.

lisiert werden im individuellen und sozio-politischen Leben. In dieser Aktualisierung wird der Mensch der geheimnisvollen Ganzheit von »Himmel-Erde-Menschheit« gewahr.[8]

In dieser lebensvollen Ganzheit spiegelt das *Gan-ying* als Rhythmus von Stimulus und Resonanz das Ineinander von *Yin* und *Yang* auf der Ebene des konkreten Geschehens wider.

Dieser hier kurz umschriebene fundamentale Glaube chinesischer Menschen wird seit Jahrhunderten je länger je mehr von westlicher und christlicher Weltauffassung herausgefordert.

3. Die Herausforderung aus dem Westen und von Seiten des Christentums

Um diese Herausforderung zu wissen gehört wesentlich zum Vollzug einer gesunden Glaubenskommunikation. Die Fachleute im Bereich der Sinologie, die christlichen Missionare in China und auch die chinesischen Christen wissen sich ständig mit dieser Problematik konfrontiert. Es lassen sich *drei Ebenen* dieser Herausforderung unterscheiden:

Auf der *begrifflich-metaphysisch-hermeneutischen Ebene* geht es um die Ideen und Sinngehalte, die mit den Begriffen wie Subjekt, Person, Substanz und Sein (um nur einige Beispiele anzuführen) gemeint sind. Diese Begriffe geben dem chinesischen Menschen, der eher in der Dynamik der Verwobenheit aller Dinge im Lebensganzen denkt, den Eindruck statischer Ausdrucksformen, in denen die grundlegenden menschlichen Erfahrungen von Lieben und Geliebtwerden, das fließende Beziehungsnetz der »Zehntausend Dinge unter dem Himmel« und schließlich die Sehnsucht nach einer endgültigen Communio vollen und schönen Lebens nicht adäquat erfasst werden. Erst in der neueren chinesischen Denkgeschichte wurden die angeführten westlichen Begriffe ins Chinesische übersetzt, d.h. streng genommen gab es im traditionellen Denken Chinas diese Begriffe nicht, was wiederum nicht heißt, dass chinesisches Denken vom Sinngehalt und der Idee dieser Begriffe überhaupt nichts wusste. Der Sinngehalt und die Idee fanden ihren eher anonymen Platz in einem anders gelagerten Begriffssystem. In moderner chinesischer Geisteswelt ist allerdings das Individuum als wesentliches Element des Weltempfindens im Vormarsch.[9] Wenn dieser moderne Prozess weitergeht, liegt darin eine solide Grundlage für den Aufbau einer genuin demokratischen soziopolitischen Lebensform.

Die *Ratio* als letztentscheidendes Kriterium der Erkenntnis der Wirklichkeit in chinesischer Sicht, wie oben angedeutet, trifft auf die buchstäbliche Er-

---

[8] Vgl. Chang Chun-Shen 1984.

[9] Vgl. Research Team on Quality of Life in the Bioregion of Taiwan 1994.

schütterung durch die Idee einer personalen Offenbarung von Seiten Gottes.[10] In gewissen Situationen, in denen der Zusammenprall von chinesischer Ratio und christlicher Offenbarung leibhaftig erlebt wird, steigt das Bild eines undurchlässigen Granitblockes auf chinesischer Seite auf.[11] Und dennoch beweisen die Millionen von Christen in China, unter ihnen Hunderte und Tausende von Märtyrern, dass dieser Granitblock in den Augen des Heiligen Geistes letztendlich nicht so undurchlässig ist, wie er in vielen Erfahrungen erscheint. Im fünften Punkt werden wir nach Brücken zwischen chinesischer Ratio und christlicher Offenbarung suchen.

Die gewisse *Selbstgenügsamkeit in der Welt chinesischer Religionen* scheint keinen Platz für Jesus Christus zu haben. Die Botschaft, dass der Sohn Gottes, die zweite göttliche Person, vor ca. 2000 Jahren in Bethlehem, Palästina, nicht in China (!), von einer Jungfrau Maria geboren worden sei und als Mensch wie wir, ausgenommen die Sünde, gelebt haben soll, schließlich gekreuzigt worden und am 3. Tag auferstanden sei, ist auch für die traditionellen chinesischen Religionen ein Skandal, eine Torheit (vgl. 1 Kor 1,22–25). Bis heute suchen die Christen in der Bemühung um eine authentische Glaubenskommunikation nach Zugängen zur Welt chinesischer Religionen, um in der gewissen Selbstgenügsamkeit das jetzt noch latente Bedürfnis nach universalem Heil vom Dreieinen Gott her in das aufgehellte Bewusstsein glaubenden Empfangens zu heben.

Im Folgenden wird der Versuch unternommen, die dynamische Metaphysik der Beziehung als mögliche Basis und als Medium heutiger Glaubenskommunikation einzubringen.

4. Die dynamische Metaphysik der Beziehung als Medium heutiger Glaubenskommunikation

Eine ausführliche Darlegung des Themas würde Bände füllen.[12] Es soll hier in *drei Schritten* versucht werden, wesentliche Elemente einer dynamischen Metaphysik der Beziehung als Medium heutiger Glaubenskommunikation darzulegen, in der Hoffnung, eine gangbare Brücke aus der christlichen Glaubenswelt in die Welt chinesischer Kultur and Religionen zu schlagen:

---

[10] Vgl. Johannes Paul II. 1998.

[11] Es braucht hier nicht eigens ausgeführt zu werden, dass mit diesem Bild keine Abwertung chinesischer Ratio angedeutet wird.

[12] Vgl. u.a. Gutheinz (mit Song/Lan) 1996, 263–336 (dazu auch der Artikel in Fußnote 3); Whitehead 1929; Rombach 1965/1966; Baltazar 1966, 77–209; Ratzinger 1968; Balthasar 1968; Kuhn 1970; Kasper 1982; Küng/Tracy (Hg.) 1986; Pannenberg 1987, bes. 254–256; Weß 1989, bes. Teil C. Paradigmenwechsel in Philosophie und Theologie, 399–503; Greshake 1997; Sattler 1997; Fritsch/Wenzel 2002; Hasenhüttl 2001; Pauly 2005.

4.1 Der Paradigmenwechsel von Substanz zur Beziehung

Der Paradigmenwechsel von Substanz zur Beziehung[13] im Raum der Naturwissenschaften, Geisteswissenschaften, der Philosophie und Theologie stellt eine faszinierende Geschichte des menschlichen Denkens dar: Auf dem Gebiet der Philosophie wird klar, dass chinesische Philosophie, wie oben kurz umrissen, eine klare Tendenz zum kosmischen Kontinuum, d.h. also zum kosmischen Beziehungsfeld zeigt. Es müsste also doch möglich sein, einen Zugang zur chinesischen Denkwelt zu finden. Auf dem Gebiet der Theologie, damit betreten wir die Kernfrage der Glaubenskommunikation, sehen wir Jesus als den Menschen für Andere, sein ganzes Leben und die Totalhingabe am Kreuz bezeugt die fundamentale und fundierende Wichtigkeit der Beziehung.[14] In der Nachfolge Jesu hat die kirchliche Gemeinschaft immer heroische Liebe als die Essenz wahren Christseins bekannt.[15] Entscheidender Prüfstein der Gültigkeit einer philosophisch-theologischen Theorie, wie die hier vorgelegte Metaphysik der Beziehung, liegt im Geheimnis des Dreieinen Gottes. Das Paradigma der Substanz, als einer nicht mehr auf Anderes rückführbaren metaphysischen Einheit, führt allzu oft zur Vorstellung des *Tritheismus* (drei Götter, weil drei Personen, drei Subjekte). Karl Rahner (1904–1984) spürte diese Schwierigkeit und sprach, um die falsche Vorstellung des Tritheismus zu vermeiden, von »drei distinkten Subsistenzweisen« oder »drei konkreten relativen Existenzweisen« oder von »einer dreifachen Seinsweise«. Karl Barth (1886–1968) verwendete ebenfalls den Ausdruck »Seinsweise«. Hans Küng betont den analogen Gebrauch des Begriffes der Person und führt aus, dass göttliche Personen »transpersonal« sind, d.h. sie übersteigen die Begrenzung der Person im geschaffenen, menschlichen Bereich, wo die Konnotation der unabhängigen, in sich selbst stehenden Person dominiert. Viele Theologen[16] kommen heute in der fundamentalen theologischen Überzeugung überein, dass das Sein auf der Ebene des absoluten Geheimnisses des Dreieinen Gottes Beziehung ist, d.h. eine dreifache Beziehung, und dass deshalb das Sein an sich Beziehung ist, und analog die Seienden (*beings with minuscule*) als solche Beziehungen sind. Der tiefste Sinn von Sein ist das Geben-Empfangen-Einswerden der Liebe.

Das Beziehungsfeld aller Seienden könnte somit eine mögliche konzeptuelle und metaphysisch-theologische Brücke zur chinesischen Kultur- und Religionswelt sein.

---

[13] Vgl. Gutheinz 2005.

[14] Die eher statische Metaphysik der Substanz scheint nicht imstande zu sein, die Dynamik der Wirklichkeit Jesu Christi adäquat und attraktiv darzustellen.

[15] Vgl. Benedikt XVI. 2006.

[16] Vgl. Fußnote 12.

4.2 Die drei Grundkategorien einer Metaphysik der Beziehung

In einem 2. Schritt sollen die drei Grundkategorien einer Metaphysik der Beziehung (*Beziehung, Struktur und Prozess*)[17] etwas deutlicher entfaltet werden:

4.2.1 Die Kategorie der Beziehung

Die Kategorie der Beziehung, die in der Metaphysik der Substanz als Akzidens[18] verstanden wird, als zentrale Seinskategorie ist schwerer zu beschreiben als Substanz und Subjekt. Zwei Begriffe, Dimension und Funktion, ermöglichen, sie etwas klarer zu fassen: Dimension versucht, ein eher statisches Denken in konkreten Substanzen und Ebenen zu übersteigen auf die metaphysische Einsicht von der ontologischen gegenseitigen Durchdringung aller Seienden. Funktion dient als komplementärer Begriff zur Dimension und weist auf die dynamische Vernetzung, Solidarität und Subsidiarität aller Seienden hin.

Dem metaphysischen Blick eröffnet sich die Wirklichkeit als ein Feld von Beziehungen (Beziehungsfeld) in *fünf Dimensionen*:

- *Die Dimension der transzendenten Beziehung* ist der Dreieine Gott selbst, der in Seiner dynamischen Selbstmitteilung die Empfänger dieser Selbstmitteilung als inneres Moment dieser Selbstmitteilung schafft, d.h. die Empfänger sind in letzter metaphysisch-theologischer Sicht wie der Dreieine Gott selbst eine geschaffene Beziehung. Alle geschaffenen Seienden sind also in je verschiedener Seinstiefe eine begrenzte transzendente Beziehung;
- *das Beziehungsfeld in der Dimension der Menschheit und Geschichte* ist der umfassende Kontext aller Menschen; sie gehören seinshaft zueinander, sie sind gegenseitig abhängig und in einem gesamten Geschichtsprozess miteinander verwoben. Es ist dies die Dimension des *global village* (des Weltdorfes) der einen Menschheitsfamilie;
- *das Beziehungsfeld in der Dimension des Geistes* aktualisiert sich in dem Zyklus von Erfahrung-Verstehen-Urteil-Entscheidung-Handlung. Es ist die Dimension der Kultur, der Ethik und Moral und der religiösen Erfahrung;
- *das Beziehungsfeld in der Dimension des biologischen Lebens* umfasst alle Formen des Lebens in verschiedener Seinsdichte. Es ist die Dimension der

[17] Die Doktorarbeit des Autors an der Universitas Gregoriana in Rom, 1974, behandelte das Thema: *Die Funktion der Praxis in der Methode der Systematischen Theologie*.

[18] *Substanz* kommt aus dem Lateinischen und besteht aus 2 Teilen: *sub* (darunter) und *stare* (stehen); es bedeutet also die Wirklichkeit (als Basis und Fundament), die andere Qualitäten von Seienden trägt. *Akzidenz* stammt ebenfalls aus dem Lateinischen und besteht auch aus 2 Teilen: *ad* (dazu, auf … hin, in Richtung) und *cadere* (fallen); es drückt diejenige Wirklichkeit aus, die als zusätzliches Element einer anderen Wirklichkeit als Basis und Fundament (Substanz) zufällt.

ökologischen Verwobenheit der Menschheit mit der großen Natur, mit »Mutter Erde«;
- *das Beziehungsfeld in der Dimension der Materie* umschließt die sogenannten materiellen Dinge. Es ist die konkreteste, greifbarste und messbarste Dimension und erscheint darum vielen Menschen als die wichtigste Dimension menschlicher Existenz.

Das Beziehungsfeld in fünf Dimensionen ist ein seinshaftes Ineinander, eine lebendig-dynamische Ganzheit der Wirklichkeit. In dieser metaphysisch-theologischen Sicht wird der menschliche Körper nicht mehr als statische, distinkte und materiell-organische Einheit, sondern als das reale Medium der Kommunikation zwischen dem einzelnen Menschen und den übrigen Seienden im Gesamtbeziehungsfeld der Wirklichkeit verstanden.[19] Es lässt sich in diesem metaphysisch-theologischen Zugang erklären, dass im Tod des Menschen nicht eigentlich eine Trennung von zwei Einheiten (Leib und Seele) geschieht, sondern dass das gesamte Beziehungsfeld des Menschen in allen fünf Dimensionen durch die eschatologische Gegenwart des Dreieinen Gottes in eine endgültige Daseinsweise verwandelt wird, die mit anderen Worten eine grundsätzliche Auferstehung des Menschen im Tod bedeutet. Es wäre von daher sehr zu wünschen, dass in den Gebeten der Kirche im Rahmen des Sterbegottesdienstes nicht mehr so viel von den »Seelen der Verstorbenen« gesprochen wird, sondern vielmehr von der Ankunft des (bzw. der) Verstorbenen beim Dreieinen Gott, eine Ankunft, die von der Sorge und dem Mitleiden der Hinterbliebenen mitgetragen wird.[20]

Das Beziehungsfeld in fünf Dimensionen schwingt in einem Rhythmus von Geben und Empfangen, von *Yang* und *Yin*. Auch hier wäre ein Nachdenken über die Wichtigkeit des Sich-selbst-Annehmens, des Leidens, der Demut und der bedingungslosen Liebe angebracht.

Es müsste dann auch viel ausführlicher gezeigt werden, dass das Beziehungsfeld des Menschen *ein dynamisches Zentrum* hat, in dem der Rhythmus des Empfangens and Gebens und die fünf Dimensionen des Beziehungsfeldes zusammenfließen und von dort her ausstrahlen. Es wird in einer eher statischen Sprechweise Subjekt, Person, Selbst, die geistige Seele genannt. Von großer Wichtigkeit wäre es hier zu sehen, dass immer dort, wo von »Person« die Rede ist, sei es im menschlichen oder analog auch im göttlichen Seinsbereich, Person grundsätzlich als seinshafte Beziehung und so als dynamisches Zentrum des Beziehungsfeldes verstanden wird. In diesem grundsätzlich-

---

[19] Es sei hier deutlich vermerkt, dass diese hier entfaltete Sicht des Körpers nichts zu tun hat mit gewissen extremen Positionen der modernen Gender Studies, in denen die konkret-physische Körperlichkeit des Menschen mit ihrer vorgegebenen Geschlechtlichkeit in unrealistische Gedankenkonstruktionen aufgelöst zu werden scheint.

[20] Ein weitere theologische Anwendung des Beziehungsfeldes in 5 Dimensionen, z.B. auf die Sakramententheologie, auf das »übernatürliche Existential« und auf die Eschatologie, so faszinierend sie wäre, würde den Rahmen dieses Beitrages sprengen.

metaphysischen Sinn ist die menschliche Person in besonderer Weise durch *In-sistenz* (als begrenzte Einheit in sich stehend) und *Solo-sistenz* (Einzelheit) gezeichnet; die Person Jesu Christi als Mensch und Gott ist einmalig durch *Pro-sistenz* (für die Menschheit und die geschaffene Welt) und *Trans-sistenz* (zu Gott dem Vater) als Mittler zwischen der göttlichen und geschaffenen Welt dargestellt; die drei göttlichen Personen (Vater, Sohn und Heiliger Geist) sind in ihrer *Peri-sistenz* (Perichoresis, gegenseitige Einwohnung) und in ihrer *Tri-sistenz* (der Dreieine Gott, ein Gott in drei Personen) die Quelle des gesamten seinshaften Beziehungsfeldes.

Und schließlich ist menschliche Freiheit im Rahmen der dynamischen Metaphysik der Beziehung ein Freisein *von* hemmender und zerstörerischer Gewalt, Freiheit *für* ein radikales Empfangen und Antworten im Beziehungsfeld der fünf Dimensionen (Wahl- und Handlungsfreiheit genannt) und Freiheit als Ort der Einwohnung göttlicher Freiheit.

4.2.2 Die Kategorie der Struktur

Die Kategorie der Struktur gilt mit Recht als die eher statische Kategorie im Paradigma der Metaphysik des Beziehungsfeldes in fünf Dimensionen. Die Denkbemühung um den Strukturalismus[21] in der neueren Philosophiegeschichte hat ihre Vorgänger[22] im *Nominalismus* (vgl. William von Ockham, 1285–1374), im *Funktionalismus* (vgl. Nikolaus von Kues, 1401–1464) und im *Mechanismus* (vgl. René Descartes, 1596–1650).

Die konkrete philosophisch-theologische Aktualisierung der Kategorie der Struktur beinhaltet zumindest *vier Aspekte*, die hier kurz angedeutet werden sollen:

- Alle Seienden tragen in sich eine *vorgegebene Ordnung* ihrer konstitutiven Elemente: so die Materie; die lebenden Organismen; die innere Logik der Dynamik menschlichen Bewusstseins im Fünfschritt von Erfahrung, Verstehen, Urteilen, Entscheidung und Handlung; die nationale und internationale Ordnung der Menschheitsfamilie; und selbst die innertrinitarischen Beziehungen von Vater, Sohn und Heiligem Geist.
- Das *Prinzip der Subsidiarität* formuliert die fundamentale gegenseitige Beziehung von Makro-Gesellschaft und Mikro-Einheit (kleinere soziale Einheiten und die individuelle Person) im materiell-ökonomischen, politischen, kulturellen und religiösen Bereich. Auf der einen Seite ist die Makro-Gesellschaft verpflichtet, die Mikro-Einheiten zu schützen und zu stützen; auf der anderen Seite sind die Mikro-Einheiten aufgerufen, nach bestem Gewissen mit der Makro-Gesellschaft schöpferisch zusammenzuarbei-

---

[21] Mit der philosophischen Schule des Strukturalismus sind Denker wie Ferdinand de Saussure (1857–1913), Charles Sanders Peirce (1839–1914) und Claude Levi-Strauss, um nur einige Namen zu nennen, verbunden.

[22] Es mag hier genügen, zu jeder Denkströmung einen Vertreter zu nennen.

ten. Auf der sozio-politischen Ebene heißt das konkret, dass der Staat die Verpflichtung hat, die verschiedenen NGOs nach Möglichkeit zu unterstützen, während die NGOs bei ihren Planungen und Projekten das Gesamtwohl des Volkes und seiner Regierung im Auge behalten sollten.
Auf der Ebene der individuellen Person konkretisiert sich die oben genannte Subsidiarität in der Spannung von Rechten und Pflichten.[23] Rechte im juridischen, sozialen, politischen und kulturell-religiösen Bereich fordern den Schutz, die Freiheit und die Förderung der Mikro-Einheit von Seiten der Makro-Gesellschaft; Pflichten hingegen fordern die Mikro-Einheit auf, nach Möglichkeit und bestem Gewissen zum Gemeinwohl und zum Fortschritt der Makro-Gesellschaft aktiv beizutragen.

– Das *Wertsystem* der Mikro-Einheit oder der Makro-Gesellschaft bedeutet die Liste von Prioritäten, d.h. von Seienden, die nach der Relevanz und dem existentiellen Beitrag zur Verwirklichung des Zieles der Mikro-Einheit und der Makro-Gesellschaft gemessen, bewertet und eingestuft werden. Man spricht darum von einer Wertskala. Jede Religion entwirft ihre Wertskala. Der Christ und die christliche Gemeinschaft in der Nachfolge Jesu Christi identifizieren sich mit der Wertskala Jesu Christi. In der Glaubenskommunikation zwischen Religionen begegnen sich verschiedene Wertsysteme. Es ist die Aufgabe intensiven Dialogs, in der Kunst des Hinhörens und im Mut des Bekenntnisses zum Eigenen die verschiedenen Wertsysteme gegenseitig abzuwägen, zu berichtigen und in wesentlichen Fragen zu einem Konsensus zu führen. Dieser Konsensus würde als Basis einer intensiveren Zusammenarbeit der Religionen zum Wohl der Menschheit dienen.
– Die Begriffe wie *Sakralisierung, Desakralisierung, Säkularisierung, Säkularität und Säkularismus* finden im Kontext der Kategorie der Struktur, unterstützt von der Kategorie des Prozesses, eine angemessene Erklärung: *Sakralisierung* deutet auf die Tatsache hin, dass die Dimensionen der Transzendenz und der Religion alle übrigen Dimensionen autoritativ vereinnahmen, so dass in der Dimension der Kultur, der Wissenschaft und des Alltagslebens kaum noch angemessene Freiheit für die Mikro-Einheit übrigbleibt. Die Situation des christlichen Mittelalters oder auch die tatsächlichen Verhältnisse in einigen Gesellschaften des Islam bis heute stehen dafür als Beispiele. *Desakralisierung* meint den Prozess der Auswanderung aus der Situation der Sakralisierung. Das bis heute nicht abgeschlossene Phänomen der Aufklärung wurde zum Symbol der Desakralisierung. *Säkularisierung* weist auf den positiven Prozess hin, in dem die einzelnen Bereiche der Mikro-Einheiten und der Makro-Gesellschaft ihre entsprechende und berechtigte Freiheit im Eigenen zurückgewinnen, wie z.B. der

[23] Vgl. UNO 1948. Nach 50 Jahren sollte 1998 eine parallele Erklärung der menschlichen Pflichten, *Declaration of Human Responsibilities*, erfolgen. Leider ist die Internationale Gemeinschaft bis jetzt nicht imstande, einen Konsensus in dieser wichtigen Angelegenheit zu erreichen.

Bereich der Naturwissenschaften,[24] der sich in einem schmerzlichen Prozess langsam das Eigene des rationalen Diskurses erobert hat. *Säkularität* steht heute für die reife und ausgewogene Geisteshaltung, die dem Prozess der Säkularisierung entspricht. *Säkularismus* hingegen weist auf eine radikale Geistigkeit hin, in der die Dimensionen der Materie oder des biologischen Lebens oder der sozio-kulturellen Wirklichkeit in einer in sich verschlossenen Einstellung als quasi absolute Bereiche behauptet werden, meist verbunden mit einer radikalen Ablehnung der Dimension der Transzendenz und Religion.

4.2.3 Die Kategorie des Prozesses (Werdegeschehens)

Die Kategorie des Prozesses (Werdegeschehens) ist von den Kategorien der Beziehung und Struktur, wie die eben angedeuteten Gedankengänge belegen, nicht abzulösen. Wie die Denkgeschichte überzeugend aufweist, gibt es in jeder Periode der Menschheit Denker, die mehr die Substanz, andere wieder, die mehr die Beziehung, den Prozess und die Struktur als Fokus ihrer Forschung vertreten. Es steht jedoch fest, dass in jeder wichtigen Periode der Denkgeschichte, bei aller Konzentrierung auf *eine* Zentralkategorie, immer auch andere Stimmen zu hören sind, die komplementäre Aspekte des Denkens einfordern. Im Mittelalter gab es neben Thomas von Aquin (1225–1274)[25] auch einen William von Alnwick (1270–1333), der mit scharfem Sinn die Wichtigkeit von Bewegung und Veränderung in der Welt der Seienden betonte. Er sträubte sich gegen die thomasische Idee, Änderung und Bewegung nur als Akzidenzien der Substanz zu verstehen, und insistierte auf seiner Formulierung des *fluxus formae* (ein Fließen der substantiellen Form), mit der er Änderung und Bewegung als der Substanz wesentliche und inhärente Seins-Faktoren zu erfassen suchte.

Die Kategorie des Prozesses (des Werdegeschehens) kann unter *zwei Gesichtspunkten* unserem Verstehen näher gebracht werden:

– Vom *Gesichtspunkt der Ontologie* her gesehen, erscheint die Wirklichkeit der Seienden nicht so sehr als statische Substanz hier und jetzt mit ihren Akzidenzien, sondern vielmehr als das Ganze der Seienden in ihrem Werdegeschehen, von den ersten Anfängen bis hin zur Vollendung. Der ganze Geschichtsprozess des Seienden in eins genommen ist seine eigentliche Wirklichkeit. Von daher ist, um hier eine sehr aktuelle Schlussfolgerung zu

---

[24] Der Name Galileo Galilei (1564–1642) steht symbolhaft für diesen Prozess. Seine beiden Werke Galileo 1632 und Galileo 1638 bereiteten dem kirchlichen Magisterium beachtliche Kopfschmerzen. Der Heilige Stuhl nahm im Jahre 1983 die schroffen Verurteilungen gegen Galilei öffentlich zurück.

[25] Thomas von Aquin O.P. (1225–1274), der Vater scholastischer Philosophie und Theologie, steht als Vertreter brillanter Denker im Paradigma der Substanz. Albert der Große (Albertus Magnus, 1193–1280), O.P., Doctor universalis genannt, war einer seiner Lehrer. Aristoteles (384–322) gilt als seine inspirierende Quelle.

ziehen, jeder willentliche Eingriff in den Werdeprozess des Menschen von der Empfängnis bis zur endgültigen Vollendung im »Neuen Himmel und der neuen Erde« (Off 21,1–4), gleich in welcher Phase, ob im Mutterleib oder im Laufe des selbständigen Lebens oder am Ende des Lebens, eine Verneinung des gesamten Werdegeschehens; d.h. Abtreibung, Mord und Euthanasie sind gegen den Entwurf des Dreieinen Gottes, des Schöpfers menschlichen Lebens.

– Vom *Gesichtspunkt der Epistemologie* betrachtet, d.h. vom Blickwinkel des Verstehens und der Wahrheitssuche, wird klar, dass die volle Wahrheit erst dann aufscheint, wenn die Wirklichkeit des Werdegeschehens in seine Vollendung eintritt. Daraus folgt, dass die Wirklichkeit im Prozess des Werdegeschehens immer nur im Bezug zu dieser bestimmten Situation erscheint, also nur stückhaft erfasst werden kann. Bezogensein bedeutet nicht Relativismus, der jede absolute und objektive Wahrheitserkenntnis leugnet. Bezogensein meint die Begrenzung[26] und die Unvollkommenheit der Wahrheitserkenntnis im Prozess des Werdegeschehens, nicht aber die Leugnung jeglicher gültigen Erkenntnis. Metaphysisch-theologisches Denken muss die Spannung zwischen Begrenzung des Denkens einerseits und Bejahung objektiver Erkenntnis andererseits durchhalten.

Im Blick auf die chinesische Denkgeschichte entdeckt der suchende Theologe, dass sich diese Gedankengänge im Raum einer dynamischen Metaphysik der Beziehung mit dem berühmten Wort des chinesischen Weisen Mengzi (371–289) treffen:

> »Man muss sein Herz aktivieren (im Vollzug der Freiheit),
> und so kommt die Natur (das Wesen) in Sicht,
> und durch die Natur erkennt man den Himmel und dient Ihm.«

Das Wort des weisen Mengzi weckt die Frage, was der vorliegende metaphysisch-theologische Gedankengang einer dynamischen Metaphysik der Beziehung konkret zur Glaubenskommunikation in und mit China beizutragen vermag.

---

[26] Die Begrenzung des Erkennens wird transparenter im Blick auf *vier Aspekte der Zeit*: Zeit als *materielles* Vor und Nachher, die reale Abfolge im Prozess eines Seienden; die Zeit als *Apriori-Form unseres Bewusstseins*, wie sie von Immanuel Kant (1724–1804) ausgearbeitet wurde, der mit eindeutiger Schärfe darauf hingewiesen hat, dass jedes menschliche Denken immer schon von dieser Apriori-Form beeinflusst und begrenzt ist; die *psychologische Zeit* mahnt zur Vorsicht und Achtsamkeit, damit nicht emotionale Faktoren den Erkenntnisprozess unnötigerweise stören; schließlich die *religiöse Zeit*, die auf die fundamentale Tatsache hinweist, dass die Gegenwart des Dreieinen Gottes in der Menschheitsgeschichte in der Erfahrung der Menschen verschiedene Dichte annehmen kann, so dass vom *Kairos* und von besonders »begnadeten Zeiten« der Gesamtgeschichte und damit des theologischen Denkens gesprochen werden darf.

5. Glaubenskommunikation mit Konfuzianismus, Daoismus und Buddhismus

Das vielschichtige Geschehen der Glaubenskommunikation in Form eines interkulturellen und interreligiösen Dialogs müsste sehr differenziert auf *5 Ebenen* dargestellt werden:

- Die *existentielle Ebene* des Alltagslebens beinhaltet die Kommunikation des Glaubens an der Basis des Volkslebens, weiters die Solidarität in Aktionen für das Wohl der Makro-Gesellschaft wie auch der Mikro-Einheit;
- die *Symbolebene* der sozialen Kommunikation weist auf Archetypen im Unterbewusstsein, auf die Eigenart der Sprache und Kunst als universale Medien der Kommunikation hin;
- die *hermeneutische Ebene* des rationalen Diskurses bemüht sich um die Klärung von Begriffen und Sprache, analysiert Denkformen und Paradigmen in den jeweiligen Kulturen und Religionen;
- die *ethisch-moralische Ebene* umfasst die menschliche Natur als maßgebende Norm, sie fordert eine authentische Konzentration der Dialogpartner auf eine einigermaßen objektive und sich der Wahrheit verpflichtet wissende Grundhaltung und sie inspiriert eine kommunikative Praxis in Liebe für Andere;
- die *religiöse Ebene* verlangt authentische Erfahrungen des absoluten Geheimnisses der Wirklichkeit als verbindende Basis und macht die Dialogpartner bereit, in gegenseitigem Respekt weiter auf der Suche nach gemeinsamen Artikulierungen der geschenkten Erfahrungen zu bleiben.

Das hellere Bewusstsein dieser fünf Ebenen könnte den Dialogpartnern auf den langwierigen Pfaden der Glaubenskommunikation behilflich sein.

Im Folgenden soll eine Begegnung zwischen Christentum und den drei großen Strömen chinesischer Religiosität in Form eines Dialoges versucht werden, in dem sich genuine Glaubenskommunikation ereignet.

5.1 Ein Christ und ein Konfuzianer im Dialog

Der Christ fragt:

- Worin gründet die *Würde der einzelnen Person*? Nach konfuzianischer Sicht wiegt das Ganze schwerer als der Teil. Das Individuum dient dem Lebensganzen, seine Würde liegt gerade in seiner Naturgemäßheit im Ganzen der Wirklichkeit. Genügt diese Sicht zur Grundlegung der Würde der einzelnen Person? Wäre vielleicht das klassische Prinzip konfuzianischer Tradition, dass der Wille des Himmels konkret an der menschlichen Natur abgelesen werden kann, eine Brücke für eine weiterführende Kommunikation?

- Genügt ein *allgemeines Weltprinzip* als Antwort auf die Sehnsucht des Menschen nach personaler Vereinigung und intimer Harmonie? Wäre es denkbar, dass auf konfuzianischer Seite etwas von dem Mut zur unverdeckten Selbstbegegnung fehlt, in der die tatsächlichen Wünsche und das wahre Verlangen in der Tiefe des Herzens aufgedeckt und mit einem letztgültigen Ziel verbunden werden?
- Wie begegnet der Konfuzianer *Leid, Schwachheit und Tod*? Warum passen diese unleugbaren Erfahrungen der Menschen nicht eigentlich in das Paradigma des Konfuzianismus? Sagt man nicht, dass der Konfuzianer nur dann, wenn ihm das Leid bis zum Halse steht und wenn ihm der Tod ins Antlitz schaut, zum Daoisten wird?
- *Wie ist Verzeihung und Versöhnung möglich*? Betont der Konfuzianismus nicht zu sehr das Gesicht, d.h. die soziale Verankerung im Ganzen, so dass, wenn dieses Gesicht verletzt wird, soziale Beziehungen oft fast unheilbar gestört werden? Wäre eine bewusste Verankerung im Absoluten nicht eine Kraft, die nicht geleugnete Wichtigkeit des »Gesichtes« doch etwas zu relativieren?
- Und schließlich, wäre es denkerisch möglich, die *Metaphysik der Beziehung* und die chinesische *Grundkategorie der Einheit* als sich gegenseitig ergänzende Paradigmen zu verstehen, wobei die Beziehung mehr die personale Dimension, die Einheit hingegen mehr das Lebensganze betont?

Der Konfuzianer stellt seine Fragen:

- Der Christ spricht aufgrund seiner Tradition des Alten und Neuen Testaments und der griechisch-römischen Denkform vorwiegend in *personalen Kategorien*. Führen diese Kategorien nicht immer wieder in den Individualismus, in dem die Sicht auf die Einheit aller Menschen und ihre gegenseitige Solidarität verloren zu gehen scheint? Liegt in der Kategorie der Einheit nicht eine chinesische Prägung der christlichen Idee des Volkes Gottes?
- *Hat Jesus wirklich mehr gefordert* als das, was die großen Meister Chinas, wie Konfuzius (Kongzi) und Menzius (Mengzi), als ethisch-moralische Ideale vertraten? Wozu brauchen wir dann noch Jesus Christus?[27]
- Bewirkt das christliche Beharren auf der *Rechtfertigung aus Gnade* nicht eine Schwächung der Selbstverantwortung, entmündigt sie nicht den Menschen in seiner unrückführbaren Freiheit? Machen es sich die Christen mit der alles bewirkenden Gnade, in chinesischer Denkweise mit *Yin* bezeichnet, nicht zu leicht? Müsste dieses *Yin* nicht in einer ausgewogeneren Haltung mit dem *Yang* als der ethisch-moralischen Anstrengung tiefer und systematischer verbunden werden?

---

[27] Hier würde der Christ spontan auf einmalige Aspekte in der Offenbarung durch Jesus Christus hinweisen: z.B. die Liebe des Vaters (Benedikt XVI. 2006 beschreibt dies in gewinnender theologischer Sprache), die Zuneigung Jesu zum armen und sündigen Menschen und der Aufruf zur Feindesliebe. Diese Aspekte klingen in der chinesischen Tradition des Konfuzianismus nicht an, sie sind auch für China eine frohmachende neue Botschaft.

5.2 Ein Christ und ein Daoist im Dialog

Der Christ fragt:

- Wie verbinden wir die *stoische Gelassenheit des Daoismus* mit dem *leidenschaftlichen, liebenden Mitsein*, wie es Jesus seinen Jüngern und der christlichen Gemeinschaft ins Herz geschrieben hat? Kann der Daoist weinen, wie Jesus vor Schmerz und Leid geweint hat? Wie verbinden wir innerste Ruhe des Herzens mit der mitfühlenden Leidenschaft christlicher Liebe?
- Was kann der *Rückzug aus dem öffentlichen Leben* zur Lösung sozialer Probleme des einzelnen Menschen, des Landes und der ganzen Menschheit beitragen? Die Symbole des Bambus mit seinem Hohlraum und des Wassers mit seiner Weichheit und Bescheidung im Hang zu den untersten Plätzen bilden sicherlich wesentliche Elemente wahren Menschseins. Aber wäre nicht das dynamische Ineinander von *Yin* (so Bambus und Wasser) und *Yang* (prägender und schaffender Zugang zur Welt) eine idealere Mitte?
- Braucht eine wachsende Menschheitsfamilie für ein Leben in Frieden, Würde und Sicherheit nicht auch *Gesetze und Ordnungen*, um mit den negativen Elementen (z.B. Gewalt, Ausbeutung, Korruption, Diebstahl und andere Schwächen des Menschen) zu Rande zu kommen? Zugegeben, das westliche Christentum wurde wesentlich vom altrömischen und germanischen Rechtssinn mitgeprägt; das soll aber doch nicht heißen, dass ein heutiges soziales Leben in Würde und Freiheit ohne rechtliche Normen und Verpflichtungen zu wünschen wäre?
- Und schließlich die Frage, ob *letzte Geborgenheit im all-einen Lebensganzen* überhaupt möglich ist. Gibt die Vorstellung vom Eingehen des kleinen Ich in das große Ich der ganzen Menschheit und des ganzen Kosmos wirklich eine Antwort auf die tiefsten Sehnsüchte des Menschen nach Vereinigung von Du und Ich und Wir? Wie können wir dem eher anonymen Modell des allumfassenden Lebens der sehr personalen Heilsgeschichte gedanklich und begrifflich gerecht werden?

Der Daoist stellt seine Fragen:

- Ist das Christentum, insbesondere seine römisch-katholische Ausprägung, nicht *zu kompliziert* und mit Gesetzen und Vorschriften (man denke an den Codex Iuris Canonici) *überladen*? Geht darin nicht allzu leicht der Blick auf das Ganze verloren? Beklagen sich nicht viele Studenten der christlichen Theologie über die Schwierigkeit, das vielschichtige Curriculum in eine Ganzheit theologischen Wissens zu integrieren? Reden die Christen nicht zu viel von Liebe, während ihr aktuelles Leben doch offensichtlich nicht immer ihrem theoretischen Ideal entspricht?
- Sind die christlichen Denker bereit, das *Yin-Yang-He-Paradigma* in ihr philosophisch-theologisches Denken einzubauen? Würde damit der Kirche nicht ein grundsätzliches Instrument in die Hand gelegt, die Frage der Frauen und ihre Stellung im kirchlichen Leben neu zu bedenken und dadurch

neue, tragfähigere und dynamischere Verwaltungsmodelle zu erarbeiten? Wann wird die sehr männlich bestimmte Führungsstruktur der katholischen Kirche (im *Yang*-Stil) endlich einsehen, dass das Element des *Yin* genauso wichtig ist für das Ganze der christlichen Gemeinschaft? Wäre es nicht an der Zeit, dass auch die Christen mit zwei Augen sehen, mit zwei Ohren hören, mit zwei Händen arbeiten und mit zwei Beinen gehen (Sandra Schneiders)? Könnte das *Yin* als Brücke zum Verständnis der Kenosis (Phil 2,7), der Schwachheit (2 Kor 12,10) und darin der Stärke (*Yang*) in der Auferstehung (Phil 2,9–11) dienen?

5.3 Ein Christ und ein Buddhist im Dialog

Der Christ fragt:

- *Entwertet* die buddhistische Weltsicht nicht die *wirklichen Dinge* in ihrem unleugbaren Dasein? Ist alles nur Schein-Wirklichkeit? Zugegeben, dass Schein nicht gleichbedeutend mit Leere oder Nichts ist, wird aber nicht doch die wahre Realität der geschaffenen Dinge zugunsten der absoluten und eigentlichen Wirklichkeit entwertet?[28] Wie könnten wir leidenschaftliche Liebe zur Welt mit eschatologischem Vorbehalt verbinden? Wie reift der Mensch zu einer inneren Ausgewogenheit des In-der-Welt-Seins mit einem Doch-nicht-von-der-Welt-Sein? Wo wäre eine Brücke von der Idee des Noch-nicht-vollendet-Seins der geschaffenen Wirklichkeit zu der Idee der Wiedergeburt bis zum Eingang in den Zustand des *Nirvana* (d.h. nicht mehr Geburt und nicht mehr Tod)?
- Drückt die *erste der vier Grundwahrheiten* des Buddhismus, dass *alles Leid sei*, wirklich die reale Situation der Welt aus? Niemand kann die oft erschütternde Tatsache des Leides leugnen; es stellt sich dann die Frage nach dem Sinn von Liebe, vom positiven Sinn schöpferischen Handelns, von der Schönheit der sichtbaren Welt und von der Freude gesunden Lebens. Wie verbinden wir die buddhistische Auffassung, dass alles Leid aus der Gier und dem Hass der Menschen stammt, mit der christlichen Sicht, dass das Leid nur im Kontext der allumfassenden Liebe des Dreieinen Gottes wirklich zu verstehen ist?[29]
- Auch dem buddhistischen Dialogpartner gegenüber drängt sich die Frage nach der *Würde und dem Wert der einzelnen Person* auf. Ist der einzelne Mensch nur eine Ballung von verschiedenen, nach dem Gesetz des *Karma* zusammenfließenden Faktoren und Funktionen, die sich dann beim Tod auflösen und nach der nicht mehr hinterfragbaren Norm des Karma zu einer

[28] Der Student westlicher Denkgeschichte erinnert sich bei diesen Gedankengängen an das Höhlengleichnis von Plato (427–347), dem Schüler des weisen Sokrates (469–399) und dem Lehrer des Vaters scholastischen Denkens, Aristoteles (384–322).

[29] Hans Kessler hat durchsichtige und tiefschürfende Gedanken zum Sinn des Leides dargelegt. Vgl. Kessler 2000.

neuen Konstellation verschmelzen? Wird damit nicht die einmalige Freiheitsgeschichte jedes Menschen übersehen?
- Schließlich fragt sich der Christ in seiner Vorstellung des *Neuen Himmels und der Neuen Erde* (Off 21,1–4; 22,1–5), ob die Vorstellung des *Nirvana* die letzte Sehnsucht des Menschen zu befriedigen vermag. Ist die apophatische Redeweise vom Nicht-mehr-geboren-Werden und Nicht-mehr-Sterben nicht zu »dünn«? Verlangt der Mensch in seinem Alltag nicht eine positivere Sicht des letzten Zieles seines Lebenswerkes?

Der Buddhist stellt seine Fragen:
- Nimmt der Christ die *Welt der Erscheinungen* nicht viel zu ernst? Kann man die Wirklichkeit, wie sie uns erscheint, wirklich in den Griff bekommen? Verliert sich der Christ in dieser Bemühung des Begreifens, des Zugriffes und des Schaffens nicht allzu leicht im Vordergründigen, im Vorübergehenden (*wu chang*, d.h. nicht dauernd)? Liegt darin vielleicht die Ursache, dass die westliche Kultur und Religion die gesamte Umwelt des Menschen zu sehr als Instrument oder als Objekt des technischen Schaffens betrachtete und somit die Sicht auf die Gegenwart der absoluten Wirklichkeit, auf die es eigentlich ankommt, aus dem Blickfeld verlor?
- Wäre die Idee der *Wiedergeburt* nicht eine Antwort auf das Noch-nicht-vollendet-Sein im Tod?
  In dieser Sicht bleibt eine Möglichkeit des Besserwerdens offen; ist im Vergleich dazu die christliche Idee des Fegefeuers, nicht zu reden von dem schrecklichen Gedanken einer ewigen Hölle, nicht zu passiv, zu statisch und zu grausam? Zugegeben, in der buddhistischen Volksfrömmigkeit spricht man gerne von einem Ort der Strafe mit achtzehn Stockwerken in die Tiefe. Aber dieser Ort ist immer noch einmal vom Zyklus des *Karma* getragen, in dem schließlich alle Seienden in das *Nirvana* eintreten. Wäre diese Sicht nicht menschlicher und auch der christlichen Idee von der Liebe des Dreieinen Gottes entsprechender?
- Nehmen es die Christen mit der Frage des *Leides* nicht zu leicht in ihrer Zuflucht zu Gott und zu Jesus Christus? Wird damit nicht viel Verantwortung für das Leid auf Gott abgeschoben? Könnte es sein, dass die Christen aufgrund ihrer gewissen Sorglosigkeit des Aufgefangenseins in der unendlichen Liebe Gottes mit zu wenig methodischer Strenge nach Wegen der konkreten Erlösung hier und jetzt gesucht haben?

Als Zusammenfassung des Dialogs zwischen einem Christen und einem Konfuzianer, Daoisten und Buddhisten legt sich das Bild eines Gespräches zwischen Jesus, Kongzi, Laozi und Buddha nahe: Die vier großen Meister, so können wir uns vorstellen, haben keine wesentlichen Schwierigkeiten im Dialog über ihre wahren religiösen Erfahrungen, denn als religiöse Genies wissen sie um ihre Grenzen und um die Einmaligkeit ihrer religiösen Grunderlebnisse, und sie wissen auch, dass alle Ausdrucksformen kulturellgeschichtlich begrenzt sind und darum die Ergänzung durch die anderen brauchen. Dialog ist möglich, gestützt vom dynamischen Paradigma der Metaphysik der Beziehung und des chinesischen *Yin-Yang-He*-Modells. Diese Communio im umfassenden Sinn ist Aufgabe der Jünger der vier Meister, im liebenden Dienst an den Menschen mit ihrer Freude und Hoffnung, mit ihren Sorgen und Ängsten.[30]

Ein echter Dialog verlangt immer auch den Blick in die Zukunft. Abschließend suchen wir nach möglichen Entwicklungslinien der Glaubenskommunikation in China.

6. Prognosen

Die Globalisierung wird einen Paradigmenwechsel im ökonomischen, sozialen, politischen, kulturellen und religiösen Bereich mit sich bringen. Für die Glaubenskommunikation wird die Welt der Symbole, der Kunst und der Sprache von entscheidender Bedeutung sein. In der internationalen Vernetzung der Menschen aller fünf Kontinente fließen sprachliche Ausdrücke über die Grenzen der eigenen Muttersprache; in der Schnelllebigkeit der Welt der elektronischen Medien rückt die Spanne des Generationenunterschieds viel enger zusammen, so dass Studenten im 1. Jahr ihres Universitätsstudiums bereits eine ziemliche Distanz zu Mitstudenten im 4. Jahr vermerken.

China wird seine Eigenart und Identität in schöpferischer Weise erhalten. Einerseits wird sein fundamentaler Glaube in der fortschreitenden Begegnung mit dem Christentum durch die Dynamik des *Yin* und *Yang* im besten Sinn des Wortes »aufgehoben«, andererseits wird das Christentum in eben dieser Dynamik von der reichen Welt chinesischer Kultur und Religion wesentlich bereichert werden.

Die Spannung zwischen globaler und lokaler Dimension wird China lehren, sich als eines unter anderen Zentren, und nicht als *das* Zentrum der Welt (Reich der Mitte) zu verstehen und dies zu akzeptieren. In der modernen Welt der Vielfalt der Kulturen und Religionen sind Dialog und Zusammenarbeit in allen wichtigen Lebensbereichen, dazu gehört die Glaubenskommunikation als wesentliches Element, grundlegende Formen heutiger Existenz, sei es im individuellen Bereich oder im Leben der Mikro-Einheit oder in der Makro-Gesellschaft.

Literatur

BALTAZAR, E. R. 1966, *Teilhard and the Supernatural,* Teil II: The Philosophy of Process, Baltimore.

[30] So die Anfangsworte der Pastoralkonstitution *Gaudium et Spes* des Vatikanum II, 1965.

BALTHASAR, H. U. v. 1968, *Love Alone. The Way of Revelation,* London.
BENEDIKT XVI. 2006, Enzyklika *Gott ist die Liebe.*
CHANG CHUN-SHEN, A. B. 1984, *Dann sind Himmel und Erde in Einheit. Bausteine chinesischer Theologie* (Theologie der Dritten Welt, Bd. 5), Freiburg i.Br.
FRITSCH, M. J./WENZEL, K. 2002, *Das Verhältnis von Leib und Seele: Offene theologische Fragen und neue philosophische Herausforderungen,* in: Orientierung 66 (2002), 181–187.
GALILEI, G. 1632, *Dialogo ... sopra i due massimi Sistemi del Mondo,* Florenz.
Ders. 1638, *Discorsi e dimostrazioni matematiche intorno a due nuove scienze,* Leiden.
GRESHAKE, G. 1997, *Der Dreieine Gott: Eine trinitarische Theologie,* Freiburg i.Br.
GUTHEINZ, L. 1974, *Die Funktion der Praxis in der Methode der Systematischen Theologie,* Rom.
Ders./HAN SONG, G./QI LAN, J.) [3]1996, *Shenxue zhongde renxue,* Taipei.
Ders. 2001, *China im Aufbruch: Kultur und Religionen Chinas und das Christentum* (Theologie interkulturell, Bd. 10), Frankfurt a.M.
Ders. 2005, *A Metaphysical Dialogue with Professor Dr. Thaddäus Hang: From the Metaphysics of Substance to the Metaphysics of Relation,* in: Monthly Review of Philosophy and Culture (Zhexue yu wenhua) 376 (2005), 23–47.
HANG, Th. T.-Ch. 1993, *Das kosmische Jen. Begegnung von Christentum und Konfuzianismus* (Theologie interkulturell, Bd. 7), Frankfurt a.M.
HASENHÜTTL, G. 2001, *Glaube ohne Mythos,* Bd. II: *Mensch, Glaubensgemeinschaft, Symbolhandlungen, Zukunft,* Mainz.
JOHANNES PAUL II. 1998, Enzyklika *Fides et ratio.*
KASPER, W. 1982, *Der Gott Jesu Christi*, Mainz.
KESSLER, H. 2000, *Gott und das Leid der Schöpfung. Nachdenkliches zur Theodizeefrage,* Würzburg.
KUEN, K. L. 2000, *Qi chinois et anthropologie chrétienne,* Paris.
KUHN, Th. S. 1970, *The Structure of Scientific Revolutions,* Chicago.
KÜNG, H./TRACY, D. (Hg.) 1986, *Das neue Paradigma von Theologie. Strukturen und Dimensionen,* Zürich-Gütersloh.
PANNENBERG, W. 1987, *Problems of a Trinitarian Doctrine of God,* in: Dialog 26 (1987), 250–257.
PAULY, W. 2005, *Zwischen Mythos und Moderne. Das theologische Anliegen Gotthold Hasenhüttls,* in: Orientierung 69 (2005), 91–94.
RATZINGER, J. 1968, *Einführung in das Christentum: Vorlesungen über das Apostolische Glaubensbekenntnis,* München.
Research Team on Quality of Life in the Bioregion of Taiwan 1994, *Quality of Life in the Bioregion of Taiwan: Followup Research 1980/1991. Final Report,* Taipei.
ROMBACH, H. 1965/1966, *Substanz, System, Struktur. Die Ontologie des Funktionalismus und der philosophische Hintergrund der modernen Wissenschaft,* Bd. I-II, Freiburg i.Br.
SATTLER, D. 1997, *Beziehungsdenken in der Erlösungslehre. Bedeutung und Grenzen,* Freiburg i.Br.
SONG, C. S. 1979, *Third-Eye Theology. Theology in Formation in Asian Settings,* New York.
WEß, P. 1989, *Gemeindekirche – Ort des Glaubens. Die Praxis als Fundament und als Konsequenz der Theologie,* Graz.
WHITEHEAD, A. N. 1929, *Process and Reality,* Philadelphia.

HARUKO K. OKANO

Friedenskonzepte im japanischen Kontext. Reflexionen nach Hiroshima und Nagasaki

1. Wie ist die Glaubenskommunikation in der Vielfalt der Kulturen möglich?

Angesichts der Vielfalt der Kulturen und der Religionen stelle ich zunächst Überlegungen über verschiedene Denkansätze zum interreligiösen Gespräch an. Im Großen und Ganzen sind heute vier grundsätzliche Strömungen zu finden.

Die *erste* ist der *Exklusivismus* (etwa in der Nachwirkung der traditionellen Missionswissenschaft oder in der dialektischen Theologie von Karl Barth), von dem wir aber jetzt absehen wollen.

Als *zweite* Strömung des interreligiösen Dialogs ist der *Inklusivismus* zu nennen, der von Karl Rahner vertreten wird und in mancher Hinsicht kritisiert worden ist, da er den Fremdreligionen zwar einen relativen Wert zugesteht, doch eine Höchstwertung der eigenen Religion annimmt.

Die *dritte* Strömung innerhalb des interreligiösen Dialogs ist der *religiöse Pluralismus*. Um die Christozentriertheit oder Gottzentriertheit der inklusivistischen Theologie zu überwinden, prägt John Hick den Begriff »der/das höchste Wirkliche« anstatt von dem Transzendenten oder Absoluten zu sprechen und schließt damit alle historischen Religionen ein. Vor dem Hintergrund seiner weiten Interpretation von Religion fragt er, was das grundlegende Kriterium für die Heil bringende Transformation ist. Auf diese Frage antwortet er schlicht, es seien »moralische Früchte, die sich mittels des allen großen Traditionen gemeinsamen ethischen Ideals der Agapé/Karuna (Liebe/Mitleid) erkennen lassen«.[1]

Der Pluralismus, der als Interpretationshypothese wohl aus verschiedenen Gründen positiv zu bewerten ist, erfährt wiederum eine Kritik seitens der Theologen mit inklusivistischer Intention: Angesichts der geheimnisvollen und transzendenten Wirklichkeit, die alle Traditionen gemeinsam erfahren haben sollen und die von John Hick agnostisch aufgefasst wird, würden alle konkreten Religionen mit ihren mannigfaltigen Eigentümlichkeiten nivelliert. Der Pluralismus könne in diesem Sinne nach einem heimlichen religiösen

---

[1] Hick 1996, 31.

Monismus streben, in dem die Menschen letzten Endes der gleichen Gottheit begegneten und nur auf divergierende Weise antworteten.

Trotz der gut gemeinten Einstellung des Pluralismus bleiben Fragen offen: Setzt die Anerkennung der fremden Religionen das pluralistische Verständnis mit der Idee der *einen* letzten Wirklichkeit notwendig voraus? Gibt es darüber hinaus keine Möglichkeit der Toleranz der Religionen untereinander?

Hier möchte ich die Frage anschließen, wozu man überhaupt eine fremde Religion verstehen will und warum ein interreligiöses Gespräch geführt werden sollte. Das Fremde bzw. den Fremden zu verstehen und mit ihm in den Dialog einzutreten setzt voraus, dass in diesem Dialog das eigene Selbstverständnis und Selbstbewusstsein konkretisiert und vertieft werden soll. So kommen wir zur vierten Strömung in der Debatte um den interreligiösen Dialog, nämlich zum Typ der *Selbsttransformation*. In dem von Gavin D'Costa herausgegebenen Band *Christian Uniqueness Reconsidered*[2] vertreten Autoren wie John B. Cobb Jr., Jürgen Moltmann, Wolfhart Pannenberg und einige japanische Religionswissenschaftler wie Noriyoshi Tamaru u.a. diese Position, die ich auch in meinen eigenen Beiträgen als Feministin stark mache. Für diesen Typ des Dialogs ist die Überzeugung charakteristisch, dass beim Dialog jede fremde religiöse Erfahrung geachtet werden muss, ohne jedoch die eigene Identität aufzugeben. Mit Jürgen Moltmann verstehe ich unter »Dialog« Folgendes: Im Dialog erfolgt anstelle eines romantisch-verklärten Blicks auf sich selbst die eigene Betrachtung mit den kritischen Augen der anderen; man nimmt die authentischen Erfahrungen der anderen ernst, begegnet ihnen mit Wertschätzung und Anerkennung, anstatt ihre Defizite oder Fehler aufzuzählen.

Ohne Vielfalt der Religionen zu nivellieren und auf eine einzige zu reduzieren, verbindet sie doch eine tiefe Einheit, die, wie Gustav Mensching sagt: »sich auf gemeinsames Erlebnis des Heiligen und verwandtes, auf diese Begegnung antwortendes Handeln in Kultformen, Begriffsbildungen, Gemeinschaftsformen gründet und schließlich auch vor allem auf gemeinsame ethische Werte.«[3]

Mit diesen ethischen Werten ist wohl das Postulat des *Weltgewissens* (Gustav Mensching) oder der Begriff *Weltethos* (Hans Küng) gemeint. Mit Mensching teilen Küng, Moltmann, Waldenfels und neben anderen auch ich dieses zukunftsweisende Modell eines gemeinsamen ethischen Wertsystems; wir sind überzeugt, dass es die adäquate Quelle von Frieden, Verständigung und Versöhnung sein kann.

---

2 Vgl. D'Costa (Hg.) 1990.
3 Mensching 1974, 29.

2. Der Friedensbegriff nach Hiroshima/Nagasaki und Auschwitz

Was verbindet Auschwitz und Hiroshima/Nagasaki hinsichtlich des Nachdenkens über Humanität und Frieden? Wenn auch in beiden Fällen Gewalt in ungeheuerlichem Ausmaß ausgeübt wurde, unterscheidet sich einerseits Hiroshima/Nagasaki insofern von Auschwitz, als die Gewalttätigkeiten durch Atombomben aus amerikanischer Sicht als Notmaßnahme zur Beendigung des letzten Weltkrieges eingesetzt wurden, während Auschwitz ein beispielloses Menschheitsverbrechen ist. Andererseits ist den beiden ein blindes Vertrauen auf die moderne Naturwissenschaft und Technologie gemeinsam, das bislang unvorstellbare Folgen mit sich brachten. Diese sind als Konsequenz der technologischen Rationalität aufzufassen und zugleich widerlegen sie jene, die vom zivilisatorischen Fortschritt oder von der *Aufklärung* eine definitive Stabilisierung des Humanen in der Moderne erwarten. Hiroshima/Nagasaki und Auschwitz sind nicht vergangen, sondern insofern präsent, als ihre Folgen noch geschichtlich aufgearbeitet werden müssen.

Johann Baptist Metz, der eine Theologie nach Auschwitz konzipiert hat, schreibt: »Als christlicher Theologe angesichts von Auschwitz ›Ich‹ sagen: dies dient nicht etwa der Stilisierung der theologischen Individualität, sondern der Sensibilisierung für die konkrete Verantwortung, für die konkrete Krisensituation, in der gegenwärtige christliche Theologie steht und sich um die Findung und Bezeugung der Wahrheit des Evangeliums – nach Auschwitz – müht.«[4]

Im Sinne von Metz möchte ich nun über die Folgewirkungen der ersten Atombomben in Hiroshima und Nagasaki und die konkrete Verantwortung der JapanerInnen in Bezug auf den Frieden reflektieren, indem ich Friedenskonzepte aus Japan zu beschreiben versuche.

Zuallererst erinnere ich daran, dass in altrömischer Zeit mit *Pax* der durch militärische Macht erzwungene Friede gemeint war, der am Ende unsäglicher Grausamkeit und unmenschlicher Gewalttätigkeiten des Krieges stand, die von den Siegern so gerechtfertigt wurden. Die *Pax Romana* versprach zwar dem Volk und auch der nationalen Minderheit wie den Diaspora-Juden im Römischen Reich Sicherheit und Ordnung, Wohlstand und Glück, aber sie war in Wirklichkeit nur drohender und gewalttätiger Friede, der mit dem absoluten Imperativ und der Logik der Sieger verfügt war. Die klassische Problematik, zu definieren, was Frieden und Ordnung meint, bleibt heute in der realen Macht-Politik meist ungelöst. Damit der Friede nicht ausschließlich von Siegern oder mächtigen Nationen definiert wird, muss man sich heute mit dem Begriff des Friedens sensibler auseinandersetzen.

---

[4] Metz 1984, 383.

Friede ist mehr als die Abwesenheit von Krieg. Friede ist mindestens auch die Abwesenheit von jeder strukturellen Gewalt auf sozialem Gebiet.[5] Das ist ein heute allgemein anerkanntes Verständnis des Begriffs vom Frieden, als dessen Gegensatz der Status des Un-Friedens gilt. Demnach ist Friede nicht aus der Perspektive der Sieger sowie der Mächtigen zu analysieren, sondern aus der Perspektive der Schwachen, der Frauen oder sonstigen marginalisierten Menschen. Gerechtigkeit soll dabei im biblischen Sinne als Maßstab für den Frieden gelten, wie es in den Psalmen (85,11) steht: »Gerechtigkeit und Friede küssen sich.« Unter Gerechtigkeit verstehe ich gemäß der biblischen Tradition jenes Verhältnis Jahwes zu Israel, der das Volk Israel erwählte, nicht etwa weil es größer und mächtiger als die anderen Völker war, sondern weil es das kleinste unter allen Völkern war (Dtn 7,7). Charakteristisch äußert sich Gottes Gerechtigkeit darin, dass Gott Partei ergreift für die Armen, die Unterdrückten, Witwen und Waisen (Jes 1,7).

Allerdings muss hier darauf hingewiesen werden, dass viele Frauen nicht immer nur Opfer waren, sondern sie als Soldaten erziehende und sie zum Kampf ermunternde Mütter an vielen Kriegen mitverantwortlich waren. Die Mutterschaft diente also nicht immer zur Stiftung des Friedens.

3. Folgen der Bombenangriffe auf Hiroshima und Nagasaki

Im Folgenden möchte ich mich mit dem Friedenskonzept aus Japan, dem Land, das bislang einziges Opferland eines Atombombenangriffs wurde, auseinandersetzen. Es ist in diesem Rahmen von Bedeutung, was die JapanerInnen in der Nachkriegszeit versäumt haben und woran sie sich erinnern sollten, insbesondere hinsichtlich der Versöhnung mit den asiatischen Nachbarländern. Wir sollten sozusagen die beispiellose Erfahrung von Hiroshima und Nagasaki zum Anlass für die Konzeption einer *Gedächtnispolitik* nehmen, die zu wirklichem Frieden führt.

3.1 Die Auswirkungen der Bombenabwürfe

Am 6. August 1945 gab es den ersten Atombombenabwurf auf Hiroshima und am 9. August 1945 erfolgte der zweite auf Nagasaki. Weil nur wenige Flugzeuge den Angriff flogen, erwarteten die japanischen Behörden des Luftschutzes in beiden Städten nur Aufklärungsflüge und gaben kaum oder gar keinen Alarm. Die Hiroshima-Bombe explodierte in einer Höhe von 580 m und zerstörte in einem Umkreis von etwa 1,5 km senkrecht um den Punkt der Explosion sofort fast alles. In Nagasaki wurden nicht nur alle Wohnhäuser im Umkreis von etwa 2,2 km direkt vernichtet, sondern auch das Viertel der alten Christen aus dem Barockzeitalter. Deshalb sagt man in Japan gern: »In Hiro-

5 Vgl. D'Costa (Hg.) 1990.

shima explodierte der Zorn, in Nagasaki antwortete man mit Gebet.« Während Luftdruckwellen die Gebäude zum Einsturz brachten, wurden durch die Explosionshitze große Feuerstürme ausgelöst, die weitere Teile der beiden Städte zerstörten.

In Hiroshima wurden etwa 66.000 Menschen sofort getötet und zudem etwa 69.000 Menschen schwer verletzt. Nagasaki erfuhr ein ähnliches Schicksal. In beiden Städten erlitten die Betroffenen schwerste Verbrennungen, die nicht angemessen behandelt werden konnten. Dazu kamen die Effekte der unmittelbaren Strahlung, an denen zusätzlich etwa 100.000 Menschen in beiden Städten innerhalb der nächsten Wochen und Monate verstarben. Insgesamt sind 280.000 Menschen in beiden Städten ums Leben gekommen. Die akuten sowie die späteren Strahlendosen nach den Explosionen haben mit einer zeitlichen Verzögerung bis heute zu einer signifikanten Erhöhung an Krebserkrankungen geführt. Bei 26% der Krebserkrankungen handelte es sich um Leukämie mit Todesfolge. Der Prozentsatz der anderen Krebserkrankungen, die als durch Strahlung verursacht registriert wurden, stieg mit dem zunehmenden Alter der Personen von 3,5% in den Jahren 1950–1975 auf 5,2% in den Jahren 1976–1985 und auf 6,0% in den Jahren 1986–1990.

3.2 Das Schicksal der Überlebenden der beiden Atombombenabwürfe

Die Überlebenden leiden heute noch unter unheilbaren Wunden an Leib und Seele. Manche sind noch immer in tiefe Trauer darüber versunken, Familienangehörige oder Freunde auf diese Art und Weise verloren zu haben; manche haben Schuldgefühle, dass sie damals Leidenden womöglich nicht ausreichend Hilfe geleistet haben. Wieder manche schämen zutiefst, diese Katastrophe überlebt zu haben. In Befragungen sprechen manche von einem schlechten Gewissen, wenn sie wann auch immer einmal das Leben genossen haben. Es ist wohl der japanischen Mentalität geschuldet – sei es berechtigt oder unberechtigt – dass JapanerInnen die Harmonie in mitmenschlichen Beziehungen als höchstes Gut schätzen.

Auch die sozial-ethischen Probleme sind nicht zu unterschätzen. Die Verstrahlten sind oft wegen Krankheitsanfälligkeit oder wegen der Entstellung ihres Gesichtes oder des Körpers durch schwere Verbrennungen benachteiligt oder gar diskriminiert worden in Bezug auf Berufschancen oder Eheschließung. Die Strahlenverseuchung raubte manchen Frauen Freude und Freiheit, Kinder zu gebären, da man fürchtete, dass die Krankheit erblich sei.

Auch die japanischen Medien haben sich insofern schuldig gemacht, als sie sich nicht mit den ernsten Problemen der Frauen im Bereich des Kinderwunsches und der Familiengründung auseinandergesetzt haben. Stattdessen haben sie die weiblichen Opfer des Atombombenabwurfs glorifiziert und bestimmte Stereotype gebildet, die dem Leiden dieser Frauen eine gewisse Ästhetik gaben und sie sogar als Schaustück der Öffentlichkeit vorführten. So hat man die real bestehende gesellschaftliche Diskriminierung verdeckt. Die verstrahlten Frauen wurden in vielen Dramen zu Heldinnen, die tapfer ihr dunkles Schicksal ertrugen. Scheinbar waren aber männliche Opfer der Atombombe weniger attraktiv als Helden in Tragödien. Während man *Godjira* (Godzilla) als strahlenverseuchtes Monster in Filmen weltweit populär gemacht hat, ließ man in Wirklichkeit viele unglückliche Opfer weiblichen sowie männlichen Geschlechts im Stich. Viele verstrahlte Frauen haben stillschweigend ein sehr eingeschränktes Leben in der Gesellschaft geführt bzw. ertragen, ohne Ansprüche auf Wiedergutmachung bei der japanischen und der amerikanischen Regierung geltend zu machen.

Über 266.000 Atombombenopfer, deren Durchschnittsalter bei 73 Jahren liegt, leben heute in Japan. Der Staat hilft ihnen zwar im Rahmen der Sozialfürsorge, aber es steht noch zur Debatte, ob ihre unheilbare Situation seitens des Staates durch eine besondere Entschädigung angemessener kompensiert werden soll, wie es bei den Hinterbliebenen der Kriegsgefallenen der Fall ist. Atombombenopfer können zwar kostenlos ihren Gesundheitszustand überprüfen lassen, aber die Kosten für die Behandlung werden nicht voll vom Staat getragen. Ein Sonderzuschuss vom Staat unterliegt äußerst schwierigen Bedingungen; deshalb ist der Prozentsatz der Menschen, die zugelassen wurden, ist bis heute nur äußerst gering.

Außerdem ist das Problem nicht zu übersehen, dass die verstrahlten Ausländer (vor allem KoreanerInnen) aus der japanischen Kolonialzeit in Korea von 1910–1945 und die ausgewanderten Atombombenopfer, die sich z.B. in Brasilien niederließen, immer noch nicht in die Fürsorge des japanischen Staates einbezogen sind. Dies gehört – zusammen mit dem politisch sowie soziologisch ungelösten Problem der damals organisierten Prostitution für das Militär – mit zu den Ursachen dafür, warum Japan mit den asiatischen Nachbarländern immer noch Konflikte hat.

4. Friedenskonzepte aus Hiroshima und Nagasaki

4.1 Stiller Appell der Frauen aus Hiroshima und Nagasaki

Für viele Menschen in Hiroshima und Nagasaki ist die Gegenwart im Grunde eine verlängerte Vergangenheit; sie leben noch immer in der langen Nachkriegszeit, obwohl sie eigentlich »normal« zu leben wünschen. Da die weiblichen Opfer in Hiroshima und Nagasaki, nachdem sie zunächst glorifiziert worden waren, dann aber quasi von der Gesellschaft und von den Medien verschwiegen wurden, hören wir heute kaum von ihnen. Schenken wir trotzdem ihrer leisen Stimme Aufmerksamkeit.

Es gibt wohl kaum ein anderes lyrisches Werk, das viele Herzen so ergriffen hat wie das der Japanerin Kurihara Sadako. Die Dichterin verlieh mit den Mitteln der Poesie einer zutiefst menschlichen Freude darüber Ausdruck, dass neues Leben in der Hölle von Hiroshima zur Welt gebracht wurde. Hintergrund für dieses Gedicht ist ein wirkliches Ereignis. Ich gebe das Wichtigste des Gedichtes im Auszug (in meiner Übersetzung) wider:

Von einem Kind entbunden werden (1946)
Nachts in einem zerstörten Gebäude
saßen und lagen die Schwerverbrannten
dicht nebeneinander
in Dunkelheit ohne irgendein Kerzenlicht.
Es riecht nach Blut, nach Tod, nach Schweiß.
Man hört nur Stöhnen und Stöhnen.
Da hört man eine ganz andere Stimme:
»Mein Baby kommt!«
»Oh, Gott,
eine junge Frau liegt in den Wehen!«
»Hier ist es so dunkel!
Wir haben kein einziges Streichhölzchen!«
Alle sorgen sich um eine gute Geburt,
indem sie ihre eigenen Schmerzen vergessen.
»Ich kann Dich vom Kind entbinden!«
Diejenige, die es angeboten hat,
ist eine Schwerverletzte,
die bis jetzt vor Schmerzen geächzt hat.
In einer Weile ist ein neues Leben
zur dunklen höllischen Welt gekommen.
Vor Tagesanbruch starb aber die Hebamme im Blutbad.
Sie hat ein Kind zur Welt gebracht,
sie hat dieses Kind zur Welt gebracht,
obwohl ihr Leben gleich zu Ende ging.[6]

Im Gegensatz zu den gefühllosen Machthabern, die sich für den Krieg und Massenmord der unschuldigen Leben entschieden haben, stehen hier gutherzige Leute, die sich um die Wehen einer jungen Mutter sorgen und dabei ihr eigenes Leiden vergessen; bemerkenswert ist vor allem die schwerstverbrannte Hebamme, die neues Leben zur Welt bringt und gleich danach stirbt.

Die Dichterin Kurihara, die den unersetzbaren Wert des Lebens und die Würde der Schwerverletzten auf wundervolle Weise zum Ausdruck bringt, kritisiert damit zugleich die Täterschaft Japans. Ich möchte ein weiteres Gedicht von ihr im Auszug vorstellen, da ihre Einstellung den wichtigsten Ausgangspunkt des japanischen Friedenskonzeptes zeigt:

Wenn wir von Hiroshima sprechen
Wenn wir von Hiroshima sprechen,
wer kann uns freundlich erwidern,
»Ach, Hiroshima?«
Wenn wir von Hiroshima sprechen,
erwidert man »Ja, Pearl Harbour!«
Wenn wir von Hiroshima sprechen,

6 Sadako (1946), in: Kano u.a. (Hg.) 1996, 64f.

»Ja, Massaker in Nangking in China!«
oder
»Ja, das Verbrennen der Zivilisten in einem Graben
von Manila auf den Philippinen.«
Wenn wir von Hiroshima sprechen,
kommt der Widerhall des Blutes und des Feuers zurück!
Wenn wir von Hiroshima sprechen,
antwortet uns keiner freundlich.
Die Toten und das unschuldige Volk in Asien
lassen auf einmal ihre Wut explodieren.
Damit wir einen freundlichen Widerhall erhalten,
müssen alle Waffen, die einmal liegen gelassen wurden,
wahrlich noch einmal aufgegeben werden.
Bis zu dem Tag bleibt Hiroshima
eine ungeliebte bitter leidende Stadt von Grausamkeit und
Misstrauen.
Wenn wir von Hiroshima sprechen,
»Ach, Hiroshima?«
Damit wir so einen freundlichen Widerhall erhalten,
müssen wir unsere befleckten Hände reinigen.[7]

Diese Dichterin vertritt die Stimme von Hiroshima und Nagasaki, die Stimme, die sich nach dem Friedensschluss mit den zu Opfern Gewordenen in den Nachbarländern versöhnen will und sich nach einem Gespräch mit ihnen sehnt.[8]

4.2 Die Friedenspolitik Hiroshimas und Nagasakis

Alle Atombombenopfer in Hiroshima und Nagasaki wünschen sich Frieden auf der ganzen Erde, bemühen sich um das Verbot atomarer Waffen und verkünden die Botschaft, dass man solches Leiden und solche Trauer niemanden mehr in der ganzen Welt erleiden lässt. Damit verbindet sich die Hoffnung, dass sie die ersten und die allerletzten Opfer von Atomwaffen sind.

Die beiden Städte ergreifen konsequenterweise die Initiative im politisch-wirtschaftlichen Wiederaufbau der Entwicklungsländer Asiens und vor allem in der Förderung des Atomsperrvertrags (*Nonproliferation Treaty*: NPT), indem sie die »Oberbürgermeister-Friedenskonferenz« organisieren, an der bis zum Jahr 2005 bereits 1080 Städte bzw. deren Oberbürgermeister aus aller Welt teilgenommen haben. Sie appellieren an die Regierenden, dass diese an der globalen Realisierung des Friedens durch die »Konferenz aller Oberbürgermeister« in den USA, das »EU-Parlament« und die »Internationale Ärztekonferenz zur Verhinderung eines etwaigen Atomkrieges« u.a. mitwirken. Sie

7 Ebd., 79–81.

8 Die Gedichte und Aufsätze von Kurihara und anderen zu Atombombenopfer gewordenen Japanerinnen, die sich selbstkritisch mit dem Frieden in der Welt auseinandersetzen, sind in Vance-Watkins/Mariko (Hg.) 1995 enthalten.

treten für die Schaffung und Erhaltung einer atomwaffenfreien Welt ein und fördern die Bewusstseinsbildung für das Krisenpotential der Atompolitik mit dem Ziel der totalen Abschaffung atomarer Waffen. In der 7. Konferenz zum Atomsperrvertrag (NPT) im Mai 2005 in New York ist deutlich geworden, dass der Begriff des Friedens je nach Nation verschieden ausgelegt wird. Der Oberbürgermeister von Hiroshima, Akiba Tadatoshi bezeichnete in seiner Friedenserklärung im Jahr 2006 die Weltmächte mit Atomwaffen den »Atom-Klub«, zu dem er die USA, Russland, England, Frankreich, China, Indien, Pakistan, Nordkorea u.a. zählte. Dieser »Atom-Klub« vermittle dem Volk die falsche Botschaft, dass es durch die Atomwaffen letztlich geschützt werde, da sie ein Gleichgewicht der Kräfte gewährleisteten.

Der Oberbürgermeister von Hiroshima vergisst nicht, von der Verantwortung des japanischen Volkes zu sprechen, nicht noch einmal denselben Fehler zu begehen. In seinem Engagement für die totale Abschaffung der Atomwaffen weltweit und die Stiftung eines globalen Friedens beruft er sich auf Artikel 9 der japanischen Verfassung, in dem der totale Gewaltverzicht Japans formuliert wird.

5. Zur aktuellen Diskussion über Artikel 9 der japanischen Verfassung

In Artikel 9 der japanischen Verfassung wird der Verzicht auf Krieg in folgendem Wortlaut formuliert:

»In aufrichtigem Streben nach einem auf Gerechtigkeit und Ordnung gegründeten internationalen Frieden verzichtet das japanische Volk für alle Zeiten auf den Krieg als ein souveränes Recht der Nation und auf die Androhung oder Ausübung von Gewalt als Mittel zur Beilegung internationaler Streitigkeiten.

Um das Ziel des vorhergehenden Absatzes zu erreichen, werden keine Land-, See- und Luftstreitkräfte oder sonstige Kriegsmittel unterhalten. Ein Recht des Staates zur Kriegsführung wird nicht anerkannt.«

5.1 Zum ursprünglichen Verständnis von Artikel 9

Als 1947 die derzeit gültige Verfassung in Kraft getreten ist, gab das Kultusministerium eine offizielle Interpretation von Artikel 9 bekannt. Ich fasse sie hier zusammen:

Damit Japan nie wieder einen Krieg führt, hat sich Japan für zwei Dinge entschieden: Zum einen verzichtet Japan auf jedes Kriegsmittel und beschreitet damit den Weg der Gerechtigkeit. Es gibt in unserer Welt nichts Größeres als Gerechtigkeit. Zum anderen wird Japan nie mehr Krieg führen, um einen etwaigen Konflikt mit anderen Nationen zu lösen (2. August 1947).[9]

---

9 Vgl. Llompart 2000, 100.

Nach diesem ursprünglichen Verständnis der damaligen Regierung und vieler Juristen verzichtete Japan nicht nur auf einen Invasionskrieg, sondern auch auf einen Verteidigungskrieg, der im Allgemeinen eher als »normal« und »berechtigt« gilt. Artikel 9 verkündet eigentlich den reinen Pazifismus und ein konsequentes Prinzip des gewaltlosen Widerstands. Aber Japan rief entsprechend den veränderten politischen Verhältnissen im Jahr 1954 die Selbstverteidigungskräfte (*Jiei-tai*) ins Leben, die offiziell nicht als Heer bezeichnet werden, obwohl ständig darüber debattiert wird, ob sie Artikel 9 widersprechen. Seitdem nimmt Japan praktisch den Standpunkt des bedingten Pazifismus ein, der einen gerechten Verteidigungskrieg einräumt. Bekanntlich hielt sich ein Teil dieser Verteidigungskräfte Japans gewisse Zeit im Irak auf, um dort am Wiederaufbau mitzuwirken. Das ist als politischer Schritt zu verstehen, um sich gegenüber den anderen Industrieländern als »normale« Nation mit einem Militär zu präsentieren.

5.2 Von der Nation des »perfekten« Pazifismus zur »normalen« Nation

Nach dem großen Sieg der Regierungspartei bei der letzten Wahl im September 2005 wurde ein Änderungsentwurf von Artikel 9 vorgelegt, um die bereits existierenden Selbstverteidigungskräfte endlich als legales Heer Japans anzuerkennen. Dafür sollte der »Verzicht auf Krieg« in Kapitel II der Verfassung in »Sicherheit« umformuliert werden. Auf diese Weise soll Japan nach Ansicht von vielen Politikern in eine »normale« Nation mit verfassungsmäßigen Heereskräften umgewandelt werden.

Außer diesem Änderungsversuch an Artikel 9 ist in Japan eine deutlich rechtsorientierte Tendenz um die politische Position des *Yasukuni*-Schreins, der den Seelen der Kriegsgefallenen und gar der Kriegsverantwortlichen als Volkshelden (*Eirei*) geweiht ist, festzustellen. Schon als der Friedensvertrag von San Francisco (1952) abgeschlossen wurde, hatte sich das traditionelle religiös-politische Bewusstsein, das einst als Regulativ für das individuelle Verhalten der einzelnen Personen in Familie und Gesellschaft gedient hatte, wieder in den Vordergrund geschoben. So versuchte die Regierung, den Yasukuni-Schrein unter die direkte Verwaltung und Protektion des Staates zu stellen. Das bedeutet, dass die shintoistisch-religiöse Verehrung der Kriegsgefallenen zur Angelegenheit des Staates erklärt werden und so einen offiziellen Charakter erhalten sollte. Die Regierung scheiterte zwar mit diesem Versuch, setzte ihn aber inoffiziell fort, so dass sie inzwischen die Norm für die zu verehrenden Seelen der Kriegsgefallenen und im Staatsdienst Gestorbenen bestimmt. Im Yasukuni-Schrein wurden inzwischen (seit 1978) ohne offizielle Diskussionen auch die Seelen der damaligen Kriegsverbrecher (14 Personen wie der ehemalige Premierminister Tojo Hideki u.a., die im *Tokio-Gericht* als Kriegsverbrecher verurteilt wurden) in die Reihe der Volkshelden aufgenommen. Als der letzte Premierminister Koizumi Junnichiro jedes Jahr offiziell zur Verehrung des Yasukuni-Schreins anreiste, sind die politischen Spannungen mit den Nachbarländern immer virulenter geworden.

6. Reflexion über das Friedenskonzept der japanischen Regierung

Wenn ich an einige Defizite der traditionellen Ethik der JapanerInnen denke, kommen mir Bedenken hinsichtlich der veränderten Friedenspolitik der derzeitigen Regierung.

6.1 Die Defizite der japanischen Ethik

Das verbindende Prinzip der Harmonie und der zwischenmenschlichen Beziehungen seit Beginn der japanischen Geschichte trägt zweifelsohne zum Entstehen des Zusammengehörigkeitsgefühls des japanischen Volkes bei, das in einer homogenen Gesellschaft von großer Bedeutung und handlungsleitend ist. Dieses Prinzip bringt grundsätzlich keine Häresieprobleme hervor und ist so zugleich Ursache der religiösen Toleranz.

Allerdings wird die vom archaischen Kollektiv getrennt zu verhandelnde Frage einer Individualethik, also: »Wie soll ich moralisch handeln?« in Japan kaum gestellt.

Was zur Kehrseite des so geschaffenen Zusammengehörigkeitsgefühls gehört, ist die krasse Unterscheidung von *Wir* und *Andere*. Die Gesellschaft, die als homogen verstanden wird, hat prinzipiell einen exklusiven Charakter. Wer für den Staat etwas Grundlegendes entscheidet und wer gehorchen muss, ist gleichsam *a priori* seit dem 17-Artikel-Gesetz im 7. Jahrhundert bestimmt. In dieser Denktradition könnten meiner Ansicht nach die Menschenrechte sowie die Menschenwürde des Einzelnen relativ leicht eingeschränkt werden.

In der japanischen Verfassung ist in Artikel 13 von der Einschränkung folgendermaßen die Rede:

»Alle Bürger werden als Einzelperson geachtet. Ihr Recht auf Leben, Freiheit und ihr Streben nach Glück ist, *soweit es nicht dem öffentlichen Wohl entgegensteht*, bei der Gesetzgebung und in anderen Regierungsangelegenheiten in höchstem Maße zu erwägen.«

Der Anspruch der Bürger auf Menschenrechte und Menschenwürde[10] wird also durch das öffentliche Wohl eingeschränkt. Hier fragt sich, von wem das öffentliche Wohl bestimmt wird. Zudem wird der Staat traditionell in Japan ohne Diskussion mit dem »öffentlichen Wohl« identifiziert. Während in Deutschland Achtung und Schutz der Menschenwürde als Verpflichtung aller staatlichen Gewalt im allerersten Artikel des Grundgesetzes klipp und klar

---

[10] Allerdings wird in der japanischer Verfassung nicht derselbe Ausdruck für die Menschwürde gebraucht, sondern »alle Bürger werden als Einzelperson geachtet«, was eigentlich etwas ganz anderes als Menschenwürde impliziert.

formuliert wird, ist in Japan von der Verpflichtung der staatlichen Gewalt keine Rede. Die mögliche Expansion der staatlichen Gewalt Japans ist oft Grund für politische Spannungen mit den Nachbarländern.

Ein anderes ethisches Defizit in der auf die Relationalität gründenden Gesellschaft Japans ist folgendermaßen zu beschreiben: Das auf Relationalität Angewiesensein bedeutet zugleich gegenseitige Abhängigkeit, so dass es oft unklar bleiben kann, wer die Verantwortung für eine Sache trägt. So blieb es auch nach langen Untersuchungen und Diskussionen offen, wer der eigentliche Urheber der japanischen Kriegsführung während des Zweiten Weltkriegs gewesen ist. Ob es die Menschen waren, die freiwillig in den Tod gegangen sind, oder die Menschen, die vom Kriegsgericht als an der Kriegsführung schuldig erklärt und hingerichtet wurden, wurde nicht geklärt. Wenn nun auch solche Menschen als Volkshelden verehrt werden, wie das Beispiel der Verehrung des Yasukuni-Schreins zeigt, wird die Frage nach den wirklich Schuldigen ausgeklammert. Dann wird der Yasukuni-Schrein dafür instrumentalisiert, Japan seine schuldhafte Vergangenheit vergessen zu machen.

Schlussbemerkung

Die Industrieländer, die Atomwaffen besitzen oder besitzen wollen, stützen sich auf einen gefährlichen Zirkelschluss, dass nämlich gerade die Zerstörungskraft dieser Waffen eine sichere nukleare Abschreckung darstellt und dass dadurch außerdem die konventionellen Heereskräfte wesentlich reduziert werden könnten. Da der Einsatz von Atomwaffen zur totalen Zerstörung führen würde, ist diese These unhaltbar; letztlich würden doch wieder konventionelle Waffen eingesetzt werden. Wir verdanken es wohl einem besonderen Glücksumstand, dass die USA und die damalige Sowjetunion atomare Kriege vermeiden konnten. Diese Länder haben sich wohl kaum vorstellen können, welche Hölle eine Atombombe herbeiführen würde.

Japan als bis jetzt einziges Land, das Opfer von Atombomben wurde, sollte sich in Erinnerung an das unsägliche Leiden in Hiroshima und Nagasaki weiterhin um die Sperrung bzw. die Abschaffung von Atomwaffen bemühen. Um diese Position überzeugend vertreten zu können, muss Japan sich ehrlich und mutig der eigenen schuldhaften Vergangenheit bewusst bleiben. Dazu gehört, die besondere Struktur der japanischen Gesellschaft zu beachten, die einst den *Tennô* als Mitte des Volkskörpers verstand und ihr Bewusstsein von nationaler Zusammengehörigkeit unverändert bis in die Gegenwart beibehalten hat.

Die Religionen tragen das Potential zur Förderung des Friedens in sich. In ihnen ist der Friede die Grunderfahrung und die Grundhoffnung zugleich. Vor diesem Hintergrund müsste heute angesichts unmenschlicher und grausamer Gewalttätigkeiten und Kriege die kritische Auseinandersetzung darüber stattfinden, warum dieses Potential der Religionen so wenig ausgeschöpft wird. Das wäre eine aktuelle und dringende Aufgabe der TheologInnen sowie der ReligionsforscherInnen heute.

Literatur

D'COSTA, G. (Hg.) 1990, *Christian Uniqueness Reconsidered. Myth of Pluralistic Theology of Religions,* New York.

HICK, J. 1996, *Religion. Die menschlichen Antworten auf die Frage nach Leben und Tod,* München.

KANO, M. u.a. (Hg.) 1996, *Onna ga Hiroshima wo kataru* (»Die Frauen erzählen von Hiroshima«), Tokio.

LLOMPART, J. 2000, *Nihonjin no ronri to gorisei* (»Die Logik und die Rationalität der Japaner«), Tokio.

MENSCHING, G. 1974, *Der offene Tempel,* Stuttgart.

METZ, J. B. 1984, *Im Angesichte der Juden. Christliche Theologie nach Auschwitz,* in: Concilium 20 (1984), 382–389.

VANCE-WATKINS, L./MARIKO, A. (Hg.) 1995, *White Flash/Black Rain. Women of Japan relive the bomb,* Minneapolis.

WILHELM, D. [2]2002, *Frieden/Feministischer Pazifismus,* in: Gössmann, E. u.a. (Hg.), Wörterbuch der Feministischen Theologie, Gütersloh.

John D'Arcy May

Was haben die Kirchen hinterlassen? Zwischen einheimischem Christentum und neuer Christenheit im Pazifik

Eine erfolgreiche Evangelisierung führt zu ökumenischen Problemen, weil sie – sofern sie in eine echte Inkulturation mündet – neue Spielarten des Christlichen hinterlässt, die oft in einem Spannungsverhältnis zur ursprünglich westlichen Form der jeweiligen Konfessionen stehen. Gerade solche Probleme können eine belebende Wirkung für Kirche und Theologie haben, indem diese genötigt werden, sich auf Neues und Fremdes einzustellen; dies kann im Missionsland wie auch im Entsendungsland der Missionare der Fall sein. Eine weithin akzeptierte Meinung war früher, dass solche Inkulturationsprozesse so ablaufen dürfen, dass ein harmloser Rest einheimischer Kultur und Religion bleibt – immer an den theologischen Normen der Ursprungskirche gemessen – um die neugeborenen Missionskirchen kulturell zu »färben«, obwohl manchmal dunklere Elemente der einheimischen Kultur unter der orthodoxen Oberfläche unsichtbar weiter wirken.

Dies war eine häufig anzutreffende Einstellung, als ich nach Papua-Neuguinea ging, wo ich Einblicke in das neu entstehende Christentum der Pazifik-Inseln gewinnen durfte.[1] Meine Aufgabe war nicht missionarisch, sondern ökumenisch: Ich sollte den einheimischen Kirchen helfen, die konfessionellen Konflikte aufzuarbeiten, die aus der kolonialen Vergangenheit geblieben waren (deutsches, später australisches und amerikanisches Erbe der Lutheraner; englische Hinterlassenschaft in den ehemaligen, nunmehr unierten methodistischen und kongregationalistischen Kirchen; französischer und deutscher Einfluss in der katholischen Kirche usw.). Zunehmend jedoch gelangte ich zur Einsicht, dass die ökumenische Bewegung im Pazifik und deren Strukturen (Pazifische Kirchenkonferenz, ab 1961; Melanesischer Kirchenrat, ab 1965; Pazifische Bischofskonferenz, ab 1968; in Polynesien sah die Situation etwas anders aus) eine europäische Antwort auf europäische Fragen darstellten. Hinzu kam die »zweite Welle« evangelikaler, pfingstlerischer und adventistischer Kirchen und Gruppen, die in diese Strukturen nicht zu integrieren wa-

---

[1] Ich war damals nur teilweise mit der schon etablierten Tradition protestantischer Missionswissenschaft vertraut, die etwa von Carl Mirbt, Walter Freytag und Hans-Jochen Margull in Hamburg vertreten wurde und dort seither von Theodor Ahrens fortgesetzt wird. Vgl. Ahrens 2005b. Lange vorher jedoch hatte ich Ohm 1948 gelesen und später auch die Arbeiten von Walbert Bühlmann (vgl. Bühlmann 1974; ders. 1981), die mich nachhaltig beeindruckten.

ren; und heute mehrt sich der Einfluss anderer Bewegungen wie die der Mormonen und der Baha'i, von der ständig wachsenden Präsenz des Islam gar nicht zu reden. Angesichts der zunehmenden Korruption und Kriminalität, der Umweltzerstörung durch westlich inszenierte »Entwicklungs«-Projekte (Ok Tedi in Papua-Neuguinea, Freeport in Westpapua, Raubbau an Forstbeständen usw.), der Bürgerkriege (Bougainville, Salomonen-Inseln), der Putsche (Fidschi) und der politischen Konfrontationen (Papua-Neuguinea mit Indonesien über Westpapua-Flüchtlinge, mit Australien über Verschuldung)[2] sah ich mich zu der Frage genötigt, was »Selbstständigkeit« und »Identität« der neu entstandenen Kirchen eigentlich heißt. Sind wir Zeugen des einfachen Reproduzierens westlicher Muster, der Geburt eines neuen Christentums dank gelungener Inkulturation bzw. »Interkulturation« (beidseitiger Beeinflussung)[3] oder aber, nach einem neuen historischen Entwurf von Philip Jenkins,[4] des Zustandekommens einer neuen Christen*heit*, deren globale Charakteristika und Strukturen nur in einem abgeleiteten Sinn »westlich« sind und eine ganz und gar nicht vorhergesehene Form der Aneignung des Christentums darstellen? Jenkins ist Historiker, kein Missionswissenschaftler, und seine Statistiken laufen auf eine Art christlichen »Kampf der Kulturen« hinaus, aber er ist nicht der Erste, der vor einer epochalen Verschiebung, nicht nur im numerischen Gleichgewicht, sondern in der Identität des Christlichen weg von westlichen Vorbildern und Autoritätszentren warnt. Die Zunahme der Zahl der Christ*en* ist allerdings noch nicht dasselbe wie eine Transformation des Christen*tums* in eine Christen*heit* neuer Prägung; hierfür müsste der Beweis noch erbracht werden.

Meine Thesen waren damals,
- dass etwa in Papua-Neuguinea die ökumenischen Einrichtungen nicht ökumenisch genug, weil nicht melanesisch genug waren;
- dass Verwaltung und Bürokratie dem Staat und nicht der Gesellschaft dienten, für die Wirtschaft so gut wie irrelevant und für die Kultur unangemessen waren.

Mit anderen Worten: Als Kirchen in dieser Welt der pazifischen Kulturen und Bedürfnisse entsprachen die Missionskirchen zwar mit Mühe und Not den importierten ökumenischen Vorgaben, sie waren aber kaum in der Lage, den ohnehin wenig entwickelten Raum der »Zivilgesellschaft« – dazu in exemplarischer Zusammenarbeit – mit moralisch und politisch relevanten christlichen Gesichtspunkten auszufüllen. Sie waren *soft churches* (Gernot Fugmann) in *soft states* (Gunnar Myrdal), d.h. sie schienen durch ständige Beschäftigung mit sich selbst aktiv präsent zu sein, während sie in Wirklichkeit finanziell und

---

2 Vgl. May 1994, 1995.
3 Vgl. Grenham 2005.
4 Vgl. Jenkins 2002.

personell von ihren Überseepartnern abhängig waren und von ihrer Basis in den Gemeinden wenig Notiz zu nehmen brauchten. Gruppen, die wie die Melpa Lutheran Church um Mt. Hagen im Westen Papua-Neuguineas unter ihrem engagierten Bischof Sanangke Dole mit der offiziellen Kirche gebrochen hatten, unabhängig wurden und langsam florierten,[5] lassen ahnen, wo das Problem liegt. Unsere Vorstellung von »Selbstständigkeit«, so meine ich jetzt, muss ganz neu überdacht werden, wenn wir verstehen lernen wollen, was im Christentum der *Dritten Kirche* (Walbert Bühlmann) tatsächlich passiert.

Das Ideal der »Heimischmachung« der Missionskirchen, ob es *Indigenisierung*, *Inkulturation*, *Kontextualisierung* oder – pragmatischer – *Lokalisierung* hieß, sah eine allmähliche Überwindung »heidnischer« Bräuche und deren Ersetzung durch christliche Riten und Vorstellungen vor, egal ob der Schwerpunkt mehr (katholisch) auf den Sakramenten oder (protestantisch) auf der Bibel lag. Aus der Sicht der Missionare konnte ein Festhalten an der einheimischen Denkweise – abgesehen von musikalischen Einlagen beim Gottesdienst, künstlerischen Beiträgen zum Kirchenschmuck oder natürlich den Sprachen, in die die Bibel übersetzt wurde – nur sehr bedingt, wenn überhaupt, zugelassen werden. Bei der Kultur, vor allem bei der Sprache, sind die Dinge allerdings nicht so einfach,[6] und die Wirklichkeit sah oft anders aus. Die bloße Ankunft der Weißen im Laufe des 19. Jahrhunderts führte zur Entstehung einheimischer Bewegungen, die den Namen *Cargo-Kulte* erhielten, aber eigentlich soziale Experimente waren, die die neue, überwältigende Realität der fremden Wesen mit ihren unschlagbaren Waffen, unbekannten Fortbewegungsmitteln und begehrten Produkten in eine Vorstellungswelt einordnen sollten, die durch Rituale und Zauber bestimmt war. Es waren Suchbewegungen nach den geeigneten Riten, deren Kraft all dies wunderbar Neue bewirken müsste.[7]

Es erfolgte aber auch eine Umfunktionierung des Christentums selbst zu einer neuen Form des Ausdrucks ureigener Bedürfnisse der Reinigung und der Befreiung von bösen Geistern, etwa in Spielarten des Pfingstlertums, ob innerhalb oder außerhalb der *mainline*-Kirchen. Viel weniger untersucht und reflektiert wurden weitere Phänomene, die sowohl missiologisch als auch anthropologisch von Belang sind. Hierbei handelt es sich um eigenständige Aneignungen des Christlichen, derart, dass diejenigen Elemente übertragen und umgeformt werden, die einer nunmehr aufgegebenen einheimischen Kultur entsprechen, sodass ein Christentum entsteht, das die alten gesellschaftlichen Spannungen und Konflikte in sich trägt, nun aber pneumatologisch oder eschatologisch überhöht. Wenn überhaupt, dann sind in solchen Fällen mögli-

---

5 Vgl. Ahrens 2005a.

6 Dies belegt die Erfahrung des *Summer Institute of Linguistics*, das durch Übersetzungsarbeit an der Bibel unweigerlich zu Fragen der Inkulturation geführt wurde.

7 Vgl. Siller 1991; vgl. auch May 1990, 4. Kap.

cherweise die Mosaiksteinchen zu finden, die sich nach und nach zur projizierten »neuen Christenheit« zusammenfügen. Es handelt sich allerdings um Elemente, deren Globalität eher in ihrer fundamentalistischen Ausrichtung als in ihrer Auseinandersetzung mit den wirklichen Problemen der Menschen und der Gesellschaft von heute besteht.

Als ich damals eine Monographie über den Fundamentalismus veröffentlichte – die mir übrigens einiges an Kontroversen mit konservativen Christen einbrachte[8] – bemerkte Lynn Giddings, eine Mitarbeiterin am Melanesischen Institut in Goroka, die melanesischen Kulturen mit ihren Gesetzen und Tabus hätten von vornherein etwas Fundamentalistisches an sich. Ich dachte daran, als ich die Untersuchung von Joel Robbins, *Becoming Sinners*,[9] las, die die Entstehung des Christentums beim kleinen Volk (kaum 400 Mitglieder) der Urapmin im Telefolmin-Gebiet im äußersten Westen von Papua-Neuguinea (West Sepik-Provinz) beschreibt. Die Urapmin wurden nie von Weißen missioniert. Ihre winzigen Dörfer sind zu weit von den Straßen und Flugplätzen entfernt, die ihre Nachbarvölker der Min-Stämme mit der Stadt Tabubil verbinden, die seit Anfang der 1980er Jahre die Versorgung der riesigen Kupfermine Ok Tedi gewährleistet. Robbins erklärt, warum diese Menschen zunächst die Gesetze und Verordnungen der australischen Kolonialverwaltung bereitwillig annahmen: Ihre Kultur war ohnehin um strenge Gesetze strukturiert, die den Gegenpol bildeten zur gefürchteten, weil sozial zerstörerischen »Willkür« (Robbins spricht von einem spannungsgeladenen Gleichgewicht zwischen *lawfulness* und *willfulness*).[10] Mit Ausnahme einer kleinen Revolte galten die Urapmin bald als Musterschüler der neuen Ordnung, die ihre Dörfer und Wege pflegten und sauber hielten.

Inzwischen jedoch hatte die australische baptistische Mission die Min-Völker um sie herum erreicht, und dies verschärfte eine Krise, die sich schon lange angebahnt hatte. In der alten kultischen Rangordnung der umliegenden Min-Völker hatten die Urapmin einen bedeutenden Platz innegehabt; ihre heiligen Kultstätten und Geheimriten galten als besonders verehrungswürdig. Nun aber erhielten nicht sie, sondern ihre Nachbarn zuerst Kontakte zu den Weißen und zur Außenwelt des entstehenden Staates Papua-Neuguinea, dann zur Religion der Weißen in Gestalt eines strengen Baptistentums mit pfingstle-

---

8 Vgl. May 1986. Ein Auszug aus diesem Aufsatz wurde ohne mein Wissen in der *Times of Papua New Guinea* veröffentlicht (3.–9. Dez. 1987, 25), woraufhin ein erboster Leserbrief vom baptistischen Studentenpfarrer erschien unter der Überschrift *Malicious and blatant attacks* (Rev. Mike Edwards, *TPNG*, 7.–13. Jan. 1988, 9).

9 Vgl. Robbins 2004.

10 Vgl. ebd., 182–197. *Big men*, traditionelle Führer, müssen mit Willenskraft handeln, um ihre Gefolgschaft aufzubauen und zusammenzuhalten, sind aber andererseits für die Einhaltung von Gesetzen verantwortlich, die die Abwerbung von Einzelnen aus Verwandtschaftsgruppen eigentlich verbieten; Frauen wählen eigenständig ihre Ehepartner. Vgl. ebd., 197–209.

rischen Elementen. Außerdem bekamen nicht sie, sondern ihre in günstigerer Lage lebenden Nachbarn die wenigen Arbeitsplätze, die die Kupfermine bot.

In dieser schwierigen Situation entstand eine Erneuerungsbewegung unter den Urapmin, gegründet und unterstützt durch einige, die bei den Baptisten eine Bekehrung erlebt hatten. Robbins bezeichnet dies als eine »zweite Stufe« der Bekehrung, auf der das Christentum nicht mehr bloß eine Sache von Einzelnen war, sondern zum Deutungsmuster der ganzen Gemeinschaft wurde.[11] Die Baptisten hießen dies gut, ja sie bezeugten den vom Geist ergriffenen Urapmin besonderen Respekt, und bald wurde das ganze Volk christlich, einschließlich der *big men*, die das Geheimwissen der Initiationsriten bewahrten. Sie mussten sich arrangieren mit den neuen Pastoren und Diakonen – Berufe, die mehrere Männer und Frauen unter den Urapmin bald ergriffen. Die Baptisten duldeten keine Nostalgie für die alten Bräuche; selbst die Initiationsriten der Männer und die heilige Kultstätte der Urahnin Afek mussten aufgegeben werden, und die in den Männerhäusern aufbewahrten heiligen Schädel und Knochen der Urahnen mussten weggeworfen werden. Für ein solches Volk war dies ein großes Wagnis, denn es hätte sein können, dass sie dadurch die ganze Grundlage ihrer menschlichen Substanz und ihres sozialen Daseins zerstörten. Sie haben es aber gemacht, nicht ohne ängstliche Bedenken, weil sie in dieser Art des fundamentalistisch-millenarischen Christentums eben eine neue, tragfähigere Grundlage erblickten.

Schon dieser Befund stellt einiges in Frage, was als Zielrichtung der ökumenischen Bewegung gilt. Robbins zeigt, wie die Urapmin gerade die Spannungen, die ihre traditionelle Kultur ausmachten, jetzt *als* christliche Praxis weiterleben, sei es in den häufigen und langen Gottesdiensten mit Beichten und Zeugnisablegen (*testimonies*), sei es in den regelmäßig stattfindenden charismatischen *Spirit-diskos*, bei denen plötzlich der sonst so gefürchteten Willkür freier Lauf gelassen wird in Form von wildem Tanzen und fast schamanistisch anmutendem Ergriffensein vom Heiligen Geist.[12] Die Spannung zwischen Gesetzestreue und Willkür kommt auch dadurch zum Vorschein, dass längere Perioden des stramm geführten kirchlichen Lebens ab und zu durch Erneuerungen unterbrochen werden, bei denen die Gartenarbeit liegen bleibt und das nahe Ende der Welt fieberhaft erwartet wird. Überhaupt leben die Urapmin in einem ständigen Erwartungszustand, in dem Nachrichten von der Außenwelt (*news of the world*, etwa Zeitungsausschnitte oder Informationen, die sie aus Tabubil mitbringen) immerfort als Hinweise auf das nahe Ende gedeutet werden.[13]

---

[11] Vgl. Robbins 2004, 153f.
[12] Vgl. ebd., 281–288.
[13] Vgl. ebd., 159–168; 303–307. Inzwischen gibt es unter den Urapmin gestandene Pastoren, die mehrere Jahre in evangelikalen Einrichtungen wie dem *Christian Leaders' Training College* in Banz ausgebildet wurden und dieses rege und intensive christliche Leben begleiten. Vgl. ebd.,115–119.

Im Kern dieses neuen Lebens steckt das unüberwindbare Dilemma, dass die immer wieder betonte menschliche Sündhaftigkeit durch die intensive christliche Praxis letzten Endes doch nicht aufgehoben wird, sondern vielmehr die Verantwortung auf den Einzelnen zurückwirft – eine neue und erschütternde Erfahrung für die Urapmin. Das sehnlichst erwartete Heil hängt unbedingt vom Verhalten des Einzelnen ab, müsste aber, um den Vorstellungen der Urapmin zu entsprechen, dem Volk als Ganzem zuteil werden. Robbins zitiert Beispiele von Predigten und Beichtgesprächen, die belegen, dass die Leute im ständigen Sündenbewusstsein leben und täglich damit beschäftigt sind, Verfehlungen aufzudecken und zu registrieren; die neue Freiheit (*free time*) steckt voller Risiken. Dies erzeugt große Spannungen in einer Kultur, die weder individualistisch noch kollektivistisch, sondern eher *relationistisch*, d.h. auf Beziehungen aufgebaut war.[14] Nicht einmal Tauschprozesse, wie sonst oft in Melanesien, stehen im Mittelpunkt, sondern ein lockeres, aber alles bestimmendes Netzwerk von Verwandtschaftsbeziehungen, nach denen jede und jeder sich zu richten hat. Das neu eingeführte Christentum bildet jetzt eine Art Kampfarena, in der diese Spannung zwischen Individuum-sein und verwandtschaftlicher Verpflichtung täglich ausgetragen und ausgehalten wird.

Auf den ersten Blick scheint das christliche Dasein der Urapmin, mit seinem unvermittelten Übergang von einer gänzlich aufgegebenen alten Kultur zu einer unkritisch übernommenen christlichen, der ökumenisch-missionswissenschaftlichen Norm nicht zu entsprechen. Die verblüffende Tatsache ist, dass dieses Christentum nicht etwa eine weiterhin bestehende einheimische Kultur überlagert bzw. Bestandteile von ihr behutsam in sich aufnimmt, sondern auf radikale Weise *ersetzt*; dass dieses Christentum *zur* Kultur der Urapmin wird (Robbins nennt dies die *adoption* der neuen Kultur durch die alte[15]). Wir stehen vor Erscheinungen, die *gleichzeitig* theologisch und anthropologisch aufzuarbeiten sind; aber auch die Anthropologie, die traditionell das Christentum bloß als destruktiven Störfaktor betrachtet, ist bisher kaum in der Lage gewesen, Kulturen zu studieren, in denen die traditionelle Kultur dem – allerdings ganz und gar kulturell bestimmten – Christentum Platz macht.[16] Hier findet sich möglicherweise ein Hinweis darauf, wie diese scheinbar unbedeutende Gemeinde ein kleiner Bestandteil des entstehenden globalen Typus einer »neuen Christenheit« sein könnte, denn für die Urapmin auf ihren entlegenen Bergen hat selbst das etwas engstirnig angelegte Baptistentum Anschluss an das Weltchristentum und damit eine globale Perspektive gebracht, und sie sind im Pazifik in ihrer Art bestimmt nicht allein.

---

14 Vgl. ebd., 294–307.

15 Vgl. ebd., 13–16; 115; 314–316.

16 Es gibt ein höchst interessantes Interview mit Andrew Strathern, einem der führenden Anthropologen der Hochlandvölker des Mount-Hagen-Gebiets, über die Auswirkungen der dortigen Pfingstbewegungen – auch auf Strathern selbst! Vgl. Ahrens 1986, 229–262.

Meiner Ansicht nach stehen Ökumeniker hier vor einer Option. Wenn die Existenz der Urapmin, so wie Robbins sie beschreibt, die christliche Zukunft der Kontinente darstellt, die inzwischen überwiegend christlich geworden sind, wie Jenkins vorhersagt, dann sind ernsthafte Fragen zu diskutieren. Zwar ist einiges an der neuen Lebensweise der Urapmin beachtenswert, etwa der starke Zusammenhalt der Gemeindemitglieder, die auf eine Weise, die an die ersten Christen erinnert, einander in jeder Lebenslage beistehen und miteinander in vollkommener Offenheit umgehen. Doch sie können genauso gut als Gefangene einer Jenseitigkeit gesehen werden, die alles, was zu *dieser* Welt gehört, grundsätzlich abwertet und der Sündhaftigkeit bezichtigt. Die Kehrseite dieses Christentums bilden wohl die *health, wealth and happiness*-Kirchen, die überall in Afrika und Lateinamerika, aber auch im Pazifik entstehen. Sie versprechen ihren Anhängern zwar nur Gutes als Belohnung für einen aufrichtigen Lebenswandel und die Treue zur vorgegebenen kirchlichen Praxis, aber letztlich sind sie genauso dualistisch wie das millenaristische Baptistentum der Urapmin. Dies sind alles Spielarten einer (meist protestantischen!) »Gesetzesreligion«, die die Wirkungskraft eines wahrhaft evangelischen Schöpfungs- und Erlösungsglaubens vermissen lässt. Sie bezeugen sowohl eine falsche Transzendenz (überspannte Endzeiterwartung) wie auch eine falsche Immanenz (Wohlstand als Belohnung). Es geht ihnen die Dialektik der Liebe Christi ab, die gerade in der Endlichkeit der Welt und der Sündhaftigkeit der Menschen, egal wie furchtbar sie sich in Geschichte und Gesellschaft auswirken, die Möglichkeit der Befreiung erblicken lässt, immer unter der Voraussetzung, dass die Menschen sich der frei geschenkten Gnade öffnen, die sie an Gottes Liebe teilhaben lässt. Die Unterschiede sind subtil, aber entscheidend, und die Missionstheologie müsste die wichtige Aufgabe übernehmen, sie in einer schöpfungsorientierten Kreuzestheologie zu klären.[17]

Anfang der 1990er Jahre ist dem deutschen Sozialwissenschaftler Manfred Ernst der Auftrag erteilt worden, die neuen Spielarten des Christentums auf den Pazifischen Inseln (mit Ausnahme des bereits intensiv erforschten Papua-Neuguinea) daraufhin zu untersuchen, worin die Neuerungen bestehen und wohin sie führen. Er sollte gerade nicht die eigenständigen *mainline*-Kirchen, sondern die neureligiösen Bewegungen (*rapidly growing religious groups*) erforschen. Die Ergebnisse seiner beachtenswerten Studie *Winds of Change* haben den Kirchen damals nicht gefallen, wie ein Heft des *Pacific Journal of Theology* bezeugt, das der Diskussion gewidmet war.[18] Ernst hatte nämlich – ganz »westlich«! – empfohlen, die Kirchen müssten sich von evangelikalen Erneuerungen und Bekehrungskreuzzügen ab- und den dringenden gesell-

---

[17] Eine sehr lehrreiche Auseinandersetzung mit Ennio Mantovani, in der der Gegensatz zwischen lutherischen und römisch-katholischen Sichtweisen deutlich wird findet sich bei Ahrens 2002, 179–197.

[18] Vgl. Ernst 1994; vgl. *Pacific Journal of Theology* 12 (1994).

schaftlichen Problemen der Inselnationen zuwenden, wenn sie glaubwürdig bleiben wollten. Für die Inselkirchen jedoch ist *das* Christentum längst *ihr* Christentum geworden, auf das sie mit Recht stolz sind und das sie nicht nur als Glaubens-, sondern ebenfalls als Kulturgut ansehen.[19] Hier wird die Art und Weise entscheidend, wie Christentum und Kultur integriert werden und wie beide zur Politik stehen. Die faktische Identifizierung kultureller Bedürfnisse mit kirchlicher Praxis kann diesen Kirchen zum Verhängnis werden, wenn sich Religion und Politik auf falsche Weise vermischen. Bei den Militärputschen auf Fidschi etwa oder den ethnischen Konflikten auf Bougainville waren Stammesloyalitäten vom Glaubensbekenntnis bzw. institutionell-kirchliche Interessen von politischer Moral nicht immer zu unterscheiden. Gerade diese unbedachte politische Naivität nicht nur mancher einheimischer Kirche, sondern auch der christlichen Erneuerungsbewegungen ist deren Achillesferse. Gefragt ist also eine Theologie, die zwischen den »Zwei Reichen« bzw. den zwei Welten des Glaubens und der politischen Moral zu vermitteln weiß.

Es ist meines Erachtens eine große Versuchung für das missionarische Christentum, den scheinbar gradlinigen Weg der Massenbekehrung und der Jenseitshoffnung einzuschlagen unter Vernachlässigung oder gar Ablehnung der christlich motivierten politischen Verantwortung. Eine sozial engagierte ökumenische Praxis, die die Verständigung zwischen den Kirchen, Konfessionen und Religionen nicht nur deshalb sucht, weil sie politisch nützlich ist, sondern als einen religiösen Wert an sich, ist keine *soft option*, kein verwässerter Liberalismus oder Humanismus. Gerade wegen der eschatologischen Ausrichtung des christlichen Glaubens muss *diese* Welt – diese von Gott geschaffene und von Christus erlöste Welt – im Mittelpunkt christlicher Bemühungen stehen, solange sie von handfesten von Menschen gemachten Übeln wie Krieg und Korruption, Verarmung und sozialer Verwahrlosung geplagt wird. Die großen einheimischen Ökumeniker des Pazifik – wie etwa die lutherischen Bischöfe Zuruwe Zurenuo und Sanangke Dole, die Moderatoren der United Church Leslie Boseto und Albert To Burua oder die katholischen Vordenker Bernard Narokobi und Bischof Patelisio Finau – haben dies auf exemplarische Weise vorgelebt. Sektierertum und Fundamentalismus führen nicht nur gesellschaftlich, sondern auch religiös ins Abseits. Ökumene zu realisieren ist nicht leicht, aber wenn es einen *Pacific way* tatsächlich gibt, dann muss er zugleich ökumenisch und anthropologisch fundiert sein.

---

[19] Wie ich von Theo Ahrens erfahren habe, haben die Kirchen inzwischen den Dialog mit Ernst, der Dozent am *Pacific Theological College* geworden ist, wieder aufgenommen.

Literatur

AHRENS, Th. 1986, *Unterwegs nach der verlorenen Heimat. Studien zur Identitätsproblematik in Melanesien,* Erlangen.

Ders. 2002, *Mission nachdenken. Studien,* Frankfurt a.M.

Ders. 2005a, *»Geistliche Säuberungen« als Strategie kirchlicher Identitätssicherung? Innerkirchliche Gewalt als ökumenisches Problem,* in: ders., Gegebenheiten. Missionswissenschaftliche Studien, Frankfurt a.M., 258–291.

Ders. 2005b, *Missionswissenschaft als Zeitansage. Carl Mirbt – Walter Freytag – Hans Jochen Margull in Hamburg,* in: ders., Gegebenheiten. Missionswissenschaftliche Studien, Frankfurt a.M., 9–80.

BÜHLMANN, W. 1974, *Wo der Glaube lebt. Einblicke in die Lage der Weltkirche,* Freiburg-Basel-Wien.

Ders. 1981, *Wenn Gott zu allen Menschen geht. Für eine neue Erfahrung der Auserwählung,* Frankfurt-Basel-Wien.

ERNST, M. 1994, *Winds of Change. Rapidly Growing Religious Groups in the Pacific Islands,* Suva.

GRENHAM, Th. 2005, *The Unknown God. Religious and Theological Interculturation,* Bern u.a.

JENKINS, Ph. 2002, The *Next Christendom. The Coming of Global Christianity,* New York.

MAY, J. D. 1986, *Christian Fundamentalism and Melanesian Identity* (Occasional Papers of the Melanesian Institute, No. 3), Goroka.

Ders. 1990, *Christus Initiator. Theologie im Pazifik* (Theologie interkulturell, Bd. 4), Düsseldorf.

Ders. 1994, *Menschenrechte als Landrechte im Pazifik,* in: Hoffmann, J. (Hg.), Universale Menschenrechte im Widerspruch der Kulturen (Das eine Menschenrecht für alle und die vielen Lebensformen, Bd. 2), Frankfurt a.M., 213–237.

Ders. 1995, *Statement zum Thema Praxis der Entwicklungszusammenarbeit und die Frage nach Alternativen*, in: Hoffmann, J. (Hg.), Die Vernunft in den Kulturen – Das Menschenrecht auf kultureigene Entwicklung (Das eine Menschenrecht für alle und die vielen Lebensformen, Bd. 3), Frankfurt a.M., 87–91.

OHM, Th. 1948, *Asiens Kritik am abendländischen Christentum,* München.

ROBBINS, J. 2004, *Becoming Sinners. Christianity and Moral Torment in a Papua New Guinea Society,* Berkeley.

SILLER, H. P. (Hg.) 1991, *Suchbewegungen. Synkretismus – Kulturelle Identität und kirchliches Bekenntnis,* Darmstadt.

ANHANG

Danksagung

20 Jahre *Theologie interkulturell* – diese angesichts der heute rasend schnell vonstatten gehenden Veränderungen »kleine Ewigkeit« – bildete den Anlass für den Themenschwerpunkt des Jubiläumssymposiums. Alle bisherigen Gastprofessorinnen und Gastprofessoren waren dazu nach Frankfurt eingeladen worden und beinahe alle konnten der Einladung folgen. Doch nicht nur sie, sondern auch großteils die Begründer, Förderer und treuen Wegbegleiter von *Theologie interkulturell*, emeritierte ebenso wie amtierende Kolleginnen und Kollegen sowie Gäste aus akademischen und kirchlichen Einrichtungen haben an diesem Symposium teilgenommen und es durch ihre Anwesenheit bereichert.

Anlässlich des Jubiläums darf an dieser Stelle eine kurze Bestandsaufnahme über Beweggründe, Weiterentwicklungen und Ergebnisse versucht werden, die das Vorwort ergänzen – und nicht zuletzt ist dies auch die Stelle, um zu danken.

Im Gründungsjahr von *Theologie interkulturell*, 1985, klangen Titel und Anliegen dieses Projekts, das sowohl ein eigener universitärer Schwerpunkt in der theologischen Forschung und Lehre in Frankfurt werden als auch den je eigenen Ansatz der Lehrenden durchdringen und befruchten sollte, noch exotisch und abenteuerlich, womöglich sogar bedrohlich. Immerhin konnte niemandem so ganz klar sein, was es heißt, sich in der akademischen Theologie für die Perspektive auf Mensch, Gott und Welt, auf Theologie und Kirche in nicht-westlich geprägten, aber häufig auf allen Ebenen »kolonisierten« Kontexten zu öffnen. Was hatte es mit der »Inkulturation« von Christentum, Theologie und Kirche auf sich? Was würde es bedeuten, mit der »Weltkirche« aus einem anderen Blickwinkel als dem eigenen, bisweilen sogar aus einer Minderheitenposition konfrontiert zu werden? Wäre distanziert-wissenschaftliches Theologietreiben noch möglich, wenn Kolleginnen und Kollegen den Ausgangspunkt im konkreten Leben, im Alltag und häufig im Leiden der Menschen nahmen, also in einer eher unvertrauten situations- und erfahrungsbezogenen Weise mit ihrer Theologie ansetzten? Ein bloß »folkloristischer Anstrich« sollte es nicht sein, die mit liturgischen Gestaltungselementen wie bunte Kleider, Musik und Tanz ausgestatte Palette reichte nicht aus; es ging vielmehr um die Entwicklung eines neuen Ansatzes Theologie zu treiben, um den veränderten lebensweltlichen Situationen der Menschen weltweit und den Visionen einer Weltkirche im Anschluss an das II. Vatikanische Konzil gerecht zu werden. Doch wie könnten selbstverständliche Interdisziplinarität, kontextuelle Weisen von Religiosität, von Christ- und Christin-Sein, von Kirchenverständnis und -gestaltung mit der eigenen Herangehensweise, den eigenen Selbstverständlichkeiten, mit den universalkirchlichen Ansprüchen und akademisch-theologischen Standards vereinbart werden? Und wie sollte mit der Herausforderung der interkulturellen und interreligiösen Kommunikation im globalen Kontext, der Glaubenskommunikation im Horizont einer Welt für Alle umgegangen werden?

In der Tat war der Schritt zur Gründung von *Theologie interkulturell* innovativ und mutig – und er war im konziliar-weltkirchlichen Horizont fällig. Den inzwischen emeritierten Kolleginnen und Kollegen am Fachbereich Katholische Theologie der Goethe-Universität gebührt für ihre im besten Sinne Weitsichtigkeit, ihre couragierte Initiative, ihre Selbstverpflichtung und verlässliche Mitarbeit und ihre großzügigen Förderungen großer Dank. Mit Hochachtung weise ich auf ihre Leistungen bei der Ermöglichung, Koordination und Begleitung von Gastprofessuren sowie bei der wechselnden inhaltlichen Verantwortung in den Planungen des alljährlichen Studienprogramms und bei der Organisation und Durchführung von Forschungssymposien hin. Ihnen allen sei dieser Band in Dankbarkeit und Anerkennung ihrer Verdienste zugeeignet.

Theologie interkulturell hat sich etabliert, war und ist eine in ihrem Umfang und ihrer ungebrochenen Kontinuität im deutschen universitären Kontext einmalige Einrichtung und verleiht der Katholischen Theologie an der Goethe-Universität in Frankfurt – nicht zuletzt durch ihr regelmäßiges Angebot an eine interessierte, nicht-theologische Öffentlichkeit – ein besonderes Profil. Mit jeder Gastprofessur werden wir neu konfrontiert mit Differenz, mit Fremdheit, und der Prozess der Bewusstseinsbildung für die eigene kulturelle Prägung, deren Auswirkungen auf das eigene Selbstverständnis im Bereich von Theologie und Kirche und die daraus resultierende Begrenztheit wird wach gehalten. Vielleicht geht es sogar darum, in diesem Lehr- und Lernprozess zu bleiben, im Sinne eines spirituellen Projekts mit dem Ziel, immer ein wenig mehr Differenz und Vielfalt auszuhalten, ohne sie sich »zu eigen« zu machen.

Seit den Anfängen von *Theologie interkulturell* waren im Rahmen der Gastprofessur sowie durch die Teilnahme an den regelmäßig ausgerichteten Forschungssymposien weit mehr als 200 Wissenschaftler und Wissenschaftlerinnen aus allen Kontinenten und zahlreichen Kulturwelten als Gäste an den Fachbereich eingeladen, um ihre Forschungsergebnisse und Perspektiven in den fachwissenschaftlichen Diskurs und in die Lehre einzubringen. Jede neue Begegnung mit unvertrauten Kontexten, außereuropäischen Theologien, Kirchen, Kulturen und Religionen wurde zu einer ebenso bereichernden Erfahrung wie zur persönlichen Herausforderung. Immer wieder wurde das Selbstverständnis als Theologin und Theologe angefragt, immer wieder wurde die Notwendigkeit deutlich, sich auf andere kulturelle und religiöse Kontexte einzulassen, sich um ein Verstehen bis hin zum Perspektivenwechsel zu bemühen und eine angemessene Form der Kommunikation zu erproben, dabei jedoch auch die eigene Position zu artikulieren und so in den Diskurs und Dialog einzusteigen und dabeizubleiben.

Im Schlussplenum des Symposiums entwickelte Luis Gutheinz eine Vision für die Menschheit, dass verschiedene Kulturen unvermischt, aber integriert in einer frohen Lebenserfahrung zusammenschwingen könnten und John d'Arcy May zeichnete das Bild von theologisch-interkulturellen Zweibahn-, Multibahnstraßen, zu denen vormalige Einbahnstraßen ausgebaut würden. In umgekehrter Stoßrichtung betonte Robert Schreiter, die Bedeutung von *Theologie interkulturell* nicht nur für die Weltkirche, sondern auch für die theologischen Fakultäten und Ausbildungsstätten in vielen Ländern Europas. Deren Krisen resultierten teilweise aus dem Defizit, dass dort nicht genug über den eigenen Kontext nachgedacht würde. *Theologie interkulturell* könne entscheidende Impulse geben, kritisch und kreativ nicht nur über die »fremden« Theologien, sondern auch über die europäische Theologie nachzudenken.

In einer Art Zwischenbilanz können wir auf eindrucksvolle Forschungsergebnisse, zahlreiche Publikationen, Kooperationsverträge mit Universitäten und wissenschaftlichen Einrichtungen auf der ganzen Welt blicken, die den Erfolg eines Projektes dokumentieren, dessen weit reichende Bedeutung gerade angesichts weltgesellschaftlicher Veränderungen und ihrer Herausforderungen hinsichtlich der Rolle der Religion und der Religionen vor 20 Jahren so noch nicht absehbar waren. Doch nicht nur das: In den vergangenen zwei Jahrzehnten entstanden auch zahlreiche Kontakte, Kooperationen bis hin zu Freundschaften mit Kolleginnen und Kollegen weltweit. Im Laufe der Jahre wurde die Zusammenarbeit vertieft, gegenseitige Forschungsaufenthalte und Gastvorträge sowie gemeinsame universitäre Veranstaltungen konnten verwirklicht werden, Exkursionen mit Studierenden wurden durchgeführt und Doktorarbeiten werden heute mit einer gewissen Selbstverständlichkeit gemeinsam betreut.

Diese 20jährige Geschichte ist durch vielfältige Förderung und Mitwirkung ermöglicht worden. Mentales, persönliches und sogar privates, organisatorisches, praktisches, kommunikatives und redaktionelles, verwaltungs- und medientechnisches Engagement, ehrenamtliche Mitarbeit und natürlich finanzielle Unterstützung waren nötig, um Einladungen auszusprechen, Austausch und Zusammenarbeit zu ermöglichen, Gastprofessuren und Symposien auszurichten, Öffentlichkeitsarbeit und Publikationen umzusetzen und natürlich das dazugehörige »alltägliche Geschäft« am Laufen zu halten.

Als 1. Vorsitzender von *Theologie interkulturell* danke ich allen kirchlichen und staatlichen Institutionen und Instituten, allen voran dem Bistum Limburg und der Goethe-Universität, Stiftungen, weiteren Bistümern und kirchlichen Hilfswerken, Stellen für Berichterstattung und Öffentlichkeitsarbeit, Kirchengemeinden, Vereinsmitgliedern und nicht zuletzt privaten Spenderinnen und Spendern, die sich im Lauf der über 20 Jahre an der Finanzierung des Vereins und seiner Projekte sowie in Form von teilweisen Kostenübernahmen beteiligt haben, an dieser Stelle von Herzen. Stellvertretend für *Theologie interkulturell* richte ich meinen Dank auch an all diejenigen, die durch persönlichen Einsatz, oft langjährige ehrenamtliche Mitarbeit und gelungene Kooperationen, Vermittlungen und vieles andere mehr ihr Interesse an *Theologie interkulturell* gezeigt und unsere Sache tatkräftig unterstützt haben. Und schließlich gilt mein Dank den Gastprofessorinnen und Gastprofessoren und all denjenigen, die durch ihre Forschungsbeiträge in vielfältiger Weise in den theologisch-interkulturellen Austausch mit uns in Frankfurt eingetreten sind.

Für die finanzielle Unterstützung des Jubiläumssymposiums danke ich herzlich dem Bistum Limburg, dem bischöflichen Hilfswerk Misereor und der Stiftung zur Förderung der Internationalen Beziehungen der Goethe-Universität Frankfurt a.M. Mein großer Dank für Übersetzungen ins Deutsche sowie für aufwändige redaktionelle Arbeiten geht an Frau Beate Müller und an Frau Dr. Beate-Irene Hämel. Herrn Stefan Rotsch danke ich für die verlässliche Gestaltung des Layouts und dem Schöningh-Verlag, namentlich Herrn Dr. Hans Jacobs, für die gute Zusammenarbeit und die Aufnahme des Bandes in das Verlagsprogramm.

Frankfurt a.M., im Mai 2008 *Thomas Schreijäck*

Verzeichnis der Autorinnen und Autoren

ABENG, Nazaire Bitoto, Prof. Dr., Professur für Kirchengeschichte, Kirche und Kultur, Islam und Christentum in Afrika, Université Catholique d'Afrique Centrale, Yaoundé, Kamerun.
Gastprofessur *Theologie interkulturell* 2001.

BELTRAN, Benigno P., Prof. Dr., Professur für Dogmatik, Päpstliche Universität Tagatay City, Philippinen.
Gastprofessur *Theologie interkulturell* 1987.

BUJO, Bénézet, Prof. Dr., Professur für Moraltheologie, Universität Kinshasa, Kongo, ab 1978.
Seit 1989 Professur für Moraltheologie und Sozialethik, Universität Freiburg, Schweiz.
Gastprofessur *Theologie interkulturell* 1985.

DIAZ, José Fernando, Prof. Dr., Professur für Missionswissenschaft und indigene Pastoraltheologie, Universität Temuco, Chile.
Gastprofessur *Theologie interkulturell* 2004.

D'SA, Francis X., Prof. Dr., Professur für Systematische Theologie, Hochschule für Philosophie und Theologie (Jnana Deepa Vidyapeeth), Pune.
2003–2008 Professur für Missionswissenschaft und Dialog der Religionen, Universität Würzburg, Deutschland.
Gastprofessur *Theologie interkulturell* 1986 und 2003.

EMMANUEL, Seemampillai J., Prof. Dr., Professur für Systematische Theologie, Universität Jaffna, Sri Lanka.
Gastprofessur *Theologie interkulturell* 1999.

GUTHEINZ, Luis, Prof. Dr., Professur für Systematische Theologie, Fu Jen Catholic University, Taipei, Taiwan.
Gastprofessur *Theologie interkulturell* 2000.

IKE, Obiora F., Prof. Dr., Direktor des Catholic Institute for Development, Justice and Peace, Enugu, Nigeria.
Gastprofessur *Theologie interkulturell* 1997.

MANANZAN, Mary John, Prof. Dr., Direktorin des Institute of Women's Studies, St. Scholastica's College, Manila, Philippinen.
Gastprofessur *Theologie interkulturell* 2002.

MASCARENHAS, Louis J., Prof. Dr., 1962–2006 Professur für Kirchengeschichte und Missionstheologie, National Seminary, Karachi, Pakistan.
Gastprofessur *Theologie interkulturell* 1993.

MAY, John D'Arcy, Prof. Dr., Professur für den Dialog der Religionen, Irish School of Ecumenics, Trinity College, Dublin, Irland. 1983–1987 ökumenischer Forschungsbeauftragter des Melanesischen Kirchenrats am Melanesischen Institut, Goroka, Papua-Neuguinea.
Gastprofessur *Theologie interkulturell* 1988.

OKANO, Haruko K., Prof. Dr., Professur für Vergleichende Religionswissenschaft, Präsidentin der Seisen-Universität, Tokio, Japan.
Gastprofessur *Theologie interkulturell* 1994.

PALMYRE-FLORIGNY, Danielle, Prof. Dr., Direktorin des Institut catholique de l'île Maurice, Leiterin des Institut de catéchèse der Diözese Port-Louis, Mauritius.
Gastprofessur *Theologie interkulturell* 2005.

SCANNONE, Juan Carlos, Prof. Dr., Professur für Philosophie, Rektor der Philosophisch-Theologischen Hochschule der Jesuiten, San Miguel/Buenos Aires, Argentinien.
Gastprofessur *Theologie interkulturell* 1989.

SCHREIJÄCK, Thomas, Prof. Dr., Professur für Pastoraltheologie/Religionspädagogik/Kerygmatik, Goethe-Universität, Frankfurt a.M., Deutschland.
1. Vorsitzender von *Theologie interkulturell* e.V.

SCHREITER, Robert J., Prof. Dr., Professur für Systematische Theologie (Vatican Council II), Catholic Theological Union, Chicago, USA. 2000–2006 Professor für Theologie und Kultur an der Radboud Universiteit Nijmegen, Niederlande.
Gastprofessur *Theologie interkulturell* 1995.

SUESS, Paulo, Prof. Dr., Professor für Missionswissenschaft, Instituto Teológico ITESP, São Paulo, Brasilien.
Begründer des Studiengangs Postgraduation in Missionswissenschaft. 2000–2004 Präsident der »Internationalen Vereinigung für Missionswissenschaft/IAMS«. Seit 1970 theologischer Begleiter des Brasilianischen Eingeborenenmissionsrates/CIMI.
Gastprofessur *Theologie interkulturell* 1998 und 2008.

WILFRED, Felix, Prof. Dr., Professur für Systematische Theologie, Leiter des Department of Christian Studies, Universität Madras, Indien.
Gastprofessur *Theologie interkulturell* 1996.